Pour Judith Hoots et Fatima al-Salami, deux femmes douces et généreuses qui ont rassemblé deux mondes si différents à travers leurs enfants.

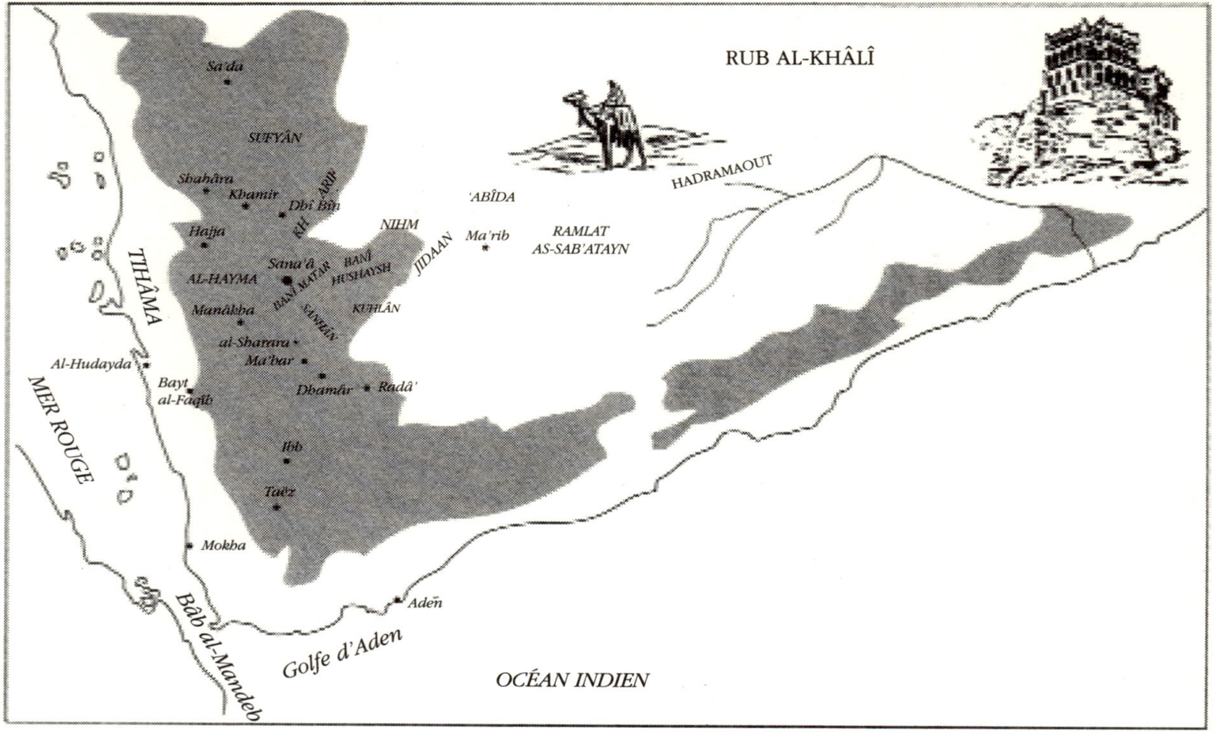
RUB AL-KHÂLÎ
HADRAMAOUT
'ABÎDA
RAMLAT
AS-SAB'ATAYN
Ma'rib
JIDAAN
NIHM
Sa'da
SUFYÂN
Shahâra
Khamir
Dhî Bîn
ARIF
KH
Hajja
TIHÂMA
AL-HAYMA
Sana'â
BANÎ MATAR
BANÎ
HUSHAYSH
KUHLÂN
SANHÂN
Manâkha
al-Sharara
Ma'bar
Dhamâr
Radâ'
Al-Hudayda
Bayt
al-Faqîh
MER ROUGE
Ibb
Taëz
Mokha
Aden
Bâb al-Mandeb
Golfe d'Aden
OCÉAN INDIEN

PLEURE,
Ô REINE DE SABA !

AVENTURE
série dirigée par Marc de Gouvenain

Titre original :
The Tears of Sheba.
Tales of Survival
and Intrigue in Arabia
Editeur original :
John Wiley & Sons, Chichester

ISBN 2-7427-6006-7

Illustration de couverture :
Jeune fille à Suk az-Zabab, Yémen

KHADIJA AL-SALAMI

Pleure, ô reine de Saba !

Histoires de survie et d'intrigues au Yémen

en collaboration avec Charles Hoots

récit traduit de l'anglais
par Céline Schwaller

ACTES SUD

Le Yémen est divisé en trois régions géographiques distinctes. A l'ouest s'étend l'étouffante plaine côtière de la Tihâma, une bande de sable plate et stérile séparant la mer Rouge des massifs montagneux du Centre. Les pluies y sont peu abondantes, mais les bananes, les papayes, les dattes ainsi que d'autres fruits tropicaux poussent dans le sol alluvial fertile que les crues portent des montagnes jusqu'aux vallées.

A une quarantaine de kilomètres à l'intérieur des terres, les hauts plateaux volcaniques du Centre s'élèvent en reliefs abrupts jusqu'à plus de 2 500 mètres d'altitude. Les majestueuses saillies rocheuses font remonter les vents de la mousson vers l'air plus froid des sommets, où ils se condensent pour donner de fortes averses l'après-midi pendant les saisons des pluies, au printemps et à l'automne. Les précipitations sont particulièrement abondantes dans les hautes terres du Sud, où les cultures en terrasses verdoyantes évoquent plus des images de l'Asie du Sud-Est que de l'Arabie. Mais les précipitations diminuent de façon régulière au fur et à mesure que l'on va vers le nord.

A quelque cent cinquante kilomètres à l'est de l'endroit où les flancs abrupts des collines surgissent de la Tihâma, les hautes terres plongent dans le stérile désert de l'Est. Cette plaine de roches sédimentaires, qui se fond par endroits dans des dunes de sable onduleuses de plusieurs dizaines de mètres de haut, descend vers l'est en pente douce sur près de mille cinq cents kilomètres jusqu'au golfe Persique.

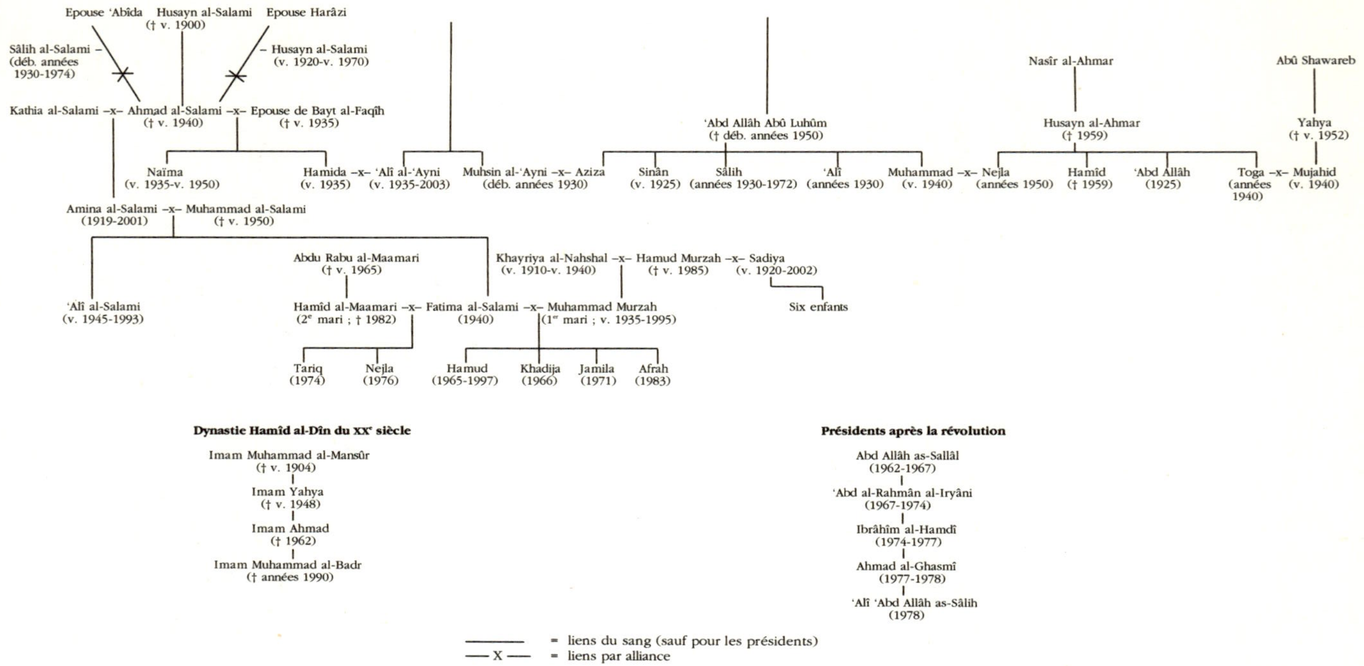
Epouse 'Abîda
Husayn al-Salami († v. 1900)
Epouse Harâzi
Sâlih al-Salami (déb. années 1930-1974)
Husayn al-Salami (v. 1920-v. 1970)
Kathia al-Salami –x– Ahmad al-Salami († v. 1940) –x– Epouse de Bayt al-Faqîh († v. 1935)
Naïma (v. 1935-v. 1950)
Hamida (v. 1935) –x– 'Alî al-'Ayni (v. 1935-2003)
Muhsin al-'Ayni (déb. années 1930) –x– Aziza
'Abd Allâh Abû Luhûm († déb. années 1950)
Sinân (v. 1925)
Sâlih (années 1930-1972)
'Alî (années 1930)
Muhammad (v. 1940) –x– Nejla (années 1950)
Nasîr al-Ahmar
Husayn al-Ahmar († 1959)
Hamîd († 1959)
'Abd Allâh (1925)
Toga (années 1940) –x– Mujahid (v. 1940)
Abû Shawareb
Yahya († v. 1952)
Amina al-Salami (1919-2001) –x– Muhammad al-Salami († v. 1950)
'Alî al-Salami (v. 1945-1993)
Abdu Rabu al-Maamari († v. 1965)
Hamîd al-Maamari (2e mari ; † 1982) –x– Fatima al-Salami (1940) –x– Muhammad Murzah (1er mari ; v. 1935-1995)
Khayriya al-Nahshal (v. 1910-v. 1940) –x– Hamud Murzah († v. 1985) –x– Sadiya (v. 1920-2002)
Six enfants
Tariq (1974)
Nejla (1976)
Hamud (1965-1997)
Khadija (1966)
Jamila (1971)
Afrah (1983)
Dynastie Hamîd al-Dîn du XXe siècle
Imam Muhammad al-Mansûr († v. 1904)
Imam Yahya († v. 1948)
Imam Ahmad († 1962)
Imam Muhammad al-Badr († années 1990)
Présidents après la révolution
Abd Allâh as-Sallâl (1962-1967)
'Abd al-Rahmân al-Iryâni (1967-1974)
Ibrâhîm al-Hamdî (1974-1977)
Ahmad al-Ghasmî (1977-1978)
'Alî 'Abd Allâh as-Sâlih (1978)
= liens du sang (sauf pour les présidents)
—X— = liens par alliance

PROLOGUE

Des nuages ondoyants s'amassaient au-dessus des montagnes de l'Ouest tandis que des hordes de chalands se précipitaient dans les allées du marché central en fin de matinée. Mais on était en plein hiver, et ces nuages n'apporteraient pas de pluie. Des femmes, enveloppées de la tête aux pieds dans des châles colorés, glissaient tels des fantômes entre les minuscules étals des vendeurs d'étoffes et des marchands d'épices. Des hommes en robe blanche étaient rassemblés dans le passage où les forgerons martelaient les *jambiya**, ces dagues incurvées que nos fiers hommes yéménites arborent à leur ceinture depuis trois mille ans. Jouant des coudes pour passer devant les autres, ils criaient des ordres aux marchands assis en tailleur qui se prélassaient dans leurs ateliers, ou traînaient pour entendre l'histoire d'un conteur professionnel.

Au sud du marché, près de Bâb al-Yemen, la porte principale de la ville, était accroupie une jeune sentinelle portant une tenue militaire décolorée. Prenant la bouilloire posée sur le feu, le jeune homme se servit une tasse de thé qu'il but à grand bruit, les yeux levés vers le ciel laiteux où se découpait le djebel Nogum, montagne qui servait de rempart à la ville au sud-est. Au cours des siècles, la forteresse nichée à son

* Pour les mots arabes employés fréquemment dans cet ouvrage, voir le glossaire, p. 457. *(Toutes les notes sont de l'auteur.)*

sommet avait causé des ravages dans les rangs des envahisseurs et des prétendants au trône, mais cet après-midi-là, ses canons se révéleraient impuissants face au déluge de mort et de destruction qui allait s'abattre sur ma ville de San'â*.

A un peu moins de deux kilomètres au sud-ouest, un pick-up montait péniblement l'autre versant du djebel Atan. Un muletier écarta ses trois bêtes de la piste pour le laisser passer. Quand le véhicule fit halte juste au-dessous de la crête arrondie, une douzaine de guerriers émergèrent d'une cavité creusée dans la roche volcanique. Leurs robes amples ondoyaient dans la brise, tandis que leurs fusils et leurs cartouchières brinquebalaient à leurs épaules.

Certains d'entre eux se dirigèrent vers les mules, desquelles ils déchargèrent des caisses de munitions pour les emporter dans l'abri rocheux. En dépit de la fraîcheur hivernale, la sueur mouilla rapidement les turbans de laine volumineux qu'ils portaient autour de la tête. Les autres coururent jusqu'à la camionnette pour retirer la bâche qui couvrait deux rangées de canons de 106 millimètres chargés à l'arrière. Puis, au prix d'efforts considérables, ils soulevèrent trois cylindres pointus pour les insérer dans les canons étroits. Ils sautèrent ensuite au sol et conduisirent la camionnette jusqu'au sommet tout proche. Protégée par son mur de terre, San'â se prélassait au soleil en contrebas.

La ville n'était pas très animée, car c'était le mois sacré du ramadan, période pendant laquelle nous autres musulmans ne laissons ni nourriture ni boisson franchir nos lèvres entre le lever et le coucher du soleil. De nombreux habitants passaient les heures de jeûne à somnoler, sans se douter de l'horreur qu'ils allaient devoir affronter.

* Capitale du Yémen, pays situé à la pointe sud-ouest de la péninsule Arabique.

Les clients du marché se faisaient rares tandis que le soleil atteignait son zénith. Des hommes à la barbe grise, courbés par le poids des ans, émergèrent de chez eux, se précipitant le long des couloirs sombres comme des hamsters dans un labyrinthe. Chacun entra dans sa mosquée respective et gravit l'escalier en colimaçon qui accédait au sommet du minaret. Plaçant leur main droite en coupe autour de leur bouche et, se couvrant l'oreille à l'aide de la gauche, poussant leurs voix disproportionnées en regard de leurs corps frêles, ils appelèrent les fidèles à la mosquée pour la prière.

Un léger nuage de fumée blanche s'enroula soudain au-dessus du djebel Atan. Celui-ci aurait pu passer inaperçu si un objet étincelant ne s'était pas envolé du sommet de la montagne au même moment pour s'en éloigner en décrivant des zigzags paresseux. Les voix qui s'élevaient des minarets se brisèrent sous l'effet de la peur tandis que l'inquiétant cylindre approchait, laissant derrière lui une fine traînée de fumée. Un second suivit le premier, puis un troisième, chacun planant un moment avant d'accélérer pour se diriger vers la ville à une vitesse alarmante. Un hurlement à glacer le sang, semblable à un bruit d'ongles sur un tableau noir, engloutit l'appel à la prière plaintif au moment où les cylindres frappaient le cœur de San'â.

Le premier missile tomba quelque part à l'ouest. J'avais deux ans, et le bruit sourd de l'explosion me tira d'un rêve avec un mouvement convulsif. Les yeux toujours fermés, j'agrippai la poupée à côté de moi, tirai la couverture sur ma tête pour me protéger de l'air glacial, et sombrai à nouveau dans le sommeil. Mon frère Hamud, âgé de quatre ans, n'avait pas bougé. Mais ma mère, qui somnolait par terre à côté de nous, fut instantanément sur ses gardes.

Maman ne connaissait que trop bien la terreur qui accompagnait le vrombissement d'une roquette Katyusha. Elle l'avait elle-même éprouvée deux jours plus tôt en sortant acheter du mouton pour rompre la journée de jeûne. Nous mangions rarement de la viande, mais, pendant l'année, maman cachait quelques pièces sous le coussin qu'elle utilisait comme matelas afin de pouvoir se permettre quelques folies pendant le ramadan.

Ce jour-là, en arrivant près de l'école primaire de Nishwan, à côté du *Wâdî as-Saila*, la large trouée qui acheminait les eaux de pluie à travers la ville, un de ces projectiles s'écrasa dans la rue avec un sifflement à quelques mètres devant elle. La déflagration ouvrit un trou béant dans une maison située en face de l'école, arrachant le bras d'une jeune mère qui lavait sa vaisselle à l'intérieur. Des éclats d'obus criblèrent le mur de pierre à côté de maman, et des fragments d'acier chauffé au rouge dansèrent en sifflant sur le sol à ses pieds, mais, par miracle, elle-même fut épargnée.

Les bruits de cette nouvelle attaque réveillèrent en elle l'horreur qu'elle avait éprouvée deux jours plus tôt. Elle jeta un regard angoissé par la fenêtre en vitrail, avec ses yeux innocents que trois décennies de difficultés et d'incertitudes avaient prématurément enfoncés dans leurs orbites. En général, une explosion annonçait l'arrivée de plusieurs autres, et elle tendit l'oreille. Sentant la vibration terrifiante de la deuxième roquette, elle retint sa respiration en attendant l'impact.

La maison trembla et la fenêtre explosa tel un feu d'artifice coloré. Maman ferma les yeux, à la fois pour les protéger de la pluie d'éclats de verre et pour implorer Dieu d'épargner ses enfants. Des morceaux de plâtre tombèrent du plafond et de la poussière venue des murs en pisé s'engouffra dans la pièce pour former un épais brouillard.

Paniquée, maman nous souleva, Hamud et moi, du tapis en laine de mouton étalé par terre sur lequel nous dormions, puis elle se précipita dans le couloir central plongé dans la pénombre. Elle faillit heurter son beau-père qui dévalait les gigantesques marches de pierre. En file indienne derrière lui, sa femme, ses trois fils et ses deux filles se criaient de suivre le rang, se recroquevillant chaque fois qu'un autre missile secouait un quartier lointain.

Progressant à tâtons le long des sacs de grain et du bois de chauffage entassés au rez-de-chaussée, nous parvînmes jusqu'aux meules mécaniques derrière lesquelles nous nous réfugiâmes, accroupis. Personne n'osa retourner à l'étage pour aller chercher une bougie. Solennel, notre clan broyait ses idées noires en silence, impuissant dans l'obscurité froide.

La guerre civile faisait rage depuis plus de cinq ans quand les Katyusha s'écrasèrent sur mon quartier au début de l'année 1968. Jusqu'alors, les combats avaient épargné San'â, mais les scènes de destruction dont j'allais être témoin en sortant plus tard dans la matinée resteraient à jamais mon plus ancien souvenir.

La guerre allait également modeler mon destin d'une façon que je ne pouvais alors imaginer. En détruisant le tissu même de ma famille, elle m'obligerait à tracer mon propre chemin dans la vie, au lieu de suivre la route traditionnellement réservée aux jeunes filles yéménites.

Plus tard, les gens de mon pays ont voulu à tout prix en savoir plus sur moi et les raisons pour lesquelles j'avais choisi un chemin si peu orthodoxe. Mais comme j'étais incapable de parler de mon enfance, de nombreuses personnes ont inventé leurs propres histoires afin de satisfaire leur curiosité.

Quand vingt ans plus tard, aux Etats-Unis, j'ai rencontré Charles, mon futur mari, je n'avais presque jamais parlé de mon passé. Plus nous devenions proches, plus Charles s'intéressait à ma vie. Devant la sincérité de son intérêt, j'ai éprouvé le besoin de lui en dire plus.

Il a procédé en douceur, car il comprenait qu'il m'était douloureux de raconter enfin ce que j'avais enduré. Il m'arrivait de pleurer, et parfois les mots se coinçaient dans ma gorge, refusant de sortir. En fin de compte, il m'a aidée à dire les choses que je n'avais jamais pu raconter à quiconque. J'ai fini par comprendre à quel point les expériences passées avaient façonné ce que j'étais aujourd'hui, et façonné les autres, et j'ai su que je ne devais pas avoir honte des souffrances que d'autres avaient infligées.

Bien sûr, je n'ai pas été la seule à être affectée par la guerre civile au Yémen. Le conflit a modelé une génération entière de mes compatriotes et, parmi ceux-ci, il m'a été donné d'en côtoyer trois plus particulièrement, des hommes que j'apprendrais à connaître et à respecter énormément au fil des ans.

Ces hommes ont occupé des postes importants au sein du gouvernement et de l'armée, et ils ont joué des rôles déterminants dans les manœuvres visant à faire et à défaire les dirigeants du Yémen. J'ai découvert peu à peu que si les motivations de leurs actes étaient nombreuses et complexes, celles-ci se résumaient rarement à une simple soif de pouvoir. Ils avaient à peine plus de vingt ans quand la tempête de la guerre civile a balayé notre terre natale, lorsqu'ils ont mené leurs hommes au combat, et regardé mourir leur famille et leurs amis. Au lieu de céder sous la pression, ils ont su transformer la tragédie et les difficultés en opportunités. Pourtant, ce sont leurs qualités de pacificateurs qui ont le plus distingué ces hommes, les propulsant à des postes à responsabilités que l'on atteint presque partout ailleurs uniquement grâce à l'argent et aux liens familiaux.

Le Yémen peut sembler très étrange à ceux qui ne connaissent pas ce pays. C'est la patrie des extrêmes, à la fois dans le bien et dans le mal. Pourtant, l'expérience des Yéménites, y compris ceux qui ont grandi pendant la difficile période de guerre civile des années 1960, montre que l'amour, la haine, l'angoisse, la joie, les rêves et les ambitions demeurent sensiblement les mêmes pour les enfants, les adolescents et les adultes du monde entier.

Au lieu d'enterrer le passé, j'ai fini par voir les qualités rédemptrices de celui-ci, malgré une réalité parfois terrible. En racontant comment une poignée d'hommes et de femmes ont réussi à surmonter la pauvreté, la guerre et des barrières sociales rigoureuses, j'espère pouvoir inciter d'autres peronnes à persévérer envers et contre tout, et à ne pas céder au désespoir qui pourrait leur donner envie de renoncer.

I

ENCENS ET INSURRECTION

Mon Yémen natal, l'ancien royaume de Saba, évoque des images mystérieuses et exotiques à la fois en Occident et en Orient. Les Européens et les Américains le connaissent à travers l'histoire de la reine de Saba telle qu'elle est racontée dans la Bible, tandis que les Arabes, du Nord-Ouest de l'Afrique au golfe Persique, voient dans le Yémen* l'origine d'une grande partie de la population arabe du monde actuel.

L'âge d'or du Yémen culmina il y a environ deux mille ans, grâce aux exportations massives d'oliban, de myrrhe et d'encens de toutes sortes. La résine, récoltée sur des arbres et des plantes aromatiques d'une façon assez semblable à celle dont on récolte la sève des pins, dégage un parfum fort et agréable lorsqu'on la fait brûler. Dans l'Antiquité, ces plantes poussaient en Arabie du Sud et à la pointe de l'Afrique, située à quelque cinq cents kilomètres de l'autre côté de la mer Rouge, ainsi que sur quelques îles isolées entre les deux.

L'étincelle qui déclencha ce commerce semble avoir jailli il y a environ six mille ans, quand l'Egypte pharaonique se mit à utiliser l'huile de myrrhe pour embaumer ses morts. On l'acheminait à dos d'âne dans le Nord jusqu'en Egypte, en Méditerranée et en Mésopotamie (l'Irak), et son transport était long et fastidieux. Mais une révolution survint entre 1500 et 1000

* Le mot arabe *Yemen* signifie "le côté droit", ou "le sud", par rapport à la cité de La Mecque.

avant Jésus-Christ avec la domestication du chameau. Ces animaux étaient capables de transporter des charges plus lourdes et d'emprunter des itinéraires plus directs en traversant des étendues désertiques arides. Ce nouveau mode de transport, ainsi que la demande croissante de la Grèce et plus tard de l'Empire romain, dont les religions païennes considéraient que brûler de l'encens était indispensable pour s'attirer les bonnes grâces des dieux, donna une nouvelle impulsion à ce commerce.

Les Bédouins qui circulaient dans la région trouvèrent rapidement un intérêt matériel à ce succès commercial. Ils étaient nombreux à obtenir des emplois rémunérateurs comme guides ou comme gardes pendant les deux mois que durait le voyage entre la côte du Yémen et l'entrepôt principal de Gaza, sur la Méditerranée. Grâce au recrutement de ces avides Bédouins, la sécurité des routes s'améliora et le commerce des marchandises autres que l'encens se développa. Epices, ébène, soie et textiles en provenance des Indes affluaient au Yémen pour être acheminés par bateau dans le Nord, tandis que bois, plumes, peaux et métaux précieux arrivaient d'Afrique.

Les caravanes retournaient en Arabie du Sud chargées d'or et d'argent, préparant le terrain pour l'émergence de gouvernements fortement centralisés. Le premier Etat à émerger dans le Sud de l'Arabie fut le royaume de Saba, dont l'une des reines, d'après le Coran et la Bible, rendit une célèbre visite au roi Salomon à Jérusalem vers l'an 1000 avant Jésus-Christ. Mais dans l'Est, vers le Ve siècle avant notre ère, plusieurs Etats de moindre envergure commencèrent à revendiquer leur indépendance vis-à-vis de Saba.

Le commerce continua de se développer au cours des siècles précédant l'ère chrétienne. Des caravanes de deux à trois mille chameaux empruntaient fréquemment la route de l'encens, laquelle était par endroits pavée de pierres plates. Tout chamelier qui quittait la route établie avec l'intention d'éviter un relais et l'acquittement de ses inévitables taxes pouvait être condamné à mort.

Leur appétit pour l'encens devenant insatiable, les Romains regardaient avec effroi fondre leurs richesses. Ils décidèrent de localiser la source de ce bien précieux et de s'en emparer. En 24 avant Jésus-Christ, Aelius Gallus, le gouverneur romain de l'Egypte, mena une troupe de dix mille hommes le long de la côte est de la mer Rouge en direction de l'*Arabia felix* (l'Arabie heureuse), ainsi qu'on appelait le Yémen à l'époque. La malaria, le manque d'eau, les tribus de maraudeurs et les guides perfides s'allièrent pour faire échouer cette entreprise. Des rumeurs selon lesquelles des serpents ailés gardaient les arbres aromatiques sacrés ne contribuèrent guère à remonter le moral des soldats romains, et l'armée émaciée battit en retraite.

Malgré son échec, l'expédition romaine dénotait néanmoins une compréhension croissante du monde et de sa géographie, laquelle contribuerait bientôt au déclin de la route de l'encens et des royaumes qui en dépendaient. Vers l'an 50 après Jésus-Christ, on raconte qu'une tempête poussa un navire romain de l'entrée de la mer Rouge jusqu'aux côtes de l'Inde. Le capitaine aurait découvert comment utiliser les vents de la mousson pour traverser l'océan Indien et, à dater de ce jour, les navires de l'Egypte romaine allèrent directement en Inde et en Afrique, sans passer par les intermédiaires onéreux de l'Arabie du Sud.

C'est peut-être l'inexorable montée du christianisme dans le bassin méditerranéen qui porta le coup fatal au commerce de l'encens. Si les chrétiens brûlaient eux aussi de l'encens lors de leurs fêtes religieuses, ils étaient loin de consommer les quantités utilisées par les païens. La demande chuta brutalement.

Avec la diminution des rentrées d'argent, les royaumes d'Arabie du Sud commencèrent à négliger leurs autres réalisations, notamment dans le domaine de l'agriculture. Le royaume de Saba avait acquis une renommée durable grâce à ses vastes travaux d'irrigation, parmi lesquels l'énorme barrage de Ma'rib construit au VIe siècle avant Jésus-Christ. Celui-ci irriguait plus de soixante mille hectares et permit la fondation d'un centre urbain sophistiqué. Mais avec le déclin de leurs revenus, les habitants de Saba laissèrent le barrage tomber en ruine et s'effondrer.

Les différents Etats d'Arabie du Sud, qui se battaient pour avoir une part de ce gâteau déjà bien entamé, tentèrent tous d'accroître leur pouvoir aux dépens des autres. L'introduction du cheval dans la région au cours du Ier ou du IIe siècle après Jésus-Christ révolutionna la nature des combats. Une guerre récurrente intensifia le déclin déjà amorcé dans la région, et un exode de masse s'ensuivit.

Certaines familles partirent en direction du nord et de l'est, colonisant une grande partie de ce qui est aujourd'hui le sultanat d'Oman, les Emirats arabes unis, l'Arabie Saoudite, et jusqu'à l'Irak au nord. D'autres émigrèrent dans les montagnes yéménites de l'Ouest, où un nouveau royaume, Himyar, s'établit indépendamment du commerce de l'encens. Au VIe siècle après Jésus-Christ, le commerce international du Yémen et les royaumes fondés sur celui-ci avaient disparu.

Le christianisme commença ses incursions en Arabie du Sud au milieu du IVe siècle après Jésus-Christ. Mais un demi-siècle plus tard, de nombreux Yéménites se convertirent au judaïsme sous les auspices du roi himyarite. Le dernier dirigeant juif du Yémen fit de son mieux pour assujettir, et dans certains cas exterminer, la communauté chrétienne qui persistait dans la région. Mais il provoqua au passage une invasion de l'Abyssinie chrétienne (l'Ethiopie moderne), qui se lança au secours de ses coreligionnaires vers 525 après Jésus-Christ.

Las du joug abyssin, le Yémen le troqua contre celui de la Perse (l'Iran) un demi-siècle plus tard. Le schah de Perse libéra un millier de prisonniers de ses geôles et les envoya en Arabie où ils repoussèrent les Abyssins vers la mer. En 628 après Jésus-Christ, après cinquante années passées comme province de la Perse, le Yémen se soumit paisiblement à la nouvelle foi musulmane.

L'islam ne fut bien sûr pas introduit sans résistance au Yémen, ni dans aucun autre pays. La nouvelle religion devait vaincre, et dans certains cas intégrer, des croyances locales profondément enracinées. Par exemple, l'arrivée de l'islam marqua une avancée révolutionnaire dans le statut social de la femme dans presque tous les pays où il s'imposa. Dans l'Arabie préislamique, il arrivait fréquemment que les petites filles soient étouffées à la naissance par des parents qui désiraient un garçon et ne pouvaient se permettre de gaspiller leurs maigres ressources pour élever une fille. L'islam a aboli ce genre de pratiques, de même qu'il a institutionnalisé les droits de succession des femmes, lesquels existaient rarement auparavant.

Grâce à ses pluies abondantes ainsi qu'au mode de vie agricole qu'elles permettaient, le Yémen avait un taux de population beaucoup plus important que celui des déserts stériles des pays voisins. La main-d'œuvre nationale joua un rôle crucial dans la diffusion de l'islam au cours des décennies qui suivirent la mort du prophète Mahomet, en 628 après Jésus-Christ, quand vingt mille Yéménites portèrent la jeune expansion musulmane hors des frontières de l'Arabie. Ils conquirent une bande de terre qui s'étendait des frontières de la Chine à l'est jusqu'au détroit de Gibraltar et à la lisière de l'Espagne à l'ouest*. En Afrique du Nord et jusqu'à Barcelone, certaines villes portent le nom de tribus yéménites, et beaucoup d'entre elles emploient aujourd'hui encore les anciennes méthodes d'irrigation des fermiers de ce pays.

* Le nom "Gibraltar" est une déformation de djebel Tariq – le mont Tariq, à qui l'on donna le nom d'un commandant militaire musulman d'origine yéménite.

Pendant la plus grande partie du dernier millénaire, le Yémen fut dirigé par des membres distingués de familles *sayid*, c'est-à-dire des descendants du prophète Mahomet. Des dynasties accédaient au pouvoir et le perdaient tandis que les *sayid* intriguaient pour obtenir le soutien de leurs différents membres ainsi que celui des nombreuses tribus du pays. Seules quelques brèves invasions étrangères interrompirent cette partie d'échecs historique. Parmi les plus récentes, on compte surtout les différentes occupations des Turcs ottomans lesquels prirent le contrôle du pays aux XVIe et XVIIe siècles, puis à nouveau au XIXe et au début du XXe siècle.

Les deux tribus principales du Yémen, les Hashîd et les Bakîl, fournissaient la puissance militaire qui soutenait les dirigeants *sayid*, appelés imams. La généalogie populaire prétend que Hashîd et Bakîl étaient frères. Il s'agit des descendants de la neuvième génération de Sabâ, lequel donna son nom au légendaire royaume de Saba (*Sheba* en hébreu).

Un imam pouvait en général, mais pas toujours, compter sur une majorité de Hashîd et de Bakîl pour rallier sa cause en cas de problème. Rien n'instillait autant la cohésion qu'un envahisseur chez les fières et querelleuses tribus des montagnes. Les Ottomans étaient des musulmans dont le sultan, qui régnait depuis Istanbul, se prétendait khalife, c'est-à-dire chef du monde musulman. Mais en dépit de leurs références religieuses, l'armée de cet empire n'en était pas moins haïe par les Yéménites. A plusieurs reprises, les imams réunirent les tribus et parvinrent à chasser les Turcs des terres montagneuses pour les repousser jusqu'à la plaine côtière de la mer Rouge infestée par la malaria. Ma grand-mère me racontait des histoires sur le rôle qu'avait joué mon arrière-arrière-grand-père dans la résistance contre les Ottomans, et le prix qu'il avait payé pour cela. Les guerriers yéménites infligèrent de telles pertes à l'armée ennemie que mon pays devint connu sous le nom de "Cimetière des Turcs".

Le départ des étrangers marqua cependant la rupture du lien qui unissait le dirigeant à son peuple. Dès lors, les relations entre l'imam et les tribus indépendantes se détériorèrent de façon brutale. La bravoure guerrière et les qualités de chef seules ne suffisaient plus à l'imam pour conserver le soutien de la population par temps de paix. Il devait désormais faire preuve d'habileté dans des domaines plus communs tels que l'administration publique et l'arbitrage des disputes tribales. Le plus délicat de tout était peut-être la distribution généreuse mais habile des maigres impôts que le souverain parvenait à soutirer à la population. Accorder trop ou trop peu à tel ou tel pouvait facilement signifier sa chute.

Les imams étaient en général aussi bien préparés que n'importe qui à affronter ces tâches intimidantes. Tous les imams devaient être des descendants de Fatima, la fille de Mahomet (car les fils du Prophète n'avaient pas survécu au-delà de la petite enfance). Si cette condition limitait déjà de façon sévère le nombre des dirigeants potentiels, d'autres exigences en réduisaient encore le choix. Par exemple, le candidat devait être un homme généreux, courageux, juste, sain de corps et d'esprit, habile administrateur, pieux et instruit en matière de loi islamique.

A leur mort, certains imams léguaient leur titre à un de leurs fils. Tel fut le cas des quatre imams de la famille Hamîd al-Dîn qui régna sur le pays au XXe siècle. Mais cela ne constituait en aucun cas une tradition stricte. Cette pratique était délicate à appliquer car tous les imams potentiels devaient prouver qu'ils étaient capables et dignes d'assumer cette fonction avant de pouvoir s'assurer le soutien crucial des tribus et des sages religieux du pays.

Souvent, à la mort d'un imam, de nombreux candidats se présentaient, ce qui entraînait parfois une effusion de sang entre leurs partisans respectifs. D'autres fois, personne ne revendiquait le titre. Le siège de l'imamat restait donc vacant jusqu'à ce qu'une crise imminente parvienne à persuader un autre *sayid* brave ou ambitieux d'endosser cette responsabilité.

Le premier imam était venu au Yémen à la fin du IXe siècle après Jésus-Christ, non en tant que guerrier mais en tant que médiateur, invité par des tribus rivales à Sa'da, une ville située à deux cent cinquante kilomètres au nord de San'â. Ce sage religieux, qui était aussi un *sayid* respecté, arriva de sa Médine natale, lieu de sépulture du prophète Mahomet situé plus au nord. Les simples bâtiments d'argile ocre de Sa'da plurent au vieux sage. Des cornes d'ibex (les bouquetins du désert) plantées aux quatre coins extérieurs des maisons protégeaient celles-ci du malin. Et l'air frais du haut plateau était revigorant après la chaleur étouffante de Médine. Cet invité de marque décida de prendre cette agréable oasis pour foyer.

Le vieux sage instruisit les Yéménites dans la voie du zaydisme, l'une des nombreuses sectes de l'islam chiite, puis s'autoproclama imam, c'est-à-dire chef de la communauté zaydite. Le nouvel imam, comme le prophète Mahomet avant lui, gagna le respect et la protection de ses adeptes grâce à son charisme, son honnêteté, son équité et ses talents de médiateur. Son autorité religieuse toucha des activités plus laïques et, en l'espace de quelques années, l'influence de cet homme s'étendit jusqu'à San'â. Après sa mort, d'autres familles *sayid* venues des environs de La Mecque et de Médine immigrèrent au Yémen, et leur nombre atteignit plusieurs milliers au cours des siècles suivants.

Pendant une brève période, au début du XVIe siècle, le Yémen redevint le centre du commerce international quand les marchands commencèrent à exporter du café du port de Mokha, sur la mer Rouge, vers Constantinople. Les Turcs introduisirent bientôt cette boisson à Venise, et le reste de l'Europe suivit un siècle plus tard*.

* Le mot "café" vient du mot arabe *qahwa*, transformé en turc en *kavay*.

Devant l'incroyable popularité du café, les Européens aspirèrent à contrôler leur propre production. Il leur fallut peu de temps pour parvenir à sortir illégalement des caféiers du Yémen, seul fournisseur à cette époque, et à les cultiver dans leurs colonies respectives implantées aux Caraïbes, en Amérique du Sud et en Asie. Les plantations hollandaises de caféiers yéménites sur l'île indonésienne de Java donnèrent naissance à l'un des cafés les plus populaires de l'époque moderne : le moka Java. Avec l'augmentation de l'offre mondiale qui en découla, le monopole du Yémen disparut et ses exportations de café s'effondrèrent.

L'ère médiévale produisit au Yémen sa part de souverains éclairés. Par la suite, cependant, les imams comme les tribus eurent tendance à regarder d'un œil soupçonneux toute innovation susceptible de détruire le fragile équilibre entre le dirigeant et son peuple. En conséquence de quoi, dans les années 1960, la société yéménite survivait comme une enclave anachronique. A cette époque pourtant récente, les habitants de mon pays ignoraient encore tout des avancées technologiques et scientifiques internationales des dernières décennies et, virtuellement, ils vivaient comme ils avaient toujours vécu. Le pays ne disposait que de quelques routes, et il n'y avait pas l'électricité (hormis quelques rares générateurs privés), pas de papier-monnaie et quasiment aucune industrie moderne.

La fabrique de munitions de San'â fonctionnait pour le compte de l'imam et produisait quelques milliers de cartouches par jour. Au milieu du XXe siècle, cette modeste usine représentait la totalité du secteur industriel des hautes terres du Nord du Yémen.

Les rares marchandises importées, des textiles venus de Syrie pour la plupart, arrivaient par bateau dans la ville d'Aden, située sur l'océan Indien. Les caravanes de chameaux et d'ânes venues de San'â mettaient vingt-huit jours pour descendre jusqu'à ce port du Sud et revenir avec leurs marchandises. De modestes exportations de café, coton, peaux d'animaux, fer et acier bruts parvenaient à payer ces produits étrangers. Dans les années 1940, le patriarche de l'une des familles marchandes originaires de San'â impliquées dans ce commerce empruntait de l'argent au consul allemand à un taux d'intérêt de vingt-cinq pour cent afin de pouvoir financer les caravanes. Les banques n'existaient pas.

Un taux d'illettrisme de près de quatre-vingt-dix pour cent renforçait l'isolement du Yémen. Le pays ne possédait presque aucune infrastructure en matière d'éducation en dehors des cursus religieux de base proposés par les mosquées rurales. Quand, en 1946, six Yéménites firent la démarche sans précédent de demander à l'imam l'autorisation d'aller suivre des études d'ingénieur en Italie, celui-ci les surprit en accédant à leur requête. Mais au lieu de délivrer un passeport aux étudiants, l'imam Yahya Hamîd al-Dîn, souverain du Yémen de 1904 à 1948, leur fournit uniquement une lettre frappée de son sceau écarlate officiel. Le mot manuscrit indiquait, de façon naïve mais directe :

A qui de droit :

Veuillez permettre à ces jeunes gens d'étudier dans votre pays et d'apprendre votre langue, car ceux qui connaissent des langues étrangères sont capables de se protéger des supercheries.

Après la Première Guerre mondiale, l'imam Yahya avait fait venir une poignée d'ingénieurs et de médecins italiens et français au Yémen. Tous les étrangers devaient obtenir l'autorisation expresse de l'imam en personne avant de pouvoir entrer dans le pays.

Ahmad, le fils de l'imam Yahya, qui fut son successeur entre 1948 et 1962, considérait les étrangers avec à peine moins de suspicion que son père. Il savait parfaitement comment les pouvoirs coloniaux européens avaient dépecé et exploité les pays voisins de l'Afrique et de l'Asie. Déterminé à épargner ce destin à son pays, il rejetait presque systématiquement les offres faites par les investisseurs étrangers.

Dans un discours public prononcé en 1953, Ahmad justifiait ainsi sa politique isolationniste :

J'ai entendu quelqu'un dire : "Le Yémen est arriéré, le Yémen a faim, le Yémen est pauvre." Je ne nie pas cela... Mais je lui réponds : "Souhaitez-vous le progrès, et ressembler à ceux qui souffrent d'un despotisme et d'un impérialisme qui les ont dépossédés de leur courage, de leur dignité et de leur liberté ?"

Dieu m'est témoin que je souhaite à mon peuple la sécurité, la prospérité, la chance et le confort. Mais je ne lui souhaite pas d'obtenir tout cela s'il ne peut préserver sa religion, son pays et son honneur.

Yahya – et Ahmad après lui – prenait lui-même presque toutes les décisions d'Etat, y compris celles qui concernaient les affaires administratives les plus banales. Plusieurs jours par semaine, Yahya allait s'asseoir à l'ombre d'un arbre à l'extérieur des murs du palais de Dâr as-Sa'ada, à San'â, une ville qui comptait à l'époque quelque cinquante mille habitants. Perchées sur les branches, des colombes à ventre jaune regardaient les plaignants et les accusés issus des milieux les plus humbles exposer leurs affaires devant l'imam attentif.

Les autres jours, Yahya aimait aller se promener à l'extérieur de San'â dans sa voiture à cheval. Sa vaillante escorte de fantassins formait un cortège impressionnant qui chantait et gambadait gaiement autour de l'attelage. Des *jambiya* étincelantes tournoyaient haut au-dessus de leur tête lorsqu'ils se lançaient dans des danses tribales en revenant au palais.

Personne ne pouvait accuser Yahya ou Ahmad de tirer des avantages financiers de l'état d'autocratie dans lequel ils maintenaient le pays. Leur richesse n'approchait même pas de loin celle des despotes ordinaires des autres pays du Moyen-Orient. En tant qu'imams, ils n'avaient pas grand-chose, hormis leur force de caractère (et, dans une certaine mesure, leurs origines *sayid*) pour se distinguer de la masse. Leurs quelques "palais" surpassaient à peine les maisons de certains marchands prospères (lesquels n'osaient pas construire des résidences plus somptueuses que celles des imams, même si beaucoup en auraient eu aisément les moyens.)

On raconte que l'imam Yahya, qui mourut vieux, n'avait jamais vu la mer. De fait, peu d'habitants des hautes terres et des régions désertiques situées au nord et à l'est de San'â avaient déjà mis les pieds hors du pays, ou même, pour la plupart, hors de leur propre communauté.

Les Yéménites des hautes terres du Sud, cependant, avaient plus tendance à voyager. Au milieu du XXe siècle, plusieurs milliers d'entre eux partirent à l'étranger pour aller étudier ou travailler dans des centres industriels en Angleterre ou en Amérique. D'autres durent se contenter d'aller à Aden, ville occupée par les Britanniques, où ils pouvaient étudier dans des écoles anglaises ou adhérer aux syndicats ouvriers militants qui fleurissaient là-bas.

Un décret promulgué par l'imam Ahmad en 1952 exigeait que tout homme désireux de quitter le pays présente au gouverneur de sa province une attestation spécifiant que quelqu'un cultiverait ses terres en son absence. Etant donné que la plupart des familles comptaient au moins une demi-douzaine de fils, cette condition n'était pas un grand obstacle. L'émigration vers Aden devint une démarche logique pour tous les adolescents ambitieux habitant les hauts plateaux du Sud, qui avaient trop de frères aînés et pas assez de terres à cultiver.

Ces émigrés revenant au pays avec des attentes de plus en plus grandes et de nouvelles idées sur le monde, l'imam finit par comprendre qu'il ne pourrait pas isoler indéfiniment le Yémen du monde extérieur. Il entreprit lentement de moderniser le pays. En 1957, Ahmad commença à acheter des armes soviétiques à l'Egypte et fit venir des conseillers égyptiens dans le but de mettre sur pied une armée efficace. Au début des années 1960, il autorisa l'Union soviétique à construire un port de haute mer dans la ville d'Al-Hudayda, puis contrebalança de façon astucieuse les implications politiques de ce geste, au sommet de la guerre froide, en signant des contrats permettant à des entreprises américaines et chinoises de construire des routes reliant les trois villes principales du Yémen. Les Chinois construisirent la première route goudronnée du pays en 1961.

Ahmad s'avéra être un souverain moins populaire et moins habile que son père, parfois tyrannique aussi. Beaucoup le craignaient et lui reprochaient sa façon de gouverner. Si son père avait lui aussi inspiré de la crainte à ses sujets, ceux-ci savaient que ses décisions étaient toujours justes. Ahmad, en revanche, souffrait d'énormes sautes d'humeur provoquées par la morphine qu'il consommait afin de soulager son arthrite, et il délivrait des édits de façon beaucoup plus capricieuse.

La communauté des dignitaires religieux du Yémen (les ulémas) s'était réunie du vivant de Yahya, et elle avait décidé qu'Ahmad n'était pas apte à succéder à son père en tant qu'imam. Elle lui préférait 'Abd Allâh al-Wazîr, lequel descendait d'une autre famille *sayid* influente. Mais Ahmad était tout sauf idiot. Des mois avant le décès de son père, il répandit la rumeur selon laquelle l'imam était mort afin de tester la réaction de ses opposants et des tribus. Il fut déçu du résultat.

Rusé, Ahmad comprit que sa meilleure chance de devenir imam serait le meurtre de Yahya. Un tel incident serait susceptible de rallier à sa cause la population touchée par l'assassinat de son père. Et faire tuer son père n'était pas difficile. De nombreuses intrigues couvaient en permanence dans le pays, intrigues dont Ahmad était pour la plupart au courant.

Une de ces conspirations retint son attention : celle-ci visait à remplacer Yahya par 'Abd Allâh al-Wazîr, dont les partisans étaient las d'attendre la mort naturelle du vieil imam. En impliquant son vieux rival Al-Wazîr, Ahmad pouvait faire d'une pierre deux coups.

Feignant d'ignorer le complot, l'ambitieux Ahmad laissa les choses suivre leur cours jusqu'au début de l'année 1948. Puis, le 17 février, jour fixé pour la réalisation du coup d'Etat, Ahmad se glissa furtivement hors de son palais de Taëz, une ville située à deux cent cinquante kilomètres au sud de San'â, car il avait appris que son propre assassinat devait suivre celui de son père. Emportant une certaine quantité d'or, il partit pour la forteresse de Hajja, perchée dans les montagnes brumeuses qui s'élèvent au nord-ouest de San'â, à une épuisante semaine de marche de Taëz.

Le pari qu'il avait pris fut payant. Condamnant le meurtre de l'imam, qui aurait tenté de protéger son jeune petit-fils des balles des assassins, les tribus se réunirent autour d'Ahmad pour écraser Al-Wazîr et ses partisans.

Ahmad transféra la capitale du Yémen de San'â à Taëz, où il jouit d'un règne relativement stable pendant ses quelques premières années au pouvoir. Puis, en 1955, des fermiers en colère égorgèrent trois collecteurs d'impôts de l'imam dans les environs de Taëz. L'armée riposta en détruisant plusieurs maisons dans le village des fermiers, mais sans avoir au préalable demandé l'autorisation d'Ahmad. Quand l'imam ordonna l'arrestation de l'inspecteur général de l'armée pour cette attaque, celui-ci craignit que le souverain n'ait découvert son implication dans un complot de coup d'Etat qui se tramait à l'époque. Certain d'être exécuté, il ordonna à l'armée de bombarder la citadelle de l'imam, forçant le souverain à abdiquer.

Pourtant, après que l'imam eut soudoyé de nombreux mutins pour les convaincre de prendre son parti, la tentative de coup d'Etat capota en quelques heures. De retour sur son trône, Ahmad récupéra son investissement salvateur en taxant les soldats d'une amende équivalente à la somme exacte qu'il leur avait versée pour les soudoyer. Mais ceux-ci s'estimèrent heureux de s'en tirer à si bon compte.

L'inspecteur général de l'armée et un des frères de l'imam, qui avait apporté son soutien à la tentative de coup d'Etat, eurent moins de chance. Quelques jours plus tard, une foule considérable s'agglutina sur la place publique de Taëz pour assister à leur décapitation. Mais l'imam Ahmad, aussi petit et rond qu'une citrouille, qui surveillait le déroulement de l'exécution d'un œil noir depuis son fauteuil posé au milieu de la foule, attirait l'attention plus encore que les exécutions sanglantes.

Ahmad excellait dans l'art de cultiver son image de devin. Une paire de jumelles reçue en cadeau – alors que l'objet était inconnu dans le pays – lui permettait d'apercevoir avant tout le monde les caravanes qui approchaient, depuis le dernier étage de son palais. Prédisant ensuite leur arrivée deux heures à l'avance, il laissait son entourage ébahi.

Ahmad avait retrouvé son prestige en ayant su déjouer à lui seul la mutinerie de l'armée, et il se prélassait dans sa gloire en observant les exécutions. Un de mes lointains parents qui y avait assisté, enfant, me raconta l'événement beaucoup plus tard de la façon suivante :

"L'imam Ahmad avait de gros yeux globuleux, et les gens racontaient qu'il parvenait à cet effet en s'étranglant légèrement de temps à autre à l'aide d'un cordon. Le jour des décapitations, il avait encore renforcé cet effet en s'appliquant une généreuse couche de khôl (de l'antimoine noir) autour des paupières, et ses poils de barbe enduits de crème se dressaient tout droits sur son menton, comme s'il avait mis les doigts dans une prise de courant.

Ahmad a exposé le crime et demandé à la foule si les hommes coupables méritaient la mort, et tout le monde a répondu : «Oui, oui.»

L'inspecteur général a soupiré. «Maudit soit ce peuple, a-t-il dit. Je voulais lui sauver la vie, mais lui veut me donner la mort.»

Une fois les exécutions terminées, l'imam s'est levé pour quitter la place. Au lieu de se disperser, les spectateurs se sont pressés autour de lui pour mieux le voir, espérant qu'il pourrait leur transmettre certains de ses pouvoirs mythiques. Il y a eu une grosse bousculade, et l'imam s'est énervé.

«Qu'est-ce que ça veut dire ? a-t-il grogné. Vous voulez m'écraser ?»

Tout le monde s'est figé et a regardé avec effroi l'imam dont la voix grondait comme le rugissement d'un lion. Voyant que personne ne s'écartait de son chemin, Ahmad a empoigné l'immense cimeterre accroché à sa ceinture et l'a dégainé d'un geste vif. Le grincement de l'acier s'est répercuté à travers la place, et nous sommes tous tombés à la renverse les uns sur les autres, comme des dominos. Personne n'a même osé respirer avant que l'imam soit parti."

Le fait d'avoir frôlé la mort par deux fois, en 1948 et 1955, entoura Ahmad d'une aura d'invincibilité, comme si Dieu avait eu à cœur la sécurité de l'imam. Cela rendit d'autant plus difficiles les tentatives successives pour le renverser, mais de nouvelles conspirations continuaient néanmoins de voir le jour.

En avril 1959, l'imam morphinomane partit en Italie pour suivre une cure de désintoxication. En son absence, il passa le relais à son fils, Muhammad al-Badr. Le jeune prince inexpérimenté ne ressemblait pas à son père. Favorable aux idées progressistes du révolutionnaire égyptien Gamal Abdel Nasser, il plaida en faveur de réformes dans son propre pays similaires à celles qui avaient été mises en place en Egypte.

L'imam Ahmad, en revanche, voyait les choses du point de vue de l'ancienne génération. La ferveur révolutionnaire du Moyen-Orient attisée par le charismatique chef égyptien l'irritait et l'effrayait. Afin d'endiguer une telle marée au Yémen, l'astucieux imam avait surpris la communauté internationale en acceptant d'unir son pays avec l'Egypte et la Syrie en 1958 pour former la République arabe unie. Rejetant les appels au changement de son fils, Ahmad utilisa au contraire cette alliance afin de tenir Nasser à distance.

Mais Ahmad étant à Rome, Al-Badr put commencer à appliquer certaines des réformes qui lui tenaient à cœur. Il limogea des officiers militaires jugés trop réactionnaires, prit la mesure sans précédent de créer un conseil consultatif de sept membres, et dressa une longue liste de réformes concernant la gestion de l'administration.

En dépit de ses bonnes intentions, les Yéménites sentirent la faiblesse d'Al-Badr. Il visait à satisfaire tout le monde, ce qui n'avait jamais mené très loin aucun de ses prédécesseurs. Bien que les caisses de l'Etat fussent presque vides à la suite de plusieurs années de sécheresse et de famine, il céda à l'agitation régnant au sein de l'armée, laquelle réclamait des augmentations. Devant les exigences sans fin des militaires, le prince augmenta les appointements que le gouvernement versait aux cheikhs (les chefs des tribus) dans l'espoir de gagner leur soutien pour lutter contre une armée de plus en plus révoltée.

Ahmad eut vent de ces problèmes et rentra chez lui en août 1959. Les troubles dans lesquels le pays avait sombré le mirent dans une rage incontrôlable. Lorsqu'il ordonna aux cheikhs de lui rendre leurs appointements, les tribus enhardies se rebellèrent. L'armée, encore fragilisée par les révocations, et à présent menacée de diminutions de salaire au lieu des augmentations espérées, s'avéra incapable ou réticente à écraser le soulèvement.

Ahmad convoqua deux des meneurs de la révolte : le puissant Husayn al-Ahmar, cheikh de toutes les tribus Hashîd, et le fils de Husayn, Hamîd. L'imam Ahmad les fit emprisonner, et comme les tribus refusaient encore de mettre fin à leur insurrection, il ordonna la décapitation des deux hommes.

Ces exécutions choquèrent les Yéménites, et l'ordre régna à nouveau sur le pays. Mais il ne s'agissait que du calme avant la tempête. L'influence de l'imam sur les tribus ne se remit jamais de la mort des Al-Ahmar. Au cours des deux ans et demi suivants, de nouveaux troubles éphémères ne cessèrent d'éclater tandis que les tribus, en particulier les Hashîd, attendaient l'occasion de se venger. Les exécutions sommaires allaient précipiter non seulement la fin de la dynastie de la famille Hamîd al-Dîn, mais également l'extinction de l'institution de l'imamat au Yémen.

Deux ans plus tard, fin 1961, Ahmad scella le destin de sa famille en retirant le Yémen de son union moribonde avec l'Egypte. Les relations entre les deux Etats se dégradèrent rapidement au cours des neuf mois suivants.

Quand Ahmad mourut de sa belle mort en septembre 1962, son fils, Muhammad al-Badr, devint le nouvel imam. Une semaine après la passation des pouvoirs, une clique d'officiers bombardèrent le palais d'Al-Badr et déclarèrent la création d'une république.

Quand la nouvelle du coup d'Etat se répandit, de nombreux Yéménites n'avaient aucune idée de ce que pouvait être une république. Tout excités, les gens annonçaient à leurs voisins : "*Jumhuriya* est arrivée !" – *Jumhuriya* étant le nom féminin arabe signifiant "république".

"D'où vient cette *Jumhuriya* ? demandaient-ils. Et pourquoi est-elle venue ?"

L'imam Al-Badr parvint à s'enfuir en cachette de sa tour assiégée de San'â. Fuyant en direction des montagnes du Nord, il recourut à la tactique millénaire de rallier les tribus afin d'écraser la révolution. De nombreuses tribus se rallièrent à sa cause, mais beaucoup d'autres lui refusèrent leur aide. Le soutien des tribus Hashîd, qui s'était avéré d'une importance capitale en temps de conflit pour les précédents imams, faiblissait de façon manifeste. La décapitation de leur grand chef trois ans plus tôt avait sévèrement entamé leur enthousiasme pour l'imamat.

La rebuffade des Hashîd porta un coup critique à Al-Badr. Cependant, l'aide apportée aux républicains par le président égyptien Nasser était tout aussi importante. Quelque soixante mille soldats égyptiens arrivèrent au Yémen pour étayer la république vacillante.

Mais Al-Badr se sentit soutenu quand les grands rivaux de Nasser au sein de la famille royale d'Arabie Saoudite décidèrent de financer l'imamat. Les Saoudiens estimaient que le fait de renverser un souverain dynastique conservateur à la frontière sud de leur pays établissait un dangereux précédent. Les tribus qui se battaient pour Al-Badr devinrent connues sous le nom de royalistes, et leur loyauté capricieuse allait et venait au fil des ans en fonction de la somme d'argent dont disposait l'imam.

Fin 1967, les troupes égyptiennes finirent par se retirer du Yémen et de ce qui était devenu une impasse. Quelque vingt mille Egyptiens et dix fois plus de Yéménites avaient perdu la vie au cours de ces affrontements. Avec le départ des Egyptiens, des milliers de royalistes fondirent comme des loups des montagnes environnantes dans l'intention d'envahir la capitale et de renverser la république. La lutte pour la ville qui s'ensuivit, y compris les attaques frontales et les avalanches de missiles comme celles que ma famille avait vues de trop près, fut surnommée "le siège des soixante-dix jours".

II

PREMIERS SOUVENIRS

Ma mère, Fatima al-Salami, s'était installée dans la capitale de San'â avec mon frère Hamud et moi à peine quelques mois avant la chute de la roquette Katyusha qui secoua la maison et nous précipita au rez-de-chaussée en quête d'un abri. Maman me serrait contre sa poitrine pendant que Hamud s'accrochait à ses pieds entre les deux meules. Elle me caressait les cheveux, si noirs qu'ils jetaient presque leur ombre propre dans l'obscurité totale.

J'étais trop petite pour avoir peur des explosions, mais je sentais la terreur dans le corps tout en courbes de maman et, au début, je tremblai avec elle. Ses mots apaisants finirent par me rassurer et je me sentis en sécurité dans ses bras.

Une heure après le bombardement, telles des souris sortant de leur trou quand les lumières s'éteignent, les habitants de San'â risquèrent un œil depuis leurs portes en bois finement sculptées pour voir l'étendue des dégâts. Maman s'aventura dans l'entrée de la maison et sortit, alors que j'étais encore accrochée à elle. Elle mesurait à peine plus d'un mètre cinquante, mais le haut de la porte ne lui arrivait qu'aux épaules. La base de celle-ci s'enfonçait de trente centimètres au-dessous du niveau de la rue en terre battue, lequel s'était élevé au fil des siècles à cause de la terre et de la poussière accumulées.

Tournant à gauche, elle se dirigea vers les cris qui se répercutaient dans la ruelle étroite. Une poussière étouffante saturait la lumière du soleil qui filtrait entre les maisons de six ou sept étages, et des grains de sable s'insinuaient sous le châle qui la couvrait de la tête aux pieds. Maman tira son foulard devant son nez et sa bouche pour filtrer l'air lourd.

Soudain, une femme surgit en courant au coin de la rue, son long manteau coloré ondoyant dans la brise.

"Bayt al-Aubeli !" cria la femme en fondant en larmes. "La maison Al-Aubeli a été touchée !"

Maman pressa le pas le long de la ruelle tortueuse. A l'embranchement, elle prit à droite et aperçut des gens qui couraient en tous sens dans le brouillard de suie. Quand elle émergea en plein soleil, la scène épouvantable lui apparut au fur et à mesure que ses yeux s'accommodaient à la lumière aveuglante. Deux murs perpendiculaires de la maison de cinq étages chancelaient, en équilibre précaire sur leurs fondations. Le parapet de bois élaboré qui saillait de la fenêtre du quatrième étage se balançait légèrement, menaçant de s'écraser sur le sol. Le reste de l'édifice s'était effondré et formait un tas de briques et de madriers en flammes.

A l'image des maisons étroitement imbriquées typiques de San'â, dont certaines datent à peu près de l'époque où Colomb découvrit l'Amérique, celle des Al-Aubeli reposait sur une base d'énormes cubes de basalte appelés *hajar habash*, autrement dit "pierre éthiopienne". Ce nom est dû à la couleur charbon des roches volcaniques, qui évoque la peau noire des Ethiopiens vivant de l'autre côté de la mer Rouge. Des briques d'argile plus petites, séchées au soleil et cuites au four, formaient les étages supérieurs de ces habitations, dont les murs extérieurs étaient ornés de délicats motifs abstraits en relief. De l'albâtre, mélangé à de l'eau et appliqué autour des fenêtres et des portes extérieures comme un glaçage sur un gâteau, donnait aux bâtiments de San'â l'allure de maisons en pain d'épice géantes.

Des soldats et des voisins encore sous le choc fouillaient à mains nues les débris de la maison

Al-Aubeli. Un soldat encore adolescent, les lèvres ombrées d'un fin duvet en guise de moustache, saisit un bras émergeant d'un tas de briques à la manière d'un périscope. En tirant, il exhuma lentement le cadavre mutilé d'une femme. Un de ses collègues attrapa les pieds de la victime et ils la transportèrent dans la maison voisine.

Les deux garçons revinrent au même endroit et se mirent à enlever d'autres briques. Lorsque l'un d'eux ramassa ce qui ressemblait à une poupée, le visage de maman se crispa de douleur. Ses lèvres généreuses pâlirent et le grain de beauté qui se trouvait sous son œil droit, à la base de son nez fin, disparut dans la crevasse d'une ride. Elle me posa par terre et traversa la place en courant, en criant : "Saïda !"

Comme moi, la petite fille dormait à côté de sa mère quand le missile s'était écrasé. Maman prit l'enfant des bras du soldat épuisé et se précipita dans la morgue de fortune à côté. Je la suivis, m'arrêtant à l'entrée pour jeter un coup d'œil à l'intérieur. Des femmes en larmes, dont certaines hurlaient de désespoir tandis que d'autres, silencieuses, étaient plongées dans une réflexion amère, s'affairaient à déchirer des bandes dans des draps blancs. Trempées de sang et couvertes de poussière, la femme et les deux filles Al-Aubeli gisaient, prostrées sur le sol.

Saïda attira mon regard curieux. Nous avions souvent joué ensemble quand maman allait acheter du lait et du yaourt, que les épouses des bouchers vendaient en général chez elles. Un collier en argent et des rangs de perles pendaient encore au cou de Saïda, carillonnant avec la demi-douzaine de bracelets de cuivre qu'elle portait à chaque bras dès que quelqu'un la déplaçait. Je me demandais comment les Al-Aubeli pouvaient dormir au milieu de toute cette agitation. "Si seulement Saïda pouvait se réveiller, on pourrait jouer", pensai-je. Je tirai ma mère par le bras tandis qu'elle s'affairait.

"Qu'est-ce qu'elle a, Saïda ? demandai-je. Pourquoi est-ce qu'elle ne se réveille pas ?

— Notre chère Saïda est morte, me répondit maman. Elle ne peut pas se réveiller. Elle va aller rejoindre Dieu au paradis."

Tout cela était nouveau pour moi : la mort, le paradis, Dieu. Je ne comprenais pas ce que ces mots signifiaient.

Maman déchira un carré dans un drap qu'elle glissa sous Saïda, repliant les deux bords de façon à couvrir son corps. N'étant pas mortes de mort naturelle, les Al-Aubeli étaient considérées comme des martyres, et leurs âmes étaient assurées d'avoir une place au ciel. Les martyrs ne sont pas lavés avant leur enterrement, et leurs vêtements sont laissés intacts. Leurs corps, enveloppés dans un linceul blanc appelé *kofn*, doivent être enterrés avant le coucher du soleil le jour même de leur mort.

La fille aînée des Al-Aubeli avait une quinzaine d'années, et elle était beaucoup plus âgée que Saïda. Elle s'était mariée à peine une semaine plus tôt et avait emménagé chez la famille de son mari à côté de l'école Nishwan. Quand la roquette qui avait failli tuer ma mère deux jours plus tôt sur le chemin du marché avait soufflé les fenêtres de sa nouvelle demeure, la pauvre fille terrifiée s'était réfugiée chez ses parents qui habitaient près de Bâb al-Yemen, convaincue qu'elle y serait plus en sécurité. Elle aussi avait été retrouvée ensevelie sous les décombres, morte.

Les Al-Aubeli étaient bouchers, un métier traditionnellement transmis de père en fils. Le père s'affairait sur son étal au marché, où il se préparait pour l'heure d'affluence de la fin d'après-midi, quand il entendit l'explosion. Il se précipita chez lui et, découvrant avec horreur les ruines encore fumantes de sa maison, il leva les mains et le visage vers le ciel et se mit à pleurer.

Quand les femmes eurent fait glisser les corps emmaillotés dans leurs linceuls sur des planches de bois, les hommes les chargèrent sur leurs épaules pour les porter à l'extérieur. Des voisins, dont la plupart des familles vivaient à côté des Al-Aubeli depuis des générations, se réunirent pour former un cortège triste. *"La ilahi ila Allah"*, psalmodiait la foule en disparaissant dans une ruelle. "Il n'y a pas d'autres dieux que Dieu."

Le cortège, sinuant tel un serpent qui sort de son trou, émergea cinquante mètres plus loin sur la place située derrière Bâb al-Yemen. Passant sous la voûte de pierre de la porte, ils suivirent le rempart de terre sèche qui ceignait la ville : espacés à intervalles réguliers, cent vingt-huit bastions renforçaient ce mur haut de six mètres.

Maman et moi suivions les autres femmes à pas traînants, derrière les hommes. Mais, rongée par la curiosité, je finis par m'échapper et me faufiler pour me placer en tête de la procession. Tous les quelques pas, je me retournais pour jeter un œil à la plus petite des trois martyres que les hommes transportaient sur leurs épaules. J'étais impatiente de voir ce paradis où on emmenait les Al-Aubeli, et de voir ce Dieu qu'elles allaient rencontrer, si bien que je regardais tout avec beaucoup d'attention.

Qasr as-Silha – le fort des Armes – se trouvait à cinq cents mètres à l'est sur un contrefort du djebel Nogum, culminant à six cents mètres au-dessus de la ville. D'après la croyance populaire, cette imposante citadelle occupe le site de l'ancien palais Ghumdân, un édifice de vingt étages en marbre et en granit construit il y a quelque deux mille ans, mais disparu depuis longtemps.

Des monticules de terre rectangulaires entourés de petites pierres marquaient les tombes dans le cimetière des Mashhad (Martyrs) qui s'étendait au-delà de la forteresse. Des années plus tard, quand je suis retournée voir le cimetière, j'ai remarqué que plus de la moitié des tombes, plus carrées que les sépultures rectangulaires des adultes, étaient celles de très jeunes enfants. Elles étaient si près les unes des autres que ce cimetière de cinq hectares ressemblait à s'y méprendre à une simple plaine rocheuse. Un étranger aurait pu s'y promener sans soupçonner qu'il piétinait un lieu de sépulture.

Il y avait un autre cimetière plus près de Bâb al-Yemen. Mais, trop éloigné des défenses de la ville, il était exposé aux attaques de l'ennemi basé sur le djebel Atan. Le cimetière des Mashhad était à peine moins vulnérable. Les guerriers des tribus des montagnes environnantes auraient pu attaquer à tout moment le cortège funèbre en rase campagne. Personne ne souhaitait s'attarder.

Les femmes s'arrêtèrent aux abords du cimetière tandis que les hommes et les enfants entraient. Les chiens qui venaient se réfugier ici pour échapper aux gamins qui les persécutaient à coups de pierre se dispersèrent devant les envahisseurs. Un gardien, accroupi d'un air indifférent à l'ombre vaporeuse d'un acacia, se leva avec respect en voyant la procession et se dirigea à grands pas vers les trois fosses qu'il avait creusées. Les personnes en deuil formèrent un arc de cercle autour d'un vieillard distingué, lequel épongeait nerveusement la sueur de son front tout en jetant des coups d'œil furtifs aux montagnes environnantes pour guetter le moindre signe de danger.

"Tu es poussière, et tu retourneras à la poussière", commença-t-il, employant une expression partagée par tant de cultures.

Après avoir brièvement récité un verset religieux, les hommes descendirent la mère Al-Aubeli dans la tombe la plus grande. Ils l'installèrent la tête à l'est et le visage tourné vers le nord, en direction de La Mecque. Une fois la tombe comblée, le père Al-Aubeli planta une pierre fine et allongée debout dans le sol au niveau de la tête de sa femme. Il plaça une pierre légèrement plus petite au niveau de sa taille et une troisième sur sa poitrine, pour indiquer que la tombe était celle d'une femme. Puis il creusa un petit trou circulaire au centre du tumulus pour permettre aux oiseaux de venir s'y désaltérer. Quelques tombes de riches affichaient un nom, et parfois une date était inscrite sur la pierre la plus haute. Mais les temps étaient difficiles, et les mortes de la famille Al-Aubeli reposeraient sans inscription.

Me frayant un chemin dans la foule, je tendis le cou pour mieux voir le corps minuscule de Saïda disparaître dans le dernier trou. Je cherchai des yeux Dieu et le paradis, mais je ne vis rien qui, selon moi, pût leur correspondre. Ma déception se transforma en horreur en voyant la terre contenue dans la pelle du gardien éclabousser le visage de la petite fille. Le mot "mort" signifiait à présent quelque chose pour moi, et je finis par comprendre que mon amie n'allait pas se réveiller, que nous ne jouerions plus jamais ensemble.

Le père Al-Aubeli glissa une pièce d'argent dans la main du gardien pour le remercier de ses services et lui demanda de réciter quelques versets du Coran sur les tombes de temps en temps. Le vieil homme accepta d'un hochement de tête. Une fois la cérémonie terminée, les membres du cortège retournèrent rapidement à la sécurité dérisoire de leurs foyers.

Avec le départ des troupes égyptiennes et un nouveau président à la tête du Yémen, le destin du pays se trouvait dans un équilibre précaire pendant que se déroulaient les funérailles de la famille Al-Aubeli. Pour la première fois, les républicains affrontaient seuls leurs ennemis royalistes, tandis qu'ils tentaient de tenir le siège des soixante-dix jours, ultime effort des royalistes pour renverser le gouvernement.

Pendant qu'un groupe de guerriers Bakîl essayaient de pénétrer dans San'â par le nord, une deuxième troupe royaliste était retranchée au sommet du djebel Atan et d'un des pics jumeaux du djebel Al-Nahdayn – "les deux seins" – à un kilomètre et demi au sud-ouest de Bâb al-Yemen. Ces troupes terrifiaient les citoyens de San'â avec leurs attaques aux roquettes Katyusha.

En tant que Premier ministre et commandant en chef des forces armées, Hasan al-'Amrî dirigea la défense héroïque de la ville. Il alla personnellement se battre contre les assaillants, et faillit perdre la vie plus d'une fois. Yahya al-Mutawakkil, un *sayid* maigrichon d'environ vingt-cinq ans, servait d'aide de camp à Al-'Amrî. Le jeune homme semblait consacrer une grande partie de son temps à tenter d'assurer la sécurité du Premier ministre. Certains matins, Al-'Amrî sortait de l'enceinte de la ville dans un petit convoi de jeeps, déterminé à combattre les forces royalistes. Le travail de Yahya consistait à convaincre son téméraire commandant en chef de renoncer aux combats où l'ennemi les surpassait fortement en nombre et menaçait de les déborder.

Après plus de deux mois d'assauts terrestres éprouvants, Al-'Amrî ordonna à un autre jeune officier militaire, Mujahid Abû Shawareb, de mener une contre-attaque contre le djebel Atan afin d'en déloger les royalistes une bonne fois pour toutes. Mujahid rallia à sa cause une unité de tanks commandée par un ami très proche, Muhammad Abû Luhûm. Les deux hommes, bien qu'âgés d'une vingtaine d'années, connaissaient parfaitement les prisons de l'imam Ahmad, et ils ne tenaient pas du tout à ce que la famille royale revienne au pouvoir.

Fort de deux mille hommes, appuyé par les tanks d'Abû Luhûm, Mujahid quitta San'â aux premiers jours de février 1968 avec une détermination guerrière. Ils durent essuyer des tirs intenses en provenance du djebel Atan alors qu'ils traversaient péniblement la plaine dans un nuage de poussière. Après de violents combats, les royalistes se retirèrent vers le sud afin d'établir leur dernier bastion sur une arête rocheuse plus facile à défendre. Mais les républicains les repoussèrent jusqu'au territoire voisin de la tribu Sanhân, où la plupart des guerriers se dispersèrent pour retourner dans leurs villages. Le siège de San'â fut finalement rompu, mais au prix fort. Muhammad Abû Luhûm perdit à lui seul trois oncles maternels dans la bataille.

Evidemment, à l'époque, les manœuvres politiques et militaires m'échappaient. Je me demandais seulement pourquoi des gens tenaient à causer autant de chagrin et d'horreur, et pourquoi maman ne pouvait rien faire pour les en empêcher.

Pendant trente ans, mes pensées progressèrent peu en dehors du domaine philosophique, jusqu'à ce que mon amitié avec ces trois hommes – Yahya al-Mutawakkil, Mujahid Abû Shawareb et Muhammad Abû Luhûm – m'aide à mieux comprendre les enjeux existant derrière le massacre de la famille Al-Aubeli et, quelques semaines plus tard, les horreurs infligées à ma propre famille. A cette époque-là, je ne soupçonnais guère que ces événements me conduiraient en définitive à mener une vie que peu de femmes yéménites auraient pu imaginer avant.

III

LA TERRE PROMISE

La terre natale de mes ancêtres Al-Salami se trouve dans une vallée isolée au milieu des montagnes dans le territoire des Kuhlân*, à une cinquantaine de kilomètres à l'est de San'â. A son extrémité ouest, la vallée se fond dans la plaine de San'â au sud de la capitale, tandis qu'à l'est, les canyons se dissolvent peu à peu dans les confins du Rub al-Khâlî – "le Quart Vide" –, l'immense désert aride qui s'étend à travers l'Arabie du Sud et jusqu'au golfe Persique.

Les Al-Salami cultivaient les champs jonchés de cailloux à l'endroit le plus haut et le plus large de la vallée située à l'extrême nord du Kuhlân, où, année après année, ils faisaient travailler leurs bœufs bossus ou un couple d'ânes. Ils labouraient et aplanissaient la terre avant que les Pléiades apparaissent à l'ouest sur l'horizon après le crépuscule, signe que les pluies de printemps allaient bientôt arriver et que le sorgho devait être semé**.

* Les Kuhlân al-Aliya (ou "Kuhlân du haut", pour les distinguer d'une autre tribu portant le même nom mais vivant plus au nord) font partie de la fédération tribale des Bakîl. Les Al-Salami descendent des Banî (enfants de) Isham, l'une des cinq branches composant les Kuhlân. La généalogie tribale, chère à tous ses membres (sauf peut-être aux générations les plus jeunes qui vivent maintenant en ville), rapporte qu'Isham était le fils du patriarche fondateur de la tribu, Kuhlân, lui-même un descendant de Sabâ.

** Le calendrier musulman est basé sur le cycle lunaire, si bien que chaque année compte approximativement onze jours de moins que dans le calendrier solaire. Par conséquent, les mois ne

A la fin de l'été, les femmes prenaient du temps sur leurs corvées quotidiennes, qui consistaient à cuisiner et à aller chercher de l'eau et du bois, pour aider les hommes pendant la période critique de la moisson. Le sorgho devait être coupé, battu, vanné et emmagasiné avant que les pluies attendues ne viennent gâcher la récolte. Si les pluies arrivaient rapidement après les nouvelles semailles, le village pourrait manger à sa faim toute l'année. Mais si la mousson ne poussait pas les vents tropicaux chargés d'humidité assez loin vers le nord pour arroser la vallée, cela pouvait être catastrophique.

Les Al-Salami habitaient dans une région du Kuhlân connue sous le nom de djebel Al-Lowz, le mont Amande. Ils récoltaient cette noix dans les grands arbres paresseux, hauts de six mètres, qui abondaient dans la vallée haute. Quelques rares années, quand Dieu leur épargnait les maladies, les criquets et la grêle qui dévastaient les récoltes, les arbres produisaient plus que ce que les villageois pouvaient consommer.

Lors de ces années d'abondance, les Al-Salami envoyaient une poignée de jeunes hommes à San'â avec des ânes et des chameaux chargés d'amandes, afin de vendre leur surplus dans la capitale. En entrant par la porte de Bâb al-Yemen, la petite caravane devait passer devant la Grande Mosquée pour aller jusqu'au Samsara al-Mizan, la station de pesage centrale où les fonctionnaires du marché fixaient l'octroi sur la marchandise. Les Al-Salami devaient passer la nuit à l'auberge située au nord du marché au café, l'un des quarante souks spécialisés qui composaient le tentaculaire Sûq al-Milh – le marché au sel – de San'â.

Sous les arches de pierre de l'étroite galerie du caravansérail, un garçon faisait bouillir du *qishr* pour

tombent pas toujours à la même saison, forçant les fermiers à utiliser les étoiles et l'angle du soleil, plutôt que la date, pour prévoir les saisons agricoles.

les hôtes, une décoction d'écorces de café débarrassées du grain, parfumée avec différentes épices (les Yéménites préfèrent le *qishr* au véritable café). Les bêtes de somme restaient couchées dans un coin de la cour centrale où elles attendaient patiemment leur repas, servi une fois que les énormes portes en bois du bâtiment avaient été fermées pour la nuit.

Au matin, les Al-Salami quittaient la pension pour aller trouver le *wakîl*, l'homme qui fait office de grossiste sur le marché. Aujourd'hui encore, les membres des tribus estiment honteux de vendre leurs produits directement à un détaillant, ou de tenir une boutique, même s'ils pourraient en tirer des profits plus importants. Ils n'acceptent de vendre qu'au *wakîl*, dont la tâche est la revente des produits aux commerçants.

Après avoir fait quelques achats dans le souk avec l'argent de leurs bénéfices, les Al-Salami retournaient dans le Kuhlân avec suffisamment de vivres, espéraient-ils, pour pouvoir tenir jusqu'à la récolte d'amandes suivante.

Au cours d'un voyage au Yémen en 1997, mon mari Charles voulut visiter le village des Al-Salami dans le Kuhlân. Je n'y étais jamais allée, mais un ami de la région accepta de nous y emmener un après-midi.

Comme notre 4x4 approchait, le village entier, composé de deux douzaines d'adultes et de deux fois plus d'enfants, entoura la voiture pour nous accueillir. Le vieux chef du village fut tout excité d'apprendre que j'étais une Al-Salami, et il insista pour que mon mari choisisse une parcelle de terre où nous pourrions construire notre maison et cultiver nos récoltes. "C'est un cadeau que le village vous offre – pour votre retour", dit-il. Nous le remerciâmes de son offre généreuse en lui promettant d'y réfléchir.

Le village des Al-Salami reste aujourd'hui très semblable à ce qu'il était il y a plus de trois siècles : une douzaine de tours carrées construites à l'aide de petites pierres empilées les unes sur les autres, sans mortier. La maison du cheikh, bâtie au-dessus d'une petite corniche délimitant la terre cultivable, est orientée au sud et domine les amandiers et les champs de sorgho. Des fentes verticales situées par intervalles à la base de chaque construction, des meurtrières de la taille d'une pierre ou deux, offrent un large champ de tir contre d'éventuels attaquants. Par sécurité, les seules véritables fenêtres sont percées à six mètres du sol, et elles vont s'agrandissant au fur et à mesure qu'elles approchent du haut de ces maisons-tours de cinq ou six étages.

Derrière le village, presque au pied de la dernière maison, le massif du Kuhlân plonge de façon abrupte dans la plaine qui s'étend à quelque quatre cent cinquante mètres en contrebas. Une grande tache sombre indiquant San'â miroite au loin, à une trentaine de kilomètres au nord-ouest, mais la route la plus courte pour rejoindre la capitale serpente le long de la vallée sur près de deux fois cette distance.

Dès notre arrivée, quelqu'un avait été chargé d'égorger un mouton et de préparer un festin. Après le repas, Charles persuada le chef, un Al-Salami comme tous les habitants du village, de nous raconter l'histoire du départ précipité de mes ancêtres du djebel Al-Lowz, une chronique qui à l'époque intéressait beaucoup plus mon mari que moi.

"Il y a environ trois cents ans, commença le chef devant une tasse de thé, les Al-Salami préparaient leurs champs pour de nouvelles semailles. Mais cette année-là, les vents refusèrent de souffler vers le sud-ouest et il n'y eut pas de pluie. Les villageois étaient désespérés. Ceux qui avaient semé leurs graines en dépit des vents contraires n'obtinrent que quelques plants rabougris qui se fanèrent et moururent rapidement. Les petites parcelles de blé, de millet et d'orge se portaient encore plus mal, car les tiges avaient du mal à percer la terre desséchée.

Trois années consécutives de sécheresse rendirent précaires les conditions de vie dans le djebel Al-Lowz.

Les gens priaient et sacrifiaient des taureaux, mais rien ne faisait venir les pluies. Ils puisaient dans les provisions de grain stockées dans les *mudafin**, mais ils eurent tôt fait d'épuiser leurs ressources. Comme leur bétail gisait ou agonisait, leur seul espoir de soulagement reposait sur une nouvelle récolte, encore imprévisible, qui aurait lieu des mois plus tard.

De nombreuses familles du village réunirent les affaires que leurs animaux de bât décharnés pouvaient encore porter et partirent vers le sud en empruntant les pistes des montagnes presque infranchissables du Kuhlân. Lorsqu'elles atteignirent la ville de Radâ', à une soixantaine de kilomètres à vol d'oiseau, elles s'aperçurent que les pluies étaient venues jusque-là, si bien qu'elles firent halte à cet endroit. Cette branche des Al-Salami reste à ce jour dans les environs de Radâ'.

Pour les familles décidées à surmonter la famine dans le Kuhlân, la faim n'était pas la seule menace. La sécheresse, comme d'innombrables autres périodes d'austérité avant et depuis celle-ci, déclencha aussi des troubles dans le pays. Pour se nourrir, les hommes recouraient au brigandage et écumaient les montagnes telles des meutes de hyènes. Ceux qui refusaient de se joindre aux bandes de voleurs passaient leur temps à préserver le peu qui leur restait.

Un climat d'extrême méfiance s'abattit sur la région. Quand deux étrangers se croisaient sur un chemin de montagne, ils vivaient un moment particulièrement pénible. Chacun s'attendait à ce que l'autre lui saute dessus pour lui voler le peu d'argent qu'il pouvait transporter, et chacun se préparait à devancer l'attaque à la moindre provocation, réelle ou imaginaire.

Pendant la famine, la famille de Husayn al-Salami, l'une de celles qui choisirent de rester dans le djebel Al-Lowz, fut impliquée dans une histoire tragique. L'origine de la tragédie s'estompa rapidement des

* Pluriel de *mudfin* – puits profonds creusés autour des villages pour le stockage des denrées.

mémoires, mais si personne n'intervenait*, les Al-Salami risquaient une vendetta sanglante.

Les trois fils de Husayn décidèrent d'emmener les leurs loin du djebel Al-Lowz. Même si les parents de la victime renonçaient à se venger et acceptaient la *diya*, les Al-Salami n'avaient plus rien pour s'acquitter de leur dette en raison de la famine. Par ailleurs, passer le reste de leur vie à surveiller leurs arrières dans la crainte d'être assassinés était un prix qu'ils refusaient de payer.

Les flancs fertiles des montagnes de l'Ouest renfermaient la promesse d'une agriculture plus productive que le sol assoiffé de leur propre vallée. Un matin, avant le lever du soleil, les trois familles chargèrent leurs biens sur leur poignée de chameaux et d'ânes décharnés : couvertures, nattes, ustensiles de cuisine, une cafetière en cuivre et en laiton ouvragée, un mortier et un pilon, des outres en peau et les bijoux des femmes. Passant à l'ombre précieuse de leurs amandiers bien-aimés, ils quittèrent le djebel Al-Lowz pour toujours, en route pour une terre qu'ils connaissaient à peine.

* L'ancien code tribal du Yémen incite soit à la vengeance – *thar* –, soit au versement du prix du sang – *diya* – en compensation d'une mort causée par un tiers. Le but est de réparer l'honneur de la famille de la victime et de la tribu, concrétisé par la capacité à protéger ses membres et son territoire. Beaucoup considèrent toute autre chose que la loi du talion comme un déshonneur, un signe de faiblesse. La plupart du temps, la famille de la victime envisage d'accepter la *diya* uniquement si la mort est d'évidence accidentelle – et encore, pas toujours. Il peut arriver que le prix normal de la *diya* soit multiplié, par exemple lorsque le meurtrier et la victime ont récemment partagé du pain, voyagé ensemble, ou quand la victime vient d'une minorité protégée n'appartenant pas à la tribu, telle que les juifs, les artisans ou les femmes.

Ceux qui s'opposent au versement de la *diya* n'auront de cesse qu'ils n'aient vengé leur cher disparu. Le *thar* est de préférence infligé au coupable lui-même. Mais si celui-ci s'est enfui, c'est un membre proche de sa famille ou simplement un homme de la même tribu qui devient alors un gibier potentiel et peut être assassiné à sa place.

La caravane fit quelques haltes pour permettre aux femmes de tirer de l'eau d'un puits creusé à côté de la piste afin de pouvoir préparer du *qishr*. Mais ils ne s'attardaient jamais de peur que des villageois arrivent et insistent pour les inviter à dîner. En ces temps de disette, le mouton que les villageois égorgeraient en leur honneur pouvait très bien être leur dernier."

Je me dis alors qu'au Yémen, des siècles de pauvreté et d'incertitude n'avaient pas rendu les gens économes et prudents, ainsi que l'on aurait pu s'y attendre. C'était plutôt le contraire : le moindre objet de valeur était considéré comme un cadeau de Dieu qu'il pouvait reprendre aussi facilement qu'il l'avait donné. La richesse n'était pas faite pour être épargnée mais distribuée à la ronde, si bien qu'une fois celle-ci épuisée, ceux qui en avaient reçu une part avaient à leur tour quelque chose à partager.

"L'air glacial de la haute vallée se réchauffait tandis que la caravane avançait en file indienne dans les gorges étroites et leur dédale d'énormes rochers, poursuivit le chef du village. Mais la ravine s'élargit bientôt avant de s'ouvrir sur le plateau de San'â. La

Pourtant, la vengeance et le prix du sang sont destinés à décourager la violence, pas à la perpétuer. Un homme peut juger préférable d'y réfléchir à deux fois avant de prendre une vie quand il sait que lui ou ses fils auront à en subir les conséquences. Le désavantage d'une telle coutume est que parfois, quand le système ne parvient pas à contenir l'effusion de sang, la rétribution peut prendre de l'ampleur et devenir une terrible vendetta pouvant s'étendre sur plusieurs générations.

Quand l'islam a pris le contrôle du Yémen au VIIe siècle après Jésus-Christ, il a condamné ces coutumes tribales ancestrales, en particulier l'idée selon laquelle la tribu entière serait responsable des actions de chacun de ses membres. Tandis que le code tribal ignorait les considérations de bien et de mal, la loi islamique a introduit des principes moraux dans l'équation. En dépit de leurs nombreuses contradictions, la loi islamique, appliquée par les juges religieux, et le code tribal, appliqué par les cheikhs, coexistent au Yémen depuis des siècles.

tribu Sanhân qui vivait à l'entrée de la vallée bloquait parfois l'accès au Kuhlân quand des disputes éclataient entre les deux, comme cela se passe encore aujourd'hui. Mais les relations étaient bonnes quand les Al-Salami la franchirent cette année-là et personne ne s'opposa à leur passage.

Après avoir traversé le plateau, les familles poursuivirent leur route dans les montagnes Noires à l'ouest de San'â. Elles passèrent la nuit dans un des petits refuges de pierre érigés à travers le pays pour les voyageurs et les bergers, que personne n'utilise plus aujourd'hui. Le lendemain, elles entrèrent sur le territoire des Banî Matar et gravirent une saillie rocheuse pour accéder au plateau d'Al-Sihma.

En longeant les hauteurs du djebel An-Nabi Shu'ayb*, les espoirs des Al-Salami commencèrent à s'évanouir. En allant vers l'ouest, ils s'attendaient à découvrir une terre riche et prospère. Mais le plateau d'Al-Sihma, rocheux et stérile, n'abritait que de rares récoltes dans des creux épars. Un carré ou deux de sorgho flétri dans certaines de ces dépressions témoignaient du passage d'une brève averse, mais les autres récoltes n'avaient pas levé et les terres étaient désertes – il n'y avait même personne pour moissonner les quelques plants arrivés à maturité. Les familles n'avaient d'autre choix que de continuer, même si elles pensaient que la sécheresse avait touché le monde entier.

Le village de Mitna, un peu plus loin, n'offrait pas grand-chose à part l'ombre de quelques acacias épineux. Pourtant, pour une raison quelconque, ses habitants n'avaient pas fui. Ils paraissaient à vrai dire en meilleure santé que tous les gens que les Al-Salami avaient croisés depuis leur départ. Et le jeudi, au Sûq al-Bowan, à plusieurs heures de marche de Mitna, les vendeurs du marché proposaient du sorgho, voire du

* La montagne du Prophète Shu'ayb, point culminant de la péninsule Arabique qui atteint une hauteur de 3 770 mètres.

blé même si, bizarrement, la campagne environnante paraissait aussi desséchée que dans le Kuhlân.

La route montait en pente raide de l'autre côté de la ville. Elle semblait mener à une impasse au pied d'un imposant mur de roche basaltique enchâssé dans la terre telle une énorme météorite, avec une crête émoussée en dents de scie sur toute sa longueur. Contournant par le nord le bloc de lave qui délimitait la frontière entre les tribus Banî Matar et Al-Hayma, les Al-Salami n'en crurent pas leurs yeux."

Un paradis verdoyant s'étendait devant eux, plus spectaculaire que tout ce qu'ils avaient osé imaginer. Ici, la pluie était bel et bien tombée, et les versants abrupts de l'Al-Hayma luisaient d'un beau vert, couverts de forêt vierge et de caféiers couronnant des champs de blé doré au fond de la vallée. D'épais nuages qui arrivaient de la mer lointaine s'enroulaient autour des sommets, apportant à la fois ombre et humidité. A perte de vue, des montagnes entières étaient sculptées en terrasses parallèles, ressemblant à des escaliers construits par des géants – peut-être par ceux-là mêmes qui, selon la légende, auraient hanté la région à l'époque préislamique. A dos d'hommes et de bêtes, les habitants avaient au fil des siècles remonté le terreau fertile des *wâdî* situés en contrebas, et des murs de pierre étayaient les terrasses pour les empêcher d'être entraînées par les eaux de pluie. Ces travaux herculéens avaient payé, cependant, car ici, personne n'avait faim.

Les Al-Salami regardaient des aigles piquer au fond de la vallée pour remonter des gorges quelques instants plus tard, portés par des courants thermiques. En un clin d'œil, les étendues désertes et assoiffées de leur terre natale ne devinrent plus qu'un lointain souvenir tandis qu'ils contemplaient ce qui deviendrait bientôt connu sous le nom de col Al-Salami (point culminant de la route reliant San'â à la mer Rouge, à 1 470 mètres d'altitude). Les mois de faim et de frustration commençaient déjà à s'estomper. Ils savaient que c'était l'endroit où ils allaient s'installer.

"Un fermier qui labourait son champ salua les étrangers, poursuivit le chef du village.

«D'où est-ce que vous venez ?» demanda-t-il.

Les Al-Salami se regardèrent, mal à l'aise. Mais ils n'avaient pas entendu dire que les Kuhlân étaient dernièrement impliqués dans une vendetta contre les Al-Hayma, si bien qu'ils ne risquaient pas grand-chose en révélant leur terre d'origine.

«Nous venons du djebel Al-Lowz, répondit le frère aîné. Dans le Kuhlân.»

Le fermier réfléchit un moment. Lui non plus ne se souvenait d'aucune dispute majeure avec cette tribu.

«Bienvenue, dit-il. Où allez-vous ?

— La famine a failli tous nous emporter, chez nous, expliqua le frère. On ne sait pas très bien où on va, sauf que c'est loin de là-bas.» Le frère contemplait les montagnes devant eux.

«On dirait que vous ne manquez pas de pluie, par ici», observa l'un des Al-Salami.

Devant la triste situation des trois familles, le fermier éprouva de la pitié et se sentit obligé de les inviter.

«Venez chez moi, insista-t-il. Vous serez mes hôtes pendant quelques jours.»

L'homme les guida au bas de la colline jusqu'à la minuscule maison de pierre d'un étage où il vivait. Ce soir-là, sous le faible éclat d'une lampe à huile, l'hôte, sa femme et ses enfants écoutèrent avec attention les fils de Husayn al-Salami se relayer pour raconter les effets de la sécheresse sur leur terre natale et l'anarchie qui régnait dans leur région.

«Mash Allah», murmurait la femme du fermier entre deux anecdotes. Elle priait pour qu'une telle misère ne frappe jamais l'Al-Hayma.

De bonne heure, le matin du marché hebdomadaire de Sûq al-'Amân, au-dessous de la crête en dents de scie, le fermier accompagna les frères Al-Salami pour qu'ils achètent une vache à son voisin. Les gens de toute la région venaient au marché. En milieu de matinée, à l'heure d'affluence, les frères Al-Salami menèrent leur taureau au cœur de l'agitation. L'aîné plaça sa dernière pièce d'argent dans la main tendue du héraut de la ville – le *doshan* – et expliqua calmement le but de leur venue.

Après l'avoir écouté, le *doshan* jeta un coup d'œil impassible à la pièce d'argent posée au creux de sa main. Il lissa les franges qui bordaient son long *foutah*, une sorte de jupe que portent les hommes, puis s'éclaircit la gorge comme pour attirer l'attention de la foule. Dans une brusque litanie haut perchée, il chanta les louanges du peuple de l'Al-Hayma et de ses cheikhs, faisant l'éloge de la valeur et de la générosité de la tribu en déclamant des vers particulièrement flatteurs ; tout cela au nom des Al-Salami.

Les chalands, presque exclusivement des hommes, déambulaient parmi les éventaires main dans la main avec leurs amis. Sur l'invitation du *doshan*, ils se rassemblèrent pour regarder le spectacle. Une fois la mélopée terminée, l'aîné des frères Al-Salami dégaina sa *jambiya*. «*Bismillah er-Rahman er-Rahim* – au nom de Dieu, le Plus Gracieux, le Plus Miséricordieux –», dit-il en plongeant la dague dans la gorge du taureau.

Le sang jaillit de la blessure béante qui s'ouvrait dans le cou du taureau tandis que l'animal agonisant s'effondrait, imprégnant la terre du marché sacré de l'Al-Hayma. Par ce geste, les Al-Salami signaient un pacte durable avec la terre et la tribu. Les Al-Hayma considéraient désormais que les trois familles faisaient partie des leurs, comme si elles avaient vécu là depuis des générations. Une attaque contre les Al-Salami constituerait désormais une attaque contre toute la tribu Al-Hayma ; et si l'on faisait preuve de bienveillance envers eux, c'était une faveur accordée à l'ensemble de la tribu Al-Hayma*."

* Les Al-Salami étaient des réfugiés, tout comme le prophète Mahomet avait cherché refuge dans la lointaine Médine pour échapper aux clans jaloux de sa Mecque natale au début de

Charles et moi quittâmes le Yémen deux jours après avoir appris comment les Al-Salami avaient quitté le Kuhlân trois siècles plus tôt. Mais lors d'un autre voyage au Yémen, en 2000, nous nous rendîmes dans l'Al-Hayma avec ma mère et une de mes sœurs cadettes pour découvrir ce qui était arrivé à ma famille après son arrivée là-bas.

Après avoir quitté San'â, nous roulâmes presque une heure en direction de l'ouest, puis nous garâmes la voiture au bord de la route avant de grimper longuement jusqu'au village de l'Al-Hayma qui porte aujourd'hui le nom de ma famille. Ma mère et ma sœur portaient en équilibre sur la tête des paquets de biscuits à offrir aux membres de notre famille, qu'elles n'avaient pas vus depuis plusieurs années.

Après des retrouvailles animées avec le village, et après que nous eûmes fait connaissance avec ses nouveaux membres, nés depuis la dernière visite de ma mère, l'un des anciens du village nous invita à prendre le thé dans sa maison-tour. Devinant notre intérêt, il reprit la saga de mes ancêtres là où le chef du village du djebel Al-Lowz s'était interrompu.

"Pour leur souhaiter la bienvenue au sein de la tribu, les Al-Hayma offrirent de la terre aux Al-Salami, car tout membre d'une tribu digne de ce nom doit posséder de la terre, expliqua le vieillard à la barbe grise. Ils s'installèrent sur la plus haute colline qui dominait Sûq al-'Amân, où nous nous trouvons à présent."

Je regardai par la fenêtre les étroites terrasses qui plongeaient au fond de la vallée, à plusieurs centaines de mètres en contrebas, jusqu'à un réseau de

l'islam. Quiconque demande de l'aide à une autre tribu, que ce soit parce qu'il manque de nourriture ou pour échapper à une vendetta, doit être accueilli. Aucune honte ne surpasse celle de repousser un homme dans le besoin, quand bien même celui-ci aurait tué votre propre fils.

wâdî non moins majestueux que le Grand Canyon*. Les Al-Salami avaient bâti leur maison-tour en pierre sur la saillie rocheuse qui dominait leurs champs, de façon qu'aucune parcelle de leur précieuse terre cultivable ne soit gaspillée et qu'aucune attaque ne puisse les prendre par surprise. Les énormes blocs de pierre grossièrement taillés de la tour de trois étages tenaient sans mortier, tandis que les fondations étaient assez vastes pour permettre le stockage des récoltes. D'épais chevrons soutenaient le toit de pisé. Après avoir décoré les murs extérieurs avec un enduit à base de gypse pour éloigner le mauvais œil, les familles s'installèrent dans leur nouvelle demeure.

Elles cultivèrent leur terre de la même façon que dans le djebel Al-Lowz. Sauf qu'ici, la douceur de l'air permit à la récolte de sorgho d'arriver à maturité avec quelques semaines d'avance ; et grâce aux pluies abondantes, le blé et l'orge étaient plus vigoureux et plus abondants.

Les femmes portèrent de nombreux enfants, dont certains survécurent. Tandis que ces nouveaux descendants mettaient au monde leurs propres enfants, ils construisirent de nouvelles maisons plus bas sur la montagne. En quelques générations, les trois familles en avaient engendré plusieurs douzaines, et leur petit hameau s'épanouit pour devenir trois villages distincts.

* Longtemps avant l'arrivée des Al-Salami, une forêt intacte recouvrait la région. Au début du XIIIe siècle, un soulèvement déclenché par une minorité religieuse dans la région du Harâz (située au sud-ouest de l'Al-Hayma) menaça de renverser l'imam au pouvoir. Les tribus du Yémen répondirent à l'appel pour rejoindre son armée et écraser la rébellion. A la suite de leur victoire, l'imam offrit à ses soldats la région boisée qui s'étendait à l'ouest du djebel An-Nabi Shu'ayb, la surnommant Al-Haymat al-Dîn – "défenseur de la religion" –, Al-Hayma en abrégé. Quand la route rejoignant San'â et Al-Hudayda traversa plus tard la région, le territoire situé au nord de celle-ci devint connu sous le nom de haut Al-Hayma, tandis que la terre s'étendant au sud devint le bas Al-Hayma.

Les habitants de l'Al-Hayma les appelaient, de façon collective, Bayt al-Salami : la maison Al-Salami.

Les Al-Salami comprirent bientôt, et à leur grand regret, que la route qui serpentait entre leurs villages représentait plus qu'un moyen commode de se rendre aux marchés de la région. C'était également une voie de communication stratégique, dont le contrôle pouvait garantir le succès à une armée marchant sur San'â depuis la mer Rouge, ou à un imam rassemblant les tribus afin de barrer la route à des envahisseurs. Le fait que Bayt al-Salami se soit trouvé sur cette route, en son point culminant, laissait augurer des difficultés à venir qui allaient dépasser les pires cauchemars de ses habitants.

IV

LA VIE DU GUERRIER

A peu près à l'époque où les Al-Salami s'installèrent dans l'Al-Hayma, l'armée ottomane se retirait du Yémen après près d'un siècle passé dans le pays. L'importance de la mer Rouge comme lien entre l'Europe et l'Inde avait décliné au cours du siècle précédent, après la découverte de la route maritime contournant l'Afrique par les Portugais en 1497. Le sultan d'Istanbul décida que le coût humain et financier qu'exigeait le maintien de ses troupes au Yémen n'était plus rentable.

De leur bastion perché au sommet des montagnes, les Al-Salami virent les Turcs traverser le cœur de l'Al-Hayma pour rejoindre Al-Hudayda et les navires qui les remmèneraient chez eux. Mais les Ottomans reviendraient deux siècles plus tard, et l'emplacement stratégique de l'Al-Hayma pousserait les descendants de Husayn al-Salami à occuper malgré eux une place de premier ordre dans une résistance sanglante.

Au cours de la première moitié du XIXe siècle, le contrôle de la région de la Tihâma oscilla entre l'imam du Yémen et le souverain de la lointaine Mecque du Nord. Profitant de ce chaos, les Turcs occupèrent à nouveau la torride plaine côtière yéménite en 1849. Reconnaissant la souveraineté de l'imam sur les hautes terres du Yémen, les Ottomans acceptèrent de lui verser un subside annuel. En échange de quoi l'imam s'engageait à héberger une garnison ottomane à San'â.

Les efforts renouvelés d'Istanbul pour renforcer sa mainmise sur le Yémen visaient en partie à empêcher la Grande-Bretagne, dont les navires occupèrent Aden en 1839, d'étendre son influence dans le Nord jusqu'à la mer Rouge. Les Turcs – dont les Yéménites se moquaient en raison de leurs pantalons, vêtements qui restent chez nous exclusivement féminins – furent massacrés presque jusqu'au dernier par une foule de Yéménites enragés le jour même de leur arrivée à San'â. La population déposa ensuite le malheureux imam qui avait accepté leur présence.

Mais l'anéantissement de l'adversaire entraîna une nouvelle guerre de destruction réciproque. Neuf imams se succédèrent au pouvoir au cours des six années qui suivirent la défaite ottomane. L'anarchie, qui régnait partout dans les hautes terres, culmina en 1871, quand une révolte majeure éclata dans le djebel Harâz* au sein de la mystérieuse communauté des Mukarama.

* Contrairement à leurs voisins chiites zaydites, les Mukarama sont des chiites ismaéliens. Ils reconnaissent une lignée de successeurs au prophète Mahomet très différente des zaydites, et tendent à se montrer particulièrement conservateurs dans les domaines de leurs croyances et de leurs traditions. Tous les habitants de l'Al-Hayma voisin connaissaient par ouï-dire les pratiques étranges auxquelles se livraient les Mukarama dans leur citadelle du Harâz perchée dans leur montagne, telles que l'échange des épouses et autres rituels singuliers. Bien sûr, personne n'avait véritablement été témoin de ce genre d'abomination, mais comme la plupart des choses étranges que personne n'a vues, ces histoires tendaient à passer pour la vérité.

Au XIe siècle après Jésus-Christ, un prosélyte ismaélien propulsa les lointaines montagnes du Harâz sous les projecteurs de la politique yéménite. Des campagnes militaires étendirent le contrôle du missionnaire jusqu'à la plaine de la Tihâma et à de vastes zones des hautes terres du Nord et du Sud, où il installa bientôt le siège de son gouvernement, replongeant le Harâz dans l'obscurité politique. La région se manifestait périodiquement pour protester contre l'autorité d'un imam zaydite trop zélé, comme ce fut le cas du soulèvement qui eut lieu au XIIIe siècle et dont la répression donna naissance à la colonisation de la forêt de l'Al-Hayma.

Les Turcs, terrés dans la Tihâma depuis 1849, utilisèrent la répression sanglante des Mukarama du Harâz par l'imam comme prétexte pour marcher une fois de plus sur San'â. Grâce au renfort de troupes arrivées par le tout récent canal de Suez, ils parvinrent cette fois-ci à s'emparer de la capitale.

Un puissant tremblement de terre secoua l'Al-Hayma l'année suivante, comme pour mettre en garde les envahisseurs. La corruption gangrenait l'administration ottomane. Les percepteurs locaux gardaient souvent la part qui revenait au gouvernement et prétendaient qu'ils n'avaient pas pu collecter leur dû. Devant les provocations invoquées, le gouvernement envoya des soldats saisir des terres et des propriétés aux villages considérés comme délinquants. Le remplacement de la loi islamique par le code civil ottoman augmenta encore la colère des Yéménites, et les attaques sporadiques contre des postes avancés ottomans confirmaient que la situation devenait explosive.

L'hiver 1884-1885 frappa les hautes terres avec une férocité exceptionnelle. Pour la première fois de mémoire d'homme, près d'un mètre de neige couvrit les versants de l'Al-Hayma et du Harâz pendant une semaine. Les blizzards furent suivis de près par la sécheresse et la famine, laquelle fut aggravée quand les soldats ottomans vinrent prendre le grain des villageois déjà affamés pour se nourrir.

Quand, en 1891, le nouvel imam Muhammad al-Mansûr lança un appel tardif à la révolte générale, les Yéménites n'eurent guère besoin d'encouragements. L'imam comprit à contrecœur que l'opinion publique exigeait l'expulsion des Turcs, et il n'avait d'autre choix que de soutenir sa cause. Quand soixante-dix mille hommes en colère venus des tribus convergèrent vers San'â peu de temps après, les unités ottomanes basées à Al-Hudayda se précipitèrent au secours de la capitale assiégée. Les troupes brûlèrent des douzaines de villages sur leur chemin, la plupart dans l'Al-Hayma.

Husayn al-Salami, fils d'Ihsan, fils de Sâlih, était un descendant du Husayn dont les trois fils avaient quitté le Kuhlân pour l'Al-Hayma deux siècles plus tôt. Il s'était fait un nom en combattant d'abord les Mukarama en 1871, puis les Turcs qui marchèrent sur San'â à la suite de cette révolte.

Le vieil homme à la barbe grise nous raconta son histoire, quand Charles et moi nous rendîmes dans l'Al-Hayma :

"Quand Husayn monta de bonne heure sur le toit de sa maison de Bayt al-Salami un certain jour [de 1891], ce n'était pas la première fois qu'il voyait passer des milliers de Turcs en contrebas. Ce spectacle ne l'impressionna pas le moins du monde.

Il fit allumer des feux au sommet des montagnes invitant les hommes des tribus à réunir leurs armes et à se préparer à la bataille. Bien qu'il n'ait plus été dans sa prime jeunesse, Husayn mena les féroces paysans au combat sans jamais faillir, tandis que ses camarades tombaient à côté de lui sous le déluge des tirs ennemis. L'audace de ses incursions impressionna tellement ses hommes qu'ils le nommèrent *shaykh al-mashaykh* – le cheikh de tous les cheikhs – pour toutes les tribus du haut et du bas Al-Hayma*.

Lorsqu'ils ne les affrontaient pas, les habitants de Bayt al-Salami observaient les Turcs avec la curiosité de spectateurs. Une année, les troupes ottomanes avançaient triomphalement vers l'est en direction de la capitale, et rien ne semblait pouvoir les arrêter. L'année suivante, les Turcs se retiraient à Al-Hudayda la queue entre les jambes, se traînant misérablement sur la piste longue de deux cent cinquante kilomètres qu'ils avaient eux-mêmes fait élargir afin de pouvoir déplacer leur artillerie."

* Appelées collectivement Al-Haymatayn : les deux Al-Hayma.

C'était un cycle infernal, qui dépendait de la capacité de l'imam à retenir des milliers d'hommes sous son influence suffisamment longtemps pour pouvoir vaincre l'ennemi. Chaque nouvel imam faisait renaître et ravivait les troubles qui rendaient le Yémen si inhospitalier pour ses occupants. Yahya Hamîd al-Dîn, qui devint imam en 1904, détestait la corruption omniprésente sévissant parmi les soldats et les administrateurs ottomans, tout comme il détestait l'application de leur code civil – ces griefs qui, justement, avaient poussé le peuple à se révolter sous le règne de son père.

Une fois au pouvoir, l'imam Yahya ne perdit pas de temps pour passer à l'offensive. Il coupa la route stratégique qui reliait San'â à Al-Hudayda, puis relança l'attaque visant la garnison ottomane basée à San'â. Le siège de trois mois qui s'ensuivit réduisit les habitants de la ville à manger des chats et des chiens afin de ne pas mourir de faim. On prétend que la moitié de la population, estimée à quelque cinquante mille habitants, périt au cours de cette période. Furieux, le sultan d'Istanbul envoya dix mille autres malheureux soldats à Al-Hudayda pendant cette crise.

Le patriarche Al-Salami poursuivit son histoire d'un ton grave, baissant la voix comme si des espions ottomans pouvaient encore rôder dans les parages.

"Husayn al-Salami comptait parmi les partisans qui combattaient les renforts turcs avançant vers San'â pour aller soulager leurs camarades. Les guérilleros les harcelaient sans répit depuis les rochers tandis que l'armée gravissait péniblement les pics déchiquetés qui dominaient la plaine de la Tihâma.

Une fois passée la garnison turque âprement défendue qui surplombait la ville de Manâkha, la route plongeait de façon abrupte dans le *wâdî* Al-Mawt – la vallée de la Mort. La route semblable à une minuscule cicatrice serpentait autour de saillies rocheuses et s'enfonçait dans de profonds canyons pour se réduire par endroits à une simple piste étroite jonchée de cailloux et bordée de falaises. Décimée par les guérilleros, la colonne de soldats turcs se rendit. La garnison de San'â fit la même chose lorsqu'elle eut vent de la catastrophe.

Loin de se laisser décourager par ces pertes humaines, le sultan surenchérit l'année suivante en envoyant au Yémen cinquante mille hommes en renfort. Malgré de lourdes pertes, l'armée parvint cette fois-ci à entrer dans la capitale.

Mais sur ordre de l'imam Yahya, Husayn al-Salami continua d'attiser le feu de la révolte dans l'Al-Hayma. La mainmise des Ottomans sur San'â se révéla fragile mais obstinée. L'imam parvint à les chasser de la capitale mais ils la reprirent quelques mois plus tard et, de leur côté, Husayn et ses hommes passaient leur temps à tendre des embuscades aux détachements de Turcs qui patrouillaient dans les *wâdî* à l'ouest de la ville."

Le fier patriarche Al-Salami s'interrompit un moment pour nous permettre de digérer son histoire. Je lirais plus tard que des cinquante-cinq mille Ottomans envoyés au Yémen, trente-trois mille sont censés avoir perdu la vie en tentant d'écraser la rébellion.

Le nouveau gouverneur turc envoyé au Yémen en 1911 s'avéra particulièrement intraitable. En sécurité dans son imprenable refuge de Shahâra, dans les montagnes au nord-ouest de San'â, l'imam Yahya rallia cette fois-ci cent cinquante mille hommes des tribus à sa bannière. Cette plaie biblique s'abattit sur le plateau de San'â pour donner une leçon au gouverneur turc et à ses chefs. Depuis Istanbul, le ministre de la Guerre rétorqua en dépêchant soixante mille hommes à Al-Hudayda, dont des milliers périrent en franchissant les cols qui conduisaient à San'â.

On raconte qu'une fois ces cols franchis, le commandant turc déclara : "Avec des hommes comme ceux que je viens d'affronter, je pourrais conquérir toute l'Europe."

Le vieux patriarche de l'Al-Hayma poursuivit tandis que Charles et moi écoutions avec attention :

"«Ahhh, j'ai coupé beaucoup de têtes turques», se vantait Husayn al-Salami devant ses enfants et ses petits-enfants. Et personne ne mettait sa parole en doute, car tous l'avaient vu à l'acte. Mais pour une raison inconnue, peut-être parce qu'il avait attiré les représailles des Turcs sur les villages de l'Al-Hayma, Husayn fut trahi par les habitants du village d'Al-Ghobar, situé à trois kilomètres en aval de Bayt al-Salami.

Le chef d'Al-Ghobar informa un jour le commandant de la garnison ottomane basée à Manâkha que c'était le cheikh Husayn qui orchestrait les attaques contre ses soldats dans la région. Le commandant turc fit arrêter et décapiter Husayn, puis il envoya le trophée au sultan en personne à Istanbul.

Après la mort de Husayn, les soldats de la garnison fondirent sur Bayt al-Salami et démolirent la maison que les trois frères avaient bâtie sur la butte. Mais les villageois s'étaient enfuis avant l'arrivée des Turcs. Après la capture de Husayn, son fils aîné, Ahmad, avait décidé qu'il valait mieux reloger sa famille dans un autre village, loin de la route stratégique qui reliait San'â et Al-Hudayda*."

Ahmad al-Salami s'avéra aussi sage et courageux que Husayn. Avant longtemps, il marcha sur les traces de son père et fut nommé cheikh des Al-Haymatayn. J'avais plus de trente ans quand je me résolus enfin à interroger ma grand-mère Amina à propos de son père, Ahmad. Assise sur un coussin dans sa petite

* Les efforts requis pour garder la mainmise sur le pays avaient épuisé les Ottomans. En 1911, les deux pays antagonistes signèrent un traité dans lequel les Ottomans laissaient à l'imam la responsabilité d'administrer les montagnes du Nord, en échange de quoi celui-ci reconnaissait officiellement la souveraineté ottomane. La paix était revenue, pour une brève période.

chambre de San'â hors de laquelle elle s'aventurait rarement en raison de son grand âge, j'entendais la fierté dans sa voix tandis qu'elle me parlait de lui :

"Ton arrière-grand-père Ahmad était un homme beau et imposant, même s'il n'était pas très grand, dit-elle en fixant le mur de ses yeux voilés presque fermés par la cataracte. Il avait un visage long et mince, et un nez aussi droit qu'un soc de charrue. Lorsqu'il avait cinq ans, des soldats sont venus pour l'emmener à la citadelle d'Al-Qasr, à San'â, où il devait rester otage de l'imam pendant un an ou deux, afin de garantir la bonne conduite des tribus du Al-Haymatayn. Mais Ahmad ne lui en a pas voulu. C'était une pratique acceptée qui permettait à l'imam d'assurer le maintien de l'ordre*."

La loyauté d'Ahmad al-Salami pour l'imam Yahya lui valut le rang de capitaine dans l'armée régulière**. L'imam le plaça au commandement de quatre *blocks* (un mot apparemment emprunté à l'anglais), chaque *block* étant constitué d'une centaine d'hommes.

En 1915, le dirigeant de l'Asir, sur la côte de la mer Rouge au nord d'Al-Hudayda, se rangea au côté des

* Les imams, en particulier Yahya et son fils Ahmad, maîtrisaient l'art de diviser pour régner. Ils montaient astucieusement les tribus les unes contre les autres, et les prises d'otages leur fournissaient un filet de sécurité. Le nombre d'otages exigé par région variait en fonction de la loyauté et de l'attitude des tribus qui y vivaient. Les Bédouins du Jawf qui peuplaient le désert de l'Est et le Barat au nord fournissaient en général le plus d'otages. Au cours des périodes de calme relatif, les garçons pouvaient apprendre à lire le Coran et même avoir l'autorisation d'aller rendre visite à leur famille le week-end. Mais en période de troubles, ils pouvaient être enchaînés au mur de leur cellule. Un otage se voyait habituellement remplacer par son frère au bout d'un an environ. On dit que juste avant la révolution de 1962, l'imam Ahmad détenait encore près de deux mille garçons.

** Le service militaire était volontaire et à vie, et un soldat qui désirait quitter l'armée ou simplement prendre sa retraite devait fournir un remplaçant, généralement un fils.

Britanniques lors de la Première Guerre mondiale. Afin de prouver sa bonne foi, il envoya son armée au Yémen pour attaquer les Turcs, alliés de l'Allemagne (car certains soldats étaient restés en dépit du traité de 1911 signé avec l'imam).

Ahmad al-Salami et son frère, Mubarak, prirent la tête d'une partie des forces yéménites envoyées pour intercepter les nouveaux envahisseurs comme ceux-ci fondaient sur la côte de la Tihâma et sur les hautes terres. Les deux armées s'affrontèrent dans les montagnes du Harâz, mais les combats s'avérèrent peu concluants. Les Asiris n'arrivaient plus à progresser, et les Yéménites ne parvenaient pas à les repousser.

Le frère de grand-mère Amina, 'Abd al-Karim, nous raconta l'histoire un soir dans sa maison de San'â. Mon grand-oncle ne montrait pas moins d'admiration que grand-mère Amina en relatant les aventures de leur père.

"Les affrontements continuèrent pendant plusieurs semaines sans qu'aucun des deux camps gagne du terrain, nous expliqua 'Abd al-Karim en se remémorant les histoires que son père lui avait racontées lorsqu'il était enfant. Jusqu'à ce qu'un jour, à l'heure du déjeuner, un messager arrive avec des nouvelles urgentes pour Ahmad. Le visage de l'homme était grave et Ahmad se prépara à apprendre une mauvaise nouvelle.

«Je suis désolé, monsieur, haleta le messager, que sa course avait mis hors d'haleine. C'est votre frère, Mubarak. Il a été tué dans une escarmouche avec les Asiris.»

Les hommes d'Ahmad se raidirent, attendant que le lion décharge sa colère sur ceux qui se trouvaient autour de lui ; ou, pire, qu'il fonde en larmes. Mais rien n'altéra son expression stoïque. Pas un soupçon de tristesse ou de colère ne passa sur son visage.

«*Allah yarhama*, murmura Ahmad. Dieu ait pitié de son âme.»

Il regarda la foule compatissante attroupée autour de lui, devinant chez ses hommes une tendresse qu'il n'aurait jamais imaginée. Mais il n'avait pas besoin de compassion.

«Où est le repas ?» demanda-t-il d'un ton brusque. Un garçon se précipita avec un plateau de viande et de millet cuit qu'il posa par terre. Ahmad s'assit et mangea comme si de rien n'était. Mais l'inquiétude et la rage bouillaient en lui. Après avoir englouti son repas, il regarda ses subordonnés.

«Préparez vos hommes, ordonna Ahmad. Nous attaquerons après le coucher du soleil.»

Quand la nuit tomba, Ahmad laissa enfin libre cours à la fureur qui sommeillait en lui. Avec méthode et vivacité, il se lança à l'assaut des factions asiris, suivi de près par ses soldats stupéfaits. Sa détermination téméraire les inspira, et les Asiris, pris au dépourvu, tournèrent les talons et s'enfuirent tant bien que mal à travers les épaisses broussailles et les rochers pour échapper à leurs attaquants déchaînés.

Au matin, Ahmad et ses hommes avaient chassé l'ennemi des hautes terres. Les anciens de l'Al-Hayma et du Harâz parlent encore aujourd'hui avec admiration de *Laylat al-Salami* – la nuit d'Al-Salami."

Les Ottomans se retirèrent du Yémen en 1919, après la défaite de l'Empire lors de la Première Guerre mondiale. L'imam Yahya s'attacha ensuite à consolider son pouvoir, en particulier dans la région de la Tihâma et le désert de l'Est. Ces régions périphériques s'étaient détachées du pouvoir central de San'â au cours des décennies de lutte dans les hautes terres.

Les forces de Yahya entrèrent dans Al-Hudayda en 1925. Ceci déclencha bientôt une révolte parmi la tribu locale des Zaraniq, laquelle avait l'habitude d'agir à sa guise. Les Zaraniq échappaient depuis longtemps aux taxes de l'imam, et ils avaient la ferme intention de continuer ainsi. La tribu commença à piller les caravanes de commerce qui utilisaient la route reliant San'â et Al-Hudayda, puis défia l'imam en coupant les lignes de télégraphe que les Ottomans avaient installées entre les deux villes. Le coup de grâce eut lieu lorsqu'un groupe de Zaraniq tendit une embuscade au fils de l'imam, Ahmad, alors qu'il était en visite dans la Tihâma.

Peu des prédécesseurs de l'imam Yahya avaient égalé sa dextérité à manier la politique de la carotte et du bâton. Après l'agression audacieuse contre son fils, Yahya décida que le temps était venu de mettre les Zaraniq au pas une bonne fois pour toutes. En 1927, il envoya mille hommes dans la Tihâma, parmi lesquels mon arrière-grand-père, Ahmad al-Salami, et les *blocks* dont il avait le commandement, afin d'écraser l'insurrection.

L'imam eut vent des prouesses militaires et administratives d'Ahmad au cours de la campagne sanglante mais efficace qu'il mena dans la région durant deux ans. En 1931, Yahya envoya Ahmad à Ma'rib, l'ancienne capitale de Saba, afin d'écraser une rébellion déclenchée par les 'Abîda et d'autres tribus bédouines turbulentes dans le désert de l'Est. Il avait remporté une victoire incontestable quand la guerre éclata trois ans plus tard entre le Yémen et le tout jeune royaume de l'Arabie Saoudite, dont l'armée occupait Al-Hudayda. L'imam renvoya Ahmad dans la Tihâma.

Enchanté par les questions que mon mari et moi lui posions, mon oncle 'Abd al-Karim nous raconta comment Ahmad et ses hommes avaient bivouaqué près de la ville de Bâjil, située à l'intérieur des terres à vingt-cinq kilomètres d'Al-Hudayda, quand l'armée saoudienne avait attaqué depuis le port de la mer Rouge :

"Largement surpassé en nombre, Ahmad divisa ses hommes en groupes de quatre. Il les plaça à de vastes intervalles de façon à former un demi-cercle allongé coupant la route probable de l'ennemi. Tandis que les Saoudiens se jetaient innocemment dans l'embuscade, les hommes d'Ahmad ouvrirent le feu depuis leurs positions dispersées sur toute la longueur du croissant. Croyant les Yéménites plus nombreux qu'eux, le commandant saoudien battit en retraite avant de reprendre l'assaut quelques jours plus tard. A ce moment-là, cependant, une trêve annonçait la fin de la guerre.

Longtemps après sa mort, les quatre *blocks* commandés par Ahmad restèrent connus sous le nom de *blocks* Al-Salami. Son charisme et sa bravoure le rendaient populaire auprès de ses hommes, qui le récompensaient par leurs propres exploits et leur courage. Ahmad avait le rare don d'inspirer confiance aux gens, non seulement à ses subordonnés mais également à ses supérieurs, y compris à l'imam Yahya.

Un jour, l'imam lui fit l'inestimable présent d'un *hirz**. Mais il ne s'agissait pas d'un *hirz* ordinaire. Celui-ci protégeait son possesseur des griffes de la mort. Tant qu'Ahmad avait ce *hirz* épinglé à ses vêtements, aucune balle ne pouvait le tuer."

Oncle 'Abd al-Karim sourit à cette idée. Je me demandai si c'était parce qu'il enviait le *hirz* de son père, ou parce qu'il se moquait du fait que son père ait cru en ses pouvoirs.

"Ahmad al-Salami était plus qu'un simple guerrier, nous expliqua Amina un autre soir chez elle devant une tasse de *qishr*. Il aimait également les femmes. Il avait eu une demi-douzaine d'épouses, même s'il n'en avait jamais eu plus de quatre en même temps, tandis qu'il parcourait le pays pour accomplir les desseins de l'imam. Cependant, il épousa sa première femme plus par commodité que par attirance pour le sexe opposé.

Quand Ahmad avait dix ou onze ans, son père, le cheikh Husayn, qui était veuf, ainsi que beaucoup d'autres hommes de la région, était parti combattre les Turcs. Il n'avait pas seulement besoin de quelqu'un pour veiller sur son fils en son absence, mais

* Talisman cylindrique en argent censé repousser la malchance.

aussi de quelqu'un capable d'aider les autres femmes à cultiver ses terres.

Husayn arrangea pour son fils un mariage avec une cousine éloignée, Kathia al-Salami, originaire d'un village voisin de l'Al-Hayma. Elle avait peut-être vingt ans de plus qu'Ahmad, et elle gravissait la montagne jusqu'au village en portant son mari fatigué par toute une journée de travail dans les champs."

Grand-mère Amina sourit en songeant à ses parents.

La troisième femme d'Ahmad venait de Bayt al-Faqîh, sur la côte de la Tihâma, un endroit où aux XVIIIe et XIXe siècles s'arrêtaient les caravanes qui transportaient le café depuis les hautes terres jusqu'au port de Mokha, à une journée et demie de marche vers le sud. Les Zaraniq avaient pris Bayt al-Faqîh pour capitale et ils profitaient du commerce grâce à leur marché animé du vendredi. Ahmad rencontra le père de la jeune fille alors qu'il faisait halte dans cette ville agitée pendant la rébellion des Zaraniq, et il lui demanda sa main.

Kathia al-Salami fut enceinte en 1919, année où les Turcs se retirèrent du Yémen. Elle donna à Ahmad une fille qu'elle appela Amina (Intrépide) ; celle-ci deviendrait ma grand-mère.

Charles et moi allions lui rendre visite pour lui poser des questions sur cette lointaine époque, et mon intérêt tardif pour sa jeunesse surprit grand-mère Amina. Elle adorait parler de ce temps, même si, pour elle, son enfance n'avait rien de spécial.

Elle passa les premiers mois de sa vie à Bayt al-Salami avec sa mère, Kathia, et la seconde épouse de son père, une femme du Harâz. Mais comme son père continuait à parcourir le Yémen d'une faction à une autre, grand-mère Amina et sa mère le suivaient.

Lorsque grand-mère Amina eut deux ans, sa mère se lassa de devoir constamment emménager dans de nouvelles et étranges demeures. Elle détestait par-dessus tout vivre avec les autres femmes de son mari. Elle l'obligea à lui acheter une maison à San'â, où elle et grand-mère Amina passaient plusieurs mois par an. Quand grand-mère Amina eut treize ans, sa mère se renseigna sur les jeunes célibataires des villages environnants. Ma mère me dit plus tard que grand-mère Amina s'était épanouie pour devenir une belle jeune fille : des lèvres pleines, le nez long et fin typique des Al-Salami, et un charmant grain de beauté noir sous l'œil gauche qui attirait le regard de nombreux prétendants. Kathia choisit finalement Muhammad al-Salami (un cousin germain) comme époux pour sa fille.

Muhammad servait comme officier dans l'un des quatre *blocks* Al-Salami commandés par son oncle Ahmad, lequel devint alors son beau-père. Dès lors, lorsque Ahmad partait pour une nouvelle ville, Muhammad devait le suivre. Grand-mère Amina reprit la vie de déménagements perpétuels qu'elle avait connue dans sa prime enfance, opérant des allées et venues entre San'â, la mer Rouge, le désert de l'Est et les hautes terres du Sud.

Elle donna une fille à Muhammad, à peu près à l'époque où la Seconde Guerre mondiale éclatait dans la lointaine Europe. Ils l'appelèrent Fatima (comme la fille du prophète Mahomet). Elle allait sur ses quatre ans quand les *blocks* Al-Salami reçurent l'ordre de se rendre à Ma'rib, dans le désert de l'Est, à presque deux cents kilomètres de San'â, où ils restèrent pendant trois ans.

Fatima, qui deviendrait ma mère, aimait les vastes étendues poussiéreuses de Ma'rib. Les grands et fiers Bédouins de la région la fascinaient lorsqu'ils se saluaient tantôt en se frottant le nez, tantôt en faisant claquer la paume de leur main droite l'une contre l'autre tout en imitant le bruit d'un baiser de façon ostentatoire.

La ville était assez récente, construite au petit bonheur à grand renfort de béton et de tôle ondulée. Groupées autour d'une colline qui ressemblait à une termitière, à environ trois kilomètres au sud de la ville, trois douzaines de tours d'argile cuisaient sous le soleil implacable, vestiges d'une civilisation ancienne. Des familles pauvres s'étaient installées dans ces bâtiments décrépits, après avoir chassé les cobras qui s'y abritaient. D'autres tours étaient effondrées, émoussées par des siècles de vent de sable et de rares averses.

Mais la partie ancienne de la ville avait peu d'intérêt pour ma mère. Des villages semblables, qui dataient d'avant tout ce qu'elle pouvait imaginer, constellaient l'ensemble du Yémen. De temps en temps, grand-mère Amina ou les voisins emmenaient ma mère à quelques kilomètres au sud-ouest de la vieille ville pour aller voir les ruines du grand barrage. Ses deux écluses de pierre gigantesques demeuraient intactes plus de deux mille cinq cents ans après leur laborieuse construction et en dépit de plusieurs ruptures au cours des ans. La dernière fois qu'elle avait cédé, peu de temps avant la naissance du prophète Mahomet, l'ingénieuse structure mesurait plus de neuf cents mètres de long et quinze mètres de haut.

Ni ma mère ni personne ne pouvait déchiffrer les nombreuses inscriptions qui marquaient la plupart des pierres formant le barrage. Plus tard, des chercheurs découvriraient qu'il s'agissait de dédicaces laissées par les rois anciens lors de l'inauguration des travaux, mais les Bédouins de la région soupçonnent encore aujourd'hui que ces inscriptions indiquent l'emplacement d'un trésor caché, si bien qu'ils voient d'un mauvais œil tous les étrangers qui s'intéressent à elles. Plus d'une équipe d'archéologues a été chassée du barrage et du temple voisin dédié au dieu de la Lune alors qu'elle entreprenait des travaux d'excavation sur le site.

Les tribus bédouines des environs de Ma'rib, en particulier les 'Abîda, jouissent d'une réputation ambiguë parmi les peuples sédentaires qui les entourent. L'austérité que leur impose la rudesse de leur environnement, et leur façon de vivre qui évoque un passé très romantique, forcent le respect. Dans une certaine mesure, ces tribus sont les gardiennes des valeurs anciennes inculquées à tous les Arabes. Plus que les autres, elles ont su résister à la tentation des commodités modernes produites en masse, à l'exception des fusils automatiques et des 4x4.

Pourtant, les Bédouins inspirent également de la peur et du ressentiment aux sédentaires. Le désert du Rub al-Khâlî (c'est-à-dire "le Quart Vide") est une terre d'extrêmes, un territoire plus grand que la France qui s'étend jusqu'à l'Arabie Saoudite actuelle, au sultanat d'Oman et aux Emirats arabes unis. Le visage des habitants du désert est plus patiné, leurs façons plus brutales, leur hospitalité plus grande et leur tempérament plus propice à s'enflammer que celui des habitants des hautes terres. Les Bédouins jouissent d'une image pleine de contradictions. Ils ont la réputation d'être perfides, et pourtant honorables ; avides au point de voler, et pourtant d'une générosité sans pareille ; impitoyables et prêts à tuer à la moindre provocation, mais capables aussi de défendre un hôte, quelles que soient sa tribu, sa couleur ou ses croyances, plus férocement qu'ils ne protégeraient leur propre vie. Si vous cachez quelque chose à un Bédouin, il vous le volera ; si vous le lui confiez, il le défendra au péril de sa vie.

Ma mère se souvient avec tendresse et nostalgie de sa jeunesse passée dans le désert de l'Est.

"J'ai beaucoup appris en jouant avec les enfants bédouins endurcis de Ma'rib, dit-elle. J'ai vu à quel point ils sont différents des gentils San'ânis, qui en viennent rapidement aux insultes mais rarement aux mains. En revanche, les pierres que lançaient les enfants bédouins lorsqu'on les provoquait étaient plus acérées que leur langue. Ils m'ont appris leurs jeux et leurs chansons de berger tout en me prodiguant une hospitalité infinie, et je me suis imprégnée de la liberté du désert."

V

PASSAGE PERPÉTUEL

“Je me souviens que j’étais très triste quand est venu le moment de quitter Ma’rib, nous dit ma mère un soir. Par un chaud après-midi, j’ai aidé mes parents à empaqueter nos affaires dans d’énormes ballots, avant de partir au coucher du soleil pour le long voyage jusqu’à San’â. J’avais six ans, et mon père m’avait calée entre deux tapis roulés sur les bagages empilés sur l’un de nos deux chameaux. Quand l’animal s’est levé, je me suis retrouvée à trois mètres du sol.”

Après les quarante degrés de l’après-midi, l’air du soir fraîchit rapidement tandis que la caravane poursuivait laborieusement son chemin. La famille se reposa à l’ombre accueillante d’un tamaris pendant les heures les plus chaudes de la deuxième journée de voyage. Reprenant sa route au crépuscule, elle s’en fonça plus profondément dans l’immense territoire désolé de la tribu Jidaan. Des roches volcaniques noires affleuraient par plaques à la surface du sable, évoquant de l’huile répandue sur le sol. A la fin du jour suivant, la famille devrait atteindre l’escarpement de l’Est et l’air plus frais du haut plateau qui s’étendait mille mètres plus haut.

“J’ai mal dormi pendant notre halte de la journée, poursuivit ma mère. Et quand on est repartis sous les étoiles qui s’allumaient, ma mère a voulu me sangler avec une corde pour m’empêcher de tomber des bagages si jamais je m’endormais. Mais j’ai refusé. «Je ne veux pas être attachée, lui ai-je dit d'un ton geignard. Ça fait mal. Et puis je vais rester réveillée toute la nuit. Tu verras.»

Je gigotais tellement que ma mère a dû retirer la corde. Mais le pas chaloupé du chameau me donnait terriblement envie de dormir. Mes paupières se sont fermées pendant ce qui m'a semblé durer une fraction de seconde, quand soudain j'ai reçu un coup sur l'arrière du crâne et j'ai perdu connaissance. Quand j'ai ouvert les yeux quelques instants plus tard, j'étais étendue sur le sable, étourdie et le souffle coupé. Je hoquetais pour retrouver ma respiration, incapable d'émettre un son. Mon cœur s'est emballé quand j'ai vu les silhouettes indistinctes de mon père et de ma mère, éclairées par la lune, rapetisser au loin."

Grand-mère Amina était assise avec nous, silencieuse, pendant que ma mère racontait cette histoire devant une autre tasse de *qishr*, souriant de temps à autre en se remémorant cette nuit, bien longtemps plus tôt. Mais elle se redressa, oubliant son châle qui tomba de ses épaules, et poursuivit l'histoire à la place de ma mère.

"Plusieurs heures plus tard, vers minuit, j'ai tiré un peu d'eau d'une outre en peau de chèvre. J'en avais suspendu une sur chacun des flancs des deux chameaux, comme ça, si jamais l'une des bêtes tombait, seule une des outres serait perdue. Au moment où j'ai levé le bras pour la tendre à Fatima, je me suis aperçue avec horreur qu'elle n'était plus sur les bagages. J'ai scruté frénétiquement l'obscurité derrière moi, puis j'ai couru vers l'autre chameau en espérant que je les avais confondus. Mais ce n'était pas le cas. Fatima avait disparu.

J'ai crié son nom, mais j'avais l'impression de crier à travers un oreiller. Muhammad a aussitôt compris ce qui s'était passé. Nous avions tous les deux entendu un étrange bruit sourd peu de temps après notre départ dans la soirée.

«C'était quoi ? avais-je demandé à ce moment-là.
— Une des outres a dû tomber, avait répondu Muhammad. Laisse-la. On en a largement assez.»

Nous avions vite oublié l'incident, mais à présent nous comprenions que c'était le bruit que Fatima avait fait en tombant, et nous avons rebroussé chemin pour tenter de la retrouver."

Muhammad pensait que sa fille avait dû se rompre le cou et périr dans la chute. Sinon, elle les aurait appelés. Mais il ne voulait pas le dire à sa femme, du moins pas avant d'avoir retrouvé le corps. Grand-mère Amina écarta cette pensée de son esprit. Elle retourna le plus vite qu'elle put en direction de Ma'rib, son épuisement oblitéré par l'angoisse d'avoir perdu sa fille.

La plupart des hyènes rayées de la région avaient été tuées par les chasseurs jidaanis. Les risques qu'un de ces charognards nocturnes ait senti l'odeur de la petite fille étaient minimes. De sorte que si ma mère ne s'écartait pas trop de l'endroit où elle était tombée, si le vent ne se levait pas et ne venait pas recouvrir leurs traces, ils la trouveraient, morte ou vive. Ma mère n'était pas bédouine. Si elle tentait de suivre ses parents, ou de retourner à Ma'rib, elle perdrait sûrement son chemin et mourrait de soif le lendemain après midi.

"Muhammad et moi nous hâtions dans le désert sous le clair de lune, poursuivit grand-mère Amina. Je scrutais l'horizon, mais je ne distinguais rien de précis, et je perdais peu à peu espoir de retrouver ma fille vivante.

Ensuite, Muhammad a vu quelque chose qu'il aurait en temps normal pris pour une gazelle, mais la plupart des gazelles avaient été elles aussi tuées par les chasseurs, et il en restait peu. Il a bifurqué en direction de cet objet lointain sans un mot, et bientôt je l'ai vu aussi. Je me suis mise à courir et j'ai trouvé la petite Fatima assise dans le sable à l'endroit où elle était tombée, sanglotant doucement et massant son épaule enflée. Cette fois-ci, je l'ai sanglée soigneusement sur le dos du chameau, et nous avons à nouveau suivi nos traces en direction de l'ouest, longtemps après le lever du soleil."

La famille fit halte à Sirwâh, une petite ville du territoire Kuhlân située au pied de l'escarpement rocheux. Après avoir déchargé ses bêtes, Muhammad partit au marché. Celui-ci grouillait de clients matinaux agglutinés sous les auvents de tôle qui abritaient les allées entre des cabanes en pierre. Il acheta un agneau qu'il fit égorger et préparer par le boucher. Muhammad distribua la viande aux pauvres de Sirwâh pour remercier Dieu d'avoir épargné sa fille.

Muhammad rapporta à grand-mère Amina une poignée de *mimiya*, une épice proche du poivre. Celle-ci pila les minuscules grains noirs pour les réduire en une poudre avec laquelle elle frictionna l'épaule meurtrie de sa fille afin de soulager sa douleur. Elle jeta le reste dans la casserole de bouillon d'agneau qu'ils avaient gardé pour leur propre repas.

Après une courte période passée dans la capitale, Muhammad fut transféré à Al-Hudayda. Grand-mère Amina, qui avait donné naissance à une seconde fille, décida de rester à San'â afin d'élever ses deux enfants sous un climat plus hospitalier. Mais au bout d'un an ou deux, Muhammad fut las de vivre seul. Il revint un jour à San'â avec l'intention de ramener sa famille avec lui à Al-Hudayda.

Ils se mirent en chemin tous les quatre un matin, empruntant la vieille route de San'â qui traversait le Banî Matar et l'Al-Hayma, avec le djebel Harâz qui surgissait de la brume au sud. Non loin de la saillie ouest du plateau, la piste accidentée descendait en pente raide. La pluie en avait emporté une grande partie, si bien que ma mère et sa petite sœur, qu'on avait perchées sur des ânes, durent mettre pied à terre. Muhammad prit la cadette dans ses bras.

Maman cavalait derrière grand-mère Amina, en tentant de ne pas se laisser distancer. Peu à peu, la vue des rares cascades et des calaos à gros bec, qui se baignaient dans les mares au pied de celles-ci, cessa d'être fascinante pour les jeunes yeux de maman.

"Au bout de plusieurs heures de marche, commença maman tandis que Charles et moi l'écoutions avec attention, je ressentis une douleur lancinante dans les pieds, qui me remontait le long des jambes et dans le dos.

«Maman, je suis fatiguée. Tu veux bien me porter ? ai-je demandé, pleine d'espoir.

— Avance, Fatima, m'a répondu ma mère. On est presque arrivés. Ce n'est plus très loin.»

Mais je savais que ce n'était pas vrai. Elle et mon père m'avaient répondu la même chose quand j'avais commencé à demander : «C'est encore loin ?» plusieurs heures auparavant.

«Mais je suis fatiguée. Je veux que quelqu'un me porte», ai-je insisté. Comme elle ne me répondait pas, je me suis remise à marcher.

«Maman, je n'en peux plus. Pourquoi est-ce que tu ne veux pas me porter ?

— Parce que tu es trop lourde pour moi, m'a-t-elle répondu, à bout de patience.

— Et papa ? Pourquoi est-ce qu'il ne peut pas me porter ?

— Parce qu'il porte déjà ta sœur. Tu ne le vois pas ?»

Une demi-heure plus tard, nous sommes passés devant une grosse pierre plate qui se trouvait sous un palmier au bord du chemin. Je me suis effondrée sur le rocher pour bouder, en poussant de gros soupirs pour être bien sûre que maman et papa les remarquent. Ni l'un ni l'autre n'est parvenu à me convaincre de me lever.

«Très bien. Reste ici, alors, m'a finalement dit mon père. On va continuer sans toi. Mais un léopard peut venir bientôt et te dévorer.»

Ma mère et mon père ont pris le virage et disparu. Je suis restée assise quelques instants, le temps de digérer les paroles de mon père. Puis un étrange bruissement dans les buissons m'a effrayée. Je me suis relevée d'un bond et j'ai couru dans le chemin aussi vite que j'ai pu. Restant à la traîne derrière eux, je regardais par-dessus mon épaule de temps en temps pour être sûre que rien ne me suivait.

Le lendemain matin, après plusieurs heures de marche sur des pentes raides envahies de végétation, j'ai à nouveau éprouvé de la fatigue. Je sentais l'épuisement me gagner tandis que notre route redevenait plate en entrant dans la plaine étouffante de la Tihâma, et j'étais furieuse que mon père continue de porter ma petite sœur alors que j'étais obligée de marcher."

Suivant une route qui serpentait à travers des champs desséchés de millet et de sésame, ils approchèrent de la ville marchande de Bâjil. Le nouveau monde étrange qui s'ouvrait devant maman lui fit oublier sa colère un moment*.

Habituées à la fraîcheur du plateau de San'â, ma mère et sa sœur souffrirent énormément en traversant la plaine de la Tihâma. Les températures y dépassaient les quarante degrés, décourageant même les moustiques. Mais les gens de la région s'y sont habitués, à tel point qu'ils portent des pulls et des vestes quand, en hiver, la température tombe aux alentours de trente degrés.

* Au fil des siècles, l'influence africaine a pénétré profondément à l'intérieur de la plaine côtière. Elle se manifeste dans le physique et les coutumes sociales des habitants, qui forment un mélange composite des caractéristiques arabes et africaines. Dans les campagnes, les familles habitent dans des maisons en clayonnage recouvertes d'argile. Couronnées d'un toit de chaume conique et ceintes d'une barrière de buissons épineux afin de protéger le bétail pendant la nuit, les huttes ressemblent plus à celles d'Afrique de l'Ouest qu'aux maison arabes.

"Nous n'étions plus qu'à deux heures d'Al-Hudayda, poursuivit ma mère. Papa s'est arrêté à l'ombre d'un olivier pour faire sa prière de l'après-midi. Lorsqu'il a posé ma sœur par terre, une vipère qui prenait le frais juste sous la surface du sable a brusquement levé la tête. Epouvantés, nous avons vu le serpent planter ses crochets dans la jambe de ma sœur.

Ma mère a fouillé les sacs en cherchant désespérément quelques gouttes d'ambre gris*. Elle espérait en avoir mis par inadvertance parmi ses épices, mais elle n'en a pas trouvé.

Inconsciente de la gravité de la situation, je trouvais un malin plaisir dans cet incident. J'étais certaine que c'était la façon dont Dieu punissait ma sœur de s'être fait porter durant tout le trajet depuis San'â, alors que moi, j'avais dû marcher. Mais le remords a balayé ma joie quand ma sœur s'est mise à trembler de fièvre. En quelques minutes, un voile de sueur lui a couvert le visage et elle est devenue très faible. Mon père a aménagé une petite cavité au milieu des bagages chargés sur le dos d'un des deux ânes afin de l'allonger, et nous sommes repartis vers Al-Hudayda.

Juste avant le coucher du soleil, nous sommes passés devant un petit village d'où nous apercevions la mer à l'horizon, les derniers bateaux de pêche qui revenaient avec la prise de la journée. Maman et papa ont envisagé d'aller chercher refuge pour la nuit dans une des huttes, afin de permettre à leur fille de se reposer. Mais lorsqu'ils ont regardé comment elle allait, elle avait déjà cessé de respirer. Papa l'a descendue de l'âne et a enterré son petit corps dans le sable à côté d'un câprier épineux. Nous avons poursuivi notre chemin vers Al-Hudayda dans le noir."

* Les voyageurs transportent parfois avec eux cette substance cireuse, produite dans les intestins des cachalots. Mélangé à une tasse de thé pour en atténuer le goût terrible, ce précieux remède est censé se diffuser des pieds à la tête et neutraliser n'importe quel venin circulant dans le sang.

Quand Ahmad al-Salami, le père de grand-mère Amina, vivait à Bayt al-Faqîh pendant les guerres des Zaraniq, il épousa une femme du village qui lui donna deux filles. Ces filles, Naïma et Hamida, étaient toutes deux beaucoup plus jeunes que grand-mère Amina. Leur propre mère était morte peu après la naissance de Hamida, et les deux filles vivaient à Al-Hudayda avec leur père.

Puis le vieil Ahmad mourut à son tour, emporté par une forme mortelle de malaria qui sévissait dans les régions côtières. Husayn, l'un des fils qu'Ahmad al-Salami avait eus avec sa femme harâzi, avait suivi la tradition familiale et servi dans les *blocks* Al-Salami. La mort de son père lui laissait la charge de ses deux demi-sœurs orphelines, même s'il n'avait guère le temps et les moyens de s'occuper des fillettes.

Au Yémen, on traite les enfants en adultes dès un très jeune âge. On leur confie toutes sortes de responsabilités qui, du moins en Europe et en Amérique, semblent venir beaucoup plus tard. Tout petits, leur mère peut les envoyer acheter quelque chose au souk, leur père leur demander de livrer un petit paquet à l'autre bout de la ville, ou d'aller à l'école tout seuls, sans que personne ait besoin de les déposer ou de retourner les chercher. Vers un an, les enfants sortent jouer seuls dans les ruelles où, parfois, des voitures et des motos passent régulièrement. La plupart du temps, ils sont capables de se prendre en charge, mais des frères, des sœurs et des enfants plus âgés gardent cependant un œil sur eux. Chaque enfant semble veiller sur un enfant plus jeune, et être à son tour surveillé par ses aînés.

A la mort de son père, Naïma avait dix ans, mais elle avait depuis longtemps endossé le rôle de sa propre mère, et c'est elle qui faisait la cuisine, s'occupait de la maison et de sa petite sœur.

Ma mère se souvient de cette époque avec un mélange de nostalgie et de chagrin :

"Naïma s'occupait très bien de la maison et de sa petite sœur. Mais Husayn s'inquiétait de les savoir seules presque toute la journée, si bien qu'il s'est arrangé pour que Naïma épouse un jeune homme de la famille Al-Shafiq, établie depuis longtemps à Al-Hudayda. Les Al-Shafiq ont accepté que Hamida vienne vivre chez eux avec sa sœur.

Quand maman et moi sommes venues vivre à Al-Hudayda avec papa, j'allais souvent jouer avec mes tantes Hamida et Naïma. Elles n'avaient que quelques années de plus que moi. Mais je me suis bientôt aperçue que les femmes de la famille Al-Shafiq se comportaient de façon cruelle à l'égard des deux filles : elles les rabrouaient, les insultaient et leur donnaient des ordres comme à des servantes. J'ai rapporté ces mauvais traitements à ma mère, et elle est allée avertir les femmes de la famille Al-Shafiq qu'il y aurait des conséquences dramatiques si elles ne montraient pas plus de respect envers Hamida et Naïma.

Mais l'accès de colère de maman les a rendues furieuses. La belle-mère de Naïma a demandé à l'une des vieilles servantes de la famille de l'aider à se venger, et le lendemain, elle l'a envoyée chez nous pour avoir une conversation amicale avec maman. La femme semblait très aimable et maman ne s'est pas méfiée de sa visite, même lorsque la vieille servante lui a offert un vêtement neuf qu'elle avait elle-même confectionné.

Lorsqu'elle a essayé son cadeau quelques jours plus tard, maman a soudain été prise de nausées et d'accès de colère. Elle était possédée par un *jini* introduit grâce au vêtement que lui avait offert la vieille sorcière envoyée par les Al-Shafiq. A compter de ce jour, dès que quelqu'un lui parlait durement, maman se mettait à tituber, s'évanouissait et une étrange voix sonore sortait de sa bouche – pas sa propre voix mais celle du *jini*.

«N'ennuyez pas Amina, commandait la voix. Laissez-la tranquille.»

Son frère Husayn était furieux et il est allé de ce pas chez les Al-Shafiq. Il a ramené avec lui Hamida et

Naïma, et a exigé que le mari de Naïma accepte le divorce."

Maman ne parlait pas des démêlés de grand-mère Amina avec le djinn devant elle. Cette histoire l'aurait embarrassée et irritée, si bien que maman nous la raconta plus tard :

"Naïma et Hamida avaient été sauvées, nous dit maman quand nous fûmes partis de chez grand-mère. Mais l'état d'Amina ne montrait aucun signe d'amélioration. Après avoir composé plusieurs mois avec la mauvaise santé et les sautes d'humeur de sa femme dues au maléfice, mon père a refusé de supporter cela plus longtemps. Il avait déjà envisagé de divorcer avant l'envoûtement, mais il redoutait la colère de son beau-père. A présent qu'Ahmad était mort, plus rien ne l'en empêchait. Il a divorcé de grand-mère Amina, alors que celle-ci venait de lui donner un fils.

Mon père m'a gardée avec lui, mais il a mis ma mère et mon petit frère dans une caravane à destination de San'â avec pour instructions de les déposer dans l'Al-Hayma. Le départ de ma mère a été difficile pour moi, et ma seule consolation était l'espoir que ces interminables repas de poisson et de riz cessent bientôt.

Maman préparait le même plat pour le déjeuner et le dîner sept jours sur sept. Au début, c'était délicieux – je n'avais même jamais vu un poisson avant de venir à Al-Hudayda –, mais bientôt, c'est devenu monotone. Le goût du poisson me donnait la nausée et je me suis mise à manger seulement du riz. Mais il n'y avait pas grand-chose d'autre à manger en ville, et ma mère faisait de son mieux pour me forcer à avaler le poisson.

La caravane a déposé Amina et mon petit frère à l'entrée du *wâdî* Hijran, dans l'ouest de l'Al-Hayma. Des hommes de Bayt al-Salami descendaient généralement de la montagne pour attendre le convoi et acheter du blé mais, à l'arrivée de la caravane, ils n'étaient pas là. Les marchands ont donc laissé ma mère et mon frère au bord de la route avec les sacs de blé, et la caravane a repris son chemin. Ils prendraient leur dû au passage une ou deux semaines plus tard, lorsque la caravane retournerait vers la plaine de la Tihâma.

Amina n'est pas restée longtemps dans l'Al-Hayma. Elle préférait la vie facile de San'â, et elle est partie s'installer là-bas avec mon frère quelques semaines plus tard. Les effets de son envoûtement continuaient de la tourmenter, si bien qu'elle ne parvenait pas à gagner sa vie même en faisant de la couture. Son seul revenu se résumait à deux cents livres de grain que l'imam lui accordait chaque année depuis la mort de son père Ahmad. Elle complétait ses maigres ressources en aidant aux récoltes dans l'Al-Hayma une ou deux fois par an, retournant à San'â avec un âne chargé de grain en compensation.

Quelques mois après que Husayn eut sauvé ses petites sœurs Naïma et Hamida de la famille Al-Shafiq, poursuivit maman, l'imam Ahmad a ordonné que les *blocks* Al-Salami soient transférés à Taëz. Husayn et Muhammad, mon père, devaient partir avec eux, mais papa a décidé que je resterais à Al-Hudayda. Depuis que ma mère était retournée dans l'Al-Hayma, c'était une de nos voisines qui veillait sur moi. Cette femme n'avait pas d'enfants et elle me traitait comme sa propre fille : elle me brossait les cheveux et m'habillait avec de beaux vêtements tous les jours. Et je l'adorais, même si elle aussi ne me servait guère autre chose que du poisson et du riz.

Quand oncle Husayn a dit à Hamida et Naïma qu'ils partaient s'installer à Taëz, les filles n'ont rien voulu entendre. Je jouais avec elles tous les jours, et c'était trop dur pour nous trois d'imaginer d'être séparées. Husayn a tout tenté pour les persuader de l'accompagner sans faire d'histoires, mais en vain.

Hamida et Naïma lui ont ensuite donné à entendre qu'elles se laisseraient peut-être convaincre d'aller à

Taëz à condition que je vienne aussi. Même si j'aimais Hamida et Naïma, je ne voulais pas quitter la femme qui s'occupait de moi. Et je n'aimais pas non plus l'idée d'entreprendre un autre long voyage comme celui que nous avions fait pour venir à Al-Hudayda, et qui avait coûté la vie à ma petite sœur. Mon père a cependant accepté à contrecœur de m'emmener à Taëz avec eux."

Muhammad et Husayn al-Salami louèrent une maison ensemble dans le quartier d'Al-Jahmiliya de Taëz. Située à vingt minutes de marche à l'est de la vieille ville fortifiée, la maison se dressait au bord de la route qui menait au palais Saleh, cinq kilomètres plus loin, la seule route pavée du pays à cette époque. Le palais était l'une des deux résidences de l'imam Ahmad, qu'il occupait avec trois de ses quatre épouses. L'imam Yahya avait choisi les épouses de chacun de ses fils dans l'intention de renforcer les alliances politiques avec les autres familles *sayid* et les tribus. Si rares sont les *sayid* qui autoriseraient leurs filles à épouser un homme d'une tribu, rien n'empêche en revanche un *sayid*, même l'imam, d'épouser une femme d'une tribu.

La quatrième épouse d'Ahmad vivait à San'â. Les trois premières avaient astucieusement convaincu leur mari que la quatrième lui porterait malheur si elle venait à Taëz. Si bien que l'imam ne l'avait jamais vue. Il lui proposa le divorce quelques années plus tard, mais celle-ci refusa, trop heureuse des petits avantages que lui conférait son statut de reine sans avoir de mari à contenter en échange.

Taëz intriguait maman, avec ses trois mosquées blanchies à la chaux datant du Moyen Age éclairé*,

* Tandis que l'Europe s'effondrait à l'époque féodale, la science prospérait dans le monde musulman, particulièrement à Taëz. Un des dirigeants du Yémen écrivit un essai sur le compas magnétique et rédigea un traité détaillé sur les astrolabes, qui comprenait pour l'époque plusieurs innovations. Un astrolabe construit de ses mains est aujourd'hui exposé au Metropolitan Museum de New York.

dont les larges coupoles et les robustes minarets rehaussaient la ville. Sa communauté de marchands cosmopolite et énergique en faisait une ville très différente de tous les autres endroits où elle avait pu vivre. Des femmes déterminées et bruyantes descendaient du djebel Saber aux premières heures de la matinée pour venir vendre leurs marchandises dans le souk central, une occupation réservée aux hommes dans la plupart des autres villes des hautes terres. La face nord du djebel Saber, haute falaise de 3 000 mètres, forme le rempart sud des quatre murs de Taëz, et les nombreux ruisseaux coulant le long de ses flancs irriguaient les bananiers et les papayers qui poussaient aux abords de la ville. Le parler des habitants de Taëz contrastait fortement avec celui de San'â et d'Al-Hudayda. Leurs intonations musicales et leur prononciation étrange chatouillaient l'oreille de maman et eurent tôt fait de déteindre sur elle.

"Après avoir séjourné si longtemps dans la chaleur étouffante d'Al-Hudayda, l'air frais de la montagne que l'on respirait en ville a été pour moi un choc physique, se souvient ma mère avec un frisson. Quelques jours après notre arrivée dans notre nouvelle ville, j'ai attrapé un mauvais rhume. Je manquais de suffoquer à chaque nouvelle quinte de toux, et je suis bientôt devenue trop faible pour rester assise dans mon lit. Déjà anéantie par le fait d'avoir dû quitter Al-Hudayda, j'étais convaincue que j'allais mourir. J'ai dit à mon père que je voulais que la femme qui avait pris soin de moi à Al-Hudayda vienne pour me faire ma toilette funéraire, mais quelques jours plus tard, mon rhume était passé."

Maman se souvient que son père, Muhammad, et son oncle Husayn travaillaient sans répit pendant cette période passée à Taëz, depuis les premières heures du jour et jusqu'à tard le soir. Selon les critères yéménites, elle et ses deux jeunes tantes étaient désormais assez âgées pour se prendre en charge toutes seules. Mais un jour, Husayn reçut l'ordre de quitter le *block* Al-Salami pour rejoindre un nouveau poste à San'â. Malgré leurs réticences, il emmena avec lui ses demi-sœurs, tandis que maman resta cette fois-ci avec son père.

Muhammad n'aimait pas savoir sa fille de neuf ans jouer seule dans le quartier, sans aucune femme pour veiller sur elle. C'était ainsi que naissaient les attitudes inconvenantes avec le sexe opposé, qui pouvaient ternir pour toujours l'honneur d'une famille, même à l'âge tendre de maman. Une solution s'offrit cependant à lui.

"Mon père avait un très bon ami à Taëz", nous raconta maman un soir à San'â, un peu à contrecœur au début. Je sentais son cœur s'accélérer parfois sous le coup de l'émotion pendant qu'elle parlait. "C'était un *sayid* originaire du Banî Matar, mais il avait passé la plus grande partie de sa vie dans le djebel Harâz. L'homme connaissait la situation de mon père et, un jour, il lui a proposé de m'épouser. J'étais jeune, mais mon père n'aurait plus à s'inquiéter pour l'honneur de la famille si jamais je me mariais. Il a accepté sa demande, à une condition : l'homme ne devait pas avoir de rapport sexuel avec moi avant que j'aie mes règles.

J'ai évidemment fondu en larmes en apprenant que je devais me marier, mais je ne pouvais pas faire grand-chose pour protester. L'homme m'a emmenée dans le Harâz pour me présenter à sa mère après le mariage, et nous sommes rentrés tous les trois à Taëz.

Il avait beau être un *sayid*, j'étais terrorisée par cet homme et par sa mère. Elle n'avait pas la moindre sympathie pour moi. A dire vrai, elle trouvait assez amusant de m'effrayer pour m'obliger à faire ce qu'elle voulait. Elle agitait souvent une gourde fabriquée dans une coloquinte évidée, qu'on utilisait pour conserver du miel.

«Il y a un *jini* à l'intérieur de cette gourde, menaçait-elle. Et je peux le libérer si tu te conduis mal. Il est capable de choses indescriptibles.»

Je n'oublierai jamais son sourire méchant lorsqu'elle me disait cela. Je me recroquevillais chaque fois que cette femme s'approchait de la gourde, car j'avais peur qu'elle retire le bouchon de cire et libère le djinn.

Plusieurs mois après le mariage, je me suis retrouvée seule à la maison avec mon mari. J'ai trouvé qu'il se comportait bizarrement, jusqu'à ce que je comprenne ce qu'il voulait."

Maman n'avait pas la moindre idée de ce qu'était le sexe. La plupart des filles parvenaient à apprendre une ou deux choses sur le sujet grâce aux conversations énigmatiques des femmes plus âgées, qu'elles surprenaient pendant les fêtes. Les jeunes filles décryptaient facilement le code qu'utilisaient les femmes pour dissimuler leur sujet de conversation. En général, une fille savait tout ce qu'elle avait besoin de savoir au moment où ses parents arrangeaient son mariage. Mais maman n'avait pas cessé de déménager, et elle avait passé la dernière partie de sa vie sans sa mère, si bien que ses connaissances dans ce domaine n'étaient pas ce qu'elles auraient dû être.

"Cette fois-là, j'ai réussi à échapper à cet homme et à m'enfuir de la maison, se rappelait maman avec un sourire qui pouvait aussi bien traduire l'amusement que la peine, ou encore les deux. J'ai passé les quelques semaines suivantes à chercher dans la maison des cachettes où je pouvais me réfugier quand il rentrait. Mais j'ai fini par être à court d'alternatives, et il est parvenu à ses fins. Lorsque c'est arrivé, je me suis enfuie de la maison pour courir chez mon père.

«Il faut que tu me laisses revenir, ai-je crié. Je me tuerai en sautant du haut du djebel Saber si jamais je dois retourner dans cet horrible endroit.»

Papa était très fâché quand je lui ai raconté ce qui s'était passé. Il est allé trouver l'homme et a exigé qu'il divorce sur-le-champ. Papa était un homme dur et intimidant, et l'homme auquel il m'avait mariée était trop heureux de s'en tirer à si bon compte. Il a répété rapidement trois fois de suite *talaqa* (je divorce), et ça s'est arrêté là."

Peu après, l'imam Ahmad envoya Muhammad al-Salami à Bâb al-Mandeb – la porte des Larmes –, située à la pointe sud-ouest de la péninsule Arabique. Muhammad laissa maman à Taëz chez des voisins.

Depuis son propre transfert de Taëz, l'oncle de ma mère, Husayn, avait été muté de San'â à Ibb, un village situé à une soixantaine de kilomètres au nord de Taëz. Un jour, il reçut là-bas le message suivant : Muhammad al-Salami était mort à Bâb al-Mandeb des suites d'une maladie inconnue. Husayn n'avait pas d'autre choix que d'aller chercher maman à Taëz pour l'emmener chez grand-mère Amina à San'â.

Les fonctions de Husayn à Ibb l'occupaient énormément. Il pouvait difficilement se permettre de prendre les deux semaines nécessaires pour emmener sa nièce chez grand-mère Amina et revenir à Ibb, le tout à pied. Si bien qu'il fit une demande à l'imam Ahmad. Le souverain l'autoriserait peut-être à emmener maman à bord d'un des rares camions qui parcouraient la piste entre San'â et Taëz. Tous ces véhicules appartenaient à l'imam, et ils ne roulaient que sur ses ordres.

Bien qu'il fût sensible aux problèmes de Husayn, l'imam avait besoin de lui à Ibb. Mais le souverain lui proposa une autre solution. Il avait acheté un monstrueux engin de métal qui ébahissait la population en roulant à grande vitesse sur une route de terre et en s'élevant dans les airs comme un immense oiseau, sans même battre des ailes. L'imam proposa que maman aille jusqu'à San'â à bord de cette machine volante. Cela permettrait à Husayn de revenir immédiatement à Ibb.

Quelques jours plus tard, maman fit le voyage de sa vie. L'avion transforma sept jours de marche exténuante en une heure passée à regarder par une fenêtre bien au-dessus du sommet des montagnes.

"L'imam a envoyé un télégramme à San'â pour dire que j'arrivais en avion de Taëz." Maman se souvient de cet épisode avec un plaisir intense. "Et on a dépêché quelqu'un pour aller prévenir ma mère. Elle avait amené un groupe d'amies avec elle jusqu'à la piste d'atterrissage à proximité de San'â, et elles regardaient, émerveillées, cette boîte de métal étincelante descendre et rouler dans leur direction sur la piste de terre, tandis que les hélices soulevaient des tourbillons de poussière. Plusieurs d'entre elles se sont enfuies à l'approche de l'avion.

Nous nous sommes arrêtés près du groupe qui restait. Le grondement des moteurs s'est éteint doucement, la porte s'est ouverte et j'ai sauté au bas des marches pour me précipiter dans les bras de ma mère.

«Qu'est-ce que tu as vu, là-haut ? me demandait tout le monde. A quoi ça ressemble ?»

J'ai tout expliqué dans le moindre détail et je suis devenue le centre de l'attention pendant les quelques jours suivants, tandis que les membres de la famille et les amis défilaient à la maison pour m'entendre raconter le voyage. J'ai adoré ça.

Mais une fois loin du bruit de l'avion, ma mère a été choquée en m'entendant parler. J'étais restée si longtemps à Taëz que j'avais pris l'étrange accent de la ville. Ma mère, qui n'avait presque jamais entendu un accent pareil, a été horrifiée et m'a donné une forte claque sur la bouche. Elle craignait que Dieu ne comprenne pas mes prières, maintenant que j'étais en âge de les réciter régulièrement. Ma mère s'est efforcée de me débarrasser de mon accent et a fini par m'envoyer chez une femme qui apprenait aux jeunes filles à prier correctement."

Les démêlés de grand-mère Amina avec le djinn continuaient de lui gâcher la vie, et les voisins veillaient gentiment sur elle et ses enfants à San'â pendant les moments difficiles. Elle se remaria, mais les crises perdurèrent encore plusieurs années.

Maman et son jeune frère vécurent à San'â chez grand-mère Amina jusqu'au jour où le père de Muhammad Murzah lui demanda sa main pour son fils. Maman avait désormais atteint l'âge raisonnable de treize ans (et elle était lasse de vivre sous l'autorité parfois dure de sa mère). Grand-mère et elle acceptèrent toutes les deux.

VI

LES MURZAH

Mon frère aîné, Hamud, s'intéressa beaucoup à l'histoire de la famille Murzah. Il entreprit de vastes recherches sur le sujet et aimait en parler, en particulier à Charles, lequel se montrait plus intéressé que moi.

Les Murzah venaient d'Al-Janat, un minuscule village situé près de la grande ville marchande d'Amrân, à vingt-cinq kilomètres au nord-ouest de San'â. Hamud découvrit que la famille avait peut-être été juive encore quelques générations plus tôt, mais personne ne sait grand-chose de plus que cela.

A la fin des années 1800, un des fils Murzah quitta Al-Janat pour aller à San'â, où il épousa une femme d'une famille en vue de la tribu Sanhân, qui habitait le plateau s'étendant au sud de la capitale. Il ouvrit une petite boutique dans le Sûq al-Milh, où il réparait des narguilés. Plus tard, il étendit ses activités au commerce du café, amassant assez d'argent pour acheter quelques parcelles de terre aux abords de la porte sud de San'â.

L'homme et sa femme moururent tous deux peu après la naissance de leur premier enfant, Hamud Murzah. Une famille du voisinage éleva l'orphelin comme son propre fils. Quand Hamud fut en âge de réclamer son héritage, la terre et les autres biens de ses parents avaient été dispersés depuis longtemps. Aurait-il même réussi à retrouver la propriété que la récupérer aurait été une bataille ardue, car Hamud n'avait aucune preuve de l'identité de ses parents. Le seul document que possédaient la plupart des gens se résumait à une ligne ou deux griffonnées sur l'intérieur de la couverture du Coran familial en souvenir de leur naissance, habituellement par le chef de la mosquée locale (lequel porte également le titre d'imam, mais qu'il ne faut pas confondre avec les souverains qui régnaient sur le Yémen avant la révolution). Peu d'autres personnes savaient lire et écrire. Hamud ne possédait pas un tel Coran, et il n'avait aucun parent proche susceptible de se porter garant de lui.

La famille Al-Nahshal n'habitait pas loin du foyer adoptif de Hamud Murzah, près de Bâb al-Yemen. Au fil des ans, elle avait étendu son propre domaine agricole, d'une taille considérable, hors des murs de la ville. Après avoir investi dans quelques magasins de détail près de San'â, les Al-Nahshal achetèrent un des *muhariq* – les fours coniques qui servaient à cuire les briques – situés à l'autre bout de la caserne d'Al-Urdhi, de l'autre côté de Bâb al-Yemen.

Au Yémen, il n'était pas rare qu'une famille riche adopte officieusement le fils ou la fille de parents ou de voisins pauvres (à condition que ce dernier ne vienne pas d'une classe sociale beaucoup plus défavorisée). L'enfant emménageait chez sa famille nourricière et était élevé comme un membre à part entière de celle-ci. Selon les besoins, il travaillait dans la maison ou dans les champs et déchargeait ainsi ses véritables parents de leurs problèmes financiers. Plus tard, les parents adoptifs mariaient parfois un de leurs propres descendants avec l'enfant adopté.

N'ayant pas de fils, les Al-Nahshal avaient désespérément besoin d'un autre homme à la maison. Quand Hamud atteignit l'âge de l'adolescence, ils l'invitèrent à venir vivre avec eux pour les aider à veiller sur leurs nombreux intérêts commerciaux. Il accepta, ainsi que maman le raconte :

"C'était peu avant avant que Hamud et la fille unique des Al-Nahshal, Khayriya, tombent amoureux. Les parents de la fille appréciaient le jeune homme et ils lui ont volontiers donné sa main. Ils ont dispensé

Hamud de payer le *shart**, et même le *mahr***. Ils savaient que Hamud n'avait de toute façon pas les moyens de payer.

Les parents étaient généreux et ils ont offert aux jeunes mariés une parcelle de terre le long de la route de Taëz pour cultiver de quoi subvenir à leurs propres besoins. Hamud et Khayriya ont continué de vivre dans la maison des Al-Nahshal avec les parents de Khayriya, et bientôt Dieu leur donna un fils en bonne santé, Muhammad Murzah.

Plusieurs années plus tard, le père de Khayriya est tombé malade. Sentant ses forces l'abandonner, il a fait venir sa femme et sa fille à son chevet à peine deux jours avant sa mort. Il a fait jurer aux deux femmes sur leur propre vie qu'elles légueraient la propriété de la famille à son jeune petit-fils, Muhammad."

Les fidèles pluies de la fin du printemps et du début de l'automne arrosèrent la terre au cours des années suivantes. La terre de Hamud et Khayriya prospéra tant et si bien que Hamud décida de prendre une seconde épouse. Comme il parcourait ses champs un matin, il aperçut une jeune bergère qui menait ses chèvres sur les coteaux du djebel Nogum. Elle baissa subtilement son voile en le croisant, et Hamud n'aperçut qu'un bref instant ses grands yeux humides que séparait un nez fin en forme de bec de faucon.

Sous le charme de sa beauté, Hamud décida d'épouser la jeune fille. Il retourna dans les champs l'après-midi et la suivit jusqu'à un petit village du *wâdî* Ajbar, à environ deux kilomètres au sud du djebel Nogum, dans le territoire Sanhân, afin de découvrir où elle habitait.

* Somme versée à la famille de la fiancée en compensation de la main-d'œuvre qu'elle perd en mariant sa fille.

** Dot payée à l'épouse à titre de moyen de subsistance en cas de divorce ou de veuvage.

Prendre une seconde épouse n'était pas une entreprise bon marché. Hamud se souvint d'une discussion qu'il avait entendue à la mosquée un vendredi après-midi après la prière. L'imam de la mosquée et un jeune homme bien éduqué conversaient poliment, mais chacun tentait d'imposer vigoureusement son opinion.

"Le Coran dit clairement qu'un homme peut avoir jusqu'à quatre épouses en même temps. Comment pouvez-vous contredire cela ? demanda l'imam, exaspéré.

— Je ne remets pas cela en question, répondit le jeune homme hautain. Mais le Coran dit aussi que chaque épouse doit être traitée de la même façon par son mari, non ?

— Oui. Et alors ?

— Est-ce qu'il n'affirme pas aussi qu'aucun homme ne peut traiter toutes ses épouses de façon équitable ?"

L'imam sourit comme pour dire à l'homme qu'il passait à côté de l'enseignement, mais le jeune insista.

"Ne s'ensuit-il pas qu'il est illégal pour un homme de prendre plus d'une épouse qu'il doit, mais ne peut, traiter de façon équitable ?"

Hamud n'était pas habitué à de tels débats pédants. Mais il savait qu'il lui faudrait s'efforcer de traiter ses épouses de façon juste, ce qui s'avère rarement aussi simple que l'a prévu le mari. Dieu lui avait donné des récoltes abondantes, et il ne voyait aucun mal à prendre une autre femme comme symbole de sa faveur. Cette fois-ci, il devrait s'acquitter du prix de la fiancée et de la dot, bien sûr. Cela creuserait un trou énorme dans ses finances, mais il pouvait se le permettre.

Khayriya serait en colère. Elle le mettrait peut-être à la porte de chez lui pendant une semaine ou deux pour protester. Mais elle ne le quitterait jamais car elle n'avait nulle part où aller. Tout se passerait bien, en définitive. Il achèterait une autre maison dans laquelle il installerait sa nouvelle épouse, tandis que

Khayriya continuerait de vivre dans l'ancienne avec sa mère et leur fils, Muhammad.

Le caractère autoritaire de Hamud effrayait les enfants et intimidait les adultes. Celui-ci l'empêchait également de prévoir les conséquences probables de ses actes. Et dans ce cas, il se trompa lourdement sur le chagrin qu'il allait infliger à Khayriya.

"Elle aimait infiniment son mari, dit ma mère en parlant de Khayriya. Et sa décision d'épouser une autre femme l'a anéantie et humiliée. Elle a sombré dans une profonde dépression, ne s'alimentait plus. Elle est morte après un an de souffrance.

Son fils Muhammad était trop jeune pour hériter tout de suite des biens de sa mère, ainsi que son grand-père l'avait souhaité sur son lit de mort. Au lieu de cela, son père a continué de diriger la propriété en comprenant qu'il devrait la rendre au jeune garçon quelques années plus tard, lorsque celui-ci serait en âge de la gérer avec sagesse.

Peu de temps après, la mère de Khayriya est tombée malade. Elle est devenue trop impotente pour prendre soin d'elle-même, et à plus forte raison de son petit-fils. Hamud a donc amené sa nouvelle épouse dans la maison des Al-Nahshal pour qu'elle s'occupe d'eux. Quand la vieille femme est morte, deux ans plus tard, Hamud a décidé que son fils était désormais assez grand pour faire ce qu'il jugeait bon de son héritage.

Mais voir son beau-fils recevoir une grande partie de ce que contrôlait son mari lorsqu'elle l'avait épousé a provoqué l'amertume de Sadiya. Peu lui importait que la richesse vienne de la famille de Khayriya et non de la sienne. Sadiya était en train de construire sa propre famille : elle avait déjà donné deux filles et trois garçons à Hamud, et elle attendait un autre fils. De son point de vue, l'héritage de ses enfants diminuait considérablement au profit de leur demi-frère. Et Hamud n'a pas arrangé les choses en soulignant cruellement qu'en plus de l'héritage que Muhammad avait déjà reçu de Khayriya, la loi islamique exigeait que lui-même lui laisse à sa mort une partie de ses propres richesses.

Cette remarque a irrité par-dessus tout Sadiya et ses enfants, qui ont protesté : «Vas-tu nous laisser sans rien et à la rue ?»"

Hamud balaya leurs inquiétudes du revers de la main et changea de sujet. Mais Sadiya et ses enfants n'allaient pas rester les bras croisés quand ils avaient la possibilité de corriger ce qu'ils considéraient comme une injustice.

Lorsqu'il succéda à son père en 1948, l'imam Ahmad commença à ouvrir modestement les frontières du Yémen. Il étendit la communauté étrangère du pays, qui comptait une trentaine de personnes, en faisant venir des dizaines de techniciens et de conseillers russes ou d'Europe de l'Est. La plupart de ces expatriés restaient entre eux, mais Muhammad Murzah parvint à se lier d'amitié avec une petite bande formée de cinq médecins italiens et quatre français, que l'imam employait alors à San'â. Pendant leur temps libre, ils lui apprirent, ainsi qu'à une poignée d'autres Yéménites, les rudiments de la médecine moderne.

A la fin des années 1950, l'imam Ahmad décida d'envoyer dix Yéménites aux Etats-Unis pour y étudier la médecine. A leur retour, ils devaient former le noyau d'un corps médical indigène, et Muhammad fut choisi pour faire partie de ce groupe. Le voyage en Amérique l'excitait, même s'il savait seulement qu'il s'agissait d'un pays lointain et qu'il fallait plusieurs semaines de voyage en mer pour s'y rendre. Le plus long voyage qu'il s'attendait à faire jusque-là était peut-être le *Haj*, le pèlerinage à La Mecque, s'il avait de la chance. A présent, il était sur le point de parcourir une distance bien plus grande. Il s'absorba dans l'étude de l'anglais en attendant l'ordre de l'imam qui les enverrait là-bas.

Les étudiants reçurent enfin l'ordre de se rendre à Taëz, située à une semaine de marche au sud, et d'embarquer à Al-Hudayda. Mais peu après leur arrivée à Taëz, l'imam Ahmad changea brusquement d'avis, ainsi qu'il en avait l'habitude. Il annula le voyage des futurs étudiants.

Muhammad Murzah retourna à San'â, déçu. La seule chose qui lui restait de son voyage avorté était des notions d'anglais qu'il marmonna fièrement lorsque mon mari le rencontra plus de trente ans plus tard, pour lui demander ma main.

Les rêves de séjour à l'étranger de Muhammad étant désormais brisés, son père lui arrangea un mariage avec Fatima al-Salami, une fille du quartier. Comme le voulait la tradition jusqu'à il y a encore peu de temps, le couple resta à San'â avec le père et la belle-mère de Muhammad. Fatima donna naissance au premier enfant du couple l'année suivante, mais le garçon succomba à "la toux" au bout de quelques semaines. La même maladie emporta leur second enfant alors qu'il n'avait que quatre mois. Hamud vit le jour peu après la révolution de 1962, et son corps frêle et décharné survécut tant bien que mal à cette première année de vie critique.

Fatima élevait ses enfants comme n'importe quelle autre mère. Mais inconsciemment, elle s'interdisait de s'attacher trop à eux les premiers temps. Jusque dans les années 1970, au Yémen, les chances qu'un enfant fête son premier anniversaire se situaient autour de cinquante pour cent, et le risque était trop élevé pour que les parents s'exposent pleinement à l'angoisse de le perdre. Les remèdes de grand-mère et les rites religieux représentaient les seuls traitements connus des diverses maladies, même si certains d'entre eux possédaient une relative efficacité médicale. Longtemps avant que les premières notions de médecine moderne arrivent dans le pays, les Yéménites piquaient leurs enfants avec des épines préalablement frottées sur la peau de personnes atteintes de la petite vérole, ce qui constituait apparemment une vaccination efficace.

Mais de tels remèdes avaient un impact minime sur cet effroyable taux de mortalité, si bien que les mères réfrénaient leurs émotions jusqu'à ce que leurs rejetons soient assez forts et aient acquis un degré d'immunité suffisant pour lutter contre la myriade de maladies qui abrégeaient tant de jeunes vies. Au fur et à mesure que les mois passaient sans incident sérieux, la mère en venait peu à peu à accepter l'enfant comme un membre permanent de la famille.

Fin 1962, après le début de la guerre civile, le jeune gouvernement républicain ordonna à Muhammad Murzah de s'engager dans une unité militaire en tant que médecin civil. Affecté dans diverses villes du plateau au nord de San'â, il parcourait les champs de bataille au plus fort des affrontements pour raccommoder les blessés. Les soldats égyptiens, qui livraient la plupart des combats étant donné qu'il n'y avait pas d'armée nationale bien entraînée, ressemblaient à des géants à côté des Yéménites petits et secs. Muhammad fut sidéré lorsqu'il en vit pour la première fois.

"Retirer un shrapnel d'un Egyptien est comme pratiquer une opération sur un taureau", expliqua-t-il à sa femme lors d'une de ses rares permissions.

Au cours de la troisième année de guerre, Muhammad fut transféré loin du front principal pour être envoyé à Ma'bar, dans la plaine du Jahran, à une trentaine de kilomètres au sud de San'â. A cette époque, seul un chemin de terre traversait le village. Mais Ma'bar se trouvait à l'intersection stratégique de la route reliant San'â et Taëz, la ville principale des plateaux du Sud, et de l'artère récemment construite entre San'â et Al-Hudayda, le plus grand port de la mer Rouge. La garde de ces routes incombait à une vaste force républicaine en garnison à Ma'bar.

Pendant les premières années du conflit, les combats n'avaient presque pas affecté la région, et Muhammad aspirait à une vie plus tranquille que celle qu'il avait connue dans le Nord. Mais peu après son arrivée, les troupes royalistes commencèrent à se rassembler de façon sinistre dans la plaine qui s'étendait à quelques kilomètres de la ville. S'ensuivirent de violents combats pour le contrôle de ces axes. Leur attaque repoussée, les royalistes se retirèrent et la région retrouva son calme pendant un temps.

Fatima partit s'installer à Ma'bar début 1966 pour rejoindre son mari. Ils louaient une des vingt maisons de terre que comptait le village. Celle-ci n'avait que deux étages, mais quand Fatima grimpait sur le toit pour étendre son linge, il lui suffisait de jeter un coup d'œil par-dessus le petit parapet pour avoir une vue dégagée sur le volcan éteint qui se dressait dans la plaine à trois kilomètres de là, telle une montagne de charbon.

Fatima avait perdu un autre fils l'année précédente à cause de cette toux omniprésente. Mais à Ma'bar, le couple conçut son cinquième enfant. Vers la fin de la grossesse, grand-mère Amina vint de San'â pour aider sa fille à accoucher. Un mariage animait la ville le jour où commencèrent les douleurs du travail, le 5 novembre 1966. Des membres des tribus apparentés aux jeunes mariés arrivaient en masse de la campagne environnante pour fêter l'événement. Ils dansèrent et tirèrent des coups de fusil en l'air tout l'après-midi et toute la soirée, jusqu'au moment où un coup de feu tiré par un participant enthousiaste transperça d'une balle deux des invités.

Un médecin ne se mêlait pas des affaires de la maternité, si bien que Muhammad Murzah se contentait de faire nerveusement les cent pas devant la porte de la chambre pendant que sa belle-mère jouait son rôle de sage-femme à l'intérieur. Un coup sec frappé à sa porte le tira de ses tendres réflexions sur la paternité. Il ouvrit la porte et une bouffée de poudre brûlée vint lui chatouiller les narines. Devant la détresse des personnes qui se tenaient devant lui, Muhammad comprit que quelque chose s'était passé. Il prit sa trousse de médecin et les suivit à l'extérieur, soulagé de sortir de la maison et d'échapper aux cris de douleur de sa femme.

Après avoir retiré la balle et pansé les blessures des deux hommes, Muhammad se précipita chez lui pour prendre des nouvelles de son épouse. Il trouva une Fatima épuisée en train de grignoter un repas composé d'un bol de miel, de beurre clarifié, de morceaux de pain et de poulet – le plat que l'on sert traditionnellement aux jeunes accouchées. C'était une fille.

Le lendemain, les deux hommes blessés envoyèrent un mot à Muhammad pour l'inciter à appeler l'enfant Marzuqa – Bénie – en l'honneur du savoir-faire médical de son père. Mais grand-mère Amina m'avait déjà choisi un prénom : Khadija*.

Maman avait prouvé sa valeur en tant qu'épouse en donnant à Muhammad trois fils (même si un seul avait survécu). Mais cette fois-ci, elle était ravie d'avoir enfin une fille. Elle s'octroya le luxe dangereux de me témoigner de l'affection dès ma venue au monde.

Grand-mère Amina utilisa une brindille taillée pour m'appliquer du khôl noir sur les paupières, afin de souligner mes longs cils et dans l'espoir de m'apporter une bonne vue. Comme tant d'autres bébés yéménites, on aurait dit que l'on m'avait donné des yeux trop grands pour moi et qu'il faudrait du temps avant qu'ils semblent à ma taille.

Maman m'enveloppa dans un épais tissu blanc, autour duquel elle enroula une ficelle des pieds aux épaules pour maintenir l'étoffe en place à la manière

* Dans l'Arabie préislamique, Khadija signifiait "prématurée". Les parents utilisaient ce prénom afin de tromper les djinns et autres esprits malins qui cherchaient à emporter l'âme des enfants robustes et en bonne santé en leur faisant croire que le nourrisson était malade et indigne de leur attention. La première épouse du prophète Mahomet et sa préférée, une riche commerçante de La Mecque, s'appelait Khadija.

d'un cocon. Une capuche brodée de fil d'or me couvrait la tête, et maman accrocha un *hirz* à la couverture, à un endroit où je ne pouvais pas l'arracher. Elle fourra un verset coranique griffonné sur un morceau de papier à l'intérieur du talisman en argent afin de repousser le mauvais œil, une sorte de malédiction infligée parfois sans le vouloir par le biais des compliments des visiteurs envieux.

La sécheresse aggrava les effets dévastateurs de la guerre, et la famine ravagea le pays pendant les cinq années suivantes. Les fermiers égorgeaient leur bétail et il fallut importer du grain de l'étranger pour soulager la faim. Pourtant, je devenais plus forte chaque jour, et mes parents étaient satisfaits du dernier membre de leur foyer. Mais mon père et moi n'aurions malheureusement pas l'occasion de nous connaître beaucoup.

Tandis que les roquettes Katyusha pleuvaient sur sa famille à San'â au début de l'année 1968, mon père affrontait son propre enfer sur le plateau situé au nord de la ville, où il avait été transféré peu après ma naissance. Depuis trois ans, la guerre qui faisait rage au nord de San'â s'était enlisée dans une impasse. Les royalistes ne parvenaient pas à contrôler les zones qui s'étendaient autour des villes et des routes principales, tandis que les républicains connaissaient les mêmes difficultés à conserver les territoires qui s'étendaient au-delà des accès principaux dans le désert de l'Est et les montagnes du Nord-Ouest, le long de la frontière saoudienne. Mais après le départ des Egyptiens, l'activité royaliste reprit des forces et les combats regagnèrent en violence.

Homme calme et sensible, amateur de musique, papa ne montrait guère d'intérêt pour la carrière militaire et il s'estimait heureux d'avoir été enrôlé à titre de médecin. La mort et la destruction dont il était témoin chaque jour l'affectaient profondément.

Au fil des ans, maman put apprendre certaines choses concernant la dernière et tragique journée que mon père passa dans l'armée. Je fus surprise qu'elle ait pu savoir quoi que ce soit, car, dans mes souvenirs, mon père avait toujours eu d'énormes difficultés à tenir une conversation. Mais il parvint néanmoins à lui raconter son histoire.

Au cours d'un affrontement particulièrement violent avec les royalistes, papa tentait désespérément de faire son travail. Il se recroquevillait en entendant les obus exploser et évitait les balles qui sifflaient à ses oreilles comme de la graisse dans une poêle à frire. Dans ce chaos infernal, il se précipitait vers les cris terribles des nombreux blessés tordus de douleur, gisant par terre dans des poses grotesques.

Ce jour-là, quelque chose finit par se briser en lui. Le grondement assourdissant de la bataille mêlé aux hurlements de ses camarades le submergea. Accroupi par terre, il trouva refuge dans un fût de pétrole rouillé dont le haut était coupé.

Lorsque l'enfer qui grondait autour de lui s'apaisa, il émergea de sa fragile barrique miraculeusement indemne, tout au moins du point de vue physique. Pourtant, papa était devenu un autre homme. Oubliant les morts et les mourants qui jonchaient le sol, il quitta le champ de bataille en titubant, hébété. Personne ne le revit avant qu'il arrive à San'â à l'aube, environ deux jours plus tard.

Depuis deux mille ans, les ordres des sentinelles étaient demeurés inchangés : n'ouvrir les portes de San'â sous aucun prétexte entre le coucher et le lever du soleil, car seul le mal entrait à ce moment-là. Mais les deux énormes battants de Bâb al-Yemen, ainsi que les autres portes de la ville, avaient été sacrifiés sept ans plus tôt comme le maigre symbole de l'arrivée de la modernité dans le sillage de la révolution. Toutes avaient été démolies, sauf Bâb al-Yemen, mais ses battants restaient désormais ouverts en permanence.

Le ciel matinal s'éclairait rapidement et, au moment où l'œil humain était capable de distinguer un fil blanc d'un fil noir, l'appel à la prière retentit depuis les minarets. Papa avançait péniblement vers San'â à travers la vaste étendue qui s'ouvrait devant ce qui avait été la porte de Bâb Sha'ub, au nord de la ville. De grands trous déchiraient son uniforme taché de sang et de la poussière avait séché sur sa peau, semblable à du lichen. De longs cheveux et une barbe hirsute cachaient en partie ses yeux rendus hagards par l'état de choc.

Papa traversa d'un pas traînant le Sûq al-Milh, passant au milieu des étals déserts des charpentiers, des forgerons, des maroquiniers et des vendeurs d'étoffes, et devant l'angle où les scribes installaient leurs tables en bois. Les parfums mêlés de cannelle, de cumin, d'ail et d'encens s'échappaient par les portes fissurées des boutiques, que les commerçants ouvriraient bientôt pour déployer leurs marchandises le long des ruelles étroites.

Il passa devant le chameau léthargique aveuglé par un bandeau, qui travaillait au moulin où maman faisait broyer ses graines de sésame pour avoir de l'huile. Le joug du misérable animal grinçait, et l'énorme meule grognait en écrasant les grains dans l'atelier sombre comme une caverne, mais papa ne percevait rien de tout cela.

Il marchait tel un automate, sans même remarquer que la maison Al-Aubeli était en ruine ; que la petite Saïda ne jouait plus sur la place pendant que sa mère faisait cuire le pain pour le petit-déjeuner. Sur la façade de sa propre maison, le stuc de gypse blanc qui encadrait les fenêtres les plus hautes s'était effrité lors de la récente explosion, retombant en pluie devant la porte. Il marcha dessus sans rien voir.

Papa plongea la main dans le trou gros comme le poing percé dans le mur à côté de l'entrée. Faisant coulisser la barre de bois dans son anneau à l'intérieur, il ouvrit la porte. L'odeur familière du pain en train de cuire lui chatouilla les narines tandis qu'il fermait la porte, retirait la clé démesurée de sa serrure et montait laborieusement jusqu'au troisième étage.

Maman était ce matin-là dans la cuisine, où elle pétrissait de la pâte à pain en la battant sur la paroi arrondie de notre four en argile. Alors qu'elle passait la main dans l'orifice ouvert au sommet de celui-ci, de la fumée s'échappa du feu de bois allumé au-dessous et s'éleva en dansant jusqu'au puits d'aération du plafond. J'étais couchée par terre dans un coin, où maman me lançait de temps en temps des morceaux de pâte que je m'empressais de pétrir avec mes poings, comme elle-même le faisait.

Levant soudain les yeux, je vis un homme étrange, le visage dénué d'expression, debout sur le seuil de notre cuisine. La pièce était sombre et triste, éclairée seulement par la minuscule fenêtre très haute et l'éclat du feu sous le four. Mais je distinguais suffisamment la misérable silhouette pour être effrayée. Je cessai de battre la pâte pour l'observer avec inquiétude.

Papa n'était pas rentré à la maison depuis plus d'un an. Maman me dit des années plus tard qu'il m'avait alors montré beaucoup d'amour et qu'il était inquiet quand elle lui disait que je me réveillais parfois le matin avec mon oreiller trempé de sang. A San'â, beaucoup d'enfants souffraient de saignements de nez. Les parents attribuaient ce phénomène à l'air sec de la ville et à la haute altitude (2 350 mètres). Quelle qu'ait pu en être la raison, certains enfants ne se réveillaient jamais après une crise particulièrement forte. Mais maman priait chaque jour pour que Dieu épargne ce destin à sa fille, et les saignements cessèrent quelques années plus tard.

La dernière fois qu'il était venu à la maison, lors d'une permission de quinze jours, papa m'emmenait avec lui au souk, le matin. Il aimait quand je m'agrippais affectueusement à son cou. Un jour, pendant que le boucher préparait sa commande de mouton, papa me montra le foie frais de l'animal posé sur le comptoir. La carcasse dépecée du mouton auquel l'organe avait appartenu était suspendue à un clou par les pattes arrière tandis qu'une quantité de mouches l'assaillaient sauvagement.

“Pouvez-vous en couper un morceau ? demanda-t-il. Pour ma fille.”

Le boucher me sourit, coupa un coin de l’organe encore tiède avec une paire de ciseaux et le tendit à mon père. Mes yeux s’agrandirent de plaisir au moment où il avança le foie cru vers ma bouche. Le boucher et lui levèrent les sourcils et feignirent la surprise pour m’encourager, mais c’était inutile, car je l’avalai tout entier. Nous rîmes tous les trois tandis qu’une goutte de sang me coulait sur le menton, que papa négligea d’essuyer. Il prit son sac de viande et nous rentrâmes en passant par les allées animées du souk.

“Vous devriez faire plus attention à votre fille”, gronda une vieille femme qui semblait nous connaître. Elle portait un châle brodé par-dessus son long voile de soie, avec un gros diamant imprimé au-dessus de chaque œil. Papa ne la reconnut pas. Comme la plupart des hommes, il n’était pas doué pour reconnaître une femme voilée à sa seule démarche – ce qui arrangeait bien les femmes.

“Vous allez lui attirer le mauvais œil”, lui reprocha la femme.

Le cœur de mon père se gonfla d’orgueil pour sa fille.

“*Mash Allah* – que Dieu la protège –”, murmura-t-il pour ne prendre aucun risque.

Mais assise dans la cuisine plus d’un an après, je ne reconnus pas mon père, même si j’avais pleuré de façon incontrôlable la dernière fois qu’il était reparti. Maman ne l’aurait peut-être pas reconnu non plus si elle avait remarqué sa présence, mais elle tournait le dos à la porte et était concentrée sur le four.

En voyant sa femme, papa se figea. La lumière du feu se reflétait tendrement sur son profil chaque fois qu’elle prenait un morceau de pâte. Il contemplait le feu crépitant, la fumée qui s’échappait sous le four, et ses pensées durent le ramener subitement au champ de bataille.

La panique s'empara de lui. Il se précipita vers maman, saisit une de ses longues nattes qui dépassaient de son foulard dans sa main gauche. Il tira dessus violemment, et maman sentit sa tête partir en arrière, la bouche et les yeux béants de terreur levés vers le plafond. Je me mis à hurler quand papa la frappa avec la clé en fer qu'il tenait dans la main droite, lui ouvrant une profonde entaille dans la bouche.

Le hurlement terrible de maman alerta ses beaux-frères qui accoururent des étages supérieurs. Ils arrachèrent papa à sa femme qui gisait par terre, meurtrie et en larmes, tandis que le sang coulant de sa bouche tachait sa robe.

Les deux frères de mon père le tirèrent hors de la cuisine. Sa belle-mère et ses sœurs aidèrent maman à monter pour nettoyer ses blessures, horrifiées en s'apercevant qu'elle avait la langue presque tranchée. Elles devraient la conduire à l'hôpital pour la faire recoudre. Oubliée dans ce tumulte, je restais sur le sol de la cuisine, tremblante et en larmes, les yeux rivés sur le sang qu'avait perdu maman tandis que de la fumée montait du pain qui brûlait dans le four.

Les frères de papa l'escortèrent, confus et délirant, en bas des marches puis à l'extérieur. Des voisins inquiets s'étaient déjà attroupés devant la maison pour connaître la raison des hurlements. Ses frères les écartèrent sans un mot. Ils conduisirent papa à la forteresse d'Al-Qasr pour lui faire subir le seul traitement psychologique disponible : la prison, où on lui enchaîna les mains et les pieds.

VII

BATAILLE POUR LA GARDE DES ENFANTS

Après un an passé à Ma'bar dans un calme relatif, papa avait reçu l'ordre de retourner sur le plateau du Nord. Maman ne pouvait pas l'accompagner, si bien qu'elle était retournée vivre chez sa belle-famille avec mon frère et moi. C'est là que mon père nous trouva lorsqu'il revint hébété du champ de bataille en ce jour funeste.

Papa resta à la prison d'Al-Qasr pendant deux semaines après avoir attaqué ma mère dans la cuisine et lui avoir presque tranché la langue. Comme on pouvait s'y attendre, son séjour en prison n'aida guère à améliorer son état. Des doses massives de sédatifs le calmaient, mais son expérience sur le champ de bataille avait laissé en lui de profondes cicatrices. La famille, et surtout ma mère, craignait qu'il se montre à nouveau violent.

A la suite de l'annulation de son voyage en Amérique, avant la révolution, papa avait pratiqué la médecine dans l'une des deux petites pièces situées au rez-de-chaussée de sa maison, destinées à l'origine à servir d'entrepôts. Cette pièce sinistre donnait directement sur la rue, tandis qu'une porte intérieure s'ouvrait sur la partie principale de la maison.

Quand papa revint chez nous, grand-père Hamud (le beau-père de ma mère) dit à maman de descendre vivre avec mon père, mon frère et moi dans la chambre du bas. Mais maman avait peur, pour elle-même et pour ses enfants. Elle refusait de rester avec papa jusqu'à ce qu'elle soit convaincue qu'il ne pourrait plus être aussi violent qu'il l'avait été deux semaines plus tôt. Irrité, grand-père Hamud insista pour que papa aille vivre au rez-de-chaussée, car il avait peur de son fils tout autant que ma mère. Finalement, il accepta qu'elle et ses enfants vivent dans la deuxième pièce, à côté de celle qu'occuperait papa.

Je détestais notre nouveau logis, une pièce sombre et aveugle à cinquante centimètres au-dessous du niveau de la rue, où maman laissait brûler une lampe à huile toute la journée pour qu'on puisse voir quelque chose. Plus que de l'obscurité, je me souviens du côté vide de cette pièce : juste quatre murs nus. Une cellule de prison n'aurait pas été moins gaie. Papa, lui, avait au moins dans sa chambre une grande fenêtre qui donnait sur la ruelle.

"Pourquoi est-ce qu'on doit vivre dans un endroit aussi sombre et aussi petit alors que la plupart des gens vivent dans une grande maison ?" demandais-je à ma mère de temps en temps.

Ajoutant l'humiliation à la blessure, grand-père Hamud imposa des conditions à l'occupation de nos quartiers sinistres et oppressants. Peut-être sur l'initiative de sa femme, Sadiya, il annonça à sa belle-fille qu'elle devrait désormais payer un loyer. Maman n'en croyait pas ses oreilles. Même si elle avait su lire et écrire, à San'â, presque aucune femme ne travaillait hors de chez elle. Et la seule famille vers laquelle elle pouvait se tourner était sa mère et son frère, lesquels avaient déjà à peine de quoi subvenir à leurs propres besoins.

Elevée par une mère autoritaire, maman, jadis une jeune fille timide et renfermée, était devenue une femme docile et soumise qui trouvait difficile de dire non même à son pire ennemi. Mais elle en voulait énormément à son beau-père. La maison dans laquelle vivait la famille n'appartenait pas à grand-père Hamud, mais à papa. Elle représentait une partie de l'héritage de Khayriya. Hamud avait l'intention de faire payer à sa belle-fille un loyer pour habiter dans un recoin sinistre de la propre maison de son mari. Pourtant, maman ne parvenait pas à rassembler le courage suffisant pour résister à sa tyrannie.

"Dieu rendra justice en son heure", se consolait-elle.

Résignée à son triste sort, maman se tourna vers le seul moyen de subsistance qu'elle connaissait : la couture, que sa mère lui avait enseignée quelques années plus tôt. Elle emprunta une vieille machine à coudre mécanique à grand-mère Amina et la posa dans un coin de notre logis. Elle fit ensuite courir le bruit qu'elle cherchait du travail et se fit bientôt une petite clientèle. Elle transformait de la soie indienne brodée et du coton local en robes de mariée ou en tenues pour d'autres grandes occasions.

Mon frère et moi jouions dans la rue pendant que maman s'épuisait jour après jour devant la machine. Elle confectionnait de beaux vêtements, mais son talent rapportait bien peu, et elle parvenait à réunir tout juste assez pour nous nourrir et pour que grand-père la laisse tranquille.

Elle interrompait parfois son travail pour préparer à manger et vérifier comment allait son mari dans la pièce à côté. La crainte que papa redevienne violent s'avéra bientôt fondée. Un cadenas verrouillait la porte de sa chambre qui donnait sur la maison principale, et un soir, tard, il parvint à briser la chaîne sans que personne l'entende. En grimpant l'escalier, il trouva un marteau-piqueur et détruisit le four en argile dans lequel maman faisait cuire le pain le jour où il était revenu de la guerre.

Plongé dans une espèce de torpeur hypnotique, papa regardait sa femme avec des yeux vitreux et ahuris chaque fois qu'elle entrait dans sa chambre. Au début, maman avait le sentiment étrange d'être observée mais celui-ci se dissipa au bout de quelques semaines. Maman se berça lentement d'illusions, voulant croire que la fureur de son mari s'était calmée, jusqu'à un après-midi où elle lui apporta des vêtements de rechange. Quand elle approcha, papa sortit soudain de sa torpeur, saisit maman et la battit jusqu'à ce qu'elle parvienne enfin à se dégager de son emprise.

Meurtrie et traumatisée, elle ne retourna pas voir son mari ce soir-là. De bonne heure le lendemain matin, elle se concentra intensément sur sa couture, refusant de penser à autre chose. Soudain, un violent coup contre la porte ouverte la sortit de sa transe et elle leva les yeux au moment où papa entrait en titubant, la regardant sans la voir avec des yeux d'alcoolique. Maman frissonna comme une proie acculée, mais feignit de ne pas lui prêter attention. Comme elle continuait à actionner la roue mécanique, la peur l'envahit et de la sueur lui coula du front sur le nez, tombant sur la robe qu'elle confectionnait.

Papa s'arrêta pour écouter le vrombissement de la machine à coudre. Soudain, ses yeux se rétrécirent et ses lèvres s'étirèrent dans un mélange explosif de colère et de peur, tandis que des sons et des images du champ de bataille lui revenaient en mémoire.

"Espèce de démon !" rugit-il en se ruant sur maman. Il envoya dinguer la machine à coudre contre le mur d'un coup de pied tandis que maman levait les mains dans une faible tentative pour se protéger. Trop tard. Muhammad lui décocha un crochet à la tempe et elle s'effondra sur le sol.

J'entendis le bruit depuis la rue où je jouais. Me précipitant dans la chambre, je m'interposai entre mes parents en pleurant :

"Arrête de la frapper !" hurlai-je à mon père.

Papa se tourna vers moi. Je crois qu'il ne m'avait pas reconnue et il leva la main pour me frapper, mais maman recouvra aussitôt ses esprits et lui saisit le bras avant qu'il ait le temps de l'abattre sur moi. Il me repoussa de son autre main, se tourna à nouveau vers sa femme et la fit tomber en lui décochant un violent coup au visage. Il quitta la pièce en nous laissant, maman et moi, sanglotant dans les bras l'une de l'autre.

Lorsqu'il devint évident que papa ne guérirait pas rapidement – s'il guérissait un jour –, sa belle-mère profita de l'occasion. Ayant remarqué l'incapacité de ma mère à tenir tête à son beau-père, Sadiya incita grand-père Hamud à s'emparer définitivement des biens de papa : la terre, les boutiques et la maison des Al-Nahshal dans laquelle nous vivions tous.

En un tournemain, Sadiya parvint à assurer un bel héritage à elle-même et ses enfants aux dépens de son beau-fils et de sa famille. Pour elle, le plus beau était que les victimes ne pouvaient rien faire pour l'en empêcher. Des années de batailles juridiques seraient nécessaires afin de récupérer les biens, exigeant du temps et de l'argent que maman n'avait pas. En outre, une salle de tribunal n'était guère un endroit pour une femme respectable.

Sadiya n'avait jamais dépendu financièrement de Hamud. Ses propres parents lui avaient légué quelques propriétés aux alentours de San'â. Elle en avait vendu la plupart peu de temps avant son mariage, refusant la responsabilité de leur gestion. Mais en 1970, quand la guerre civile commençait à s'essouffler, grand-père Hamud s'embarqua dans une longue et épuisante croisade visant à récupérer les biens de Sadiya, convaincu qu'elle ne les avait pas vendus assez cher. Il passerait des années dans les tribunaux pour tenter de persuader les juges que sa femme n'avait pas toute sa raison au moment des transactions, allant jusqu'à soudoyer des témoins pour qu'ils confirment ses allégations. Un juge finit par se laisser convaincre et déclara les ventes nulles et sans effet.

Pendant ce temps-là, maman continuait de se battre pour sa famille. Elle n'en voulait pas à mon père de nous avoir mis dans cette situation délicate. En fait, elle avait pitié de lui en le voyant passer de périodes de léthargie à des accès de violence, qu'elle tentait de son mieux d'anticiper et d'éviter. Maman tomba à nouveau enceinte et donna naissance à une autre fille, Jamila, en 1971. Mon frère et moi avions à présent une autre sœur avec qui partager la peur et les incertitudes qui peuplaient notre vie.

Plusieurs mois après la naissance de Jamila, maman en eut finalement assez de nos conditions de vie précaires et dégradantes. Papa continuait à la maltraiter dès qu'elle baissait sa garde, et l'amélioration de son état pour laquelle elle priait sans cesse n'arrivait pas. Avant la guerre, il avait été un mari attentionné, chaleureux et sensible, et ils s'aimaient profondément. Elle croyait sincèrement qu'il ne se rendait pas compte de ce qu'il lui faisait subir, mais rester avec lui n'était pas raisonnable. Avec une audace surprenante, elle rassembla ses quelques affaires dans un sac, posa la machine à coudre en équilibre sur sa tête et nous emmena, mon frère, moi et notre petite sœur, chez sa mère et son frère, qui habitaient de l'autre côté du vieux quartier de San'â.

Quelques jours plus tard, grand-père Hamud vint à la maison. Feignant le remords, il la supplia de revenir, mais maman savait qu'il cherchait uniquement quelqu'un pour s'occuper de papa. Comme elle n'était pas capable d'affronter directement son intimidant beau-père, elle l'informa par l'intermédiaire de son frère, 'Alî al-Salami, que non seulement elle rejetait sa demande, mais qu'elle prévoyait également de demander le divorce.

Papa étant dans l'incapacité de prendre une décision, la responsabilité de celle-ci incombait à son père. Mais le cœur de grand-père Hamud demeura aussi froid et aussi dur que les pierres *hajar habash* qui supportaient sa maison, et il refusa de lui accorder le divorce. Maman porta l'affaire devant les tribunaux. Si elle pouvait prouver que sa cause était juste, un juge accéderait à sa requête ; et la folie était considérée comme une juste cause. Son frère rédigea pour elle les papiers du divorce et il les présenta devant la cour.

Quand son beau-père comprit que maman avait l'intention de mettre sa menace à exécution, il passa instinctivement à l'offensive. Il jura qu'il obtiendrait la garde de mon frère et de moi, mais cette fois-ci, maman ne se laissa pas intimider. Elle retourna à sa couture et attendit que la longue procédure juridique suive son cours.

La demande de divorce de maman arriva finalement devant le tribunal presque deux ans plus tard. Le juge la convoqua ainsi que son beau-père afin qu'ils présentent leur version des faits. Maman affirmait que son mari avait perdu l'esprit tandis que grand-père Hamud, flanqué d'une poignée de témoins qu'il avait réussi à intimider pour les forcer à comparaître, jurait que son fils n'était pas fou.

Le juge ne mit pas longtemps à rendre son verdict. A la grande consternation de son beau-père, il accorda le divorce à maman, mais la question plus importante de la garde des enfants restait à régler. Maman et grand-père Hamud étaient tous deux déterminés à nous garder, le petit Hamud et moi : maman parce qu'elle nous aimait ; grand-père Hamud parce qu'il voulait punir maman d'avoir obtenu le divorce. Jamila, encore bébé, resterait avec maman.

Quelques semaines plus tard – un jour que je n'oublierai jamais –, le juge nous appela à la barre, maman, Hamud et moi. 'Alî, son frère, nous accompagnait. Au moment où nous prenions place sur les chaises en bois qui se trouvaient au fond de la petite salle, le juge entra et alla s'installer à la table située à l'avant. Le fourreau en argent ouvragé de sa *jambiya* était moins recourbé que les gaines en forme de fer à cheval plus courantes dans les tribus. Posée selon un certain angle contre son ventre, celle-ci serrait sa *zena*, longue jusqu'aux chevilles, autour de sa taille menue pour former une série de larges plis. Il ajusta son turban de soie soigneusement noué et s'assit derrière le bureau avec un air savant, caressant sa barbe grise de temps à autre pendant qu'il rangeait les papiers posés devant lui.

Grand-père Hamud entra ensuite dans le tribunal, les dents serrées et une expression déterminée sur le visage. Je sentis un frisson parcourir mon corps en le regardant dans les yeux. Il n'adressa pas la parole à ma mère, mais se força à grommeler et à lancer un sourire jaune et creux dans la direction de mon frère et de moi. C'était la première fois que je le voyais sourire et je demeurais bien peu convaincue de sa sincérité. Nous prenant par la main, il nous entraîna dans un coin où maman et 'Alî ne pouvaient nous entendre et nous fit asseoir chacun sur une chaise. Il s'agenouilla de façon à nous masquer à leur vue.

"Dans quelques minutes, le juge va vous poser une question très importante, nous expliqua grand-père Hamud d'une voix douce. Il va vous demander si vous voulez vivre avec votre mère ou avec moi. Bon, qu'est-ce que vous allez lui répondre ?"

Je dévisageais mon grand-père avec une moue et les yeux plissés, et je sentis mes jambes trembler.

"Vous devrez pointer le doigt vers moi, dit-il d'un ton plus implorant qu'autoritaire. Compris ?"

Grand-père Hamud vit la colère submerger la peur que j'avais en moi. Sentant ma résistance obstinée, il posa les mains sur mes épaules et me secoua vivement.

"Compris ?" répéta-t-il, le sourire disparaissant de son visage.

Le juge chaussa ses lunettes et regarda de derrière sa pile de papiers la douzaine de personnes rassemblées dans la salle d'audience.

"Monsieur Hamud Murzah. Madame Fatima al-Salami, appela-t-il. Avancez avec les enfants, je vous prie."

Grand-père Hamud se leva avec raideur et se força à sourire de nouveau. Il nous tapota gaiement sur la tête et se tourna vers le juge, espérant que celui-ci avait remarqué cette démonstration d'affection.

Maman se leva avec Jamila dans les bras et avança d'un pas traînant devant le bureau du juge. Grand-père Hamud la suivit, serrant la main de mon frère tandis que je traînais les pieds derrière eux. Le petit Hamud et moi nous assîmes entre les deux adultes, mais grand-père se mit entre nous afin de nous tenir tous les deux par la main.

Le juge s'intéressa d'abord au petit Hamud.

"Bon, mon garçon. Est-ce que tu veux vivre avec ta mère ou avec ton grand-père ?"

Mon frère se tourna lentement, regarda maman, puis grand-père. Ses paumes devinrent moites tandis que grand-père lui serrait la main avec plus de fermeté.

"Grand-père a dit que je devais rester avec lui", répondit Hamud en toute innocence.

Le juge leva un sourcil et jeta un regard soupçonneux en direction de grand-père Hamud.

"C'est vrai ? Mais qu'est-ce que tu veux, toi, mon garçon ?" demanda-t-il aussi tendrement que le peut un juge. Grand-père Hamud accentua encore la pression sur sa main. Mon frère leva les yeux mais grand-père souriait au juge.

"Je crois… avec mon grand-père", bredouilla-t-il.

Le juge fronça les sourcils, sceptique, puis se tourna vers moi.

"Et toi, jeune demoiselle, avec qui souhaites-tu vivre ?"

Grand-père Hamud me serra la main comme dans un étau, bien que l'expression plaisante ne vacille pas une seule fois sur son visage. J'eus une grimace de douleur et le regardai avec une haine sans partage. Des souvenirs sinistres et atroces de la vie dans la maison Al-Nahshal, désormais appelée la maison Murzah, inondèrent ma mémoire, engourdissant la douleur que je ressentais dans la main. Un poids semblable à celui du couvercle d'un cercueil s'était levé quand maman m'avait enfin délivrée de cette misère l'année précédente. Jamais je ne pourrais retourner là-bas.

"Khadija ? dit le juge d'un ton encourageant. Qu'as-tu à dire ?"

J'étais prête à exploser, le sang me monta au visage.

"Je ne retournerai pas dans cette maison ! explosai-je. Je n'y retournerai pas."

J'arrachai ma main de celle de mon grand-père et me précipitai hors de la salle d'audience. Le juge me regarda d'un air stoïque tandis que je franchissais la porte en courant, passant devant les familles sidérées qui attendaient leur tour à l'extérieur. Il jeta un regard dégoûté à mon grand-père alors que maman se précipitait à mes trousses.

Grand-père Hamud se tourna vers le frère de maman qui se tenait derrière lui. Les veines battaient à ses tempes et ses yeux s'emplirent de fureur :

"N'espère pas que j'apporte une aide financière quelconque à cette bonne à rien ! lança grand-père Hamud à oncle 'Alî d'un ton méprisant.

— Vous n'avez pas le choix, monsieur Murzah, coupa le juge. La loi exige que vous apportiez une aide financière aux enfants quelle que soit la personne avec laquelle ils choisissent de vivre.

— Mais je n'en ai pas les moyens, plaida-t-il en jouant les victimes. Je ne suis pas un homme riche, monsieur le juge. Et ce n'est même pas mes enfants, seulement mes petits-enfants.

— Et les revenus que vous tirez de la terre et des magasins que vous avez pris à votre fils ? demanda oncle 'Alî d'un ton de défi. Et sa pension, que *vous* percevez chaque mois ?

— Ça ne couvre même pas ce que nous dépensons pour prendre soin de Muhammad, rétorqua grand-père Hamud.

— Ça suffit, coupa le juge, sans cesser de regarder grand-père d'un œil mauvais. Vous devez verser une pension pour la petite fille.

— Mais je vous l'ai dit. Je n'ai pas assez d'argent."

La tempête qui faisait rage dans la tête de grand-père Hamud se calma légèrement tandis qu'il canalisait son énergie pour mieux réfléchir. Une idée lui vint.

"Et si je la renie, monsieur le juge ?"

Le juge hésita.

"Dans ce cas, vous n'aurez pas à verser de pension pour elle. Mais vous perdrez tous vos droits sur elle ; même le droit de la voir. C'est ce que vous voulez ?

— Je m'en fiche, grogna grand-père Hamud.

— Eh bien, c'est vous qui voyez."

Le juge griffonna quelque chose sur un document et leva à nouveau les yeux.

"Khadija restera avec sa mère. Mais Hamud est assez grand pour rester avec son grand-père, ainsi qu'il en a exprimé le souhait. Je n'en crois pas un mot, mais je ne peux rien y faire. Affaire suivante !"

Maman fondit en larmes en apprenant la décision du juge, anéantie à l'idée de perdre son fils.

Un officier militaire se renseigna sur maman auprès d'oncle 'Alî environ un an après son divorce. Il venait du Jahran, l'un des nombreux plateaux isolés formant une chaîne qui traversait les hautes terres du Centre. Le visiteur demanda depuis combien de temps maman était divorcée, et si elle avait l'intention de se remarier.

L'intérêt de cet homme réjouit à la fois oncle 'Alî et maman. Elle avait presque trente ans, et les gens n'allaient pas tarder à la qualifier d'*ajuza*, c'est-à-dire de vieille femme. Une femme divorcée avec trois jeunes enfants ne trouve pas toujours facilement à se remarier.

La loi islamique exige d'attendre quatre mois après un divorce avant qu'une femme puisse se remarier. Cela permet amplement de s'assurer qu'elle n'est pas enceinte. Oncle 'Alî informa le prétendant que la période requise était effectivement passée. Exaltée par sa chance inattendue, ma mère demanda à 'Alî de se mettre d'accord avec l'officier sur le prix de la fiancée et sur la dot.

Hamîd al-Maamari était le cheikh d'une des tribus vivant dans la partie nord du plateau du Jahran. Déployées sur une étendue de cinquante kilomètres de long sur vingt-cinq de large, les terres volcaniques du Jahran sont extrêmement fertiles. Les vastes champs verdoyants de sorgho en train de mûrir ne sont interrompus que par de rares parcelles de terre poussiéreuse dont la propriété fait l'objet de disputes.

Le col de Naqîl Yislah, à 2 800 mètres d'altitude, sépare le Jahran du plateau de San'â plus au nord, et plus élevé encore de quelques centaines de mètres. A environ trois kilomètres au sud au pied du col, un chemin quittant la route qui relie San'â à Taëz conduit à une vallée parallèle située à l'ouest. Au départ du *wâdî*, une vingtaine de maisons de pierre forment le village d'Al-Sharara, accroché aux contreforts des montagnes ocre de Mushqara.

L'habitation la plus haute du village est perchée sur un promontoire abrupt encerclé par les autres maisons. Celle-ci appartenait au cheikh Abdu Rabu al-Maamari, le père de Hamîd. Construite en pierres brutes tenues par du mortier d'argile, cette lourde structure de quatre étages est supportée par une énorme arche de pierre chapeautant le rez-de-chaussée, où les outils agricoles et le grain sont stockés. La vue depuis les petites fenêtres du hall d'entrée supérieur s'étend jusqu'à la petite tache formée par Ma'bar, à plus de dix kilomètres au sud, la ville où je suis née.

Maman nous parla de mon beau-père et de sa famille alors que Charles et moi revenions d'un voyage dans le Jahran :

"Le grand-père de Hamîd al-Maamari avait été un cheikh plus influent que Hamîd, expliqua-t-elle. Sa générosité et son équité étaient célèbres dans tout le Jahran*. Le grand-père possédait également un courage exceptionnel mais, comme beaucoup d'hommes braves, sa vie avait été abrégée très tôt. Il s'était fait assassiner par un Bédouin venu dans le Jahran pour vendre du sel extrait dans les mines du Bayhân, dans l'Est.

Le père du cheikh Hamîd, Abdu Rabu, est lui aussi devenu un chef de tribu respecté. Il était engagé dans une rivalité constante avec un homme dénommé Al-Qifri, un cheikh des Bilâd al-Rus ("la terre des sommets des montagnes"), dont le territoire s'étendait à

* Dont les tribus appartiennent à la fédération tribale Bakîl.

l'autre bout des montagnes de Mushqara par rapport à leur village d'Al-Sharara. Les deux hommes chérissaient leur indépendance par-dessus tout."

Comme tous les membres des tribus yéménites, les deux cheikhs voyaient d'un mauvais œil toute intervention extérieure dans leurs affaires, surtout celle du gouvernement. Quand la guerre civile consuma le pays fin 1962, Al-Maamari, Al-Qifri et beaucoup d'autres chefs de tribus du pays affirmèrent leur autonomie en acceptant de l'argent et des armes à la fois des révolutionnaires républicains et des royalistes favorables à l'imam. Oubliant ce généreux financement, un grand nombre de tribus bénéficiaires refusèrent de soutenir l'un ou l'autre camp de façon définitive, en dépit des largesses qu'elles pouvaient recevoir. Les royalistes et les républicains employèrent des moyens détournés pour tenter de faire basculer des tribus neutres dans leurs camps respectifs.

Al-Sharara est situé à un kilomètre et demi de la route qui relie Taëz à San'â. L'année précédant la révolution, une entreprise américaine avait fini par transformer la piste cahoteuse en route gravillonnée adaptée aux voitures. L'effort de guerre républicain dépendait du contrôle de cette route stratégique, ce qui impliquait un soutien actif des tribus habitant les environs. La neutralité n'était pas suffisante, car les antagonistes savaient qu'une petite somme d'argent et des fusils distribués aux bons cheikhs par l'ennemi pouvaient toujours changer la donne, du moins pendant de courtes périodes.

Abdu Rabu et Al-Qifri s'accusaient mutuellement de sympathies tantôt républicaines, tantôt royalistes, en fonction de leurs propres relations avec les deux camps à ce moment-là. Le gouvernement républicain de San'â se méfiait de ces deux redoutables cheikhs lunatiques, et il tenta à plusieurs reprises de les capturer, sans succès.

Recourant ensuite à une tactique séculaire, le gouvernement entreprit de répandre des rumeurs. Les

Yéménites ont tendance à prendre tout ce qu'ils entendent pour argent comptant, même si cela paraît exagéré, jusqu'à ce que cette rumeur soit démentie. Le gouvernement fit donc courir le bruit qu'un des cheikhs avait critiqué l'autre. L'homme offensé répondit par une insulte encore plus grave à l'encontre de son rival et, dans une atmosphère aussi tendue, la spirale vers la violence devint impossible à arrêter.

Au fil des semaines, la calomnie devint de plus en plus virulente. Les tribus opposées se regardaient d'un œil soupçonneux dans les marchés hebdomadaires de toute la région, où les hommes venaient vendre leurs récoltes et acheter ce qu'ils ne pouvaient pas cultiver. Le moindre faux mouvement ou commentaire mal interprété menaçait d'engloutir la région tout entière dans un bain de sang et de l'entraîner dans un cycle de vengeance implacable.

Au Yémen, certaines querelles en viennent à impliquer tant de parties différentes qu'il est impossible de trouver des arbitres objectifs issus de la communauté. C'est l'un des rares cas où les tribus peuvent accepter une intervention extérieure. Une figure neutre sans aucun lien avec la région en question peut offrir le seul espoir de réconciliation entre les parties.

“Le gouverneur républicain de la province a attendu tranquillement jusqu'à ce que la situation devienne explosive, poursuivit maman. Puis, pile au bon moment, il a envoyé des messagers à Abdu Rabu et à Al-Qifri, offrant gracieusement ses services en tant que médiateur. Pressés d'enterrer leurs différends, les deux cheikhs ont accepté de rencontrer le gouverneur à Ma'bar. Ils ne soupçonnaient ni l'un ni l'autre les sinistres intentions que cachait cette proposition.

Les deux cheikhs sont arrivés en ville quelques jours plus tard. Plusieurs dizaines de leurs hommes les escortaient : maintenues par leur dague, les ceintures de munitions qu'ils portaient autour du torse ressemblaient à des bijoux. Chaque groupe a remis ses fusils aux soldats du gouverneur pour signifier qu'il n'avait pas l'intention d'user de violence au cours de cette entrevue*.

Abdu Rabu et Al-Qifri sont restés stupéfaits lorsque les soldats se sont emparés d'eux pour les conduire à la prison. Le gouverneur les a envoyés dans une citadelle perchée au sommet d'une montagne au-dessus de Radâ'**, afin d'empêcher leurs hommes de venir les délivrer. La forteresse débordait déjà de prisonniers soupçonnés de sympathies royalistes.

Plusieurs jours après leur arrestation, un membre du gouvernement s'est rendu à la prison. Vêtu d'une tenue militaire, il s'est adressé aux prisonniers avec arrogance :

«Le règne des imams est terminé. La république les a chassés ainsi que leurs partisans, et elle est venue à la rescousse du peuple ; mais pas pour l'écraser, comme le faisaient les imams.»

Les sourcils froncés, le militaire est passé lentement devant les cellules de la prison en étudiant les hommes qui se trouvaient derrière les barreaux.

«Vous n'êtes pas en bonne santé, a-t-il expliqué. Beaucoup d'entre vous sont à l'évidence malades. Mais nous allons vous aider à vous rétablir. Nous allons vous donner des vitamines, pour vous redonner des forces.»

Il a claqué des doigts et un soldat a apporté une boîte remplie d'aiguilles et de seringues. Une fois encore, Abdu Rabu et Al-Qifri ne soupçonnaient rien tandis qu'un gardien passait d'une cellule à l'autre pour faire une injection à tous les prisonniers. Les prétendues vitamines ne contenaient sans doute rien d'autre que de l'eau, et aucun des hommes n'a

* Les deux antagonistes n'avaient pas grand-chose à craindre, car l'arbitrage est un rituel sacré. Quiconque inflige une violence physique au cours d'une telle entrevue offense gravement à la fois son adversaire et l'arbitre, et court le risque de perdre le soutien des membres de sa propre tribu.

** Ancienne ville fortifiée de maisons en argile claire, située à quatre-vingts kilomètres à l'est.

ressenti un effet quelconque, à part Abdu Rabu et Al-Qifri, les derniers à recevoir l'injection.

A peine quelques minutes après avoir reçu sa dose, Al-Qifri est tombé à genoux, le visage convulsé par la douleur. Il a perdu connaissance et il est mort en quelques secondes sur le sol en pierre froid.

Puis la même douleur a saisi Abdu Rabu. Il s'est mis à trembler de colère en comprenant le rôle du gouverneur dans cette trahison, depuis la querelle avec Al-Qifri jusqu'à leur mort dans cette forteresse.

«La république nous a tués, a-t-il crié en secouant furieusement les barreaux de fer de sa cellule. Alors que nous ne lui avions fait aucun tort.»

Il s'est effondré, et il est mort à côté d'Al-Qifri.

Les paroles d'Abdu Rabu ont vivement ému les autres prisonniers. La nouvelle de la mort des deux cheikhs s'est répandue depuis l'intérieur des murs de la prison, comme l'appel à la prière depuis un minaret. Les habitants de Radâ' se sont révoltés, car le gouverneur s'était sali en trahissant ceux qui avaient cherché son aide."

Quand maman épousa Hamîd al-Maamari, le fils d'Abdu Rabu, celui-ci commandait un bataillon dans la brigade d'élite des Amalaqa (la brigade des Géants). Il vivait dans une maison qu'il louait dans l'enceinte de San'â. Maman emmena ma petite sœur Jamila avec eux, tandis que je restais chez grand-mère Amina et oncle 'Alî, non loin de là.

Le jour de son mariage, c'est avec fierté que je regardai ma mère, vêtue d'une élégante robe blanche et d'un diadème assorti (le *taj*) orné de feuilles dorées tout autour. Mais si elle était jolie, je remarquai un air triste dans ses yeux chaque fois qu'elle me regardait.

Quand le cheikh Hamîd arriva avec un cortège d'invités pour emmener maman chez lui, je compris enfin que maman partait pour de bon. Mon cœur bondit dans ma poitrine et je faillis paniquer. Oubliant ma peur des djinns qui, je le croyais, hantaient notre escalier, je me précipitai dans l'obscurité pour monter sur le toit et regarder la silhouette de maman disparaître au coin de la rue, le cortège derrière elle.

Cette nuit-là, je pleurai en silence dans mon lit, en veillant à ce que grand-mère Amina ne m'entende pas. Mais c'était l'hiver et le froid me força finalement à chercher refuge dans son lit pour me réchauffer. J'avais toujours peur de me promener dans la maison quand il faisait noir, car grand-père Hamud m'avait dit qu'elle était pleine de djinns, à seule fin de me convaincre de ne pas rester chez grand-mère après le divorce de maman. Cette nuit-là, pourtant, je rassemblai mon courage pour me faufiler jusqu'à la chambre de grand-mère en dépit de ma peur.

Le cheikh Hamîd n'était pas un homme des tribus ordinaire en cela qu'il adorait la lecture, un luxe rendu possible par l'éducation rudimentaire qu'il avait reçue à la mosquée du village dans sa jeunesse. Chez lui, dans la pièce qui lui servait de bureau, des romans et des livres d'histoire jonchaient sa table de travail et s'entassaient sur les étagères.

Hamîd était aussi inhabituellement grand pour un Yéménite, et très beau. Lorsqu'il venait nous rendre visite avec maman, les adolescentes qui espéraient l'apercevoir venaient subitement à la maison pour jouer avec moi.

"Quand est-ce que ton beau-père va sortir de la maison ?" me demandaient-elles toutes les cinq minutes.

Hamîd pouvait être le plus gentil des hommes. Il nous aimait, Jamila et moi, comme ses propres filles, et parfois il m'emmenait voir un film indien ou égyptien au cinéma de San'â. Quand nous marchions ensemble dans la rue, des amis demandaient à Hamîd qui était la petite fille. Il répondait toujours fièrement : "C'est ma fille." Je resplendissais de bonheur, car rien n'aurait pu faire plus plaisir à une enfant restée aussi longtemps sans père.

VIII

EN GRANDISSANT

La légende raconte que San'â fut fondée par Sam (Shem, en hébreu), fils de Noé et ancêtre de tous les Sémites, y compris des Arabes et des juifs. Après le Déluge, Sam quitta le mont Ararat (aujourd'hui en Turquie orientale) pour partir vers le sud. En traversant la péninsule Arabique, il trouva une haute plaine de quelque quatre-vingts kilomètres de long sur quinze kilomètres de large. Cette terre semblait fertile et l'air rafraîchissant, et il entreprit d'y creuser un puits. Mais alors qu'il travaillait, un oiseau fondit sur lui pour prendre son fil à plomb dans son bec, et il lâcha celui-ci au pied du djebel Nogum, à plusieurs kilomètres de là. Sam creusa son puits à cet endroit, et une ville s'éleva autour du point d'eau : elle fut appelée Sam, puis Azal, du nom du frère de Sam. Plus tard, on la baptisa San'â, afin d'indiquer qu'elle possédait de nombreux ateliers d'artisans.

Au cours de leur brève occupation de l'Arabie au VIe siècle avant Jésus-Christ, les Abyssins construisirent une cathédrale à San'â. Les spécialistes de l'Antiquité prétendent que ce bâtiment s'élevait à près de quatre-vingts mètres de hauteur. Les chiffres sont sans doute exagérés, mais ils donnent néanmoins une idée de la magnificence de cette église. On dit qu'elle resta le plus grand édifice chrétien du Sud de la Méditerranée jusqu'à sa destruction, près de deux siècles plus tard. Le quartier est de San'â, baptisé Al-Qalis (du grec *ekklesia* : église), marque l'emplacement de l'ancienne cathédrale.

Malgré la prédominance du judaïsme et plus tard du christianisme en Arabie du Sud, San'â était avant l'arrivée de l'islam une destination de pèlerinage populaire pour les fidèles païens, rivalisant avec La Mecque en termes de popularité. Mais la montée de l'islam favorisa amplement cette dernière, en particulier quand le prophète Mahomet changea la direction des prières musulmanes de Jérusalem vers La Mecque, après avoir été trahi par plusieurs tribus juives. Eclipsée par sa rivale du Nord, San'â n'en devint pas moins un centre important d'enseignement islamique. La grande mosquée de la ville, construite pendant la première moitié du VIIe siècle avant Jésus-Christ, se dresse aujourd'hui encore en majeure partie intacte.

A l'aube du XXe siècle, la ville était fière de posséder huit portes publiques sculptées dans ses remparts de terre. Bâb al-Yemen, une arche de pierre enchâssée dans le mur d'enceinte non loin du Sûq al-Milh, se distinguait des autres car elle était le portail le plus récent et le plus majestueux. C'est par là qu'entraient les caravanes arrivant du Sud. Dans les années 1880, les marchands de San'â insistèrent pour raser la vieille entrée de Bâb al-Yemen, un couloir sinueux destiné à assurer la sécurité de la ville, et pour la remplacer par deux portes plus pratiques s'ouvrant sur une vaste place intérieure qui demeure encore aujourd'hui.

Jusque dans les années 1970, San'â resta grossièrement divisée en deux sections. Le tout formait une sorte de huit, qui s'étendait sur quatre kilomètres de long d'est en ouest et sur cinq cents mètres de large du nord au sud. Le quartier résidentiel et commercial traditionnel, appelé le Vieux San'â, se trouve à l'est, en direction du djebel Nogum.

Le *Wâdî as-Saila* traverse la partie ouest du Vieux San'â. Cette sorte de canal reste à sec pendant la plus grande partie de l'année, mais de fortes chutes de pluie génèrent parfois d'épais murs d'eau et de boue qui s'engouffrent dans la trouée, coupant la ville en deux pendant plusieurs heures d'affilée. Le quartier administratif ottoman, plus récent, est situé à l'ouest.

Il abrite de nombreux jardins, le palais principal des imams, ainsi qu'un quartier juif*.

La maison où je vivais avec grand-mère Amina se trouvait à l'angle d'une rue étroite dans le modeste quartier d'Al-Hurgân, situé dans l'extrême quart nord-ouest du Vieux San'â. Bâtie en pierres blanches grossièrement taillées, de dimensions très variées et maintenues à l'aide de mortier d'argile, cette petite habitation de deux étages semble écrasée par les élégantes demeures qui se dressent de l'autre côté du *Wâdî as-Saila*, dans la partie est du Vieux San'â.

La maison de grand-mère Amina n'avait pas non plus les frises extérieures élaborées et les bas-reliefs abstraits qui décoraient les maisons de nos voisins. Trois planches fragiles formaient le portail qui menait à la cour étroite. Le linteau de bois situé au-dessus du seuil s'affaissait d'une façon menaçante, et le revêtement en goss – le stuc à base de gypse – qui couvrait la base en pierre de la maison s'écaillait à chaque

* Au Yémen, les juifs sont traditionnellement spécialisés dans les métiers de l'artisanat, en particulier dans la métallerie d'art, la ferronnerie, la bijouterie et la verrerie. On a une idée de leur ancienne prépondérance en voyant les étoiles de David sculptées partout dans les linteaux de pierre au-dessus des entrées et intégrées dans les vitres colorées des maisons juives ou musulmanes dans de nombreuses villes yéménites.

D'un point de vue physique, les Yéménites juifs sont en tout point semblables aux Yéménites musulmans, hormis les longues mèches de cheveux bouclées qu'ils portent devant les oreilles. Comme les femmes musulmanes, les femmes juives portent la longue *sitara* ou *sharshaf*, et beaucoup se voilent pour sortir de chez elles.

Les juifs du Yémen, dont les fils s'appellent souvent Yahya (Jean) ou Yusuf (Joseph), ne sont pas membres des tribus dans lesquelles ils vivent. Avec les artisans, les marchands, les *sayid* et les autres secteurs non tribaux de la société, ils forment une classe protégée. En tant que telle, ils ne prennent pas part aux disputes tribales et sont exemptés de participer au versement de la *diya* au cas où la tribu sur le territoire de laquelle ils résident devrait payer une dette de sang. Une offense ou une insulte à averse. Le rez-de-chaussée était sombre et vide, et il n'abritait pas même un puits.

Dans les maisons san'ânis typiques, le rez-de-chaussée est pourvu d'une meule à farine mécanique, d'alvéoles destinés à stocker le grain et d'un puits. Les chambres sont situées au premier, tandis qu'une salle de réception avec de grandes fenêtres donnant sur la ville constitue le deuxième étage, face au sud, afin de laisser entrer la chaleur du soleil. Le dernier étage abrite la cuisine et la salle de bains, tournées vers le nord pour que les vents dominants dispersent les odeurs. La valeur d'une habitation chute considérablement si cette orientation n'est pas respectée, mais la maison de grand-mère Amina était trop petite pour être conçue sur le modèle de la plupart des autres.

Comme maman, grand-mère Amina faisait de la couture pour gagner sa vie depuis le départ de son dernier mari. La machine à coudre mécanique ainsi que des piles de vêtements et de tissus occupaient la

l'encontre d'un juif, qui traditionnellement ne porte pas d'arme, peut être sanctionnée par une amende jusqu'à onze fois supérieure à celle qu'une action similaire aurait coûté si la victime avait été membre de la tribu.

La plupart des estimations portaient le nombre de juifs au Yémen à environ soixante-dix mille en 1948. Ensuite, des juifs israéliens ont commencé à venir au Yémen et à promettre aux juifs yéménites des maisons et des emplois s'ils retournaient s'installer en Israël. Les juifs yéménites tendaient à jouir d'un confort matériel légèrement supérieur à celui de leurs compatriotes musulmans. Mais le XXe siècle avait apporté avec lui un flot toujours plus important de produits manufacturés bon marché dans le pays, diminuant la demande pour les produits artisanaux juifs. Brossant un piètre tableau des perspectives économiques au Yémen, les recruteurs israéliens décrivaient en revanche Israël comme un paradis qui n'attendait qu'eux. Seuls quelques milliers de juifs décidèrent de ne pas émigrer là-bas, et de nombreux musulmans étaient également prêts à partir s'installer en Israël si ce qu'ils avaient entendu dire était vrai. Certains demandèrent à leurs amis juifs de leur envoyer des nouvelles une fois arrivés sur place afin de leur dire si le voyage en valait la peine.

plus grande partie de la pièce située à côté de la cuisine où dormait grand-mère. Le fils de grand-mère Amina, 'Alî, étudiant à l'école militaire, vivait avec sa femme dans le petit réduit situé de l'autre côté de la cuisine.

Quand je vins vivre chez grand-mère, j'étais trop jeune pour aller à l'école. Je passais mes journées à aider aux travaux domestiques, et je m'échappais pour aller jouer dans la rue ou sur la terrasse du toit quand une autre tâche occupait grand-mère Amina.

Je me levais tous les matins à l'aube, réveillée par l'appel à la prière de la mosquée voisine. Après avoir libéré les poulets de leur enclos dans la cour et ramassé les œufs (grand-mère Amina me faisait toujours gober le premier œuf d'une poule en me disant que cela me rendrait intelligente), je prenais un seau et j'allais au puits qui se trouvait derrière la maison Azari, juste à côté de chez nous. Un sillon sortait de la base du puits et se déversait dans le vaste jardin muré d'à côté, irriguant le sol deux fois par semaine par le biais d'un réseau de canaux compliqué. Un riche San'âni avait légué le jardin à la mosquée. A son tour, la mosquée louait la terre pour y faire pousser des herbes aromatiques et des légumes autour de deux tamaris envahissants.

Un seau d'eau posé en équilibre sur la tête, je rentrais à la maison et grimpais les marches jusqu'au toit, où j'arrosais le basilic, la menthe et le thym qui poussaient là dans des pots. Parfois, un serpent effrayé sortait de la végétation, et je jouais avec le petit reptile avant de le remettre dans sa propre demeure.

J'adorais rester assise dans la cuisine et regarder grand-mère préparer les repas. Elle pilait le blé sur la meule installée devant la cuisine, me jetait des morceaux de pâte à pain comme maman le faisait jadis. Je les emportais dans la rue où les filles du quartier allumaient un petit feu à l'aide de papiers et de brindilles pour jouer à cuire le pain.

J'adorais aussi escalader la façade de la maison Azari. Après mes corvées (et parfois avant), j'attendais que les femmes soient parties rendre visite à des amies pour la journée avant de me précipiter à l'assaut du mur déchiqueté jusqu'à la terrasse du troisième étage. Mais chaque fois que je me hissais triomphalement au sommet, je comprenais que je ne pouvais pas redescendre par le même chemin. Je devais attendre des heures le retour de la famille pour pouvoir redescendre par l'intérieur de la maison. Quand elles étaient de mauvaise humeur, une ou deux des femmes me suivaient chez moi pour dire à grand-mère Amina que j'avais fait des bêtises. Elles étaient d'autant plus enclines à me dénoncer si elles s'apercevaient qu'il manquait des œufs dans leur poulailler. Je convainquais souvent une amie d'aller en chiper quelques-uns.

Grand-mère s'excusait humblement et les invitait à prendre le thé. Après leur départ, elle me poursuivait dans toute la maison pour me donner une correction qui me fouettait les sangs.

"*Ajuzat al-kahna !* criais-je à ma grand-mère d'un ton de mépris en me tortillant pour éviter les coups. Espèce de vieille sorcière ! Fiche-moi la paix !"

Je grognais comme un singe effrayé pour tenter de paraître intimidante, mais grand-mère avait du mal à garder son sérieux en entendant mes insultes. Plus tard dans la soirée, après avoir rentré les poulets dans leur enclos, lasse de bouder, je me glissais en silence dans la salle de bains pour frotter le dos de grand-mère dans la baignoire, dans une tentative de réconciliation. Elle me rendait le même service, et après dîner, quand la flamme terne de la lampe en albâtre consumait la fin de son huile, nous nous endormions côte à côte par terre parmi les piles de vêtements.

Les nuits où j'avais du mal à m'endormir, je pensais aux posters qui ornaient les murs chez certains voisins et que j'aimais tant. Ils représentaient des cascades gigantesques sous des montagnes couronnées de neige dans les Alpes ; des prairies verdoyantes avec des oies et des moutons plus gros et plus laineux que j'aurais cru cela possible. Pour moi, c'était de la science-fiction et je ne crus pas oncle 'Alî lorsqu'il me dit que de tels endroits existaient réellement.

Quand 'Alî m'expliqua que la couverture blanche au sommet des montagnes n'était autre que de l'eau solide, cela me rappela qu'un matin d'hiver glacial, l'eau qui se trouvait au fond du seau que j'avais laissé dehors avait durci pendant la nuit. J'avais poussé un cri de stupéfaction quand j'avais essayé de la verser et qu'elle n'avait pas bougé.

Grand-mère Amina avait été mariée sept fois, mais c'était un sujet qu'elle refusait d'aborder. "Elle a chassé un de ses maris de la maison en brandissant une chaussure, et il n'est jamais revenu", raconte ma mère.

Si grand-mère Amina était autoritaire et exigeante avec sa famille, elle pouvait se montrer d'une générosité infinie avec les autres. La pension de son père décédé et les revenus de ses travaux de couture suffisaient à peine à payer nos repas, et pourtant elle n'hésitait pas à offrir tout ce qu'il pouvait rester à quiconque était dans le besoin. Des habitants du village d'Al-Salami, dans l'Al-Hayma, venaient sans cesse à San'â, certains pour trouver du travail, d'autres pour suivre un traitement médical à l'hôpital, et d'autres encore simplement pour nous rendre visite. Grand-mère Amina les nourrissait tous et insistait pour qu'ils restent chez nous, ce qui faisait souvent un grand nombre d'hôtes.

Le tempérament autoritaire de ma grand-mère ne m'affecta pas de la même façon qu'il avait affecté ma mère. Au lieu de souffrir d'un manque de confiance en moi, je suivis l'exemple de grand-mère. J'acquis ma propre et impérieuse personnalité, un trait de caractère qui au fil des ans me servirait et me desservirait tout à la fois.

Au Yémen, quand j'étais petite, peu d'enfants possédaient en matière de jouets autre chose que des babioles faites maison. Les garçons fabriquaient des châssis miniature avec du fil de fer et des roues sculptées dans des morceaux de bois mis au rebut pour faire des voitures. Les filles attachaient des bouts de bois ou des morceaux de fil de fer pour former des silhouettes humaines, puis persuadaient leurs mères d'assembler quelques morceaux de tissu pour confectionner des vêtements à leurs nouvelles poupées. Au souk, les jouets manufacturés importés de l'étranger étaient rares. Ils coûtaient beaucoup trop cher pour la plupart des familles, mais maman faisait parfois des folies lorsqu'elle venait me rendre visite.

Je fus transportée de joie le jour où elle arriva avec une poupée dont les yeux se fermaient lorsqu'on la couchait sur le dos. J'emportai la poupée dehors et, avec la concentration d'un chirurgien, je lui ouvris le crâne à l'aide d'une pierre pour voir ce qui la faisait cligner des yeux. Retournant en courant dans la maison, je demandai à maman de m'en acheter une autre. Fâchée, elle refusa, mais je me mis tellement à pleurer qu'elle finit par céder.

Les chiens errants qui patrouillaient dans la ville à la recherche de nourriture me fascinaient autant que la poupée qui pleurait. Je pouvais les regarder pendant des heures. La plupart des Yéménites considèrent les chiens comme des animaux plutôt sales, mais j'aimais particulièrement les chiots. J'appris à reconnaître les chiennes qui allaient mettre bas et qui se faufilaient dans les petites loges pratiquées sur les côtés des maisons, où aboutit le drainage des toilettes du dernier étage. Poussant la porte avec un bâton, je repoussais mes cheveux sur mes épaules et je contemplais la naissance d'une nouvelle portée, sans me laisser décourager par l'effroyable puanteur.

Une fois par semaine, un homme du hammam passait dans le quartier avec son âne et sa carriole pour ramasser de quoi alimenter les feux qui maintenaient la chaleur et la vapeur à l'intérieur des bains publics. Il s'arrêtait devant chaque maison, prenait une pelletée de cendres dans sa carriole et les dispersait dans les latrines. Il ramassait ensuite le tout, dont l'odeur était étouffée par les cendres, et balançait le contenu de sa pelle dans une cuve en fer-blanc installée sur la carriole. Une fois ces déchets brûlés sous les bains, les cendres servaient de fertilisant pour les jardins de la ville, semblables à celui qui se trouvait à côté du puits derrière chez nous.

Le bonhomme qui parcourait Al-Hurgân avec son babouin apprivoisé offrait une distraction plus rare. Les cris des enfants du quartier : "L'homme au singe ! L'homme au singe est là !" précédaient son arrivée, et je me précipitais dans la rue tout excitée pour regarder le babouin en laisse effectuer des sauts périlleux devant la foule qui applaudissait.

Entre les rares visites de l'homme au singe, je trouvais d'autres distractions. Hamida, la sœur de grand-mère Amina, et son mari, 'Alî al-'Ayni, aimaient aller se promener en voiture le vendredi matin, jour férié musulman. Ils m'emmenaient avec eux quand ils allaient visiter des villages aux alentours de la capitale. J'adorais voir de près les montagnes environnantes, qui veillaient sur la ville telles d'infatigables sentinelles. Le meilleur moment, c'était après les pluies d'été, quand les versants stériles couleur de terre sèche explosaient en une infinité de tons de vert. Je tentais d'imaginer que j'étais aussi courageuse et aussi solide que ces pics montagneux, et leur exemple m'aida à traverser de nombreuses crises lorsque j'étais petite fille.

Quand l'arrivée des pluies tardait, je me perdais dans la foule gigantesque qui s'assemblait devant Bâb al-Yemen. Aussi triste qu'un cortège funèbre, guidée par un vieux chameau, la procession se traînait à l'ombre du mur d'enceinte de la ville jusqu'au pied du djebel Nogum en récitant des versets coraniques et en priant Dieu d'envoyer de l'eau sur les terres brûlées. *"Bismillah er-Rahman er-Rahim"*, criait un des hommes avant de trancher la gorge caoutchouteuse du chameau. Certains se battaient pour pouvoir poser une main sur l'animal agonisant (les gens croyaient jadis, je l'appris beaucoup plus tard, que leurs péchés pouvaient s'écouler de leur corps et passer dans le sang du chameau tandis que celui-ci se déversait sur le sol). Ils espéraient que Dieu trouverait ce sacrifice agréable et exaucerait leurs vœux en leur envoyant la pluie.

A cette époque, je ne comprenais pas l'importance de la pluie pour les fermiers, mais je partageais la joie collective quand l'eau finissait par arriver. Je roulais les jambes de mon pantalon et je pataugeais dans les rues boueuses, jouant avec les autres gamins. Le but de la manœuvre semblait être de rentrer à la maison le plus sale possible, et le jeu valait bien la fureur que nous provoquions chez nos parents après avoir sali les meubles.

Enfant, je tombais rarement malade. Seule une forte fièvre qui me fit délirer pendant plusieurs jours, hantée par de grotesques silhouettes spectrales, fut l'objet d'une véritable frayeur. Maman, venue de chez le cheikh Hamîd pour s'occuper de moi, se précipita dans la chambre en m'entendant crier à la suite d'une nouvelle hallucination. Je pointai un doigt tremblant vers les créatures hideuses qui avançaient vers moi.

"Il n'y a rien là-bas, ma chérie, disait ma mère pour tenter de me réconforter en caressant mon front brûlant.

— Regarde ! Ils sont là. Tu ne les vois pas ?" insistai-je avant de retomber sur l'oreiller, trempée et épuisée par l'effort.

Maman et grand-mère furent soulagées quand la fièvre tomba quelques jours plus tard. Maman me dit que je pouvais avoir ce que je voulais en récompense, et je réfléchis soigneusement à sa proposition.

"Je sais ce que je veux, annonçai-je quelques minutes plus tard.

— Quoi donc ? demanda maman.

— Des chaussures. Celles avec les talons hauts que j'ai vues au souk.

— Mais tu es trop petite pour porter des chaussures à talons, ma chérie, protesta maman en riant.

— Mais tu as dit…

— D'accord. D'accord", coupa maman. Elle me connaissait trop bien pour tenter de revenir sur sa promesse. "On ira les acheter."

J'arborais un sourire satisfait en m'imaginant chaussée de talons hauts. Le lendemain matin, nous allâmes dans les boutiques modernes de la rue Al-Tahrîr. Je portais le nouveau *sharshaf* que maman m'avait confectionné, semblable à celui que portaient les jeunes femmes à la mode : un ensemble noir formé d'une jupe longue, d'un manteau, d'un voile et d'un foulard, introduit au Yémen par les Ottomans au XIXe siècle.

Comme je ne trouvais rien qui me plaisait dans ma pointure, nous prîmes la direction du souk. Je trottinais devant maman dans le marché telle une toute jeune gazelle. L'odeur âcre de l'encens qui brûlait parfumait l'air. Après avoir soigneusement fouillé les magasins, je finis par comprendre qu'on ne fabriquait pas de chaussures à talons pour les petites filles, si bien que j'en choisis une paire pour adultes. Je tenais les chaussures brillantes à bout de bras d'un air triomphant, comme un champion de boxe brandit sa ceinture, pendant que maman allait marchander avec le vendeur. Mais il avait déjà vendu une paire de chaussures le matin, si bien qu'il la dirigea vers le marchand d'à côté, qui lui n'en avait pas vendu. Par chance, le second magasin en avait une paire identique. Elles étaient beaucoup trop grandes pour mes petits pieds, mais cela ne comptait guère.

Avant que le vendeur ait eu le temps de rendre la monnaie à ma mère, je me déhanchais déjà fièrement dans les allées poussiéreuses du marché en direction de la maison. Tandis que je me frayais un chemin à travers la foule des chalands, la tête haute, deux Chinois, sans doute des travailleurs expatriés, s'arrêtèrent pour me prendre en photo. Je relevai encore le menton, haussai les sourcils et posai les mains sur mes hanches en prenant la pose. Les Chinois riaient encore quand maman se mit à courir pour me rattraper.

Je n'étais jamais allée plus loin qu'à quelques kilomètres de San'â quand on apprit qu'un mariage avait lieu à Bayt al-Salami, le village natal de grand-mère Amina, dans l'Al-Hayma. Grand-mère et sa sœur, Hamida, décidèrent de m'emmener assister à la cérémonie avec de lointains cousins.

Nous nous entassâmes dans une voiture à San'â et en sortîmes quelques heures plus tard au pied des rochers escarpés depuis lesquels Bayt al-Salami contemple le monde en contrebas. Les montagnes émeraude de l'Al-Hayma s'étendaient devant nous avec une beauté à couper le souffle, avec leurs crêtes aussi effilées que des rasoirs, enveloppées d'une brume qui ondulait sur l'horizon est.

Notre groupe partit à pied dans un chemin étroit qui disparaissait entre les rochers nous surplombant. Le chemin était si raide que, par endroits, je dus m'aider des mains et des genoux durant ce qui me parut une éternité, mais j'adorais l'impression de liberté procurée par la campagne.

Bayt al-Salami ne m'impressionna pas. Même le fait qu'il s'agissait du village natal de grand-mère ne retint pas mon attention pendant plus de quelques secondes. Et des années allaient s'écouler avant que j'entende les histoires sur mon arrière-arrière-grand-père qui avait tenté de repousser les Turcs. En arrivant au sommet, nous fûmes accueillis par des chants de femmes, et je frémis de peur en entendant les hommes tirer une douzaine de salves avec leurs fusils en l'honneur de leurs invités qui arrivaient de San'â.

Endolorie et épuisée par l'ascension, je ne parvenais pourtant pas à trouver le repos. L'idiot du village prenait un malin plaisir à surgir de derrière les murs et les portes pour m'effrayer. Grand-mère Amina me dit que cet homme attardé voulait seulement jouer et qu'il était inoffensif, mais je demeurais sceptique. Son regard vague et distant me rappelait trop celui de mon père*.

* Les personnes atteintes de maladies mentales sont beaucoup mieux acceptées dans la société yéménite qu'en Occident, à

Le vent se leva après le coucher du soleil sur Bayt al-Salami. Avec des hurlements féroces, il secouait les maisons et malmenait les euphorbes semblables à des cactus qui poussaient autour de l'ancien village de pierre. Après avoir pleuré toute la nuit, je jurai que je ne supporterais pas de passer un jour de plus dans le village que mes ancêtres Al-Salami avaient bâti trois siècles plus tôt. Grand-mère me renvoya à San'â le lendemain après-midi.

J'entrai à l'école peu après ma visite éclair à Bayt al-Salami. Je me mis rapidement aux études, lesquelles m'offraient une diversion plus que nécessaire à la vie domestique.

Jusque-là, mon monde n'avait guère été rempli que de chagrin et de douleur, et je passais rarement une journée sans verser de larmes en ressassant ces souvenirs. Les quelques promenades en voiture aux alentours de San'â avec tante Hamida et son mari sont l'un des rares souvenirs agréables de cette période de ma vie. Mais désormais, je pouvais heureusement concentrer mon énergie sur mon travail scolaire, ce qui éloignait mes sinistres pensées concernant ma séparation d'avec maman et la maladie de papa.

A cet âge déjà je sentais qu'avec de l'éducation, je pourrais devenir et faire ce que je voudrais. Les gens me regarderaient un jour pour mon diplôme, et non à cause de la famille à laquelle j'appartenais. Soutenue par cet espoir que je plaçais dans l'éducation, je devins à l'école une personne différente : sentant que les gens m'y estimaient plus qu'ailleurs,

condition qu'elles ne soient pas violentes. Cet homme, par exemple, vivait en toute liberté dans son village, où tout le monde veillait sur lui. Il en fut de même pour mon père, une fois que le traitement l'eut suffisamment calmé pour qu'il ne constitue plus une menace pour les gens. Dans le quartier, il y avait toujours quelqu'un pour lui offrir une cigarette, ou pour lui piler sa nourriture quand ses dents devinrent trop mauvaises pour lui permettre de mâcher. On les traite avant tout comme des enfants.

je me mis moi-même à me considérer avec plus d'estime.

Je fus confrontée à un dilemme le premier jour de classe, quand le professeur demanda leur nom à tous les élèves. Personne n'avait jamais voulu savoir autre chose que mon prénom, si bien que quand mon tour arriva, je répondis simplement :

"Khadija.

— *Bint min ?* demanda le professeur. La fille de qui ?"

J'hésitai devant ce qui, pour les autres élèves, était une question simple, mais ma vie était tout sauf simple. En temps normal, j'aurais dû prendre le prénom de mon père comme patronyme, et son nom de famille : Khadija Muhammad Murzah.

Mais pour moi, Muhammad Murzah n'avait jamais été un père. De plus, mon grand-père Hamud portait également ce nom de Murzah que je détestais pardessus tout. Un jour, en allant à l'école, quelques années après l'épisode du tribunal où avait été tranchée la question de la garde de mon frère Hamud et de moi, j'avais aperçu grand-père en train de faire ses courses au souk à quelques mètres devant moi. Mes muscles s'étaient raidis et mon cœur s'était rempli d'une haine profonde telle qu'aucun enfant ne devrait en éprouver. Malgré mes efforts, je n'avais pas pu commander à mes jambes de me porter loin de là. J'étais restée clouée sur place, bouche bée de terreur, jusqu'à ce que l'homme poursuive son chemin et disparaisse dans le souk.

Plutôt mourir que prendre le nom de grand-père Hamud. De plus, quand le juge avait décidé que je pouvais rester avec maman après son divorce, il m'avait reniée.

"Al-Salami", finis-je par bredouiller au professeur. J'avais remplacé Murzah par le nom de ma mère, car les femmes yéménites gardent leur nom de jeune fille toute leur vie. "Je m'appelle Khadija al-Salami."

IX

UNE VISITE INATTENDUE

A San'â, grand-mère et moi recevions parfois la visite d'amis et de parents. Un après-midi, un homme étrange cria le nom de grand-mère Amina depuis la rue qui passait devant la maison. En regardant de la minuscule fenêtre du haut, nous vîmes la silhouette d'un homme mûr et bronzé, vêtu d'une longue *zena* et d'un manteau en peau de chèvre sans manches. Il portait l'épaisse fourrure de l'animal contre son corps malingre et le côté tanné de la peau à l'extérieur. Nous ne le reconnûmes ni l'une ni l'autre.

"Qui est-ce ?" cria grand-mère. Elle se posta derrière la fenêtre ouverte de façon à ne pas montrer son visage à l'inconnu, ce qui aurait été honteux.

"C'est toi, Amina ?" répondit l'inconnu d'un ton bourru.

Grand-mère avait déjà entendu cet accent particulier quelque part, mais trop longtemps auparavant pour se souvenir où.

"Et vous, qui êtes-vous ? demanda-t-elle d'un ton de défi.

— Je me doutais bien que tu ne te souviendrais pas de moi. Je suis ton frère."

Pendant la période qu'il avait passée à Ma'rib, le père de grand-mère Amina, Ahmad al-Salami, avait pris deux épouses originaires d'une tribu bédouine. L'une venait du clan de Bayt Yusuf, de la tribu 'Abîda, l'autre des *ashraf*, les descendants du prophète Mahomet par la lignée de son petit-fils Hasan*.

Les 'Abîda font remonter leurs ancêtres jusqu'à Qahtân, le patriarche des Arabes du Sud et l'arrière-arrière-petit-fils de Noé, selon le livre de la Genèse. La tribu est aujourd'hui prédominante autour de Ma'rib, et bien que leurs voisins les qualifient de Bédouins, la plupart des 'Abîda habitent de petits villages fortifiés dans la plaine aride qui s'étend entre le Ramlat as-Sab'atayn ("les sables des deux Saba") à l'est et le grand désert du Rub al-Khâlî au nord. Seuls ceux qui peuplent les étendues situées à l'extrême nord du territoire 'Abîda sont de véritables Bédouins vivant sous des tentes de laine et qui conduisent leurs chameaux et leurs moutons à travers les étendues sableuses dans une perpétuelle quête de pâturages verdoyants.

Les féroces 'Abîda inspirent de la terreur dans le cœur de leurs lointains voisins. Des groupes de plusieurs dizaines de 'Abîda écumaient encore récemment la bordure stérile du Rub al-Khâlî sur des centaines de kilomètres, juchés sur leurs chameaux les plus rapides. Enduit d'huile de sésame et d'indigo pour se protéger des écarts extrêmes de température, le torse nu des guerriers luisait sous les étoiles. Evitant le contact avec les habitants, sauf pour leur voler leur bétail, les maraudeurs survivaient en mangeant des boules de babeurre séchées au soleil que leurs femmes leur préparaient pour le voyage. Bien que l'imam Ahmad ait réussi à étendre son influence jusqu'aux régions désertiques au cours des années 1950, de telles incursions se poursuivirent pendant la décennie suivante. Les dettes de sang contractées lors de ces raids ont encore cours aujourd'hui.

Du mariage de son père avec la femme 'Abîda, grand-mère Amina avait eu un jeune demi-frère qui

* Par opposition aux *sayid*, qui descendent de la lignée du frère de Hasan, Husayn – une distinction devenue plus floue au cours des dernières décennies.

vivait à Ma'rib. Mais elle ne l'avait pas revu depuis qu'elle avait quitté cette ville trente ans plus tôt, et elle ne savait même pas s'il était encore en vie. Quand l'étranger révéla son identité, grand-mère se précipita au bas de l'escalier et ouvrit la porte à la volée tandis que l'homme entrait dans la cour par la porte extérieure. Le dos droit et la tête haute, il avança aussi vite que la dignité le lui permettait et étreignit sa sœur transportée de joie.

Jamais je n'avais rencontré quelqu'un comme oncle Sâlih al-Salami. Pour moi, il aurait tout aussi bien pu venir de la lune (dont la surface n'est pas sans ressemblance avec son pays 'Abîda). Il dégageait cette impression de force physique, de fierté et de méfiance commune aux habitants du désert de l'Est. J'avais aperçu une fois ou deux des hommes comme lui au Sûq al-Milh. Parfois, quelques-unes de leurs femmes traînaient derrière eux, vêtues d'amples robes de couleurs vives, la tête ceinte de colliers de perles colorées qui leur couvraient en partie le visage. Fusils en bandoulière*, ils déambulaient entre les étals, prenaient et retournaient des objets, curieux de voir toutes les merveilles étranges que l'on pouvait trouver dans ce qui pour eux était une ville grandiose.

Comme ils l'auraient fait avec un serpent venimeux, les clients du souk se tenaient à distance prudente de ces visiteurs bédouins. Ils les savaient irascibles, refusant de répondre à une autre autorité que celle de leur cœur. Grand-mère Amina, cependant, avait vécu à Ma'rib et ne s'arrêtait pas à la terreur qu'inspiraient les habitants du désert aux citadins. Elle était ravie de revoir le frère qu'elle avait perdu depuis si longtemps.

* Les armes à feu sont officiellement interdites à l'intérieur de San'â. Traditionnellement, la ville, comme beaucoup de villes marchandes des plaines du Nord, bénéficie du statut de *hijra* – un refuge à l'écart des conflits tribaux. La *diya* fixée pour une offense commise à l'intérieur d'une *hijra* est multipliée plusieurs fois, et violer le sanctuaire d'une *hijra* est considéré comme une grave insulte aux cheikhs des tribus sur le territoire desquelles la ville est située.

Les sandales en peau de chèvre d'oncle Sâlih, conçues pour effrayer les serpents et les scorpions dans le sable, claquaient sèchement contre ses talons à chaque pas. Il grimpa les marches et pénétra dans le long salon étroit tandis que grand-mère se précipitait à la cuisine. Contrairement à l'habitude, je ne suivis pas grand-mère, préférant rester accroupie près de la porte pour fixer avec étonnement les yeux pénétrants de mon grand-oncle, plus sombres que le puits où j'allais tirer de l'eau chaque matin. Je détournais rapidement la tête quand son regard nerveux mais pas inamical se posait sur moi, le fixant à nouveau dès qu'il portait son attention sur autre chose.

Grand-mère entra avec une bouilloire en cuivre et servit une tasse de *qishr* à Sâlih. Il le sirota lentement, s'interrompant pour écarter une longue mèche de cheveux noirs de sa bouche et la coincer dans le tissu à carreaux enroulé mollement autour de sa tête en guise de turban. Sâlih posa des questions sur les membres de la famille, qu'il n'avait jamais rencontrés pour la plupart, et dont il n'avait parfois même jamais entendu parler.

Sâlih nous plut tout de suite, et sur mes encouragements, comme la conversation prenait une tournure plus familière, grand-mère persuada cet homme réservé de nous parler de sa vie à Ma'rib.

Comme beaucoup de Bédouins, Sâlih travaillait dans le transport. Les caravanes de chameaux avaient été remplacées par les camions au début des années 1970. Il avait fait quelques voyages jusqu'en Arabie Saoudite avec des amis, où ils achetaient des produits occidentaux qui abondaient là-bas sur les marchés grâce aux bénéfices que ce pays tirait de ses richesses pétrolières, pour les revendre ensuite dans les souks du Yémen avec un joli profit. Sâlih finit par emprunter de l'argent à sa famille, qui, ajouté aux profits réalisés grâce à ses voyages en Arabie Saoudite, lui permit d'acheter un camion Mercedes flambant neuf pour se lancer à son propre compte dans le métier.

Il adorait ce travail, contournait les barrières de péage en se repérant aux étoiles afin d'éviter de payer les taxes de douane prohibitives, utilisait des routes que seuls les Bédouins connaissaient. De nombreux conducteurs inexpérimentés suivaient de mauvaises pistes, lesquelles s'enfonçaient dans le désert et menaient en général à un camp de Bédouins déserté depuis longtemps. D'aucuns tombaient à court d'essence en tentant de retrouver leur chemin et mouraient de soif.

Ce travail s'avérait lucratif, mais le danger dépassait le simple risque de se perdre. En Arabie Saoudite, des brigands rôdaient autour des marchés, où ils espionnaient les contrebandiers qui achetaient beaucoup de marchandises. Ils attendaient patiemment que le camion soit plein et le chauffeur prêt à retourner au Yémen – ce qui se passait habituellement la nuit afin d'éviter les patrouilles de la frontière. Les bandits tendaient alors une embuscade, s'emparaient du camion, puis jetaient le corps de leur victime dans un creux du terrain, où il pouvait rester des semaines avant d'être découvert par un autre contrebandier. Parfois, le sable ensevelissait le corps pour toujours. Pourtant, Sâlih ne s'étendit pas sur les risques de son métier. Lorsque la mort est écrite, toutes les précautions du monde ne sauraient l'empêcher.

Il faisait presque nuit, et l'appel à la prière du crépuscule retentit quand Sâlih se leva pour prendre congé de grand-mère Amina et de moi. Promettant de revenir, il posa une pièce d'argent brillante dans ma main, puis versa un tas de pièces dans la paume de grand-mère Amina. Elle protesta vigoureusement, mais Sâlih ne voulut rien entendre et jura qu'il divorcerait de sa femme si elle refusait. Grand-mère savait que son frère mettrait sa menace à exécution (de tels serments ne sont pas faits à la légère) et elle accepta l'argent à contrecœur.

Sâlih déclina notre invitation à séjourner chez nous quelques jours. Il avait d'autres voyages d'affaires à entreprendre. Mais notre joie d'avoir retrouvé un parent perdu de vue depuis longtemps compensait largement le chagrin de le voir partir. Je collai mon nez à la fenêtre pour regarder mon grand-oncle monter à bord de son gros camion Mercedes. Les fleurs, les cascades et les mots *Mash Allah* peints sur les portières du véhicule pour écarter le mauvais œil attirèrent mon attention. Des colliers de perles et des versets coraniques pendaient du plafond et du rétroviseur à l'intérieur de la cabine.

Les enfants du quartier s'attroupèrent autour du camion pour l'admirer. Peu de San'ânis auraient pu se l'offrir, et ils se demandaient ce que son conducteur faisait chez moi. J'agitai la main pour lui dire au revoir de la fenêtre, et les dents parfaitement blanches de Sâlih étincelèrent lorsqu'il sourit en démarrant dans un nuage de poussière.

Oncle Sâlih ne venait pas souvent à San'â, mais il avait ouvert la voie permettant aux branches de notre famille de renouer les liens. Sa mère et ses sœurs venaient nous rendre visite tous les deux ou trois mois pour bavarder tout l'après-midi en sirotant du *qishr*.

Les femmes de Ma'rib me fascinaient autant qu'oncle Sâlih. Chez elles, elles passaient la plupart de leurs journées à garder leurs chèvres ou à aller chercher de l'eau et du petit bois pour préparer les repas.

"Vous n'avez pas peur de vous aventurer toutes seules dans le désert ? demandai-je.

— Nous avons nos fusils, expliquèrent les femmes. Et nous savons nous en servir tout aussi bien que les hommes."

Fascinée, je détaillais du regard ces femmes bédouines qui ôtaient leurs foulards sans la moindre réserve, révélant les épaisses nattes noires qui leur tombaient dans le cou et sur les épaules. Mais rien ne pouvait les convaincre de retirer leur voile, composé d'une fine bande d'étoffe semblable à de la gaze, attachée derrière la tête et qui leur retombait mollement sur le nez et la bouche jusqu'à la poitrine. Je me moquais gentiment de leur pudeur.

"Pourquoi est-ce que vous n'enlevez pas vos voiles ? leur demandai-je un jour après avoir rassemblé tout mon courage. Il n'y a pas d'hommes, ici."

Grand-mère Amina me lança un regard de reproche que je choisis d'ignorer, attendant la réponse avec impatience.

"Chez nous, les 'Abîda, on trouve vulgaire qu'une femme montre sa bouche."

Je ris.

Quand grand-mère servait le repas, les femmes épongeaient la sauce verte amère au fenugrec avec des morceaux de pain. Passant sous leurs voiles, elles déposaient les boules gluantes dans leur bouche, suivies par des poignées de pâtisseries trempées dans du miel, de laitue, d'oignons et de riz. Nos invitées mangeaient avec les cinq doigts de leur main droite au lieu de se servir uniquement du pouce, de l'index et du majeur comme le veut l'étiquette à San'â, et je pouffais souvent en voyant leurs coutumes étranges.

Ma cousine, Aïcha, vint à la maison pendant l'une de leurs visites. Nous étions accroupies l'une à côté de l'autre, étudiant le moindre geste de nos hôtes. Une des vieilles femmes nous remarqua pendant une pause dans la conversation.

"Tu es très jolie", dit-elle à Aïcha d'un ton prosaïque. Nous rougîmes toutes les deux.

"Et toi aussi, tu es mignonne, continua-t-elle en se tournant vers moi. Il y a une lumière particulière dans tes yeux. Je vois que tu vas faire quelque chose de ta vie."

Nous eûmes de petits rires gênés, mais je ne devais jamais oublier la prophétie de la vieille femme.

Un jour, la mère de Sâlih et d'autres femmes de Ma'rib, vêtues de noir de la tête aux pieds, se présentèrent d'une façon bien solennelle à notre porte. Grand-mère Amina et moi sentîmes qu'elles nous apportaient de terribles nouvelles. J'apprendrais les détails de ce qui s'était passé seulement vingt ans plus tard, alors que j'étais au café *Deauville*, sur les Champs-Elysées, en compagnie de Muhammad Abû Luhûm, d'une tribu dont les membres furent intimement mêlés à l'histoire suivante.

De bonne heure un matin, Sâlih al-Salami manœuvrait son camion Mercedes dans les dunes de sable abruptes quelque part à la frontière entre le Yémen et l'Arabie Saoudite en prenant garde de ne pas renverser sa cargaison arrimée sur le plateau de son véhicule. Après avoir franchi la frontière sans accroc, il accéléra dans les plaines jonchées de galets du Jawf, à moins de deux heures de Ma'rib.

Sâlih plongea dans le lit peu profond d'un *wâdî* et ressortit sur la rive opposée pour se retrouver face à une douzaine d'hommes armés accroupis à l'ombre d'un rocher. Les hommes surgirent en entendant approcher le véhicule et firent signe à Sâlih de s'arrêter. Les bandits abondaient dans cette région très peu peuplée, mais ce n'était pas une excuse pour abandonner des gens qui avaient peut-être réellement besoin d'aide. Qui sait ? La semaine suivante, c'est peut-être lui qui serait égaré et aurait besoin d'aide.

Sâlih commença à avoir des doutes quand les hommes ne répondirent pas à son salut "La paix soit avec toi" par l'habituelle formule "Et avec toi aussi", un rituel religieux après lequel toute violence est strictement interdite. Négliger cette formule de politesse laisse planer le doute sur les bonnes intentions de l'interlocuteur, et la méfiance de Sâlih s'accrut quand le groupe ne donna aucune explication sur sa présence dans les étendues désertes du Jawf, loin de tout village. Les hommes dirent seulement qu'ils étaient à court d'eau et qu'ils avaient soif.

Sâlih n'avait d'autre choix que d'offrir aux hommes de les déposer près du puits le plus proche, où il s'arrêtait parfois pour remplir son radiateur. Le groupe sinistre monta sur le plateau du véhicule, et les hommes s'accrochèrent aux ridelles en cherchant de la place où mettre les pieds parmi le chargement encombrant.

Ce jour-là, Sâlih ne transportait pas son chargement habituel de cigarettes et ses caisses de produits de consommation. Il transportait des marchandises plus rentables : des fusils qu'il devait livrer aux partisans d'Al-Habili, à Ma'rib.

Les Al-Habili sont une famille d'*ashraf* et les anciens dirigeants de Bayhân, à une centaine de kilomètres au sud-est de Ma'rib. Après le retrait des troupes britanniques d'Aden en 1967, un régime radical prosoviétique s'était engouffré dans le vide politique qu'elles y avaient laissé. Ces marxistes ont rapidement étendu leur contrôle aux dizaines de sultanats indépendants répartis à travers l'Arabie du Sud, des alentours du détroit de Bâb al-Mandeb à l'ouest jusqu'à Al-Mahra*, à environ mille kilomètres à l'est. Ce pays en vint à être connu sous le nom de Yémen-du-Sud. Ce qu'on appela Yémen-du-Nord, en revanche, occupait une zone qui s'étendait de la frontière saoudienne au nord jusqu'à un point situé à environ quatre-vingts kilomètres au sud de Taëz. La mer Rouge délimitait le pays à l'ouest, tandis que le désert le délimitait à l'est.

Les relations entre le Yémen-du-Nord et le Yémen-du-Sud se dégradèrent rapidement après le départ des troupes britanniques postées à Aden, et les deux gouvernements fermèrent leur frontière commune en 1967. Le Yémen-du-Nord, où la guerre civile montrait enfin des signes d'essoufflement, commençait juste à s'ouvrir aux marchés internationaux et à chercher l'intégration au sein de la communauté des nations. Le Yémen-du-Sud, cependant, choisit la direction opposée. Il renonça à conserver le rôle d'Aden, qui avait été l'un des ports maritimes les plus actifs du monde, et s'isola de tous les autres pays à l'exception de ses partisans soviétiques à Moscou. Ses dirigeants déclarèrent

* Où les habitants parlent une langue qui contiendrait les vestiges de l'ancienne langue parlée par les Sabéens.

leur intention d'établir un Etat marxiste au Yémen-du-Sud, le seul au monde à posséder une religion officielle : l'islam.

En dépit des nombreux appels à l'unification de la part des deux pays dans les années 1970 et 1980, le Yémen-du-Nord et le Yémen-du-Sud demeurèrent des ennemis implacables. Servant respectivement de mandataire pendant la guerre froide pour les Etats-Unis et l'Union soviétique, chaque gouvernement soutenait des groupes d'insurgés pour tenter de renverser l'autre par le biais d'une guerre d'usure et de campagnes de sabotage.

Les marxistes du Yémen-du-Sud chassèrent du Bayhân les Al-Habili conservateurs et les forcèrent à s'exiler en Arabie Saoudite après s'être emparés du pouvoir. Les Saoudiens utilisèrent ensuite les Al-Habili pour semer le trouble au Yémen-du-Sud, de façon que les dirigeants d'Aden demeurent concentrés sur leurs problèmes domestiques plutôt que sur la façon de renverser les monarchies du Golfe.

Le voyage qu'avait entrepris Sâlih al-Salami dans le désert ce jour-là se trouva mêlé d'une façon ou d'une autre à ces politiques byzantines. Comme Sâlih desserrait le frein à main et démarrait en douceur, l'un des hommes assis à l'arrière se pencha et lui cria dans la cabine :

“Nous avons changé d'avis, dit-il. Emmène-nous au puits qui se trouve entre ici et Mahjil. Tu le connais ? Tu peux nous déposer là-bas.”

Sâlih connaissait ce point d'eau. Celui-ci se trouvait à un bon nombre de kilomètres au nord-ouest, ce qui l'obligerait à faire un détour considérable, et il avait récemment entendu dire que le puits était presque à sec. Tandis qu'il réfléchissait, la sinistre réalité de la situation le frappa comme la ruade d'un chameau en colère : ses passagers avaient l'intention de le tuer.

Sâlih hocha la tête et feignit d'accéder à la demande de l'homme, puis il réfléchit rapidement au nombre désespérément limité des options qui s'offraient à lui. L'instinct prit le dessus et il appuya froidement sur l'accélérateur. Le camion fit un bond en avant sous l'effet de l'accélération soudaine. Cinq ou six de ses assassins potentiels lâchèrent prise et tombèrent du véhicule. Ensuite, Sâlih fit de violentes embardées en tournant le volant le plus vite possible d'un côté et de l'autre, en continuant d'accélérer. D'autres hommes basculèrent.

Mais trois d'entre eux parvinrent à s'aplatir au fond du camion et à s'accrocher d'une main sur les côtés. Sâlih zigzaguait trop vite pour leur permettre de se relever, mais un des hommes parvint à se hisser laborieusement à l'avant, où il put agripper la barre horizontale fixée derrière la cabine. Il s'accroupit, violemment secoué d'avant en arrière. Sâlih regarda dans le rétroviseur et vit que l'homme levait un fusil vers sa hanche à l'aide de sa main libre. Il fit une grande embardée dans une tentative désespérée pour l'éjecter du camion, mais c'était trop tard. La balle traversa la vitre arrière et frappa Sâlih en pleine tête, le tuant sur le coup.

Quelques jours plus tard, quelqu'un trouva oncle Sâlih à plat ventre dans le sable, bien conservé par l'air sec du désert. L'identité des meurtriers ne fut pas déterminée tout de suite, mais le meurtre avait eu lieu en territoire Jidaan, ce qui rejetait la responsabilité de l'incident sur cette tribu, quelle qu'ait pu être la personne ayant effectivement commis le crime.

Une telle trahison exigeait une vengeance de la part des 'Abîda, sauf si les Jidaan parvenaient à trouver les assassins et à les traîner eux-mêmes devant la justice. Les irascibles 'Abîda n'allaient certainement pas accepter une *diya* en compensation d'une offense aussi odieuse. Seule la vengeance préserverait leur honneur.

Mais les cheikhs jidaanis tardèrent à trouver les criminels, si bien que les 'Abîda finirent par soupçonner les Jidaan eux-mêmes d'être les coupables. Pendant que les 'Abîda menaçaient de prendre l'affaire en main, les Al-Salami du lointain Al-Hayma eurent vent du meurtre. Ils arrivèrent sur les lieux en exigeant que leur cousin assassiné soit vengé, ce qui augmenta considérablement les enjeux.

Tandis que le désert de l'Est était au bord de la guerre, les cheikhs des Banî Hushaysh, la tribu coincée entre San'â et le territoire Jidaan au nord-est, intervinrent. Les trois antagonistes acceptèrent leur médiation, et ils remirent leurs fusils aux Banî Hushaysh comme preuve de leur bonne volonté. Après plusieurs mois d'investigation, les arbitres finirent par rassembler les pièces du puzzle concernant le meurtre de Sâlih. Quelqu'un avait informé les dirigeants d'Aden que Sâlih transportait des armes pour le compte de leurs ennemis, les Al-Habili. Les marxistes avaient demandé à un de leurs contacts chez les Jidaan de tuer Sâlih afin d'empêcher les armes d'atteindre leur destination.

Les cheikhs des Banî Hushaysh identifièrent l'homme qui avait tiré le coup de feu ayant tué Sâlih, mais il était mort dans un accident indépendant du meurtre quelques jours plus tard. Les 'Abîda et les Al-Hayma décidèrent de ne pas poursuivre la vendetta contre la famille de cet homme (du moins pas jusqu'au jour où j'écris ceci, quelque trente ans plus tard).

On ne se brouille pas impunément avec les Jidaan. Pendant l'hiver, la saison des raids, tout le désert tremblait, redoutant ces infâmes maraudeurs, particulièrement les années de sécheresse ou quand les nuages noirs de criquets dévoraient les récoltes et laissaient les familles démunies. Quelques bêtes de plus chapardées à une autre tribu pouvaient signifier la vie ou la mort pour les plus faibles et les plus vulnérables.

Les victimes des Jidaan, bien évidemment, ne regardaient pas disparaître leurs moyens de subsistance sans réagir. Elles s'organisaient en groupes afin de poursuivre leurs attaquants jusqu'à l'un des deux ou trois points d'eau auxquels ceux-ci étaient forcés de s'arrêter. Pour les voleurs, le but était d'atteindre les puits avec suffisamment d'avance sur leurs poursuivants pour pouvoir abreuver les chameaux qu'ils avaient razziés et être repartis avant l'arrivée de leurs propriétaires furieux.

Mabkhut Naji Kaalan (dont le nom de famille signifie "les deux testicules") était l'un des deux cheikhs Jidaan qui avaient tenté en vain d'identifier l'assassin d'oncle Sâlih. Pendant la première moitié du XXe siècle, ce personnage presque légendaire avait mené d'innombrables raids dans les dunes du Ramlat as-Sab'atayn. Un jour, il feignit d'être mort pendant toute une demi-journée alors que les membres victorieux de la tribu qui poursuivaient sa bande abreuvaient leurs chameaux reposés avant de rentrer chez eux.

Muhammad Abû Luhûm, lié par alliance à Mabkhut (et à moi-même), raconte une de ces expéditions, qui eut lieu en 1948 :

"Mabkhut et ses seize acolytes ont caché leurs chameaux et ont continué à pied pour attaquer un camp des tribus Karab et Sayar qui naviguaient le long de la bordure sud du Rub al-Khâlî. Mais l'ennemi les avait repérés et les avait empêchés de regagner leurs chameaux. Incapable de s'échapper, Mabkhut a trouvé un plan, et il a crié à l'ennemi d'envoyer son meilleur guerrier pour se battre en duel contre lui.

Au coucher du soleil, Mabkhut et son adversaire se sont levés pour s'avancer lentement l'un vers l'autre, fusil à la main. Mabkhut a tiré le premier, et la balle a tué le Karabi. L'astucieux Mabkhut s'est ensuite enfui à la faveur de la nuit, a retrouvé une de ses montures et a filé chercher de l'aide.

Lorsque Mabkhut est revenu le lendemain avec d'autres Jidaanis, tous ses camarades étaient morts à l'exception d'un seul. L'unique survivant s'était finalement fait rattraper, mais il était parvenu à clouer son assaillant au sol. Sur le point de plonger sa *jambiya* dans le cœur de l'homme, le Jidaani avait entendu l'homme crier : «Epargne-moi et je te protégerai.»

Le Jidaani a interrompu son geste. «Voilà qui est fait», a-t-il promis en rangeant sa *jambiya* dans son fourreau. Et aucun membre des tribus Karab et Sayar n'a pu poser la main sur le Jidaani, car il se trouvait sous la protection que lui avait jurée l'un des leurs.

Il était à peine rentré chez lui que Mabkhut est venu voir mon père*. Papa désapprouvait le fait que Mabkhut cause autant d'agitation dans le désert, mais ils devaient néanmoins chercher vengeance. Il a accepté d'accompagner Mabkhut jusqu'au territoire des Karab et des Sayar. «Mais à une condition, a insisté mon père. Tu ne devras pas leur infliger plus de pertes que tu n'en as subi toi-même lors du dernier raid.»

Quelques jours plus tard, deux cents hommes de la tribu Nihm se sont rassemblés dans le village de Mabkhut : quelques maisons d'argile construites sur une hauteur dominant la plaine du Jawf. Les villageois ont accueilli les guerriers commandés par mon père avec des chants, des danses et des poèmes improvisés louant le courage de la tribu. Mabkhut et une poignée des villageois survivants ont tiré des coups de feu en l'air et sont allés au-devant des Nihm pour les saluer en se frottant mutuellement le nez.

Juchés sur leurs fiers chameaux, armés de dagues et de fusils, des ceintures de munitions à l'épaule et à la taille, les hommes ont écouté les cris d'encouragement des femmes jidaanis. Un jeune garçon, encore loin d'avoir de la barbe et qui portait un gros tambour, les a suivis tandis que la troupe partait en direction de l'est.

Lorsqu'ils ont trouvé leurs adversaires, plusieurs jours plus tard, mon père et Mabkhut sont montés au sommet d'une dune pour surveiller l'ennemi. Les Karab et les Sayar, alignés devant leur campement, ont récité un poème peu flatteur auquel les Nihm et les Jidaan ont répondu par leurs propres vers moqueurs.

* 'Abd Allâh Abû Luhûm, cheikh de la tribu Nihm et grand-oncle de la femme de Mabkhut.

De l'autre côté de la dune, l'impatient petit tambour a commencé à taper sur son instrument aussi fort qu'il le pouvait. Le roulement de tambour est parvenu jusqu'au campement des Karab et des Sayar, où les hommes se sont figés, terrifiés, car ils ne possédaient pas de tels instruments chez eux.

Quelqu'un a crié que les Nihm et les Jidaan avaient apporté un nouveau fusil très puissant pour massacrer leurs ennemis. En entendant ceci, les Karab et les Sayar ont rompu les rangs et se sont enfuis avant que leurs attaquants aient eu le temps de lancer l'assaut."

Dans le désert, les souvenirs sont tenaces. Quand le Yémen-du-Nord et le Yémen-du-Sud se réunifièrent en mai 1990, la frontière qui séparait les Jidaan des Karab et des Sayar rouvrit pour la première fois en vingt-trois ans.

Fasciné par le désert, mon mari alla visiter le Ramlat as-Sab'atayn en 1992. "Une foule d'hommes et de garçons karabis se sont précipités hors de leurs tentes pour fondre sur mes trois compagnons yéménites et moi", me raconta Charles à son retour.

"Ils ont pointé leurs kalachnikovs sur notre Land Cruiser Toyota à notre approche.

En voyant que nous ne leur voulions aucun mal, les Bédouins nous ont invités dans une de leurs trois tentes, et le cheikh, âgé d'une soixantaine d'années, a ordonné que quatre moutons soient sacrifiés en notre honneur. Tandis que nous sirotions du thé et que les femmes préparaient le repas, un des anciens a poussé un coussin vers moi pour que je puisse m'installer.

«Comment s'appellent vos tribus, en Europe ?» m'a-t-il demandé.

La glace étant brisée, ils y sont tous allés de leurs propres questions :

«Combien de temps faut-il pour aller en Amérique en voiture ? Quel est votre salaire ? Pourquoi n'avez-vous pas d'enfants ? Est-il vrai que les Occidentaux enferment leurs anciens dans des maisons spéciales, loin de leur famille ?»

Plus tard, un Karab m'a montré un antique fusil tchèque et m'a demandé si je savais le réparer. Comme beaucoup de Yéménites, il pensait que les Occidentaux avaient à peu près réponse à tout, et il a semblé plus perplexe que déçu quand je lui ai dit que je ne pouvais pas l'aider. J'ai dû finir par accepter le fusil en cadeau quand j'ai commis l'erreur de l'admirer à haute voix.

Juste avant d'aller dormir, j'ai demandé au cheikh pourquoi les Karab avaient paru aussi tendus quand nous étions arrivés, plus tôt dans l'après-midi.

«Nous pensions que vous étiez peut-être des Jidaan», m'a-t-il répondu d'un ton grave. Dans la tente, tout le monde s'est tu à l'évocation de l'ennemi traditionnel.

«Nous avons eu de petits problèmes avec eux il y a quelques années», a-t-il ajouté. Quand il a expliqué les «problèmes» en question, j'ai compris qu'il parlait du raid de Mabkhut, qui avait eu lieu près de quarante-cinq ans plus tôt."

X

CICATRICES

Particulièrement assidue pendant ma première année d'études, je fus récompensée par d'excellents résultats, surtout en mathématiques. Au milieu de l'année scolaire, que je passai à l'école Liqiya de San'â, j'avais les meilleures notes de ma classe.

Je partais de chez grand-mère avec empressement pour me rendre à l'école chaque matin à l'exception du vendredi, jour saint. L'école se trouvait sur la grande place, devant la forteresse de Qasr as-Silha, à environ deux kilomètres, et le trajet me faisait traverser le *Wâdî as-Saila* et contourner la mosquée Fulayhi. Du fait des maisons construites sur trois des côtés de la mosquée, on voyait à peine son minaret blanchi à la chaux depuis la rue. Quelques femmes mendiaient devant l'entrée, et parfois je leur cédais les pièces que grand-mère me donnait pour acheter des bonbons.

J'adorais l'école. C'était un défi permanent, et cela me permettait d'oublier un peu mes problèmes familiaux. Mais un jour, je vécus une expérience traumatisante qui laissa en moi une marque indélébile.

Au nord, les fenêtres de la classe donnaient sur la vaste place utilisée comme marché de fortune deux ou trois matins par semaine. Menaçante, Qasr as-Silha se dressait sur la droite, avec les sept coupoles blanchies à la chaux de la magnifique mosquée Al-Bakîliya juste derrière.

Un matin, tandis qu'avec mes vingt-quatre camarades, nous nous efforcions de nous concentrer sur nos leçons, une foule commença à envahir la place.

Ce n'était pas jour de marché, mais la foule bourdonnait, excitée par quelque spectacle à venir. Les gens remplirent rapidement toute la place, laissant un large cercle vide à côté des dômes blancs du hammam. Ils se pressaient contre les murs de pierre des maisons à trois étages qui ceignaient la place, comme de l'eau menaçant de rompre un barrage. Incapable de couvrir le vacarme, le professeur finit par poser son morceau de craie pour aller voir à la fenêtre ce qui se passait.

Au cours des semaines précédentes, une série d'explosions organisées par les guérilleros marxistes soutenus par le Yémen-du-Sud avait ébranlé San'â, causant de nombreuses victimes et des dommages importants. Ces explosions aléatoires effrayaient et scandalisaient les San'ânis, qui exigeaient que des mesures soient prises. La veille du jour où la foule s'amassa sur la place à côté de l'école, les autorités avaient arrêté deux hommes accusés de sabotage. Le Premier ministre avait décidé que, cette fois-ci, les têtes allaient tomber, et il avait ordonné l'exécution des coupables en espérant que cela dissuaderait d'autres attaques. Personne n'avait songé, cependant, que l'école Liqiya, où étudiaient des élèves de six ans, offrait une vue de premier choix sur la place où les deux hommes devaient être mis à mort ce matin-là.

Sachant leur dernière heure venue, les prisonniers entrèrent sur la place en titubant devant la foule assemblée. Des soldats flanquaient chacun des deux hommes, qu'ils tenaient par le coude. Les prisonniers avaient les mains attachées dans le dos, et ils ne portaient que des pantalons larges. La foule s'écarta pour laisser passer les gardiens qui traînaient les misérables condamnés vers le cercle vide.

Derrière eux, vêtu d'une ample *zena* blanche, marchait un représentant du gouvernement tenant un haut-parleur. Les spectateurs se turent quand l'homme s'adressa à eux. Il attira leur attention sur les efforts que déployait le gouvernement pour mettre fin à l'insécurité, et il encouragea les citoyens à rester patients et vigilants face aux bombardements. Puis il exposa les crimes des prisonniers.

Mes camarades et moi avions désormais rejoint le maître devant la fenêtre. Quand le porte-parole termina son monologue, essoufflé, il baissa le haut-parleur et agita la main pour lancer la suite des opérations. Deux soldats poussèrent le premier prisonnier pour le faire tomber à genoux et lui ordonnèrent de se pencher en avant. Un Noir d'une stature imposante* se fraya alors un chemin parmi la foule excitée, un énorme sabre en acier entre ses mains puissantes. Il me sembla plus grand que le gigantesque minaret de la mosquée Salâh al-Dîn qui se trouvait à deux pas de la place, et dont le croissant de lune du faîte était si haut que je le voyais à peine.

Les deux soldats s'écartèrent du prisonnier quand le bourreau se posta au-dessus de sa victime. La foule retint son souffle et les élèves de la classe hoquetèrent d'étonnement quand il leva son sabre. Je plaquai mes mains sur mon visage en écartant suffisamment les doigts pour être sûre de voir quelque chose.

Le sabre s'abattit d'un coup sec et rapide. Un bruit mat précéda un gémissement plaintif, et le prisonnier se convulsa avant de rouler sur le sol, le dos luisant de sueur dans le soleil matinal. Dans la classe, tout le monde poussa un gémissement en même temps que l'homme, et je sentis l'acier sur mon cou de façon aussi nette que si j'avais été la victime. Les soldats se précipitèrent maladroitement vers lui pour remettre à genoux le prisonnier, le cou en sang mais encore intact. Embarrassé et secoué, le bourreau leva à nouveau son sabre, avec précipitation cette fois-ci. Un autre coup et un autre gémissement, plus doux cette fois-ci, long et plaintif.

* Les hommes d'origine africaine, fils des anciens esclaves amenés d'Afrique, étaient souvent employés comme bourreaux car ils n'appartenaient à aucune tribu et n'étaient donc pas concernés par les dettes de sang.

Le bourreau ajusta nerveusement sa tunique trempée de sang, fit pivoter sa tête pour se détendre les muscles du cou et abaissa son sabre une troisième fois. La tête du prisonnier finit par tomber sur le sol, puis rouler non loin du corps.

Les soldats traînèrent le cadavre au bord de la foule, plaçant la tête dans l'alignement du corps, debout et tournée vers les spectateurs. Les deux autres soldats poussèrent alors en avant le deuxième prisonnier tremblant.

Le bourreau essuya sa lame avec un chiffon, recouvrant lentement son calme. Sous l'œil attentif de la foule, le sabre se leva, avec plus de confiance cette fois-ci, et il fendit l'air avec un sifflement funeste. La tête vola, et du cou tranché une fontaine de sang jaillit sur le sol.

La scène m'horrifia. Je ne comprenais pas les mots que le porte-parole du gouvernement avait employés pour justifier l'exécution à la foule, et je ne concevais pas que quiconque puisse mériter un tel sort. Les victimes me semblaient choisies au hasard, et je ressentais leur douleur. Ce souvenir me hanta chaque nuit pendant des années.

Je ne dis pas un mot pendant tout le reste de la journée. En soi, cela n'avait rien d'étonnant, mais je ne suivis pas non plus le cours, ce qui ne me ressemblait pas. La scène qui s'était déroulée ce matin-là sur la place refusait de quitter mon esprit.

Au lieu de rentrer chez moi après l'école, je partis vers la porte de Bâb al-Yemen, vers laquelle les soldats avaient traîné les corps décapités. Les exécutions demeuraient le seul sujet de conversation au marché de Sûq al-Milh tandis que je me frayais un chemin à travers la foule des clients de l'après-midi.

Emergeant sur la place devant Bâb al-Yemen, mon cartable sur l'épaule, je m'approchai prudemment de la porte. Je me glissai discrètement parmi les marchands qui vendaient des colifichets entassés dans des carrioles, et je franchis la voûte de pierre. Le haut d'une de ses énormes portes avait un trou béant de soixante centimètres de diamètre, laissé par un obus tiré le premier jour de la révolution de 1962.

Je regardai autour de moi pour apercevoir une trace des cadavres. Grand-mère m'avait dit une fois que les têtes des criminels violents, et des royalistes pendant la guerre civile, étaient exposées sur le mur à l'extérieur de Bâb al-Yemen. Mais la guerre civile était terminée depuis deux ans, et les criminels violents étaient rares. Si bien que, pour ma part, je n'avais jamais vu de têtes ; seulement la main d'un voleur professionnel exposée de temps en temps sur un bloc de pierre à côté de la porte.

Ce jour-là, la rangée de pointes en fer plantées comme des crochets de boucher dans les briques autour de Bâb al-Yemen demeurait vide. Pas même une trace de sang ne tachait le mur. Soulagée, j'allais rentrer chez moi quand un reflet attira mon regard sur le tas d'ordures qui se trouvait un peu plus loin contre le mur. Une boucle brillante trahissait la présence d'une chaussure, puis d'une paire de chaussures, derrière le tas de vieux vêtements, d'épluchures et d'autres déchets. Remarquant que les chaussures semblaient accrochées aux pieds de quelqu'un, je me rapprochai et découvris le cadavre décapité d'un des prisonniers. A côté de lui se trouvait le second, mais leurs têtes n'étaient nulle part.

Je me figeai, puis parvins enfin à trouver le courage d'avancer vers le premier corps sur la pointe des pieds, comme si je tentais de ne pas le réveiller. Je m'accroupis pour l'inspecter de plus près. En dépit de mon dégoût, je ne parvenais pas à détourner les yeux, convaincue que l'homme allait se réveiller à tout moment. Comme il ne se réveillait pas, je me levai pour lui donner un léger coup de pied dans la jambe. Le corps sans vie trembla, puis retrouva son calme immobile.

La panique m'envahit. Sans un bruit, je fis demi-tour pour franchir en courant la porte de Bâb al-Yemen mais, après quelques pas seulement, mes jambes flanchèrent, et je m'écorchai les mains et les genoux en tombant sur la terre dure. Un marchand tenta de m'aider, mais je le repoussai, me relevai, et je poursuivis en titubant mon chemin vers le *Wâdî as-Saila.* Incapable de contrôler mes jambes, je trébuchai plusieurs fois avant d'arriver enfin chez grand-mère.

Ce jour-là, maman était venue voir grand-mère Amina, et elles commençaient à se demander où j'étais passée. Elles entendirent ensuite claquer la porte d'entrée, puis un bruit sourd comme si quelque chose avait heurté le sol en terre battue. Grand-mère Amina alluma une bougie et suivit maman au bas de l'escalier, où elles me trouvèrent inanimée, étalée par terre. Maman me porta à l'étage et m'allongea sur un coussin dans ma chambre. Elle me caressa les cheveux en me récitant des versets du Coran, pendant que grand-mère apportait de l'eau pour me rafraîchir le visage.

Je revins à moi, hors d'haleine et en nage, les yeux écarquillés par la peur.

"Qu'est-ce qui t'est arrivé ?" demanda grand-mère Amina.

Je ne répondis pas, fixant le plafond sans le voir, et grand-mère partit me chercher un verre d'eau ainsi qu'un bol de soupe. Je bus l'eau à petites gorgées mais je ne voulus rien avaler d'autre. Quand maman me prit dans ses bras pour aller me laver dans la salle de bains, mes jambes flanchèrent à nouveau et je m'effondrai par terre.

Mon état demeura stationnaire pendant plusieurs jours : j'étais incapable de parler, de marcher ou de manger. La scène de l'exécution sur la place passait en boucle devant mes yeux, et je ne pouvais penser à rien d'autre. Même si j'avais pu parler, je n'aurais sans doute pas raconté ce qui s'était passé. Maman aurait été en colère d'apprendre que j'étais allée jusqu'à Bâb al-Yemen après l'école.

Désespérées de me voir dans cet état, maman et grand-mère se tournèrent vers leur dernier recours. Grand-mère consultait parfois une *hajama* quand elle avait une fièvre particulièrement mauvaise. La vieille femme pratiquait une demi-douzaine de petites incisions dans le dos de sa patiente, sur lesquelles elle posait ensuite des cornes de vache évidées en guise de ventouses pour extraire le mauvais sang. Mais même la *hajama* reconnut que le mal dont je souffrais était trop fort pour ses remèdes. Elle conseilla à grand-mère d'aller voir une autre femme, un genre de sorcière qui savait délivrer des sorts, des esprits et du mauvais œil, ainsi que de nombreux maux physiques. De toute évidence, je souffrais d'au moins une de ces choses.

Maman m'enveloppa dans une couverture chaude et me porta dans la rue avec grand-mère Amina. Nous serpentâmes à travers plusieurs ruelles avant d'arriver enfin devant une antique porte de bois cloutée. Grand-mère frappa sèchement à l'aide du marteau en forme de pelle contre une plaque en fer protubérante. Une corde tirée de l'un des étages supérieurs ôta la barre qui verrouillait la porte et nous entrâmes. Cherchant à tâtons notre chemin dans le vestibule obscur, nous montâmes laborieusement des marches immenses jusqu'au troisième étage, guidées par les mots de bienvenue *"Haya, haya"*, parvenant d'en haut.

A l'intérieur d'une pièce faiblement éclairée, une femme bossue attisait les braises incandescentes d'un feu qui brûlait dans l'âtre. Sa robe ample ne suffisait pas à dissimuler son corps rebondi tandis qu'elle se tournait pour nous accueillir avec un sourire ridé et édenté. Elle s'approcha et tira la couverture pour mieux voir mon visage.

Je sursautai de frayeur à la vue de la vieille femme, puis me calmai assez pour voir les étagères qui couraient le long des murs, bourrées de fioles en verre remplies de poudres et de liquides variés. Je jetai un regard soupçonneux à la rebouteuse, laquelle me retourna mon regard avec un sourire hideux qui ne me rassura guère.

"Comment te sens-tu ?" demanda-t-elle. Je ne répondis pas : je regardais, j'observais.

Maman m'allongea sur un fin matelas étendu sur le sol et expliqua ce qu'elle savait de mon état. La femme s'agenouilla à côté de moi et me regarda à nouveau dans les yeux à la lumière vacillante du feu, puis elle m'examina les mains et les pieds.

"Depuis combien de temps est-elle comme ça ? demanda la femme.

— Une semaine", répondit maman.

La femme hocha la tête d'un air entendu, se leva et s'approcha du feu. Prenant une longue tige en fer à côté de la cheminée, elle en plongea une extrémité dans les flammes.

"Il n'y a qu'un seul remède pour soigner ce qu'a cette petite fille, affirma-t-elle en retournant la tige dans les braises. Il ne s'agit pas d'une maladie ordinaire. Quelque chose l'a effrayée, et elle doit l'être à nouveau afin de se débarrasser de l'emprise de cette frayeur."

La femme retira la tige métallique du feu quelques minutes plus tard et considéra le bout rougeoyant d'un air satisfait. Je le regardai attentivement, jusqu'à ce que je comprenne ce qui se passait. Avant que je puisse résister, maman et grand-mère Amina m'avaient chacune agrippée par un bras pour m'immobiliser, et je regardai avec horreur la femme s'approcher de moi.

La femme retira la couverture et releva ma robe à fleurs au-dessus de mon ventre. Je restai paralysée et mes yeux se fermèrent tandis que le bout plat et bouillant de la tige en métal s'enfonçait dans ma peau juste au-dessus de mon nombril. Après ce qui me sembla une éternité, la femme relâcha la pression pour révéler une ampoule circulaire de presque quatre centimètres de diamètre.

Je me tortillai en poussant un cri de douleur, le premier son à franchir mes lèvres depuis de nombreux jours. Quand j'eus recouvré suffisamment mon calme pour que maman et grand-mère me lâchent, je me levai lentement du matelas en lançant un regard haineux aux trois femmes, et je sortis de la pièce avant de descendre l'escalier en titubant. Maman glissa une poignée de billets dans la paume de la femme, demanda à Dieu sa bénédiction et se précipita à mes trousses.

Je boudai pendant plusieurs jours, mais je marchais, je parlais et je mangeais à nouveau normalement.

Même si je n'étais pas timide, enfant, je parlais peu. Une des amies de grand-mère me grondait quand elle venait nous rendre visite. J'aimais rester assise en silence et écouter leurs bavardages, apporter du thé et des biscuits quand grand-mère Amina me le demandait. Parfois, son invitée me faisait une remarque un peu malicieuse :

"Tu ne sais pas parler, jeune fille ? On dirait que tu as perdu ta langue."

En me rappelant des commentaires similaires de la part de mes professeurs et de mes camarades, je me mis à me demander si je n'avais pas un vague problème, et à me dire que je ne parlais peut-être pas correctement.

J'avais peu d'amis parmi mes camarades de classe et, au lieu de traîner pour jouer après l'école, je rentrais en général directement à la maison. J'avais de très bonnes notes, et parfois une fille me demandait de l'aider à faire ses devoirs, ce qui ne m'ennuyait pas du tout. Mais, dans l'ensemble, mes camarades ne savaient pas grand-chose de moi, et elles avaient tendance à me classer dans une catégorie à part, ni inférieure, ni supérieure, juste différente. D'abord, je choisissais tous mes vêtements moi-même. Ils devaient m'aller parfaitement, et je veillais à ce qu'ils soient propres et repassés avant de les porter pour aller à l'école. Peu d'autres enfants, ou même leurs parents, se souciaient de ce genre de détails.

Une fois, les parents furent invités à l'école, pour venir voir une pièce de théâtre montée par les enfants. Quand je fis mon apparition sur scène, les cheveux brossés à la perfection, mes vêtements impeccables et repassés, ma mère remarqua qu'un des parents me montrait du doigt.

"Ce doit être la fille du président Al-Hamdî", dit la personne en question.

Maman rit tout bas.

Mais ma difficulté à parler n'expliquait pas entièrement mon manque d'amis. La maison dans laquelle je vivais avec grand-mère Amina était vieille et minuscule, située dans un coin reculé de la ville fortifiée où les demeures ne sont pas aussi majestueuses que dans la partie est. Même dans notre quartier d'Al-Hurgân, les bâtiments voisins écrasaient notre maison, petite et d'allure miteuse à côté d'eux. Ce logement modeste m'embarrassait, et je me débrouillais pour qu'aucune de mes camarades de classe ne sache où j'habitais.

Cette maison, en outre, m'effrayait. Le jour où maman nous avait emmenés de la maison Murzah, grand-père Hamud m'avait prise à part.

"Tu vas aller vivre dans cette vieille maison décrépite avec ta grand-mère ? m'avait-il dit d'un ton moqueur. Mais c'est dangereux, là-bas. Tu verras. Elle te tombera sur la tête, un de ces jours."

Je n'avais répété ses paroles à personne, car c'était toujours mille fois plus agréable d'habiter chez grand-mère Amina que chez les Murzah. Mais je vivais dans la peur chaque jour, m'attendant à ce que la prophétie de grand-père se réalise à tout moment.

Ce qui m'embarrassait plus encore que la maison, cependant, était les secrets de famille. J'avais honte de la maladie de mon père, qu'à mon âge j'étais incapable de comprendre, d'avoir été reniée par mon grand-père, et du fait que ma mère soit mariée à quelqu'un qui n'était pas mon père. Les autres enfants se seraient moqués de moi s'ils l'avaient appris et, pire encore, ils auraient eu pitié de moi, ce qui était la dernière chose que je voulais. Et je m'arrangeais pour que personne, à l'école, ne découvre tout cela.

Je ne saurais trop dire pourquoi, mais le peu d'amies que j'avais réussi à me faire tendaient à être issues de familles influentes actives dans le domaine de la politique, comme les Al-Mutawakkil et les Al-Arshi. Les filles m'invitaient parfois à venir étudier chez elles après l'école. Leurs maisons luxueuses et spacieuses m'impressionnaient, avec leurs chaises et leurs tables, leurs toilettes où l'on pouvait s'asseoir, et des domestiques qui préparaient les plats qu'elles désiraient.

Je n'invitais jamais ces amies chez moi, pourtant. J'aurais préféré mourir plutôt que leur montrer où j'habitais. Et, pire encore, si jamais elles venaient à la maison, elles poseraient les inévitables questions sur ma famille auxquelles je redoutais de répondre, voudraient savoir où se trouvaient mon père et ma mère.

Mes amies et leurs parents semblaient toutefois satisfaits de cet arrangement. Appartenant à des familles en vue, ces derniers se montraient encore plus protecteurs que la plupart à l'égard de leurs filles, et ils n'avaient pas envie de les savoir traîner dans San'â avec leurs amies. Pendant toute l'école primaire, aucune de mes camarades d'école n'apprit la maladie de mon père ou ma situation familiale.

Maman donna bientôt un fils au cheikh Hamîd al-Maamari, son deuxième mari. Quand les douleurs du travail s'intensifièrent, elle vint chez grand-mère Amina, où celle-ci fit une fois de plus office de sage-femme. Attendant dehors sur le toit, j'écoutais avec inquiétude les grognements de douleur de ma mère. Lorsque ce fut terminé, grand-mère Amina m'appela dans la chambre pour la regarder couper le cordon ombilical de mon nouveau petit frère, Tariq.

L'armée muta le cheikh Hamîd loin de San'â peu de temps après, et je ne revis pas ma mère pendant de nombreux mois. Ils restèrent un moment à Ibb, avant d'aller s'installer à Dhamâr, un tas de bâtiments en pisé coincé entre deux cratères volcaniques à une centaine de kilomètres au sud de San'â.

C'est à Dhamâr, ville préislamique et ancien refuge des imams pendant les périodes agitées, que maman ne put ignorer plus longtemps les problèmes que son mari avait avec la boisson. L'alcool était officiellement interdit aux musulmans dans le pays (les juifs pouvaient fabriquer du vin, mais ils ne pouvaient ni le vendre ni le consommer en dehors de chez eux). Le whisky et d'autres alcools entraient néanmoins au Yémen au compte-gouttes, passés en contrebande depuis la côte africaine, de l'autre côté de la mer Rouge.

Maman découvrit le penchant de Hamîd pour la boisson peu après leur mariage. S'il était assez gentil lorsqu'il était sobre, il lui arrivait de battre maman quand il avait bu, mais elle se disait qu'il changerait avec le temps. Alors qu'elle était à nouveau enceinte, maman mit Hamîd hors de lui en l'affrontant un soir qu'il était rentré saoul. Maman me raconta cette histoire bien des années plus tard, mais son émotion était encore très vive :

"Je me suis mise à lui crier après, et il est sorti de la maison dans une telle fureur que je me suis demandé s'il allait jamais revenir. Mais une demi-heure plus tard, il est revenu en tenant devant lui un chien errant qu'il avait dépecé. Il l'a cloué sur le mur du salon par les pattes arrière, comme une chèvre chez un boucher.

«Je te ferai la même chose si tu n'arrêtes pas de me harceler», a-t-il dit.

J'étais terrifiée. C'était la première fois que Hamîd perdait son calme avec moi, mais j'ai décidé aussitôt que je ne lui laisserais pas une seconde chance. Je suis arrivée à envoyer un message à mon frère 'Alî, à San'â. Il est venu à Dhamâr le lendemain après-midi pour nous ramener avec lui, Jamila, Tariq et moi.

En rentrant du travail ce soir-là, Hamîd a trouvé une maison vide. Je pense qu'il avait honte de ce qu'il avait fait, parce que, quelques jours plus tard, il est venu à San'â et à imploré 'Alî de me convaincre de rentrer avec lui. J'ai refusé, et j'ai demandé le divorce à la place."

Maman loua une petite maison d'un étage à côté du cimetière des enfants, tout près de celle de grand-mère Amina, où elle s'installa avec Jamila et Tariq. Je les y rejoignis, et mon grand frère Hamud venait de temps en temps passer la nuit chez nous. La famille s'agrandit encore quelques semaines plus tard quand ma mère donna naissance à une petite fille : Nejla.

J'étais ravie de retrouver maman et d'avoir une autre petite sœur, mais ce bonheur n'allait pas durer longtemps. J'avais environ dix ans quand un désastre frappa une famille voisine. L'incident m'affecta profondément. Il annonçait aussi une tragédie similaire dans ma propre vie.

La maison Minfakh donnait sur le jardin derrière chez ma grand-tante Hamida, à côté du cimetière des enfants. Cette famille était liée par alliance à 'Alî al-'Ayni, le mari de Hamida, et une des sœurs cadettes de la maîtresse de maison venait fréquemment chez eux pour garder les enfants. Je la voyais quand j'allais rendre visite à Hamida et jouer dans le jardin.

J'admirais la beauté de la fille des Minfakh, âgée de quatorze ans, ses poses féminines et le soin qu'elle prenait à peigner ses longs cheveux noirs pour qu'ils tombent parfaitement. Comme elle arrivait en âge d'être mariée, elle était obsédée par l'idée de trouver un jeune homme issu d'une famille influente, riche de préférence, avec qui elle pourrait se marier et avoir beaucoup d'enfants.

Les Al-'Ayni étaient également liés à la famille Abû Luhûm, de la tribu Nihm, ce qui forgeait une de ces alliances apparemment étranges mais assez communes dans le monde politique yéménite*. Certains

* Cette alliance associait d'un côté une famille de cheikhs d'une tribu conservatrice et de l'autre la famille Al-'Ayni, connue pour être favorable à la réforme, et comptant des activistes influents du Parti socialiste baathiste. La politique yéménite est particulièrement compliquée et, plutôt que sur l'idéologie, les alliances sont forgées en fonction des relations et du camp dans lequel se trouvent vos amis et vos ennemis.

membres de la famille Abû Luhûm téléphonaient de temps en temps chez les Minfakh pour prendre des nouvelles de la famille, et la sœur cadette de la maîtresse de maison répondit un jour au téléphone alors qu'elle était venue garder les enfants. Sa voix douce et agréable intrigua l'une des femmes de la famille Abû Luhûm, toujours en quête d'épouses dignes de leurs fils. Elle profita de la conversation pour demander à son interlocutrice qui elle était et si elle était mariée. La fille était si excitée par cette perspective qu'elle en parla sans arrêt pendant des jours malgré les taquineries de sa sœur aînée et de moi-même. Un Abû Luhûm ferait un excellent parti.

Au cours des semaines suivantes, la jeune fille vint garder les enfants de sa sœur de plus en plus fréquemment, dans l'espoir que les Abû Luhûm téléphonent quand elle était là. Puis, un après-midi, elle ne se présenta pas à l'heure convenue. La famille s'inquiéta et les hommes partirent à sa recherche dans San'â, mais ils rentrèrent bien plus tard sans aucune nouvelle, de même que le lendemain.

Une semaine plus tard, les parents de la fille reçurent un coup de téléphone de Bayt al-Zogabi, la prison pour femmes de San'â. Leur fille y était détenue. La famille fut choquée d'apprendre qu'elle se trouvait là-bas, où seules les femmes de mauvaise réputation étaient censées être retenues prisonnières. Ils pensèrent qu'il avait dû y avoir un malentendu.

"Des soldats l'ont amenée, annonça froidement la gardienne de la prison quand la famille alla voir la jeune fille. Ils ont dit qu'ils l'avaient trouvée en train de traîner avec des hommes."

Cette nouvelle anéantit la famille. Il était difficile, impossible d'imaginer quelque chose de pire, même la mort. Les fils raccompagnèrent leur mère hébétée jusqu'à la voiture pendant que leur père convainquait la gardienne de relâcher leur fille. Quand on la lui amena enfin, il vit que ses magnifiques cheveux longs avaient été rasés. La jeune fille était dans un état pitoyable et elle ne dit rien avant de monter dans la voiture. Ensuite, un flot de paroles jaillit de sa bouche.

"Je marchais dans la rue, bredouilla-t-elle, quand une voiture s'est arrêtée à côté de moi. Deux soldats en sont sortis. Ils m'ont attrapée et m'ont poussée dans la voiture."

La fille s'interrompit et fondit en larmes en voyant l'expression de stupeur de sa mère.

"Ils m'ont violée", hurla-t-elle en sanglotant de façon incontrôlable.

Chez elle, on en vint inévitablement à se demander s'il fallait croire ou non à son histoire. La fille avait-elle provoqué les soldats ? Ou était-elle innocente ? A la fin de la journée, cela n'avait plus vraiment d'importance. Elle n'était plus vierge, peu importait le responsable. Personne ne la prendrait jamais pour épouse, et l'accusation de légèreté de mœurs portée contre leur fille salirait le nom de la famille pour des générations.

Finalement, les parents décidèrent de croire que c'était leur fille qui avait provoqué l'incident avec les soldats. La famille l'enferma dans sa chambre, où elle resta des semaines sans avoir le droit de sortir. On lui faisait passer ses repas par la porte entrebâillée.

Puis, après plusieurs mois de captivité, la fille se mit à vomir du sang. Quelques jours plus tard, elle s'effondra sur le sol de sa chambre et mourut. Il y eut des rumeurs, mais personne ne sut jamais vraiment ce qu'elle avait eu.

Pour ma part, j'étais convaincue que la fille avait dit la vérité, même si son histoire paraissait peu vraisemblable. Elle ne pensait quasiment qu'à se trouver un bon mari issu d'une famille respectable. Avec l'intérêt prometteur que lui témoignaient les Abû Luhûm, il ne lui serait jamais venu à l'idée de compromettre tous ses espoirs en se comportant de la façon dont on l'avait accusée.

La jeune fille ondulait très légèrement des hanches en marchant, et ses beaux yeux soulignés par des cils épais rayonnaient sous son voile. De jeunes soldats impatients de se prouver quelque chose, ou peut-être un officier influent, l'avaient sans doute vue passer, l'avaient kidnappée, violée, puis jetée en prison pour couvrir leur propre culpabilité. Dans le cas contraire, si la fille les avait suivis de son propre gré, pourquoi les soldats l'auraient-ils jetée en prison et accusée ?

Ce ne fut pas la mort de cette fille en elle-même qui me choqua. Je savais que c'était sans doute la fin la plus humaine qu'elle pouvait espérer. Une femme qu'on a dépouillée de son honneur de façon aussi flagrante et définitive ne souhaite que la mort. Mais l'injustice de cet incident me désespérait. Le fait qu'on l'ait trouvée avec des inconnus rendait cette fille coupable aux yeux d'une grande partie de la société. Elle n'avait aucune chance de pouvoir se défendre, car personne ne voulait écouter sa version des faits, et les hommes impliqués dans cette affaire ne firent pas même l'objet d'une réprimande. Des hommes, l'attitude était admise comme acceptable, tandis que la fille, elle, devait aller en prison pour ce qui était considéré comme un crime*.

Cette tragédie était un cas extrême, mais elle effraya tous ceux qui l'apprirent, leur faisant redouter de façon irrationnelle que des incidents aussi terribles arrivent dans leur propre famille. Un remède très efficace pour soulager ce genre d'inquiétudes existe alors : le mariage.

* La religion est également incapable de justifier une telle inégalité. Le Coran établit que quatre témoins doivent confirmer une accusation d'adultère, et que l'homme et la femme doivent être punis tous les deux dans le cas où ils sont reconnus coupables (Coran, XXIV, 2-10). Ce qui était loin d'être le cas ici.

XI

RÉVOLTE

Maman et oncle 'Alî avaient un cousin dénommé Muhammad al-Salami. Grand-mère Amina l'avait allaité quand il était petit, et maman et oncle 'Alî le considéraient donc comme leur frère. Il vivait à San'â, où il travaillait comme petit fonctionnaire, noyé dans la vaste bureaucratie du ministère de la Santé.

Au fil des ans, Muhammad avait fini par adhérer à une politique de gauche. Il se considérait comme un socialiste, ce que les Yéménites associaient au communisme et à l'athéisme. Muhammad n'échappait pas à ces épithètes, même au sein de sa propre famille, et grand-mère Amina l'appelait moqueusement *al-kafir* – le païen.

Muhammad avait un ami proche engagé dans le mouvement socialiste, qui, à plus de vingt-cinq ans, faisait ses études à Damas, en Syrie. Cet homme, un certain Ahmad, voulait épouser une fille du pays, et Muhammad soumit l'idée à oncle 'Alî.

Diplômé de l'école militaire, oncle 'Alî travaillait à l'époque pour la police des armées et, comme Muhammad, il s'était débrouillé pour obtenir un poste de bureaucrate tranquille. Il écouta avec intérêt la proposition de Muhammad, d'autant plus qu'il avait trouvé une lettre d'amour parfumée avec une eau de Cologne bon marché qu'un garçon que je connaissais à peine avait un jour laissée devant notre porte.

"Khadija grandit, dit Muhammad à son cousin. Le mieux, c'est de lui trouver un mari avant qu'il lui arrive malheur."

Muhammad ne fit pas allusion à l'affaire Minfakh, qui avait eu lieu des mois plus tôt. C'était inutile, car cet incident restait gravé dans toutes les mémoires. Oncle 'Alî ne voulait pas qu'une telle catastrophe entache son honneur et mette sa carrière en danger. Il demanda quelques jours de réflexion sur le sujet, mais il n'eut guère besoin d'encouragements pour se ranger à l'avis de Muhammad. Entre mon père malade et grand-père Hamud qui refusait tout rapport avec moi, oncle 'Alî était responsable de moi et sa décision l'emporterait.

Quand 'Alî lui annonça la nouvelle, maman n'en crut pas ses oreilles. Elle avait déjà fait échouer une proposition de mariage me concernant. Peu de temps après son divorce d'avec Hamîd al-Maamari, un des proches parents du cheikh s'était mis à venir chez nous, officiellement pour venir rendre visite aux enfants de Hamîd, Tariq et Nejla. L'homme vivait en Arabie Saoudite, et il apportait régulièrement des cadeaux pour les enfants. Maman avait cependant remarqué qu'il ne manquait jamais de me réserver le plus beau présent, alors que nous n'étions même pas parents. Mon cadeau préféré fut un Polaroïd Instamatic, un objet qui m'était jusqu'alors totalement inconnu. L'homme confirma les soupçons de maman lorsqu'il lui demanda si elle voudrait bien lui accorder ma main. Elle le chassa aussitôt de la maison et lui dit de ne pas revenir.

Mais le plan d'oncle 'Alî constituait une menace beaucoup plus sérieuse. Maman se souvenait de sa propre terreur quand son père avait arrangé son mariage alors qu'elle avait à peu près le même âge que moi. Elle ne voulait pas que sa fille de onze ans vive la même expérience.

Maman protesta vigoureusement, mais oncle 'Alî lui agitait toujours sous le nez l'exemple des Minfakh, un incident qui selon lui justifiait amplement sa décision. On était alors au milieu de l'année scolaire, et maman parvint seulement à lui faire promettre que le mariage n'aurait pas lieu avant mes examens de cinquième, au printemps.

Quand, en rentrant à la maison cet après-midi-là, j'appris le sort qu'on me réservait, je restai sans voix. Ma réussite à l'école, où je continuais d'obtenir les meilleurs résultats de la classe, m'avait décidée à poursuivre mes études jusqu'au lycée, et peut-être même à aller un jour à l'université. La classe était l'un des rares endroits où je me sentais à l'aise. Je n'avais ni famille ni richesse matérielle dont je pouvais me vanter, mais les autres élèves venaient me trouver pour me demander de l'aide et cela me donnait le sentiment d'être estimée pour quelque chose. Cette attention était satisfaisante et m'offrait une lueur d'espoir, car je me disais que l'éducation me permettrait peut-être de devenir quelqu'un. Le mariage mettrait très certainement fin à toutes mes aspirations universitaires. Et après avoir vu les souffrances que ses deux mariages avaient infligées à ma mère, l'idée d'avoir un mari ne me tentait guère.

Des années plus tôt, j'avais assisté à un mariage collectif organisé un week-end à l'extérieur de San'â avec grand-mère Amina et tante Hamida. Nous arrivâmes dans le village juste avant la tombée de la nuit, et je me bouchai les oreilles tandis que des salves de coups de feu illuminaient le ciel de balles traçantes pour célébrer les festivités.

Les habitants de la campagne environnante se pressaient sur une place entre les bâtiments de pierre. De puissantes lampes à pétrole illuminaient les vingt-cinq futurs mariés, lesquels étaient assis stoïquement sur des chaises en bois le long du mur extérieur de la plus grande maison, avec des colliers de basilic et de jasmin parfumés autour du cou et coincés dans leurs turbans colorés. Chacun d'eux arborait à la ceinture la dague de cérémonie dans un fourreau plaqué d'argent retenu par une épaisse ceinture brodée de fils d'or et d'argent.

Les femmes étaient réunies sur une autre place, à l'écart des regards furtifs des hommes. Parées de couleurs vives et débordant d'ornements en or et en argent, les promises entraient dans une maison réquisitionnée pour les mariages puis en ressortaient vérifiant sans cesse leur robe et leur maquillage pour être sûres que tout était parfait. Une femme voilée braillait un air mélancolique en tapant sur un large plat de fer-blanc en guise d'instrument. Une jeune apprentie l'accompagnait avec un petit tambour et, pour les refrains, les deux femmes entonnaient un duo plaintif mais envoûtant. Les invitées dansaient chacune à son tour et se reposaient parfois le temps de prendre des portions de riz et de viande de chèvre sur un plateau posé à proximité.

Vers minuit, chaque mari emmena sa femme respective chez ses parents, où le couple allait vivre toute sa vie, ou jusqu'à ce qu'il ait réuni suffisamment d'argent pour construire sa propre maison. Le reste du village continua la fête pendant encore plusieurs heures.

Le lendemain matin, je suivis les femmes qui allaient visiter la maison de chacune des vingt-cinq jeunes mariées. En entrant dans la première, mon regard tomba tout de suite sur un grand drap blanc étendu sur le mur devant l'entrée de la chambre, accroché à chaque coin par un clou. Une tache rouge sombre attestant la virginité de la jeune mariée ornait le centre du tissu, tandis que les mères des deux époux se tenaient fièrement dessous. Chaque maison que nous visitions exhibait le même trophée ; certains présentaient de petites taches et d'autres de plus grandes, mais aucun drap n'était exempt de sa preuve de chasteté.

Quand je demandai ce qu'étaient les traces vermillon sur les draps, grand-mère Amina me dit que c'était le *sharaf* – l'honneur –, et je compris que ces taches venaient du sang des jeunes mariées. J'eus une moue indignée, redoutant le jour de mon propre mariage. J'étais loin de soupçonner que celui-ci arriverait bientôt.

Quand maman m'apprit que j'étais fiancée, je fondis en larmes et m'enfuis de la maison. Je courus jusqu'à ce que j'arrive dans un jardin public situé de l'autre côté du Vieux San'â où, épuisée, je me laissai tomber sous un figuier, mes larmes laissant de profonds sillons sur mes joues poussiéreuses.

Cette scène n'émut pas oncle 'Alî. "Le rôle d'une femme est de se marier et d'être une bonne épouse, dit-il à ma mère d'un ton moralisateur. Elle n'est faite pour rien d'autre hormis la tombe."

Il menaça de m'envoyer vivre chez grand-père Hamud si je ne me mariais pas. "Et la première chose qu'il fera sera de la marier." Maman n'en doutait pas une seconde.

Aucune issue n'était envisageable. Maman m'aimait infiniment et, même si elle n'était pas allée à l'école, elle m'avait encouragée à poursuivre mes études aussi longtemps que possible. Elle n'avait aucun don, en revanche, pour gérer les situations de conflit. Elle ne parvint jamais à rassembler le courage d'affronter oncle 'Alî, si bien qu'à contrecœur, elle s'avoua vaincue.

Les femmes yéménites se marient en général assez jeunes, mais à onze ans, j'étais considérablement au-dessous de la norme. D'habitude, les parents cherchent quelques partenaires potentiels pour leur fils ou leur fille dans l'intention de renforcer des alliances entre des familles et, dans les campagnes, d'éviter le morcellement des terres au moment de l'héritage. Les parents ont toujours des préférences, mais dans le cas où leur enfant s'oppose radicalement à leur choix, il y a d'ordinaire deux ou trois autres prétendants sur lesquels se rabattre. Les mariages heureux ne sont pas rares, au Yémen : après la tension des premiers temps, souvent les couples évoluent et finissent par partager un amour et un respect mutuels sincères.

Il arrive cependant que des parents autoritaires ne proposent à leur enfant qu'un seul partenaire et tentent de l'associer de force à la demande en mariage.

Oncle 'Alî avait opté pour cette stratégie. Même s'il m'avait laissé le choix entre plusieurs maris, je n'avais pas la maturité suffisante pour choisir.

C'était une situation malheureuse. Oncle 'Alî n'éprouvait guère l'amour paternel qui aurait empêché papa de me marier aussi jeune. Il ne voulait plus m'avoir sous sa responsabilité, et le mariage était la solution la plus simple et la plus sûre.

Je passai des heures à implorer grand-mère Amina de faire annuler le mariage, mais elle aussi s'était résignée à mon destin. Désespérée, je me tournai vers maman, mais celle-ci tenta seulement de me consoler, et elle m'assura que j'allais découvrir une nouvelle vie en voyageant et en visitant le monde. Elle me rappela aussi que mon fiancé avait accepté que je continue mes études.

Pour tenter d'apaiser ma mère, oncle 'Alî lui dit qu'il avait exigé de mon mari qu'il n'ait pas de relations sexuelles avec moi pendant trois ans, c'est-à-dire avant mes quatorze ans. "Tu n'as donc rien à craindre", me dit maman. Pourtant, elle se sentit obligée d'aborder ce sujet avec moi, même si elle le fit d'une manière très détournée. La perspective me terrifia quand je me souvins des draps tachés de sang accrochés aux murs le lendemain des vingt-cinq mariages, quelques années plus tôt.

Les paroles apaisantes de ma mère ne me rassurèrent pas. J'étais arrivée à la conclusion que je ne pouvais compter que sur moi-même pour me sortir de ce pétrin, mais je ne trouvais aucune solution. Les six mois suivants furent un cauchemar. Etudier devint presque impossible et, dès que j'ouvrais mes livres, je pensais à mon mariage. Les larmes se mettaient à couler sur mon visage et mes papiers, et gâchaient ce que j'avais pu écrire.

Mes notes baissèrent de façon régulière tandis que la fin de l'année se profilait. Après les examens, ce printemps-là, oncle 'Alî et moi prîmes l'avion pour Djedda, en Arabie Saoudite, porte de La Mecque sur la côte de la mer Rouge. Issus de la vaste communauté d'expatriés yéménites installée en Arabie Saoudite*, plusieurs membres de la famille de mon fiancé vivaient à Djedda.

Oncle 'Alî avait signé le contrat de mariage avec Ahmad à San'â avant même notre départ pour l'Arabie Saoudite. Ils s'étaient mis d'accord sur le montant du *shart* (le prix de la fiancée) à verser à oncle 'Alî, et du *mahr* (la dot) que je recevrais – maman m'achetait des bijoux en or. 'Alî me présenta à Ahmad à l'aéroport de Djedda, où celui-ci était venu voir sa famille pendant les vacances d'été de l'université.

Je détestais Ahmad avant même de le rencontrer, car il contribuait à m'imposer un mariage dont je ne voulais pas, et parce qu'il refusait de comprendre que j'étais encore une enfant, pas encore prête à me trouver avec un homme. Quand je finis par le rencontrer, mon mépris ne fit que s'accroître.

Ahmad nous conduisit, oncle 'Alî et moi, chez sa famille à Djedda. Il me montra ma chambre et retourna dans le salon pour discuter seul avec mon oncle. Les promesses qu'oncle 'Alî avaient faites à ma mère commencèrent à sonner faux quand celui-ci vint dans ma chambre environ une heure après mon arrivée.

"Ton mari va revenir dans quelques minutes, me dit oncle 'Alî, et tu vas faire exactement ce qu'il te dira."

Je compris aussitôt de quoi il parlait.

"Mais tu as dit qu'il devait attendre que j'aie quatorze ans, protestai-je.

* Du milieu des années 1970 à celui des années 1980, près de quarante pour cent de la population masculine du Yémen-du-Nord et du Yémen-du-Sud travaillaient à l'étranger, principalement en Arabie Saoudite et dans les autres pays pétroliers arabes du golfe Persique. Ils trouvaient du travail dans des secteurs d'activité variés, allant du bâtiment, qui attirait les hommes des tribus des montagnes, à la finance, qui générait des fortunes chez les familles commerçantes de la vallée de l'Hadramaout au Yémen-du-Sud.

— Je m'en fiche", rétorqua oncle 'Alî.

Je m'interrompis, mortifiée. La boule que j'avais dans la gorge enfla tellement que je pouvais à peine respirer. Je cherchai désespérément une échappatoire.

"Je ne le ferai pas, finis-je par grogner. Tu ne peux pas m'y obliger."

Oncle 'Alî avait prévu mes protestations, mais la colère monta néanmoins en lui. Il avait préparé cette scène, l'avait répétée.

"Ne t'avise pas de me causer des problèmes, m'avertit-il. C'est mon honneur qui est en jeu. Je ne rentrerai pas chez nous sali sous prétexte que tu es trop têtue pour faire ce que ton mari te demande.

— Je ne le ferai pas, répétai-je, au bord des larmes.

— Tu n'es peut-être plus vierge, après tout, lança oncle 'Alî d'un ton méprisant. Pourquoi est-ce que tu refuserais, sinon ?"

Je fondis en larmes.

"Tout ce que tu veux, c'est le drap taché de sang, l'accusai-je. Pour pouvoir le montrer à tous tes amis. Eh bien, ce n'est pas moi qui te le donnerai.

— Tu ferais mieux de ne pas m'embarrasser devant Ahmad", répéta oncle 'Alî.

Je fronçai les sourcils et croisai les bras en signe de défi. Mais oncle 'Alî pensait que j'avais bien compris son message, et il quitta la chambre.

Quelques minutes plus tard, j'entendis à nouveau des pas dans le couloir. La porte s'ouvrit et Ahmad entra. Je lui lançai le regard haineux que j'avais jusque-là réservé à grand-père Hamud.

Il s'avança lentement vers le lit et s'assit à côté de moi. Il posa la main sur mon genou et le caressa à travers ma robe légère. Mes yeux s'agrandirent d'horreur et un frisson glacial me parcourut le corps. De l'autre main, Ahmad écarta mes cheveux qui me tombaient aux genoux pour découvrir mon visage, toujours baissé vers le sol. Comme il s'approchait plus près, son souffle s'accéléra.

Je ne me laisserais pas faire sans combattre. Me relevant d'un bond, je lui donnai un coup de pied dans le tibia. S'approchant à nouveau, Ahmad voulut attraper ma jupe mais je me reculai à temps, me débattant à coups de pied et à coups de griffes. Mais j'étais petite et il était fort ; dans ma lutte désespérée, je perdis l'équilibre et tombai sur le lit. Ahmad bondit sur moi comme un chat. Glissant sa main entre mes jambes, il fouilla mon vagin avec son doigt, puis le retira. Le sang qu'il vit sur son doigt sembla le satisfaire, et il l'essuya sur un mouchoir blanc qu'il avait dans sa poche. Il quitta la chambre pendant que je hurlais sur le lit.

Le lendemain matin, oncle 'Alî revint dans la chambre et me réprimanda vertement pour avoir résisté à Ahmad. Mais cela ne dura pas longtemps, car il était en fait très fier de retourner à San'â avec le mouchoir taché de sang qu'Ahmad lui avait donné. Il se moquait bien de la façon dont celui-ci avait été obtenu et ignorait tout du traumatisme que cela causa en moi.

"Maintenant, fais ce qu'il te dit. Ne déshonore pas ta famille", furent les derniers mots d'oncle 'Alî. Il partit quelques minutes plus tard pour rentrer à San'â. Je me retrouvai seule avec un inconnu dans un pays étranger, sans personne vers qui me tourner pour me consoler.

Trois ou quatre jours plus tard, Ahmad et des amis à lui me conduisirent à Taif, à cent trente kilomètres à l'est de Djedda. La fraîcheur de cette ville de montagne attire de nombreux habitants des plaines pendant la chaleur étouffante des mois d'été. En revenant à Djedda, nous nous arrêtâmes à La Mecque pour aller prier devant la pierre de la Kaaba, à l'intérieur de la mosquée, vers laquelle les musulmans du monde entier se tournent lorsqu'ils accomplissent leurs cinq prières quotidiennes.

Malgré les efforts d'Ahmad et de ses amis pour me redonner le sourire, je continuai à bouder. L'idée de me trouver dans la sainte ville de La Mecque, qui à peine quelques mois plus tôt m'aurait enthousiasmée, n'avait à présent plus aucune importance.

Jusque-là, j'avais été assez croyante. Je priais à côté de grand-mère Amina, et je tentais d'observer le jeûne pendant le mois du ramadan, malgré les protestations de grand-mère qui me trouvait trop jeune pour cela. Elle me donnait un biscuit et m'envoyait le manger derrière la porte, me disant que les anges ne me verraient pas si je le mangeais là. Ensuite, quand j'avais terminé, elle feignait de me coudre la bouche afin que personne ne sache que j'avais rompu le jeûne.

Depuis mon arrivée à Djedda, cependant, mon point de vue sur la religion avait été gravement affecté. Je pensais que Dieu m'avait abandonnée. Pendant les mois précédant mon départ du Yémen, j'avais conservé le vague espoir que mon mariage serait annulé, ou indéfiniment repoussé. Mais à présent, le mal était fait. Dieu avait permis cela, et j'étais en colère contre lui. Si bien que lorsque Ahmad se gara à proximité de la mosquée de La Mecque, je refusai de sortir, attendant à l'intérieur pendant que les autres priaient.

Ahmad et moi partîmes à Damas quelques jours plus tard, où il vivait seul dans une petite maison. Un soir, peu après notre arrivée, je m'assis sur le lit dans ma chambre en pensant à ma mère et à mon ancienne école. La porte s'ouvrit en grinçant et Ahmad entra, prudent, prenant la température de façon plus circonspecte, cette fois-ci.

"J'espère que tu es heureuse, ici", dit-il du seuil et d'un ton apaisant. Je gardai les yeux rivés au tapis, sans rien dire. Ahmad ferma la porte et s'approcha du lit, où il s'assit à côté de moi.

"Tu es très belle, dit-il d'une voix que la nervosité rendait chevrotante. Même si tu n'as pas encore de seins."

Ahmad voulut poser la main sur mon genou, mais j'anticipai son geste et l'esquivai. Lui assénant un violent coup de pied dans le genou, je me précipitai dans la salle de bains avant qu'il ait récupéré, et je m'enfermai à clé. Hystérique, je me cognai à plusieurs reprises la tête contre le carrelage qui entourait la baignoire. Je n'avais qu'un désir : mourir.

Un bidon de produit nettoyant qui se trouvait dans un coin attira mon attention. J'enlevai le bouchon, portai le bidon à ma bouche et sentis le liquide bleu et frais m'inonder l'estomac. Le bidon me glissa des mains tandis que mes entrailles se convulsaient violemment et me paralysaient. Une douleur monta en moi comme un puits de pétrole prêt à jaillir. Mes genoux flanchèrent et le liquide gicla soudain de ma bouche au moment où je m'écroulais sur le carrelage.

Quand je repris connaissance, je n'avais aucune idée du temps qui s'était écoulé. Le soleil était déjà levé et mon corps était douloureux d'être resté sur le sol froid à l'endroit où je m'étais évanouie. La tête me tournait et mon estomac poussait des grognements furieux, tandis que l'odeur de vomi et de produit chimique flottait dans la salle de bains comme une vapeur épaisse. Me relevant lentement, je fus soudain gênée en pensant à ce que j'avais essayé de faire : tenter de mettre fin à mes jours me semblait terriblement lâche.

Je nettoyai le sol et fis de mon mieux pour ne laisser aucune trace de ce qui s'était passé. Je collai ensuite mon oreille à la porte de la salle de bains pour guetter le moindre son à l'extérieur. Déverrouillant la porte, je jetai un coup d'œil dans le couloir pour voir s'il y avait quelqu'un avant d'aller me reposer sur mon lit.

Un ami d'Ahmad, un étudiant yéménite, emménagea dans la maison avec sa femme et leur bébé peu de temps après, afin de partager le loyer. Ils étaient gentils, et ils tentèrent de me mettre à l'aise dans mon nouvel environnement, mais sans trop de succès. Je restais terrifiée et amère, et chaque jour ma rancune envers Ahmad grandissait. Il aimait me montrer à ses amis, mais même eux trouvaient ridicule qu'il ait épousé quelqu'un d'aussi jeune. Ils n'exprimaient pas leurs remarques devant lui, mais j'avais surpris leurs conversations et je me sentais humiliée.

Comme ce fut le cas de ma mère à Taëz dans sa jeunesse, mon jeu de cache-cache avec Ahmad devint une routine quotidienne, une question de vie ou de mort. Maman cependant avait eu la chance de pouvoir se tourner vers son père et, en définitive, celui-ci l'avait aidée. J'avais l'impression de n'avoir personne. C'étaient les gens que j'aimais et qui, je le pensais, m'aimaient aussi – maman, grand-mère Amina, oncle 'Alî – qui m'avaient mise dans cette situation. Je les avais suppliés de m'aider, mais personne ne m'avait écoutée.

Les amis d'Ahmad réussissaient parfois à me convaincre de quitter ma chambre quand il n'était pas là. Ils m'emmenaient à l'immense marché couvert d'Al-Hamadiya et dans les environs de Damas. Ahmad nous accompagnait parfois, mais je marchais toujours le plus loin possible de lui.

Malgré tous leurs efforts, ils ne parvenaient pas à me remonter le moral. Je gardais ma douleur pour moi, n'en soufflant mot à aucun des amis d'Ahmad. Je me disais que si ma famille proche était incapable de me comprendre et de m'aider, je ne pouvais pas attendre grand-chose de la part d'inconnus. Je ne parlais donc à personne sauf lorsqu'on m'adressait la parole, et je répondais alors le plus brièvement possible.

Ahmad dut finalement s'avouer vaincu. Après trois semaines passées en Syrie, il s'arrangea pour me renvoyer au Yémen, où mon oncle 'Alî, scandalisé, vint m'attendre à l'aéroport. A la maison, je courus me réfugier dans les bras grands ouverts de ma mère, même si je lui en voulais à ce moment-là de n'avoir pas eu la force de prendre ma défense. Je lui fis le plus gros câlin de ma vie, nos deux visages inondés de larmes. Elle me reconnut à peine tant le refus de manger m'avait rendue pâle et maigre.

"Elle nous a déshonorés, dit aussitôt oncle 'Alî à ma mère. Que vont dire les gens ?

— Je me fiche de ce qu'ils peuvent dire, répondit ma mère.

— Tu ferais mieux de la dresser, l'avertit-il. Pour qu'elle cesse ses petits jeux quand elle retournera auprès de son mari."

Lâchant ma mère, je me tournai vers oncle 'Alî avec un regard haineux alors qu'il s'apprêtait à partir.

"Je n'y retournerai pas ! hurlai-je. Tout ce qui t'intéresse, c'est le *shart*", dis-je en suggérant qu'oncle 'Alî devrait rembourser le prix de la fiancée qu'Ahmad avait versé si je ne retournais pas là-bas.

Oncle 'Alî claqua la porte derrière lui. Au cours des semaines suivantes, il allait menacer ma mère de me renier, exactement comme l'avait fait grand-père Hamud. Il mit ses menaces à exécution lorsqu'il vit que je ne retournerais jamais chez Ahmad.

L'abandon de mon oncle fut douloureux car, avant que son cousin lui mette cette idée de mariage dans la tête, 'Alî avait été l'un des rares hommes de la famille à nous traiter avec respect, maman et moi. Il avait aidé maman à divorcer de papa, et il m'avait protégée de la colère de grand-père Hamud. J'avais même commencé à me convaincre qu'il pourrait être le père que je n'avais pas, et j'avais pris son prénom, 'Alî, pour patronyme.

Lorsqu'il me força à me marier et, dans mon esprit, organisa mon viol, le monde s'effondra pour moi. En définitive, 'Alî ne semblait pas m'aimer, et ma résistance faisait seulement de moi la méchante, la coupable. J'avais appris très tôt que la vie n'était pas juste, mais cette injustice me terrifia, me persuada que la vie était une bataille qu'il fallait gagner. Je n'avais aucun allié à part ma propre volonté.

Durant les années qui suivirent, maman pria chaque jour pour que Dieu brûle le cœur de son cousin Muhammad, ainsi qu'il avait brûlé le mien en donnant à 'Alî l'idée de me marier.

Quand je revins au Yémen, l'école avait déjà commencé, mais je n'étais pas en état d'aller en classe tout de suite. Cette douloureuse épreuve me confina dans mon lit pendant une semaine. Maman resta à mon chevet, m'apportant un soutien moral considérable, après quoi elle m'encouragea à sortir de mon lit pour recommencer à vivre. Le poids qui pesait sur nos épaules était à présent plus lourd que jamais, mais nous trouverions un moyen de nous en sortir.

Iman al-Arshi, issue d'une famille de *qadhi**, était l'une des rares filles avec qui je m'étais liée d'amitié à l'école l'année précédente. En ne me voyant pas reprendre les cours, elle s'inquiéta. Quelqu'un lui dit que je vivais dans le quartier d'Al-Hurgân et, un jour, elle s'y rendit après l'école pour demander aux gens où était la maison Al-Salami.

Elle la trouva, et quand maman fit entrer mon amie dans ma chambre, je ressentis un choc et une énorme gêne en constatant qu'elle était parvenue à me retrouver. Je priai pour qu'aucune des souris qui sortaient parfois la nuit ne choisisse ce moment-là pour émerger de son trou. Une fois, en me réveillant, j'avais trouvé un de ces rongeurs en train de grimper le long de mon pantalon.

Mais Iman ne sembla pas remarquer notre minuscule maison. Elle fut terrifiée de me voir aussi maigre et aussi pâle. Elle s'assit par terre à côté de l'endroit où j'étais allongée et me demanda ce qui m'était arrivé et pourquoi je n'étais pas revenue à l'école. Je lui racontai calmement l'histoire du mariage et, à la fin de mon récit, Iman était en larmes. Je m'aperçus que je détestais qu'on ait pitié de moi.

Je retournai à l'école la semaine suivante, fin prête à affronter le monde à nouveau. J'étais horrifiée à l'idée qu'Iman ait vu l'endroit où j'habitais, de m'être

* Elite bureaucratique cultivée de juges dont les membres occupaient de nombreux postes administratifs avant et après la révolution de 1962. L'imam Ahmad, en particulier, préférait mettre des familles *qadhi* au gouvernement aux dépens des familles *sayid*, afin d'empêcher ces dernières de défier son autorité. Au Yémen, ce titre a ensuite été légué à des familles entières, qu'elles aient ou non répondu aux critères d'éducation des *qadhi*.

livrée à elle en lui racontant ce qui m'était arrivé. Et si elle rapportait ça aux autres, à l'école ?

Plus que jamais, je me concentrais sur mes études et devins de plus en plus distante avec mes camarades de classe. J'étais différente à présent, et je ne partageais pas grand-chose avec elles. Je n'avais pas de père, mon grand-père m'avait reniée, et mon oncle avait tenté de m'arracher au peu que j'avais. Je ne pouvais compter sur personne, me fier à rien. Parallèlement, je remarquais que les autres élèves étaient entourées par l'amour et l'attention de leurs familles unies.

Cet automne-là, je m'inscrivis chez les éclaireuses, une organisation toute nouvelle. Pour une raison quelconque, j'admirais leurs uniformes de style militaire, et je me disais que les éclaireuses me permettraient peut-être d'approcher de la considération dont jouissaient les garçons. J'entendais parfois des parents rappeler à leurs filles : "Mais tu n'es qu'une fille" quand celles-ci aspiraient à quelque chose de réservé en temps normal aux garçons, un commentaire que j'en vins à détester. J'espérais aussi que les réunions des éclaireuses, qui avaient lieu l'après-midi, me changeraient les idées de mes problèmes personnels après l'école.

Quelques semaines après, mon groupe d'éclaireuses et une troupe de scouts partirent assister à un festival pour la jeunesse organisé en Libye, où Mouammar Kadhafi vint nous saluer. Pendant le voyage en avion, un des scouts me témoigna un grand intérêt, et quand nous allâmes visiter les ruines de Leptis Magna, aux environs de Tripoli, je m'aperçus qu'il me dévisageait en permanence. Il avait deux ou trois ans de plus que moi, et il était très beau, comme les photos des stars de cinéma européennes, très populaires dans les magazines arabes. J'appris par les autres éclaireuses qu'il vivait à Al-Hudayda. Sa mère était une Yéménite de Ḥajja et son père était syrien, ce qui expliquait ses cheveux clairs et ses yeux verts.

Nous étions tous deux trop embarrassés pour échanger ne fût-ce qu'un seul mot. Mais lors du voyage de retour au Yémen, il passa près de mon siège et lâcha discrètement un petit paquet sur mes genoux. Mon cœur battait la chamade pendant que je déballais la boîte, où je trouvai un collier et un flacon de parfum, ainsi qu'une lettre du garçon, qui s'appelait Nabil. Nous passâmes le reste du voyage à nous manger des yeux, sans oser nous parler.

Quelques jours plus tard, de retour à l'école, le principal interrompit le cours pour dire qu'un membre de ma famille souhaitait me voir. Surprise, je sortis de la classe et vis une femme d'âge mûr dans le couloir.

"Qui êtes-vous ? demandai-je.

— Je suis la tante de Nabil, expliqua gentiment la femme. Il est dehors. Si tu pouvais juste sortir lui dire bonjour, il serait fou de joie."

J'étais furieuse contre Nabil qu'il ait eu le culot d'envoyer sa tante me chercher, même s'il avait voulu se montrer courtois.

"Je ne peux pas le voir, répondis-je d'un ton sec. Je n'ai pas le temps.

— Mais il tient vraiment à te voir, plaida la femme pour le compte de son neveu.

— Je ne peux pas. Dites-lui que je suis déjà fiancée."

Je retournai en classe et, les cours terminés, je sortis par la porte de derrière au cas où Nabil m'aurait attendue devant l'entrée.

J'étais fâchée qu'il ait cherché à me revoir, même si la dureté de ma réaction me surprit. Il n'avait pas du tout l'intention de m'offenser, et j'aurais dû me sentir flattée, mais je ne pouvais m'empêcher de songer à ce qui m'était arrivé à Djedda. J'étais en colère contre tous les hommes, et je ne pouvais imaginer de me remarier un jour. Quand Nabil montra qu'il voulait vraiment avoir une relation sérieuse avec moi, je coupai brusquement les ponts avec lui.

A notre retour de Libye, le président yéménite Ibrâhîm al-Hamdî organisa une réception pour les éclaireuses et les scouts au club des officiers de l'armée. Vêtue de mon uniforme paramilitaire, j'attendais patiemment de recevoir mon cadeau en étudiant le visage juvénile et bien rasé du président, bronzé et innocent. Il avait quinze kilos de trop et une grosse masse de cheveux noirs ondulés.

Quand mon tour arriva, je fronçai les sourcils, regardai le président droit dans les yeux et avançai sur le tapis rouge d'un pas sec en balançant les bras comme un soldat à la parade. Je fis claquer mes talons devant Al-Hamdî, levant brusquement la main vers ma tempe pour le saluer. Mon visage rayonnait de fierté, et j'avais l'air d'avoir libéré à moi seule le pays d'allez savoir quel envahisseur. Al-Hamdî, vêtu d'un pantalon en polyester kaki, sourit, faillit même éclater de rire. Il me tendit un petit poste de radio, et je lui adressai un autre salut avant de m'éloigner à grands pas.

XII

UNE FEMME AMBITIEUSE

Au cours de mon voyage en Libye, je fis la connaissance d'une autre éclaireuse avec qui j'allais entretenir une relation beaucoup plus durable qu'avec Nabil. Amat al-Alim al-Suswa, âgée de quelques années de plus que moi, travaillait à la station de radio yéménite de San'â. Nous nous entendions bien, et Amat, qui deviendrait plus tard la première femme ambassadeur du Yémen* et ministre des Droits de l'homme en 2003, me mit en tête de trouver un emploi.

Amat avait grandi à Taëz, la ville marchande animée des hautes terres du Sud. Les habitants de Taëz accordent beaucoup d'importance à l'éducation, et les coutumes locales imposent beaucoup moins de restrictions au rôle des femmes dans la société que dans les hautes terres du Nord. A San'â, peu de femmes envisageraient de travailler hors de chez elles car elles pensent que cela donne une mauvaise image de leur famille en suggérant que leur mari ou leur père n'ont pas de quoi les faire vivre. A Taëz, et dans les hautes terres du Sud en général, les gens ont une opinion différente sur le sujet, et les femmes occupent fréquemment un emploi à l'extérieur.

Même si j'étais de San'â, j'étais libérée des barrières familiales qui auraient pu m'empêcher de trouver un emploi. Mon père et mon grand-père n'entraient plus en ligne de compte, oncle 'Alî m'avait reniée après mon divorce, et maman savait à présent que j'agirais

* Aux Pays-Bas en 2000.

à ma guise en dépit de tout ce qu'on pourrait me dire.

Je savais très bien que maman devait se bagarrer financièrement pour nous faire vivre, mes frères, mes sœurs et moi. Elle passait une grande partie de la journée à coudre pour tenter de joindre les deux bouts, et je m'en voulais d'être un fardeau pour elle. Grâce à l'exemple d'Amat, je compris qu'une femme pouvait travailler et subvenir à ses propres besoins si elle le voulait, et c'est exactement ce que je fis.

Au Yémen, l'adolescence est une période extrêmement brève. Les enfants se voient confier d'énormes responsabilités dès leur plus jeune âge, en particulier les filles, comme nous l'avons vu avec ma grand-tante Hamida qui tenait sa propre maison avant d'avoir atteint l'âge de dix ans. De plus, et cela s'avérerait être un avantage, je faisais plus vieille que mon âge. A onze ans, j'en paraissais facilement quatorze ou quinze, si bien que lorsque je sollicitai un poste dans l'équipe de l'après-midi au central d'appels téléphoniques, personne ne me posa de questions. Mais ce travail de bureau sous-payé me lassa au bout d'un mois ou deux, et je partis à la recherche d'un autre emploi.

Mon amie Amat me présenta à Fatin, une jeune femme qui travaillait à la fois pour la radio et la télévision de San'â. C'était pour moi une pionnière, une star – jolie, intelligente, sociable –, et je l'admirais énormément. Fatin me dit que la radio cherchait une jeune fille pour lire un rôle dans la pièce de théâtre hebdomadaire diffusée par la station, et j'acceptai avec joie.

La radio me fascinait depuis mon plus jeune âge. Quand je m'ennuyais, j'écoutais les stations yéménites et étrangères sur les ondes courtes. Je m'émerveillais devant le fonctionnement de cet appareil, que je considérais comme une petite ouverture sur le monde inconnu s'étendant au-delà du Yémen.

Ayant remarqué mon attachement à la radio depuis que j'étais gamine, grand-mère Amina avait peur que je néglige mes prières au profit des émissions. Elle me répétait inlassablement les mots qu'elle avait entendus un jour : "Tu sauras que la fin du monde est proche quand les hommes s'habilleront comme les femmes et que le métal se mettra à parler." D'après grand-mère Amina, la radio était du métal qui parle, et cet objet signalait donc que le Jugement dernier approchait. "Oui, la fin est proche", soupirait-elle, puis elle me pressait d'être diligente dans mes prières.

Pourtant, ses avertissements n'eurent aucun effet sur mon attirance pour la radio. Un jour, quand j'avais sept ans, Bâba 'Abd al-Rahmân, célèbre animateur d'une émission pour enfants, vint à l'école que je fréquentais. Il interrogea des élèves afin d'en recruter quelques-uns pour son émission hebdomadaire, et je fus parmi les sept choisis. Vivant alors le jour le plus heureux de ma vie, je courus chez moi à toute vitesse pour annoncer à maman et grand-mère Amina que je passerais à la radio quelques jours plus tard.

L'émission était enregistrée à l'avance, et le vendredi matin où l'émission était diffusée, je me réveillai avant l'aube, craignant de la manquer. Je me blottis entre maman et grand-mère Amina dans le salon pour l'écouter. L'émission me ravit à tel point que je me mis à rêver du jour où je travaillerais véritablement pour la radio.

Un jour que je me rendais à mon nouveau travail, un homme assis à la réception m'appela au moment où je passais.

"Jeune fille, viens par ici. Comment t'appelles-tu ?"

Peu habituée à entendre des inconnus m'interpeller en public, j'inventai une excuse.

"Je suis en retard", dis-je en poursuivant mon chemin.

Au moment où je prenais ma place parmi les autres employés, l'homme qui m'avait interpellée entra. Quand le directeur de la radio nous dit qu'il s'agissait du ministre de l'Information, je devins écarlate.

"Alors, dit-il avec un sourire en se tournant vers moi. Veux-tu bien me dire ton nom, à présent ?"

Fatin et moi devînmes amies et, un jour, elle m'emmena assister à l'enregistrement d'une émission aux studios de télévision, installés au sommet d'une colline bien gardée qui domine San'â au nord. L'année précédente, ma classe était allée visiter ces studios, construits en 1976 peu après l'installation du réseau électrique dans la capitale. Les lumières et les caméras du studio me fascinèrent et, après avoir regardé l'enregistrement de l'émission de Fatin, je résolus de passer moi aussi à la télévision.

Fatin m'arrangea un entretien avec le directeur des studios. Quand j'entrai dans son bureau, cet homme excessivement poli demanda à plusieurs de ses visiteurs de me laisser un siège, curieux de voir ce que je lui voulais. Je sirotai la tasse de thé posée devant moi sur la table en bois, en concentrant mon attention sur le directeur.

"Je veux travailler pour la télévision", déclarai-je.

Le directeur se renfonça dans son siège, passant ses doigts dans ses cheveux d'un air pensif. La télévision en était encore à ses balbutiements, et il tentait en fait depuis un certain temps de mettre au point une émission pour enfants. Mais il ne connaissait aucun enfant susceptible d'animer l'émission, si bien que le projet n'avait jamais vu le jour.

"Mais tu es encore à l'école, jeune fille ?" demanda le directeur.

Je me penchai en avant avec prudence, sentant son intérêt.

"Bien sûr. Mais je peux travailler l'après-midi, après les cours.

— Et tes parents n'y verront pas d'inconvénient ? risqua-t-il.

— Oh, non, lui dis-je d'un ton rassurant. Ils n'y verront absolument aucun inconvénient."

Le directeur réfléchit aux possibilités pendant que, tout comme les hommes présents dans son bureau, je le regardais en attendant impatiemment sa réponse.

"Pourquoi est-ce que tu ne reviendrais pas demain après-midi ? déclara-t-il. On verra ce qu'on peut faire."

Je rayonnais de joie.

Après un premier essai concluant, je continuai d'aller travailler à la télévision tous les après-midi. Le directeur mit au point une sorte d'émission de variétés dans laquelle j'interviewais des invités et animais en direct différents jeux. J'adorais cela.

Un soir, en rentrant à la maison, je trouvai grand-mère Amina et maman en train de regarder une version enregistrée de mon émission. En m'entendant entrer, grand-mère leva les yeux de la télé et resta bouche bée d'étonnement.

"Mais... tu es à la télévision, bredouilla-t-elle. Comment est-ce que tu peux être ici aussi ? Puisse Dieu leur pardonner cette magie."

J'éclatai de rire, me souvenant alors d'histoires concernant des femmes de San'â qui se voilaient devant la télévision pour que les présentateurs masculins ne les voient pas, trouvant que ceux-ci les dévisageaient de façon grossière depuis le téléviseur. Plus tard, je dus convaincre ma mère que la violence gratuite des films d'action de série B qui passaient fréquemment à la télé était feinte et non réelle ; que personne ne mourait ou n'était véritablement blessé.

Ma carrière professionnelle débutante provoqua inévitablement la colère de certains membres de ma famille maternelle. Des tantes, des oncles et des cousins vinrent soudain frapper à notre porte pour se plaindre de moi.

"Regarde ta fille à la télévision, qui montre son visage à tout le monde. Elle ne porte même pas le voile, disaient-ils d'un ton de reproche. Et pourquoi se fait-elle appeler Al-Salami ? Ce n'est pas une Al-Salami. C'est une Murzah. Elle déshonore notre nom."

Dans les grandes villes, la plupart des filles commencent à se voiler à l'âge de la puberté, soit sur ordre de leurs parents, soit d'elles-mêmes : cela leur donne l'impression d'être adultes, disent certaines. Mais désormais, je ne prenais même plus la peine de mettre un foulard sur mes cheveux, ce que j'avais fait pendant quelques semaines sous la pression de l'une de mes collègues de la radio.

"Tu as de beaux et longs cheveux, m'avait dit cette femme. Il y a beaucoup d'hommes qui travaillent ici et dont les épouses n'ont pas d'aussi beaux cheveux que les tiens. Tu vas les attirer si tu ne te couvres pas."

Je m'étais sentie coupable et j'avais porté un foulard pendant un moment. Mais depuis que j'avais commencé à travailler à la télévision, je ne le portais plus.

Les gens qui venaient se plaindre auprès de maman ne lui demandaient jamais comment elle allait, ni si elle avait besoin de quoi que ce soit pour elle ou ses enfants. Ils se souciaient uniquement de l'affront fait à l'honneur familial. Ces incessants torrents de reproches finirent par la bouleverser, et elle me l'avoua un jour, les larmes aux yeux, alors que je rentrais à la maison. Je n'eus cependant aucune envie de compatir, et l'émotion de ma mère me mit même en colère.

"Pourquoi est-ce que tu les écoutes ? demandai-je. C'est ta faute s'ils nous traitent aussi mal."

Je m'enfermai dans ma chambre en pleurant, me demandant pourquoi le reste de la famille tenait tant à nous compliquer la vie, alors que maman et moi ne nous étions jamais mêlées de leurs affaires. Je compris lentement qu'ils étaient en colère parce que moi, qui n'étais qu'une jeune fille, j'étais capable de subvenir non seulement à mes propres besoins mais aussi à ceux de ma mère et de mes sœurs. C'était comme si j'avais lancé un défi aux membres de la famille qui, comble de l'ironie, craignaient que les gens mettent en doute leur capacité à entretenir ma mère et ses enfants, ce qu'ils ne faisaient pas de toute façon.

Oncle 'Alî et son cousin, Muhammad al-Salami, imaginaient déjà les conversations du soir dans les maisons de la ville : "Ça alors, c'est pas la fille Al-Salami ?

La nièce de 'Alî ? Qu'est-ce qu'elle fait à la télévision ? Pauvres 'Alî et Muhammad. Quel malheur a pu leur arriver pour qu'ils soient obligés d'envoyer leurs femmes au travail ?"

Mon travail, particulièrement visible, augmentait la rancœur de la famille mais, en fin de compte, ils ne pouvaient rien faire pour changer la situation. Plus ils tentaient de nous saper le moral, à maman et moi, plus j'étais forte et convaincue qu'ils ne réussiraient pas. Ma détermination les effrayait, mais ils ne pouvaient plus la réprimer.

Mon salaire ne nous rendait pas riches, pourtant il rapportait plus que ce que maman et grand-mère Amina pouvaient espérer gagner grâce à la couture. A chaque jour de paie, je rentrais à la maison où je donnais une liasse de riyals yéménites à maman et une autre à grand-mère. Mais le plus satisfaisant, et le plus important pour moi, était que ni oncle 'Alî ni personne ne pouvait plus commander nos faits et gestes.

Au cours de l'été 1978, le président algérien Houari Boumédiène vint en visite officielle à San'â. Les Yéménites organisèrent un spectacle de chants et de danses pour ce membre éminent du mouvement des non-alignés qui gouvernait l'ex-colonie française depuis 1965. Je fus choisie avec une autre jeune fille pour accueillir Boumédiène et le président yéménite Ahmad al-Ghasmî au spectacle. Nous tendîmes un bouquet de roses et une *jambiya* à chacun des deux hommes, puis nous présentâmes et commentâmes les danses au micro.

Boumédiène repartit le jour même et, le lendemain après-midi, le directeur de la chaîne fit irruption dans le studio de télé pour venir me voir. Il venait de recevoir un coup de téléphone.

"Le président veut te voir, annonça-t-il d'un ton dramatique. Tout de suite."

Une sueur froide m'envahit, et j'étais incapable d'entendre les murmures de mes collègues qui se demandaient ce qui se passait.

“Qu’est-ce que le président peut bien *me* vouloir ?” me demandai-je en quittant les locaux de la télévision.

Je me sentais tenaillée par une peur paralysante en me souvenant que l’ancien président Al-Hamdî était mort le 11 octobre 1977, à peine quelques jours après m’avoir offert une radio à mon retour de Libye avec les éclaireuses. Beaucoup de gens pensaient que son successeur, Al-Ghasmî, était derrière le complot qui avait fait venir deux jeunes Françaises au Yémen quelques jours plus tôt pour les tuer. Al-Hamdî avait ensuite été assassiné, et les corps des jeunes filles avaient été placés chez lui à côté du sien afin de déshonorer l’ancien dirigeant après sa mort.

Mes pensées ricochaient d’un scénario horrible à un autre. “Est-ce qu’il va recommencer ? Quelqu’un veut peut-être lui rendre la monnaie de sa pièce, me disais-je. Mais pourquoi moi ?”

Le directeur de la chaîne fit venir une voiture pour me conduire au bureau du président, situé à quelques kilomètres à l’extérieur des murs de la ville. Je réfléchissais à mes alternatives tandis que le véhicule fonçait dans les rues désertes de San’â à une heure où la plupart des Yéménites étaient chez eux en train de déjeuner.

Nous nous arrêtâmes dans la courte allée de la modeste maison en pierre de deux étages où le président Al-Ghasmî travaillait parfois, et les battements de mon cœur redoublèrent. Quelques gardes léthargiques sortirent de l’ombre où ils s’abritaient à côté de la maison pour voir qui était arrivé, les joues enflées par des feuilles de qat*.

Leur nonchalance me surprit, tout comme la taille minuscule de la maison du président. J’étudiai la scène et une idée me vint tout à coup. Si quelque

* Au Yémen, mâcher du qat l’après-midi est une institution. Les jeunes feuilles tendres de qat, léger stimulant, sont mâchées afin de libérer leurs effets, semblables à celui de la caféine, au bout de plusieurs heures. Les gens se réunissent tous les jours après le

chose – quoi que ce soit – d'étrange se passait dans la maison, je m'excuserais pour aller à la salle de bains, où je trouverais, avec un peu de chance, une fenêtre par laquelle me glisser pour m'échapper.

A présent que j'avais un plan, je me sentais vaguement rassurée, et un homme de petite taille avec des yeux innocents, au regard pétillant et au rire facile, m'accueillit devant la porte d'entrée. 'Alî al-Shater, un conseiller du président, montait parfois des pièces de théâtre pour les jeunes dans San'â. Je le reconnus car j'avais joué dans l'une d'elles, ce qui contribua à me détendre.

En remarquant mon appréhension, 'Alî me posa des questions sur l'école et mon travail à la télévision. Il me conduisit à l'intérieur, puis me laissa dans une salle de réception qui, dans une maison normale, aurait été le salon. Il y planait une agréable odeur d'encens de luxe. Al-Shater revint quelques minutes plus tard, suivi de l'autre jeune fille qui avait accueilli la veille Al-Ghasmî et le président algérien. Elle sourit et s'assit à côté de moi.

"Au moins, elle est toujours en vie, me dis-je. C'est bon signe. Mais il veut peut-être nous tuer toutes les deux en même temps."

repas pour mâcher du qat, les hommes dans leurs quartiers et les femmes dans les leurs. A l'appel à la prière du coucher du soleil, le sol est jonché de branches de qat débarrassées de toutes leurs feuilles comestibles. La conséquence la plus importante de cette habitude est l'effort financier qu'elle implique pour les foyers yéménites modestes, dont certains dépensent plus de la moitié de leurs revenus pour acheter des feuilles de bonne qualité. Mais quels que soient ses effets sur la santé et le porte-monnaie, la culture du qat oblige les villes yéménites à reverser une partie de leurs richesses aux régions agricoles. Aujourd'hui, les cultivateurs ne peuvent espérer gagner de l'argent en produisant des céréales, compte tenu des quantités massives de blé et de farine amplement subventionnées que les gouvernements américain et européens imposent au Yémen à titre d'aide. Grâce au qat, le Yémen a en grande partie évité l'exode rural et la migration en masse vers des zones urbaines particulièrement touchées par la pauvreté, comme on en rencontre fréquemment dans les pays pauvres.

Après que nous fûmes restées assises en silence pendant quelques minutes éprouvantes, l'ouverture soudaine d'une porte nous fit sursauter toutes les deux. Al-Ghasmî entra dans la pièce. Chaque fois que j'avais vu le président à la télévision (et en personne la veille), il arborait sa tenue militaire et une expression de vive préoccupation sur le visage, ses sourcils noirs froncés au-dessus d'un regard distant. Mais ce jour-là, il portait une longue *zena* blanche et se déplaçait d'un air détendu, renvoyant une image plus bienveillante.

Le moment de vérité était arrivé. Pourtant, au lieu d'une dague, ainsi que je m'y attendais à moitié, Al-Ghasmî nous tendit sa main ouverte. Je la lui serrai d'un geste maladroit, tentant de cacher mon soulagement.

"Félicitations, lança le président tandis que sa bouche s'étirait en un large sourire. Vous avez bien représenté votre pays, hier."

Jamais je n'avais vu sourire Al-Ghasmî. Sa chaleur me laissa stupéfaite, révélant un côté humain de son caractère dont nombre de gens niaient l'existence. Le président me tendit une petite boîte en cuir. Je l'ouvris devant lui et l'éclat d'une Rolex m'aveugla un instant, renvoyé par le lustre bon marché suspendu au-dessus de nous. A l'époque, la marque ne me disait rien, même si je voyais que la montre devait coûter très cher. Puis Al-Ghasmî me tendit une liasse de billets retenue par une fine bande de papier blanc. Sur le papier, on pouvait lire "Cinq mille riyals" (environ mille deux cents dollars), ce qui représentait une somme considérable à l'époque, et du jamais vu pour une enfant de douze ans*.

* Même les ennemis d'Al-Ghasmî reconnaissaient son extrême générosité, laquelle reflétait ses origines car il venait d'une famille de cheikhs de la tribu Hamdân, près de San'â. Les Al-Ghasmî étaient parvenus à supplanter les anciens cheikhs Hamdân quand ces derniers étaient tombés en disgrâce pour avoir soutenu les royalistes après la révolution de 1962.

Soulagée de n'avoir pas jugé opportun de m'excuser pour aller aux toilettes et m'enfuir de la maison, je remerciai le président et suivis 'Alî al-Shater à l'extérieur où m'attendait la voiture. Quand je revins dans les locaux de la télévision, mes collègues attendaient impatiemment un rapport sur ce qui s'était passé. Je leur parlai de la montre et, même si j'omis de mentionner la liasse de billets, mes collègues savaient que personne ne rencontrait le président sans demander une maison ou du moins une grosse somme d'argent afin de l'aider à résoudre une tragédie familiale concoctée pour l'occasion.

Le lendemain, au travail, la rumeur courait que j'avais demandé et reçu vingt mille, peut-être vingt-cinq mille riyals, de la part d'Al-Ghasmî. Je souris sans rien dire car je savais qu'ils préféreraient écouter leurs propres commérages plutôt que de me croire.

L'argent que j'avais reçu me rendit folle de joie, même si la somme était considérablement moins élevée que ce que mes collègues voulaient bien imaginer. Je réfléchis longuement et soigneusement à ce que j'allais en faire. Au Yémen, personne ne déposait de l'argent à la banque, et de toute façon il n'en existait que quelques-unes. La banque, comme la télévision, était encore un phénomène nouveau, et l'idée de confier son argent à un inconnu met du temps à être acceptée, même si la banque est prête à payer pour avoir ce privilège.

La plupart des femmes utilisent toutes les grosses sommes qu'elles peuvent recevoir, telles que leur dot ou un héritage, pour s'acheter des bijoux en or et en argent, en corail ou en perles. Ceux-ci sont faciles à cacher chez elles, gratifiants à exhiber lors des grandes occasions, et pratiques à emporter en cas de malheur, comme un divorce. Elles dissimulent le reste de leur argent sous un matelas ou s'en servent pour acheter une chèvre ou quelques poulets afin de compléter leurs revenus avec du lait ou des œufs.

'Abd Allâh Zayn était à la tête de la télévision et de la radio yéménites à l'époque où j'y travaillais. Sa femme, Nadia, était de mère algérienne et de père yéménite. Je m'étais liée d'amitié avec ce couple depuis que je travaillais à la télévision, et Nadia et moi nous adorions mutuellement. 'Abd Allâh voyageait beaucoup et, pendant son absence, Nadia demandait parfois à maman de me laisser passer quelques jours chez elle. Avant d'aller à la télévision, Nadia me préparait, me maquillait, me montrait de nouvelles coiffures, tressant mes cheveux qu'elle enroulait ensuite autour de ma tête comme un serpent, des choses qui me plaisaient infiniment.

Nadia avait grandi en Algérie, un pays très influencé par la culture française au cours de ses cent quatorze années de domination coloniale. Elle était très différente des autres femmes du Yémen, et je la trouvais particulièrement intrigante. Elle parlait français, ne portait pas le voile et adorait voyager.

'Abd Allâh avait rencontré Nadia lors d'un voyage universitaire en Algérie. Ils s'étaient mariés, et Nadia avait accompagné 'Abd Allâh en France, où ils avaient continué leurs études. J'adorais l'écouter me raconter des anecdotes datant de leur période passée à Paris. Les descriptions de la Sorbonne, de la tour Eiffel, de la cathédrale Notre-Dame, de la mode et des habitudes européennes captivaient mon attention. Certaines histoires étaient tout bonnement inconcevables, comme lorsque Nadia racontait qu'elle s'asseyait dans un café du boulevard Saint-Michel, *toute seule*, en attendant que son mari ait fini les cours. Je trouvais cela extrêmement provocant. A San'â, aucune femme ne resterait seule dans un café, mais Nadia m'expliqua que les choses étaient différentes à l'extérieur du Yémen.

'Abd Allâh et Nadia avaient mis de l'argent de côté et voulaient se faire construire une nouvelle maison dans San'â. Ils avaient presque assez pour commencer les travaux et, pour aider, Nadia décida de vendre une ceinture en or finement ouvragée que sa mère lui avait offerte le jour de son mariage. J'utilisai quatre mille riyals sur l'argent que m'avait donné Al-Ghasmî pour la lui acheter. Nadia était triste de s'en séparer mais ravie de savoir que sa ceinture appartiendrait à quelqu'un de proche.

Depuis une brève guerre frontalière entre le Yémen-du-Nord et le Yémen-du-Sud en 1972, les discussions concernant l'unification des deux pays avaient progressé lentement. Il restait beaucoup à faire, étant donné que le gouvernement conservateur pro-occidental de San'â demeurait diamétralement opposé au régime marxiste radical d'Aden et vice versa.

Un émissaire du président sud-yéménite Sâlim Rubayyi 'Alî arriva dans le bureau présidentiel de San'â le 24 juin 1978, moins d'une semaine après mon entrevue avec Al-Ghasmî. Les discussions qui devaient avoir lieu entre les deux dirigeants visaient à accélérer l'unification. 'Alî al-Shater, qui m'avait accueillie quelques jours plus tôt, alla attendre l'envoyé diplomatique à l'aéroport et le conduisit au bureau d'Al-Ghasmî. En tant qu'éditeur en chef du journal hebdomadaire *26 Septembre*, 'Alî était un ami intime et le confident à la fois du président Al-Ghasmî et de son prédécesseur, Ibrâhîm Al-Hamdî.

"J'ai fait entrer l'envoyé diplomatique dans la salle de réception, se souvient 'Alî, et je n'ai pas pu m'empêcher de remarquer qu'il semblait extrêmement nerveux. Je lui ai demandé : «Quel temps fait-il à Aden ? Il doit faire très chaud à cette période de l'année», pour tenter d'entamer la conversation. Pour une raison qui m'échappait, il a semblé particulièrement troublé par ma question.

«Il fait exactement quatre-vingt-dix degrés», a-t-il répondu d'un ton prosaïque*.

* En été, Aden est l'un des endroits les plus chauds de la planète, car la ville est blottie à l'intérieur et à proximité d'un cratère volcanique sur la côte humide de l'océan Indien. Mais une telle température, bien sûr, est impossible, même pour Aden.

Je me suis dit qu'il plaisantait, poursuivit 'Alî, mais quand je me suis retourné pour le regarder et que j'ai vu son visage sans expression, sans la moindre trace d'humour, je n'en ai pas cru mes yeux. Je me suis demandé s'il n'avait pas fait une dépression nerveuse. «C'est bien le genre d'Aden, d'envoyer un type comme ça», me suis-je dit.

Je me suis penché pour lui prendre sa mallette – histoire d'être gentil – et il me l'a arrachée des mains. Mais j'ai insisté poliment. Je pense qu'il a senti que je n'allais pas l'ouvrir, car il a fini par me la confier. C'était une belle mallette, flambant neuve, et, profitant d'un moment où il ne regardait pas, je l'ai soulevée pour l'étudier à la lumière et je l'ai retournée pour mieux voir la qualité du cuir. C'était aussi dangereux que de jouer à la roulette russe, mais à l'époque, je l'ignorais. J'ai regardé le type et je lui ai souri. «J'aimerais bien avoir une mallette comme celle-ci», ai-je dit. J'osais espérer qu'il me promettrait de m'en envoyer une quand il retournerait à Aden. Mais il n'a rien dit ; il s'est contenté de rester là et d'essuyer la sueur de son front. Je l'ai laissé dans la salle de réception et je suis allé informer le président de son arrivée.

«Il a une mallette, ai-je dit à Al-Ghasmî. Dois-je l'ouvrir avant qu'il entre ?

— Ce ne sera pas nécessaire, a répondu le président. Fais-le entrer.»

Je suis retourné dans la salle de réception et j'ai conduit l'envoyé diplomatique dans le couloir jusqu'au bureau du président. Deux soldats nous ont arrêtés devant l'entrée et ont étudié l'homme avec attention.

«Ce n'est pas celui qui vient d'habitude, a dit l'un des soldats. On devrait le fouiller.»

J'étais embarrassé devant l'envoyé diplomatique et j'ai protesté, furieux :

«Comment ça, le fouiller ? Vous voulez insulter notre invité ?»

Nous sommes passés entre les soldats et j'ai fait entrer l'homme dans le bureau du président, puis j'ai refermé la porte afin de les laisser seuls.

Je suis reparti dans le couloir pour aller parler avec les gardes quand, soudain, je me suis souvenu que le président désirait une photographie officielle de l'entrevue. Je me suis arrêté, hésitant à retourner là-bas pour demander à Al-Ghasmî s'il voulait toujours un photographe, mais avant d'avoir pu me décider, j'ai entendu une explosion.

Tout le monde pensait qu'il s'agissait d'une attaque extérieure, et les gardes ont empoigné leurs fusils pour se préparer à défendre le président. Puis ils ont compris que l'explosion venait de l'intérieur du bureau présidentiel. Horrifiés, les soldats se sont précipités hors du bâtiment et ont disparu.

Quelques jours plus tard, comme les enquêteurs tentaient de comprendre ce qui s'était passé, les gardes du bureau présidentiel de service ce jour-là m'ont accusé d'être impliqué dans le complot d'assassinat.

«On a voulu fouiller l'envoyé diplomatique, a dit l'un d'eux aux enquêteurs, mais 'Alî nous en a empêchés.

— Je n'avais aucune idée de ce qui allait se passer», ai-je protesté. Mais les gardes ne me croyaient pas et les enquêteurs avaient des doutes.

J'étais certain qu'ils allaient m'interroger encore. Mais, ensuite, 'Alî 'Abd Allâh as-Sâlih* est arrivé. Heureusement, il a pris ma défense, faisant remarquer aux enquêteurs que personne n'était plus proche d'Al-Ghasmî que moi.

«Il n'aurait pas pu tuer le président, a affirmé 'Alî 'Abd Allâh. Al-Ghasmî avait confiance en 'Alî plus qu'en n'importe qui. La seule maison où le président acceptait de manger en dehors de chez lui était la maison de 'Alî al-Shater. Il avait peur de se faire empoisonner ailleurs.»

J'étais soulagé.

«De plus, a repris 'Alî 'Abd Allâh, s'il prévoyait d'assassiner le président, pourquoi aurait-il choisi une

* Le commandant militaire de la province de Taëz, qui allait bientôt devenir président.

façon aussi élaborée ? Il lui aurait suffi de l'abattre d'un coup de pistolet.»

Bien sûr, j'avais tout intérêt à confirmer ces arguments avec véhémence, et les gardes ont finalement retiré leurs accusations."

En fait, après que 'Alî al-Shater eut fait entrer l'envoyé diplomatique dans le bureau du président, l'homme avait posé sa mallette sur le bureau, ouvert les deux attaches puis le couvercle. Une bombe installée à l'intérieur de la mallette avait fait disparaître la pièce dans un nuage de feu et de fumée, tuant Al-Ghasmî et l'émissaire d'Aden.

Sâlim Rubayyi 'Alî suivit dans la mort le président nord-yéménite quelques heures plus tard, exécuté lors d'une lutte intestine pour le pouvoir, que l'assassinat d'Al-Ghasmî avait mise en évidence. 'Abd al-Fattâh Ismâ'îl, un marxiste convaincu exilé du Yémen-du-Nord, devint le nouvel homme fort du Yémen-du-Sud.

Il semble que l'émissaire sud-yéménite ignorait le contenu de sa mallette. Mais si les gardes l'avaient fouillé, ils auraient probablement découvert un pistolet attaché à sa cuisse, ce qui expliquait certainement l'embarras de l'homme devant 'Alî al-Shater.

Le président sud-yéménite, Sâlim Rubayyi 'Alî, avait personnellement remis une mallette à l'envoyé diplomatique avant le départ de celui-ci. Mais, à l'aéroport, l'adversaire politique de Sâlim Rubayyi, 'Abd al-Fattâh Ismâ'îl, avait fait dérober cette mallette pour la remplacer par une autre. L'un des hommes de Sâlim Rubayyi s'aperçut de la manœuvre et signala plus tard cet échange au chef d'Etat sud-yéménite. Celui-ci tenta aussitôt de prévenir Al-Ghasmî par téléphone, mais il était trop tard.

Un navire de guerre soviétique qui mouillait dans le port d'Al-Hudayda leva l'ancre quelques minutes après l'explosion mortelle de San'â – une preuve mince, mais qui poussa de nombreux Yéménites à supposer que Moscou était le cerveau du complot.

Immédiatement après la mort d'Al-Ghasmî, un Conseil présidentiel intérimaire composé de quatre hommes prit en charge le pouvoir exécutif du pays. Ma camarade, Iman al-Arshi, vint à l'école le jour suivant en état de choc. Son père, ancien ministre des Finances, 'Abd al-Karim al-Arshi, avait été nommé à la tête du Conseil, devenant *de facto* le dirigeant du Yémen-du-Nord. Avec deux présidents assassinés en huit mois, toute la famille Al-Arshi craignait pour la sécurité de 'Abd al-Karim. Je me souviens du soulagement d'Iman quand le Conseil présidentiel nomma 'Alî 'Abd Allâh as-Sâlih nouveau président du Yémen trois semaines plus tard.

XIII

ÉPANOUISSEMENT

Un matin, à mon réveil – j'avais environ treize ans –, je m'aperçus que mon pantalon était trempé de sang. Cette vision me terrifia, et j'étais certaine d'avoir contracté une maladie mortelle.

Je me souvenais de la fois où, encore petite fille, j'avais éclaboussé de boue l'entrejambe de mon ample pantalon blanc en jouant devant chez grand-mère Amina. En voyant la tache sombre, grand-mère avait cru que c'était du sang et que j'avais déchiré mon hymen de façon prématurée. Elle était retournée à l'intérieur pour aller chercher la barre de fer qu'elle utilisait pour mesurer ses tissus et s'était mise à me frapper avec.

“Et voilà ! criait-elle de façon hystérique. Maintenant, tu ne trouveras jamais de mari !”

Les coups étaient douloureux et je courus me réfugier à l'intérieur, ignorant la raison de ma punition ainsi que son rapport avec le fait de trouver un mari. Elle m'avait avertie de ne pas trop sauter ou de ne pas être trop brusque en jouant, afin de préserver “la chose qui appartenait à quelqu'un d'autre”. C'était sa façon à elle de désigner le vagin, car celui-ci représenterait un jour l'honneur de la personne que j'épouserais. Mais je n'avais aucune idée de ce dont elle parlait. J'en vins à considérer mon vagin comme la source de tous mes problèmes et de toutes mes souffrances, et je souhaitais plus que tout au monde ne plus en avoir. C'est seulement des années plus tard, en voyant les draps tachés de sang avec grand-mère

Amina et tante Hamida à l'occasion des vingt-cinq mariages, que je compris pourquoi grand-mère avait agi de la sorte.

Mais à présent, mon *sharaf* avait déjà été mis à l'épreuve à Djedda. Je n'étais plus censée perdre de sang, ces saignements me terrifièrent. Tentant désespérément de trouver un moyen de les arrêter avant que maman s'en aperçoive et se fasse un souci monstrueux, je me glissai jusqu'au salon sur la pointe des pieds et pris à tâtons un flacon de comprimés que maman prenait pour les saignements. J'en pris plusieurs. Le sang cessa de couler au bout de trois ou quatre jours, mais il recommença le mois suivant. Les pilules n'avaient de toute évidence aucun effet, si bien que je n'en pris plus.

C'est à peu près à ce moment-là que grand-mère Amina commença à placer deux petites tasses à thé chinoises sur ma poitrine quand elle venait nous rendre visite. Ensuite, elle priait Dieu pour que mes seins ne deviennent pas plus gros que les tasses, car grand-mère pensait que les gros seins étaient une malédiction pour une femme.

Cela me convenait parfaitement. Je fus tellement gênée quand mes seins commencèrent à pousser que je décousis les pinces sur les côtés de mes chemises pour qu'elles soient moins serrées et ne mettent pas ma poitrine en évidence.

J'entrai à l'école secondaire cet automne-là. La Queen Arwa Girls High School, une école de filles, se trouvait à environ un kilomètre et demi de chez moi, juste après le chantier où se construisait le premier hôtel de luxe de San'â. Une nouvelle élève arriva dans ma classe cette année-là et, un après-midi, elle me tendit un mot plié puis s'enfuit avant que j'aie le temps de le lire. Il y avait à l'intérieur un poème charmant. A en croire ses vers agréables, cette fille pensait que j'avais bon cœur et désirait devenir mon amie.

Son mot se terminait par : "Je vois une profonde tristesse dans tes yeux."

L'intuition de cette fille me laissa stupéfaite, et j'engageai la conversation avec elle le lendemain. Son souhait fut exaucé et nous devînmes amies. Elle s'appelait Siham Makawi, et je sentis bientôt que le chagrin que Siham avait vu en moi était le reflet de ses propres cicatrices.

Les Makawi venaient du Yémen-du-Sud. Le père de Siham, 'Abd al-Qawi Makawi, avait joué un rôle important au sein du Front pour la libération du Yémen-du-Sud occupé (le FLOSY), un parti politique qui soutenait le charismatique président égyptien Gamal Abdel Nasser. Le FLOSY était contre l'occupation britannique d'Aden, et il luttait coude à coude pour le pouvoir, souvent violemment, avec les activistes plus radicaux du Front national de libération (le FNL) à quelque temps du retrait des troupes britanniques d'Aden en 1967. Le FNL prit rapidement le pas sur le FLOSY, proclama le Yémen-du-Sud Etat marxiste et força ses opposants à s'exiler, pour la plupart à San'â.

Les dirigeants du FNL pouvaient se montrer vindicatifs. Ils détestaient 'Abd al-Qawi Makawi dont ils souhaitaient se venger, considérant toute personne plus modérée qu'eux comme un agent à la solde des Britanniques et des impérialistes. L'implication de Makawi dans les activités de l'opposition contre le régime d'Aden provoqua d'autant plus leur colère. A la suite de menaces de mort, Makawi quitta San'â pour aller s'installer au Caire, où il pensait que sa famille serait plus en sécurité.

Mais Makawi n'aimait pas l'idée que ses enfants soient totalement coupés de leurs racines, si bien qu'il en envoya certains à San'â quand ils furent en âge d'être scolarisés là-bas. C'est de cette façon que Siham atterrit dans ma classe à la Queen Arwa Girls High School. La sœur aînée de Siham, restée à San'â quand le reste de la famille était partie au Caire, était la principale de l'établissement.

J'aimais bien Siham mais, une fois encore, j'avais du mal à laisser notre amitié se développer par peur qu'elle n'en apprenne trop au sujet de ma famille. Je ne l'invitais jamais chez moi, mais je me rendis quelques fois chez Siham, qui habitait avec sa sœur aînée.

Ma nouvelle amie me demandait souvent pourquoi j'avais l'air si triste. Au début, je résistai, mais au fur et à mesure que nous devenions plus intimes, Siham réussit à fendiller très légèrement ma carapace. Je finis par lui raconter mon mariage presque fatal, mais j'étais incapable de remonter plus loin dans le passé sans fondre en larmes.

Puis, un jour, Siham me raconta son propre passé, et je compris d'où venait l'inspiration à l'origine de ses poèmes. Le père de Siham avait continué d'irriter le régime d'Aden. Les dirigeants du FNL envisagèrent plusieurs façons de lui transmettre un message clair, et ils décidèrent finalement d'envoyer une bande d'assassins au Caire. Un soir, au moment où les trois frères de Siham quittaient leur appartement, ils furent abattus dans le couloir devant leur porte. Ils moururent tous les trois. Les meurtriers s'échappèrent, mais les Makawi savaient très bien qui avait commandité cette opération.

Dans les années 1970, San'â n'était pas une ville très cosmopolite. Il y avait très peu d'étrangers, et il s'agissait surtout de conseillers militaires originaires des Etats-Unis et de l'Union soviétique, qui vivaient côte à côte. Les dirigeants du Yémen-du-Nord tentaient d'installer un équilibre politique entre les deux superpuissances ennemies.

Un jour que je jouais dans la rue quand j'étais petite, j'avais vu une ombre extraordinairement grande passer sur moi. Stupéfaite, j'avais levé la tête et vu un homme blond aux yeux bleus avec une peau aussi blanche que de la farine, le visage aussi glabre et lisse qu'une poêle à frire. "Ça devait être un Russe", me dit plus tard grand-mère Amina. Je décidai sur-le-champ qu'un jour, j'épouserais un de ces beaux Russes si exotiques. Grands, la peau claire, discrets, ils semblaient l'exacte antithèse des San'ânis, tapageurs et exubérants.

J'avais déjà aperçu des étrangers à une autre occasion. Quand j'étais petite, grand-mère Amina et tante Hamida m'avaient emmenée rendre visite à un parent qui travaillait dans le port d'Al-Hudayda. Pendant que nous nous promenions le long du front de mer (mon premier voyage à la mer), nous croisâmes un groupe de femmes européennes, sans doute des épouses d'entrepreneurs qui travaillaient sur le projet d'extension du port.

Ces étrangères nous intriguèrent, et nous voulûmes en apprendre plus sur elles et leur façon de vivre. Si bien qu'un jour, nous allâmes visiter le lotissement où habitaient la plupart des étrangers. Nous choisîmes une maison au hasard et, formant un demi-cercle à l'entrée, nous frappâmes vigoureusement à la porte. La femme qui vint ouvrir eut un hoquet de stupeur en voyant les deux femmes voilées et la petite fille qui se tenaient devant elle.

"Nous voudrions un verre d'eau", grommela grand-mère, mais la femme ne comprenait pas l'arabe. Grand-mère répéta sa demande, plus fort, mais toujours en vain. Tante Hamida mit les mains en coupe autour de sa bouche et renversa la tête en arrière.

Un sourire s'épanouit sur le visage de la femme européenne. Elle leva son index (pour nous faire signe d'attendre, je le compris plus tard), mais ce geste n'avait aucune signification pour nous. Quand elle s'éloigna de la porte en la laissant légèrement entrebâillée, grand-mère et tante Hamida entrèrent dans la maison en m'entraînant derrière elles. Elles voulaient voir à quoi ressemblait l'intérieur d'une maison européenne.

Quand la femme revint avec un plateau et trois verres d'eau, elle nous trouva dans son salon en train de regarder avec émerveillement les tableaux et les antiquités qui ornaient les murs, tournant en rond afin de tout voir. La femme n'aurait pu être plus accommodante ; ce n'était peut-être pas la première visite de ce genre qu'elle recevait. Les Yéménites sont extrêmement curieux de nature et ne reculent devant aucune initiative pour satisfaire leur curiosité. La femme nous invita à nous asseoir pour boire notre verre d'eau. Elle écouta, sans comprendre, grand-mère Amina et tante Hamida parler des merveilles qu'elles avaient trouvées dans la maison, puis elle nous salua de la main quand nous repartîmes quelques minutes plus tard.

J'entendis également des histoires fascinantes sur les étrangers racontées par Aziza Abû Luhûm, que j'appelais "maman Aziza" en signe de respect. Aziza, la fille du cheikh Nihm 'Abd Allâh Abû Luhûm, était l'épouse de Muhsin al-'Ayni, le frère du mari de tante Hamida. Muhsin al-'Ayni devint Premier ministre du Yémen en novembre 1967, un poste qu'il occuperait trois fois encore à différentes périodes. En 1978, il fut pendant deux ans ambassadeur du Yémen auprès des Nations unies, puis travailla pendant quatre ans comme ambassadeur en Allemagne, après quoi il traversa de nouveau l'Atlantique, où il occupa ce poste aux Etats-Unis de 1984 jusqu'en décembre 1997.

Aziza, qui accompagnait son mari à l'étranger, était une femme extrêmement intelligente, déterminée et courageuse, l'une des premières femmes, dit-on, à avoir conduit une voiture à San'â. Elle profita pleinement de ses nombreuses années passées en Amérique et en Europe, où elle étudia la langue anglaise et apprit à connaître les habitants.

Chaque année, quand Aziza et Muhsin revenaient passer leurs vacances au Yémen, maman et grand-mère allaient leur rendre visite et m'emmenaient avec elles. Aziza adorait parler de l'Amérique, et je buvais ses paroles. Beaucoup de ses histoires me semblaient bizarres, comme lorsqu'elle expliquait que les hommes et les femmes dansaient parfois ensemble sous des lampes clignotantes dans des boîtes de nuit.

Quelquefois, lorsqu'elle venait rendre visite à tante Hamida, Aziza amenait une amie européenne et je les entendais parler anglais. Fascinée, je souhaitais plus que tout au monde devenir comme Aziza en grandissant, et elle m'encouragea à avoir une bonne éducation.

Peu avant mes quatorze ans, je résolus d'apprendre moi aussi une langue étrangère. Après deux ans passés comme animatrice d'émissions pour enfants, je présentais désormais le journal, et je passais de plus en plus d'heures chaque jour aux studios de télévision. Mais je voulais désespérément apprendre une autre langue.

Un de mes collègues parlait anglais, et il me dit que l'ambassade britannique proposait des cours de langue à Cambridge. Même si je donnais une partie de mon salaire à maman et à grand-mère, il me restait assez d'argent pour en mettre de côté pour une telle occasion. Ces économies me servirent à payer les cours, et je me préparai à partir en Angleterre l'été suivant pour y suivre un stage d'un mois.

Dès la fin de l'année scolaire, je partis pour l'Angleterre. Je profitai d'une escale de deux jours au Caire pour aller voir mon amie éclaireuse, Amat al-Alim al-Suswa, qui étudiait alors en Egypte. Le deuxième soir, je rendis visite à ma camarade de classe, Siham Makawi, laquelle était déjà retournée au Caire pour les vacances d'été. Des policiers et des gardes patrouillaient devant l'immeuble et à l'étage des Makawi, payés par le gouvernement égyptien après l'assassinat des frères de Siham.

Profitant d'un moment où Siham s'était absentée du salon, je me plantai devant leur aquarium. Je n'avais jamais vu une chose pareille, avec des poissons rouges qui nageaient de long en large. Ayant grandi à San'â, loin de la mer, je savais à peine à quoi ressemblait un poisson. Un petit cours d'eau traversait autrefois San'â, mais il s'était asséché quelques années avant ma naissance et, aujourd'hui, il n'existe plus de rivières permanentes au Yémen.

L'Angleterre m'enthousiasma énormément, surtout Londres. Les lumières, les bâtiments, la circulation, les gens étrangement vêtus : c'était pour moi un autre monde, rempli de nouveautés inimaginables auxquelles même Aziza et Nadia Zayn ne m'avaient pas préparée.

Je logeais chez une veuve pleine d'entrain nommée Mrs Clark. Cette petite femme aux cheveux gris tenait une pension de famille non loin de l'université de Cambridge. J'étais la seule de ses pensionnaires à l'aider à débarrasser la table après le repas, et elle sembla se prendre d'affection pour moi. Elle aimait m'emmener chez ses voisines et leur montrer mes longs cheveux. Je ne comprenais pas très bien ce qu'elle disait, mais nous nous entendions bien.

Cambridge était une belle ville, et j'adorais ses jardins fleuris, ses maisons proprettes. Traverser les parcs paisibles et bien entretenus lorsque j'allais en cours me rappelait les descriptions du paradis que grand-mère Amina me faisait si souvent. Et, comme je venais d'un pays très sec et poussiéreux, les nuages et la pluie britanniques ne m'ennuyaient pas le moins du monde. Je ne comprenais pas pourquoi tout le monde se plaignait autant du temps.

Je ne fis guère de progrès en anglais, cependant. Cambridge était une ville charmante, mais son histoire ne signifiait pas grand-chose pour une jeune adolescente, surtout pour moi, qui venais d'une terre biblique comme le Yémen. Seuls les aspects modernes du pays m'intéressaient, et la vie animée de Londres m'attirait beaucoup plus que la ville universitaire traditionnelle. Au bout d'une semaine, j'assistais à très peu de cours, et je prenais le train pour me rendre dans la capitale presque tous les week-ends. Je n'avais plus envie de retourner à Cambridge, et une Yéménite que j'avais rencontrée à Londres m'invita à séjourner chez elle. Son mari était un homme d'affaires très connu qui l'emmenait en vacances à Londres chaque été.

Je remarquai qu'en Angleterre, beaucoup de filles faisaient du vélo dans les parcs et dans les rues, et je fus frappée de constater qu'il n'y avait apparemment aucune honte à cela. Je n'étais jamais montée sur un vélo, même si j'en désirais un depuis qu'une jeune fille avait provoqué un scandale quelques années plus tôt en roulant à bicyclette dans San'â. Les vélos étaient réservés aux garçons et, à l'époque, il était pour moi impensable de pouvoir en posséder un un jour.

Ayant maîtrisé l'usage des escaliers roulants pendant ma première semaine passée en Angleterre, j'étais certaine de pouvoir apprendre à faire du vélo. Je m'en achetai un que je poussai du magasin jusqu'à Hide Park, où je me sentais particulièrement en sécurité, entourée de fleurs et d'arbres, d'étangs et d'oiseaux, sans personne pour m'ennuyer. Au moment où je commençais à me débrouiller, un gros chien arriva, bien décidé à me courir après. Je me reposais au sommet d'une colline quand le chien joueur me fonça dessus en bondissant. Terrifiée, je m'enfuis en pédalant, prenant de la vitesse dans la pente. Zigzaguant et vacillant, je perdis le contrôle à mi-pente et finis étalée sur le sol avec un gros trou dans mon pantalon et un genou en sang. J'y retournai néanmoins le lendemain, sans me laisser décourager, et bientôt je pus me promener à vélo dans le parc. Je n'aurais pu éprouver un plus grand sentiment de réussite.

Je retournai au Yémen à la fin de l'été. Ma connaissance de l'anglais ne témoignait guère de mes semaines passées en Angleterre, mais cette expérience avait fait de moi une personne nouvelle, bien résolue à découvrir le monde.

Mon père, Muhammad Murzah, ne s'était jamais remis des problèmes psychologiques dont il souffrait en 1968. A part une calvitie naissante et quelques rides de plus, il avait peu changé avec les années depuis son retour du champ de bataille, en ce jour funeste où je n'avais pas encore deux ans.

Sur les conseils insistants de voisins et d'amis, son père se mit à solliciter les bureaux et les ministères du gouvernement de San'â afin de payer à papa un traitement à l'étranger. Ses efforts portèrent leurs fruits et grand-père Hamud accompagna son fils au Caire au début des années 1980.

Quand il revint à San'â quelques semaines plus tard, l'état de papa s'était notablement amélioré. Pour la première fois en plus de dix ans, il pouvait s'exprimer de façon intelligible, et il avait conscience de ce qui l'entourait. Il s'enquit aussitôt de maman et de moi, mais les Murzah lui dirent simplement que maman avait divorcé et s'était remariée, qu'elle était devenue vieille et flétrie.

Il finit par apprendre que maman avait divorcé de son second mari, et il affirma qu'il désirait revivre avec elle. Il insista jusqu'à ce que son père finisse par céder. Grand-père Hamud vint voir oncle 'Alî, pour lui demander si maman voudrait bien reprendre papa. Oncle 'Alî accepta d'en discuter avec sa sœur.

Les médecins égyptiens avaient mis papa sous tranquillisants, et les progrès qu'il avait faits encouragèrent maman. Oncle 'Alî informa grand-père Hamud que sa sœur accepterait de se remarier avec Muhammad, mais à la seule condition que Hamud leur achète une maison à eux, indépendante de celle des Murzah. Après de nombreuses hésitations, il finit par accepter.

Grand-père Hamud revint une ou deux semaines plus tard avec l'acte de propriété de la maison qu'il prétendait avoir achetée pour son fils et sa belle-fille. Oncle 'Alî vérifia et découvrit que le document était un faux. Hamud acheta ensuite à contrecœur une maison typique de quatre étages dans la rue 'Aqil, près de Bâb Sha'ub, l'entrée principale nord de la vieille ville de San'â. Maman fut satisfaite par la maison. Si celle-ci se trouvait à l'angle d'une place où les ânes handicapés viennent finir leurs jours dans un luxe d'oisiveté, elle se trouvait également près du marché aux légumes de Sûq al-Zumur, très pratique pour y faire ses courses.

Maman se remaria avec papa, lequel semblait être sorti d'un long coma depuis son retour du Caire. Il redécouvrait San'â avec la joie d'un émigré qui revient au pays après de nombreuses années passées à l'étranger, et il pouvait déambuler n'importe où à travers le dédale compliqué de ses vieilles ruelles en sachant exactement où il se trouvait.

Pourtant, papa n'avait aucun souvenir de quoi que ce soit depuis la guerre civile. S'il se souvenait et parlait souvent de moi, il avait des difficultés à comprendre qui j'étais quand j'allais lui rendre visite. Il ne parvenait pas à croire que la fille qu'il se rappelait toute petite était devenue une jeune femme. Lorsqu'il vit ma sœur cadette, Nejla (la fille du cheikh Hamîd), il l'appela Khadija, car Nejla n'avait qu'un ou deux ans de plus que l'âge que j'avais la dernière fois où mon père m'avait vraiment vue et reconnue. Et Nejla me ressemblait énormément.

Papa apprit avec chagrin les mauvais traitements que nous avait infligés grand-père Hamud depuis sa maladie. La maison de la rue 'Aqil dans laquelle mes parents habitaient à présent représentait le seul bien que grand-père Hamud leur ait jamais restitué sur l'héritage que Muhammad avait reçu de son grand-père et de sa mère, Khayriya, qui tenaient tant à le lui léguer. Hamud et sa seconde épouse, Sadiya, contrôlaient désormais tout le reste et, après tant d'années, ils ne s'attendaient plus à le rendre.

Après des semaines de réflexion douloureuse, papa décida qu'il ne pouvait pas faire grand-chose pour arranger la situation.

"Je pardonne à mon père, confia-t-il un jour à maman avec des yeux humides. C'est à Dieu de rendre justice. Pas à moi". Mais la cruauté de son père eut sur lui un impact plus profond qu'il ne voulut bien l'admettre.

Au bout de quelques mois, papa prit ses médicaments de façon moins sérieuse, et il retomba peu à peu dans son ancienne confusion mentale. Cette fois-ci, maman vendit ses bijoux afin de lui payer un second voyage au Caire, où il recevrait un autre traitement.

De retour à la maison, papa continua de refuser de prendre ses médicaments de façon régulière, et son état se détériora. "Pourquoi est-ce qu'on naît, si c'est seulement pour mourir plus tard ?" demandait-il avec éloquence. Au fur et à mesure qu'il sombrait dans son propre monde, s'éloignant un peu plus chaque jour de sa femme et des enfants, il passait du temps à calculer dans sa tête et sur ses doigts, en marmonnant des chiffres censés être le montant de l'héritage qu'il accusait son père de lui avoir dérobé. Après avoir déterminé combien les terres de sa mère, à Sanhân, auraient valu, ajouté différents autres biens et soustrait le prix de leur maison actuelle, papa restait le regard perdu dans le vague.

"Rends-le-moi, espèce de démon ! s'écriait-il toutes les quelques heures. Rends-moi mon argent !"

Papa répéta ce rituel jour après jour, année après année, assis en tailleur sur un coussin dans un coin de sa petite chambre éclairée par une ampoule nue. Maman le nourrit, le lava et veilla sur lui avec efficacité jusqu'à ce qu'il meure tranquillement une dizaine d'années plus tard, en 1995.

Quand grand-père Hamud se retrouva sur son lit de mort un an ou deux après le remariage de papa et maman, il fit venir celle-ci à son chevet.

"J'espère que tu peux me pardonner", murmura Hamud avec un regard implorant et la gorge serrée par l'émotion. Maman ferma les yeux et hocha gravement la tête.

"Je vous ai pardonné", répondit-elle à voix basse.

Quand grand-père Hamud finit par mourir quelques jours plus tard, un des fils de Sadiya ouvrit l'armoire en bois sculptée que son père avait toujours gardée fermée. Hamud ne se séparait jamais de la clé accrochée à son cou, et tout le monde avait toujours voulu savoir ce qu'il gardait exactement à l'intérieur. Son fils y trouva un testament et d'autres documents, qu'il refusa de montrer à mon frère Hamud lorsque celui-ci demanda à les voir. Maman pense qu'il ne voulait pas que notre côté de la famille découvre l'étendue des richesses de grand-père Hamud et réclame l'héritage dû à mon père.

Mon demi-frère Tariq était né de l'union de ma mère et du cheikh Hamîd deux ans tout juste avant qu'oncle Sâlih al-Salami meure dans le Jawf. Tariq avait suivi ses parents à Ibb et Dhamâr, puis il était revenu à San'â avec maman après son divorce d'avec Hamîd. En grandissant, il se mit à passer la plupart de son temps dans le village natal de son père, Al-Sharara, dans la région du Jahran.

En décembre 1982, un violent tremblement de terre secoua le Jahran et les environs. Il fit plusieurs milliers de victimes et des centaines de milliers de personnes virent leurs maisons réduites en ruines. Quand la nouvelle de la catastrophe arriva à San'â, maman eut peur pour son fils. Elle ne pouvait pas téléphoner, car, à ce jour, Al-Sharara n'a toujours pas l'électricité, si bien qu'elle décida de se rendre là-bas pour voir si Tariq, alors âgé de neuf ans, était sain et sauf.

Maman prit un minibus au sud de la capitale et elle franchit le Naqîl Yislah pour entrer dans la plaine du Jahran, à une heure et demie de route. La secousse avait violemment ébranlé le village de Tariq. Elle trouva la plupart de la centaine d'habitants réfugiés dans des abris de fortune en plaques de zinc montés à côté de leurs maisons, lesquelles menaçaient de s'effondrer au cours des répliques.

Maman fut ravie de trouver son fils sain et sauf, mais les nouvelles n'étaient pas gaies. De son vivant, Hamîd al-Maamari avait été impliqué dans un long contentieux avec un voisin à propos d'une parcelle de terre agricole située à proximité du village. Les Yéménites évitent souvent de faire enregistrer officiellement les achats de terres afin d'échapper aux taxes foncières, en conséquence de quoi il arrive parfois que plusieurs "actes" privés concernant une même parcelle de terre circulent simultanément, provoquant de sérieuses disputes.

Presque un mois avant le tremblement de terre, Hamîd était allé chez l'autre homme pour discuter du problème. Pendant la conversation, Hamîd s'était laissé emporter. Il avait giflé son adversaire sur la joue, l'une des pires insultes qu'un membre d'une tribu puisse subir, et il était parti sous le regard ébahi de sa victime.

Plus tard dans l'après-midi, Hamîd sortit sur le toit de sa maison, la plus haute d'Al-Sharara. Comme il faisait signe à son frère qui travaillait dans le jardin en contrebas de venir déjeuner, l'homme qu'il avait gravement insulté quelques heures plus tôt remarqua par hasard que Hamîd était sur son toit. Il prit le fusil chargé posé à côté de sa porte d'entrée, cala la crosse contre son épaule et tira sur Hamîd par une meurtrière, à soixante-quinze mètres de là.

Tandis que le coup de feu résonnait dans la vallée, le tireur avait encore du mal à croire ce qu'il avait fait. La vengeance était douce, mais les conséquences, qu'il commençait seulement à envisager, pouvaient s'avérer bien moins séduisantes. Il reprit ses esprits et élabora un plan avant même que le sifflement ait disparu de ses oreilles. L'homme mit ses sandales, sortit de chez lui en vitesse et se dirigea vers la maison de Hamîd. Juste avant d'arriver, il ralentit le pas, prit une profonde inspiration et frappa vigoureusement à la porte.

"Oh, Hamîd, cheikh Hamîîîîîd !" cria-t-il.

La sœur de Hamîd vint ouvrir la porte.

"Où est Hamîd ?" demanda l'homme en s'efforçant d'afficher un sourire tranquille. Mais ses efforts semblaient d'une maladresse suspecte. "Je voudrais l'inviter à venir déjeuner chez moi, pour qu'on puisse discuter de notre problème."

Même si aucun coup de feu n'avait été tiré, l'attitude amicale peu ordinaire de l'homme aurait alerté la sœur de Hamîd, et elle aurait compris qu'il se passait quelque chose.

“Qui a tiré ce coup de feu ?” demanda-t-elle en promenant son regard sur le village pour tenter de trouver un indice.

Pendant que sa tante répondait à la porte, Tariq grimpa à l’échelle intérieure et passa par la trappe ouverte pour aller chercher son père. Sur le toit, le garçon découvrit Hamîd à plat ventre sur le sol dans une mare de sang qui s’étendait. Il s’agenouilla et le secoua.

“Il est mort ! cria Tariq depuis le toit. Quelqu’un a tué papa !”

La sœur du cheikh Hamîd comprit immédiatement ce qui s’était passé.

“C’est vous qui l’avez tué, grogna-t-elle en pointant un doigt vers l’homme qui se trouvait devant sa porte. Vous l’avez tué !”

Le meurtrier tourna les talons et s’enfuit.

Une semaine plus tard, la police convoqua les Al-Maamari au poste de police. Elle avait découvert que le meurtrier de Hamîd se cachait à Dhamâr, à vingt-cinq kilomètres de là. L’homme était épuisé, débraillé, mais la quasi-certitude de mourir avait chassé la peur de son cœur.

“Que voulez-vous qu’on fasse de lui ?” demanda l’un des soldats à Ahmad, le frère du cheikh Hamîd.

La veuve de Hamîd (il s’était remarié après son divorce d’avec ma mère) se plaça de façon à mieux voir l’assassin. Elle ne sortirait pas de la maison entre le lever et le coucher du soleil pendant quatre mois et dix jours après la mort de son mari, ainsi que le voulait le deuil traditionnel. Quand celui-ci serait terminé, le frère cadet de Hamîd la prendrait pour épouse*. Elle jeta un regard menaçant à l’homme, mais le destin de celui-ci reposait entre les mains d’Ahmad.

* Cette coutume est censée remonter aux tribus sémitiques de l’époque biblique, qui considéraient qu’aucune femme fertile ne devait rester sans mari et sans pouvoir concevoir pendant un laps de temps quel qu’il soit.

Le frère de Hamîd aurait peut-être accepté la *diya* de la part de la famille de l'assassin et épargné la vie de celui-ci s'il avait pensé que cela pourrait régler l'affaire. Mais l'audace avec laquelle l'homme avait tué Hamîd signifiait que, pour un bon nombre des membres de la famille Al-Maamari, le prix du sang ne suffirait jamais à compenser cette mort. Des oncles, des cousins de Hamîd et, dans quelques années, Tariq lui-même auraient sûrement élaboré un plan pour tuer cet homme, ou un membre de sa famille proche si l'assassin choisissait de s'enfuir, ce qui entraînerait seulement d'autres représailles. L'exécution de l'homme constituerait à long terme la solution la moins violente.

"Tuez-le !" aboya Ahmad.

Les policiers entraînèrent leur prisonnier condamné et l'exécutèrent plus tard dans la journée.

Depuis mon retour d'Angleterre, non seulement j'avais décidé de poursuivre mes études à l'université – une idée déjà radicale –, mais j'avais l'intention de le faire ailleurs, cette fois-ci en Amérique. Mes projets firent rire mes camarades de classe. Elles dirent que j'étais folle : "Les filles de San'â ne partent pas faire leurs études toutes seules à l'étranger !" Soupçonnant que les filles se moquaient de moi derrière mon dos, je conçus dès lors mon plan en silence.

Je fis une demande de bourse auprès de l'Agence pour le développement international (AID) des Etats-Unis, une branche du ministère des Affaires étrangères. Le prix des cours étant trop élevé pour mes petits moyens, je dus patienter plusieurs semaines avant que l'AID finisse par m'informer qu'elle m'attribuait une bourse.

Malgré sa tristesse et son inquiétude de voir partir sa fille, maman n'aurait pu être plus fière. Elle-même n'avait pas suivi d'études. Même si ses parents lui avaient permis d'étudier, elle n'aurait pas eu la possibilité d'aller dans une école pour filles. Sa propre mère se plaisait à dire que "les filles qui apprenaient à lire finissaient seulement par écrire des lettres d'amour à leur petit ami". Mais maman comprit plus tard que grand-mère Amina se trompait.

Grand-mère aussi en vint à voir les choses autrement. Sa sœur, Hamida, avait commencé à suivre des cours pour personnes illettrées désireuses d'apprendre à lire et à écrire sur le tard. Maman l'avait accompagnée une ou deux fois, mais elle avait trop de travail à la maison pour continuer. Quand grand-mère Amina vit que mes études n'avaient pas provoqué ma ruine et qu'elles me permettraient même de voyager à l'étranger, elle décida d'assister à ces cours.

Grand-mère Amina était très enthousiaste et elle se rendait en classe avec ses livres de grammaire en équilibre sur la tête. Se considérant comme plus moderne à présent qu'elle étudiait, elle demanda à son fils, oncle 'Alî, de lui acheter un long manteau comme celui que portaient les jeunes filles de San'â.

Seul mon oncle 'Alî s'opposa à mon départ à l'étranger. Il exprima sa désapprobation évidente en se plaignant auprès de ma mère, mais je ne dépendais plus de son autorité et il ne pouvait pas m'arrêter facilement. Pendant l'été 1983, alors âgée de seize ans, je partis pour Washington, afin d'étudier intensivement l'anglais à l'université de Georgetown.

Au début, l'Amérique me déçut. J'avais vu de nombreuses émissions sur ce pays, sur son immense richesse, le train de vie luxueux de ses citoyens et ses insondables avancées technologiques. Je m'attendais vaguement à aller de l'aéroport Dulles à mon hôtel sur un tapis roulant sorti tout droit d'un dessin animé futuriste. J'avais la tête pleine d'images de rues dorées étincelantes et d'immeubles dont le sommet disparaissait dans la stratosphère. Mes attentes, bien sûr, étaient exagérées, et l'Amérique n'était pas sans rappeler ce que j'avais vu en Angleterre l'année précédente. Mais ma nouvelle vie me demanda néanmoins un temps d'adaptation.

Hormis les brèves semaines que j'avais passées en Angleterre, je n'avais jamais vraiment connu la paix dans ma vie. L'ombre de la guerre et de la violence domestique, mon mariage et mon divorce, la séparation d'avec ma mère et le sentiment que j'étais responsable de tout cela planaient sur moi tel un vautour au-dessus d'un agneau.

Mais en Amérique, le poids de mon passé, de mes efforts pour le cacher, s'envola miraculeusement de mes épaules fatiguées. A Washington, personne ne connaissait les Al-Salami ou les Murzah, ni la taille de ma maison à San'â. Peu d'Américains connaissaient même l'existence du Yémen. Ils pensaient souvent que je tentais de dire *German* (Allemande) quand ils me demandaient de quelle origine j'étais. Pour la première fois de ma vie, je vivais dans le présent, et je cessai de ressasser un passé douloureux qui jusqu'alors s'infiltrait dans mes moindres pensées.

Mon conseiller du bureau de l'AID à Washington m'inscrivit à l'université du Michigan pour l'automne. Quand mes cours à Georgetown se terminèrent un peu plus tard cet été-là, je fis mes valises et pris l'avion pour Ann Arbor.

Il existe dans le Michigan une grande communauté yéménite, dont la plupart des membres viennent d'un village situé dans la région d'Ibb. Les gens sont venus s'installer dans la région de Detroit dans les années 1960 et 1970 pour travailler dans les usines de voitures et, au fil des ans, de nombreux membres de leurs familles les ont rejoints.

Je me liai d'amitié avec quelques-unes des familles yéménites installées à Ann Arbor, surtout avec des étudiants venus passer leur diplôme d'enseignant dans le cadre du jumelage entre l'université de San'â et l'université du Michigan. Beaucoup vivaient dans le même bâtiment et, dans la résidence où habitait une de mes amies, un étudiant yéménite particulièrement dévot se levait tous les jours vers cinq heures du matin pour la première prière. Il battait le rappel en criant dans le couloir au cas où quelqu'un d'autre aurait voulu se joindre à lui. Un flot de protestations, de la part des étudiants yéménites et des autres, finit par l'inciter à prier seul.

Quand ce même étudiant aperçut de jeunes Américaines en train de se faire bronzer dans le campus de l'université, il traversa lentement la pelouse en leur jetant un œil critique. "*Astaghfurallah ! Astaghfurallah* – Dieu leur pardonne –", dit-il en regardant d'un air ébahi les corps dénudés.

Il fit tout de même un grand pas en acceptant le fait que les shorts étaient un vêtement décent pour les hommes (mais pas pour les femmes). Il montra son approbation par un chaud après-midi en arrivant au campus vêtu du caleçon mi-long que les hommes portent chez nous sous leur *zena*. Les autres Yéménites, et pas mal d'Américains, se moquèrent ouvertement de lui.

A l'automne, avant la rentrée, une de mes amies dut se rendre au consulat du Yémen de Detroit, distant d'une heure de route, afin de faire renouveler son passeport. J'acceptai de l'accompagner, mais j'eus par la suite à le regretter.

Un des fonctionnaires yéménites nous sembla particulièrement amical, et il engagea la conversation quand nous entrâmes dans son bureau. Une fois notre affaire réglée, mon amie et moi nous levâmes pour partir. Après nous avoir serré la main, le fonctionnaire nous demanda innocemment nos numéros de téléphone, "au cas où il aurait besoin de nous contacter".

Le lendemain soir, le fonctionnaire me téléphona dans mon dortoir pour m'inviter à dîner. Je répondis que j'avais trop de travail, mais il insista avec véhémence et avoua des intentions romantiques. Furieuse et insultée, je lui dis de ne plus m'appeler.

Mais le fonctionnaire prit également mon refus comme une insulte. Ou peut-être pensa-t-il qu'il devait préparer sa défense au cas où quelqu'un aurait vent de sa démarche. Lorsqu'il téléphona à nouveau le lendemain, je crus qu'il voulait s'excuser pour ce qui, entre Yéménites, constituait une grave insulte. J'avais tort.

"On m'a signalé que vous fumiez de la marijuana et que vous buviez de l'alcool, déclara-t-il froidement. Vous donnez une mauvaise image du Yémen." Avant que j'aie le temps de lui demander de quoi il parlait, il poursuivit : "Je jure de vous faire renvoyer au Yémen pour cela."

Stupéfaite à l'idée qu'il pensait pouvoir me faire céder à ses avances en m'effrayant, j'eus du mal à contrôler ma fureur. Je raccrochai violemment le combiné et me mis à pleurer pour la première fois depuis mon départ du Yémen. Ce soir-là, le fonctionnaire rappela plusieurs fois mais je ne répondis pas. Je m'endormis en priant Dieu de le punir. Ma vengeance vint une semaine plus tard quand l'homme, saoul, glissa dans sa salle de bains et se cassa la jambe. Ce fut lui, et pas moi, qui fut rapatrié au Yémen – et pour de bon.

Malgré le départ de cet homme, rester dans le Michigan pendant l'hiver ne me tentait guère. Mes amis m'avaient parlé de la neige et du froid glacial, et je demandai à mon conseiller de l'AID si je ne pouvais pas aller étudier dans un Etat plus tempéré, à Washington par exemple. Le conseiller accepta, et je retournai à la capitale à la fin de l'été pour m'inscrire au Mount Vernon College, une université pour femmes au nord-ouest de Washington.

Mes trois ans et demi passés là-bas n'auraient pu être plus idylliques. Cette minuscule université, qui comptait moins de deux cents étudiantes sur un campus de douze hectares en rase campagne, s'avéra beaucoup plus intime que l'imposante université du Michigan et son effectif de plus de trente mille étudiants. Telle une enfant curieuse, j'ingurgitais tout ce que l'université et la capitale de ce pays avaient à m'offrir, bourrant mon emploi du temps de cours de tennis, de danse moderne, d'aérobic et de natation, en plus du cursus de base plus académique.

En Amérique, mon anglais s'améliora rapidement, mais ma première année d'études me demanda une concentration absolue quand il s'agissait de suivre les cours magistraux. J'eus la surprise de constater que les programmes de mathématiques et de sciences de première année commençaient au niveau que les élèves devaient avoir au collège chez nous. Je suivais sans problème les cours d'algèbre, et beaucoup de mes camarades venaient me demander des cours particuliers.

Mes amies me firent découvrir la vie en dehors du campus. Un samedi soir, des filles de mon dortoir me persuadèrent de les accompagner en boîte de nuit. J'adorais ça, mais je réservais mes soirs de semaine aux études, et les étudiantes de première et de deuxième année devaient être rentrées au campus avant vingt-deux heures trente en semaine, ce qui abrégeait cruellement les sorties en boîte.

Le Mount Vernon College m'offrit l'environnement idéal pour m'adapter à la vie hors du Yémen. Cette université féminine appliquait des restrictions à la vie sociale des étudiantes que la plupart des Américaines auraient trouvées très sévères, comme l'obligation de signer pour tous les visiteurs et de mettre son petit ami dehors à la tombée du jour. Mais j'avais tout de même plus de liberté que ce que j'aurais cru possible, compte tenu des restrictions sociales implicites de la vie à San'â.

Au cours de mon premier mois à Washington, une amie de l'université m'apprit à conduire, et je résolus bientôt de m'acheter une voiture. Mais je ne voulais pas n'importe quelle voiture. Je me rendis chez différents concessionnaires de la ville, jusqu'à ce que je trouve enfin ce que je voulais : une Fiat Spider décapotable. Les effets de la société de consommation avaient rapidement déteint sur moi, ou peut-être était-ce la résurgence du désir d'indépendance sommeillant en tout Yéménite, symbolisée en Amérique par le fait de posséder sa propre voiture ?

La Fiat coûtait cher, mais j'avais depuis longtemps le don d'obtenir ce que je voulais. Quand j'avais dix ou onze ans, maman avait décidé de demander le téléphone, un luxe rare et nouveau à l'époque au Yémen. J'étais allée seule à l'entreprise de téléphonie pour demander l'installation d'une ligne et d'un téléphone dans notre maison. Quand la société nous avait informées plusieurs mois plus tard que le téléphone était prêt, maman n'avait pas assez d'argent pour le payer.

Au lieu de passer à côté de cette précieuse occasion, je courus chez tante Hamida pour demander à son mari, 'Alî al-'Ayni, s'ils ne voulaient pas le téléphone à notre place. Même si cela laissait entendre que l'appareil leur appartiendrait, je voulais seulement que le couple s'en serve jusqu'au jour où maman aurait assez d'argent pour le leur racheter. Dans l'effervescence du moment, j'omis cependant de le mentionner, et 'Alî accepta l'offre avec joie. Il me donna l'argent, et je revins quelques minutes plus tard pour lui donner le téléphone.

'Alî, alors directeur de la compagnie d'électricité, était le frère de Muhsin al-'Ayni, qui avait été Premier ministre du Yémen l'année précédente. En raison du prestige et de l'influence de sa famille, 'Alî intimidait sans le vouloir beaucoup de monde dans le quartier, surtout les enfants ; mais pas moi. Lorsque je commençai à travailler pour la télévision quelques mois plus tard, l'une des premières choses que je fis après avoir touché ma paie fut de retourner voir 'Alî al-'Ayni, l'argent en main, pour lui demander de me rendre "mon" téléphone.

La Fiat de mes rêves coûtait onze mille dollars. J'avais économisé quatre mille dollars sur mon salaire à l'époque où je travaillais pour la télévision, mais je n'avais aucune idée de la façon de trouver le reste. Le jour où j'en parlai à mon banquier de la Riggs Bank, à Washington, il me proposa bien sûr de me prêter l'argent, à condition que je puisse trouver un garant.

Je réfléchis longuement. Ma bourse me permettait tout juste de couvrir les échéances mensuelles, mais je devais tout de même trouver un garant.

Puis une idée me vint. Quelques jours plus tard, je me rendis avec une amie à l'ambassade du Yémen de Washington, installée dans le Watergate Building. Je dis à la réceptionniste que nous désirions voir l'ambassadeur et, quelques minutes plus tard, une secrétaire nous fit entrer dans son bureau.

Yahya al-Mutawakkil était un homme de classe, mince, à la voix douce, avec des cheveux noirs coupés court et une fine moustache. C'était un militaire, l'ancien aide de camp du Premier ministre Al-'Amrî pendant le siège des soixante-dix jours de San'â en 1968, chose que j'ignorais à l'époque. Je n'avais jamais rencontré l'ambassadeur et, à ce moment-là, nous ne soupçonnions ni l'un ni l'autre que nous deviendrions des amis aussi intimes. Au cours des années suivantes, c'est en grande partie grâce aux encouragements et à l'exemple de Yahya que j'allais continuer à me frayer mon propre chemin dans la vie même si, parfois, la bataille put sembler perdue.

XIV

UN REBELLE IMPROBABLE

La ville isolée formée d'une centaine de vieilles maisons en pierre où Yahya al-Mutawakkil est né au printemps 1942 se trouve dans la région montagneuse la plus accidentée du Yémen, à environ cent cinquante kilomètres de San'â à vol d'oiseau. Au cours des deux occupations ottomanes, les imams se retiraient souvent sur ce sommet culminant à 2 400 mètres, sur lequel est perché le village de Shahâra, qu'ils utilisaient comme base afin d'organiser la résistance contre les envahisseurs. Shahâra est peuplé en grande partie par des familles *sayid*, lesquelles ont fournit au fil des siècles une bonne part des souverains du Yémen. Un imam menacé pouvait espérer un accueil bienveillant de la part des habitants de Shahâra.

Yahya est issu d'une famille *sayid* influente. Comme beaucoup de *sayid*, il a retracé sa lignée jusqu'au prophète Mahomet sur un immense arbre généalogique dessiné sur un élégant parchemin de la taille d'une affiche.

"Le premier imam de ma famille s'appelait Al-Qâsim al-Mansûr, à la fin des années 1500, explique fièrement Yahya en prenant un air d'historien, lorsqu'on lui pose des questions sur sa famille. Lui et ses fils ont chassé les Turcs du Yémen et ont pris le nom d'Al-Mutawakkil ala Allah*."

Pourtant, le fait d'être un *sayid* ne donna guère de privilèges au jeune Yahya – à part le rêve de pouvoir

* Celui qui place sa confiance en Dieu.

suivre un jour l'exemple d'Al-Qâsim et de devenir imam. Cette lointaine possibilité présentait pourtant des inconvénients considérables, car gouverner le Yémen a toujours été une tâche compliquée et dangereuse.

A l'occasion de ses nombreux voyages en France, Yahya nous raconta, à Charles et moi, des histoires datant de sa jeunesse. Il était ravi que quelqu'un s'intéresse à des détails aussi banals que son enfance, et Charles le poussait à raconter d'autres anecdotes chaque fois que l'occasion se présentait. La curiosité de mon mari éveille les soupçons de nombreux Yéménites, mais elle n'éveilla pas ceux de Yahya. Il nous racontait ses anecdotes pendant le dîner, ou en voiture, alors que nous allions visiter un château à proximité de Paris, et, de retour chez nous, Charles les saisissait sur son ordinateur afin de ne pas les oublier.

"Je vivais tout en haut de la maison de pierre de deux étages que ma famille partageait avec plusieurs oncles et leurs propres familles, nous dit un jour Yahya. Nous vivions tous entassés les uns sur les autres, même si, à l'époque, nous n'y prêtions pas attention.

La plupart des hommes de Shahâra occupaient des postes administratifs* dans des régions reculées du pays. Parmi les hommes des tribus vivant à proximité du village, beaucoup quittaient également la région pour aller solliciter un emploi en tant que gardes du corps de l'imam. De sorte que Shahâra n'abritait presque aucun homme en âge de travailler, sauf pendant les congés où ils revenaient souvent rendre visite à leurs familles.

La grande mosquée de Shahâra permettait à quelques étudiants de poursuivre leurs études au-delà de l'école coranique non officielle. Elle offrait une éducation plus complète, y compris des cours de grammaire arabe et de doctrine religieuse, et achever ses

* Carrière typique des *sayid*.

études à la mosquée permettait aux diplômés de travailler dans le service public.

Mon père a étudié à la mosquée et, grâce à son diplôme, il est devenu *hakim* (juge). Plus tard, il est devenu responsable de la collecte de la *zakat** dans notre région. Ma mère aussi était une Al-Mutawakkil, une cousine éloignée de mon père. Elle est morte quand j'avais seulement cinq ans et, peu après, le gouvernement a muté mon père au village de Mahabsha."

Douze heures de marche séparaient Shahâra de Mahabsha, où Yahya et son père vécurent pendant huit ans. Mais Yahya retournait fréquemment dans son village natal pour aller voir ses six frères (il n'avait pas de sœur) ainsi que la seconde épouse de son père, même s'il s'entendait mal avec elle.

Il se déplaçait dans la campagne en toute liberté, épargné par les conflits omniprésents qui sévissaient entre les tribus. Quiconque commettait une offense envers un *sayid* devait en répondre non seulement devant les hommes de la tribu responsable de la protection du village du *sayid*, mais aussi devant l'imam dans le cas où la victime avait de la famille employée dans l'administration.

Pendant toute son enfance et son adolescence, Yahya ne mangea guère autre chose qu'un fin brouet de haricots dans lequel il trempait un morceau de pain plat et rond. "On mangeait de la viande une fois par semaine, le vendredi, expliqua Yahya sans la moindre nuance de regret, et parfois pour célébrer l'arrivée d'un invité, un mariage ou une fête religieuse. J'avais quatorze ans quand j'ai goûté des fruits ou des légumes autres que les oignons verts et les longs radis blancs que ma mère et ma belle-mère mélangeaient aux haricots."

Shahâra, comme le reste du Yémen, n'eut pas de forage d'eau avant les années 1960, et l'agriculture

* Un impôt de deux et demi pour cent du revenu annuel prescrit par le Coran.

dépendait entièrement de la pluie. La famine n'était pas rare, comme celle qui ravagea une grande partie du pays l'année où naquit Yahya. Des réfugiés de la Tihâma étaient montés jusque dans les hautes terres en quête de nourriture, apportant avec eux une épidémie de typhus et une fièvre chronique transmise par les poux.

Le père de Yahya avait planifié la vie de ses fils alors qu'ils étaient encore bébés. Il voulait que chacun d'eux se marie vers seize ans et qu'il emménage ensuite dans une maison à lui dans les environs.

Comme la plupart des *sayid*, il avait un respect considérable pour l'éducation religieuse, mais Shahâra était un endroit trop dur pour pouvoir offrir à tous ses habitants le luxe de recevoir une telle éducation. Et pendant que le père de Yahya prévoyait qu'un ou deux de ses sept fils étudieraient pour devenir fonctionnaires comme lui, les autres devraient inévitablement cultiver les terres que la famille possédait autour du village.

"Mais mon frère Ahmad, qui avait sept ans de plus que moi, voulait désespérément quitter Shahâra pour aller étudier à San'â, explique Yahya. Papa n'appréciait pas du tout mais, devant l'insistance d'Ahmad, il a fini par céder. Celui-ci écrivait régulièrement pour parler de ses études et des merveilles de la lointaine San'â. En remarquant l'usage étrange mais élégant de l'arabe classique dans ses lettres – le style dans lequel est écrit le Coran, et non l'argot familier des gens du peuple –, papa a éprouvé une grande admiration."

De façon subtile au début, Ahmad soumit à son père l'idée que Yahya le rejoigne. Bien que le patriarche lui ait tout récemment choisi une épouse à Shahâra, Yahya décida bientôt de partir lui aussi à San'â. Il voulait découvrir le monde extérieur, dont il avait brièvement entendu parler à la radio chez un marchand de Mahabsha, quand il était plus jeune.

"Avec des amis, on se réunissait devant chez le marchand, se souvient Yahya. Si on se taisait, on arrivait tout juste à entendre la radio, parce qu'on n'avait pas les moyens d'entrer pour l'écouter comme le faisaient les adultes.

Notre professeur de religion appelait ça «la petite boîte qui parle» ; il disait que c'était mal, «une sorte de magie», et qu'on n'aurait pas dû l'écouter. Mais, bien sûr, cela ne faisait que nous encourager", se rappelle Yahya avec un sourire espiègle.

Le père de Yahya abandonna à contrecœur l'espoir de voir tous ses fils se marier et s'installer dans le village, et il laissa partir Yahya. Celui-ci avait quatorze ans lorsque, impatient, il prit la route de San'â et d'une vie qui n'aurait jamais pu être la sienne s'il était resté à Shahâra.

Yahya aperçut sa nouvelle demeure pour la première fois du haut d'un âne alors qu'il franchissait le col qui descendait vers la plaine à quelques kilomètres au nord de la ville. Même si l'imam Ahmad avait déplacé la capitale à Taëz huit ans plus tôt, San'â restait un endroit magique.

"A l'intérieur des bâtiments administratifs de la ville fortifiée, se souvient Yahya, j'ai vu de petites boules de verre qui brillaient d'un éclat vif mais sans flamme. C'étaient seulement des ampoules électriques alimentées par un générateur, mais je n'avais alors jamais vu une chose pareille. Dans les allées du Sûq al-Milh, j'ai découvert des fruits et des légumes, des bonbons ainsi que d'autres aliments que je n'avais jamais vus. Le marché à lui seul me paraissait plus grand que le village entier de Shahâra." Yahya s'interrompit un moment et un large sourire se dessina sur son visage. "Je me suis même enfui en voyant un garçon à vélo venir dans ma direction. Je n'avais aucune idée de ce que c'était."

Yahya s'inscrivit à l'école et se mit rapidement aux études. Il adorait le défi, et son esprit de compétition le galvanisait à un point tel qu'il finissait constamment dans les premiers de sa classe. Mais deux ans après son arrivée à San'â, Yahya apprit que son père était mort à la suite d'une longue et pénible maladie. Yahya et son frère retournèrent au village pour régler les affaires de famille.

Une fois rentré chez lui, Ahmad décida qu'il en avait assez de vivre en ville. Il épousa une fille du coin et s'installa près de son ancienne maison. Yahya, en revanche, retourna bientôt à San'â. Il rattrapa rapidement les semaines de cours qu'il avait manquées pendant son séjour à Shahâra et obtint son diplôme de fin d'études secondaires cette même année, en 1958, avec les meilleures notes de sa classe. Son père aurait été fier de lui.

Yahya réfléchit à ce qu'il allait faire de sa vie après son diplôme. Après mûre réflexion, il décida finalement de se lancer dans une carrière militaire, un choix radical pour un *sayid.* Mais les décisions inhabituelles devinrent bientôt son fort.

Vers la fin des années 1950, les tensions grandissantes entre San'â et les Britanniques installés à Aden aboutirent à une escarmouche de petite envergure entre les deux camps. L'imam acheta trente avions militaires à la Tchécoslovaquie afin de renforcer les défenses du pays, puis ouvrit la première école de l'armée de l'air à San'â, où il fit venir un général égyptien pour entraîner les pilotes.

'Abd Allâh as-Sallâl, qui allait devenir quatre ans plus tard le premier président du Yémen, dirigeait cette école. Issu d'une famille modeste, il avait gravi les échelons et servi l'imam Yahya puis l'imam Ahmad pendant plus de trente ans.

Yahya s'inscrivit à l'école de l'armée de l'air où il fut reçu, mais en voyant le nom d'Al-Mutawakkil sur la liste des admis, As-Sallâl demanda à son secrétaire : "Que fait ce *sayid* dans cette école ?"

L'armée était traditionnellement réservée aux hommes des tribus, et la présence au sein de l'école d'un Al-Mutawakkil, famille *sayid* bien connue, était un fait exceptionnel.

"Rayez-le de la liste", ordonna As-Sallâl, furieux. Mais le général égyptien de l'école ne céda pas, insistant sur le fait que Yahya méritait son admission au vu de ses résultats à l'examen. As-Sallâl capitula.

A San'â, Yahya n'avait pas de famille sur laquelle compter. Il survivait uniquement grâce aux maigres subsides distribués par l'école, à savoir cinq morceaux de *kidam* (du pain dur) par jour et deux riyals par mois.

"Tous les matins, je vendais deux de mes *kidam*, dit Yahya. J'utilisais l'argent pour m'acheter une tasse de thé, une des choses que j'avais découvertes en venant à San'â. Normalement, l'argent gagné en vendant un seul morceau de pain aurait suffi à payer le thé, mais j'avais pris goût au sucre et je ne pouvais boire mon thé sans un morceau de sucre. Celui-ci était importé et coûtait presque aussi cher que le thé. Mes camarades m'appelaient *al-mayt** parce que j'étais d'une maigreur effrayante à force de renoncer à la moitié de mes *kidam*."

En 1959, Yahya et les autres étudiants de l'école faillirent voir leur carrière militaire partir en fumée avant même de l'avoir commencée. De retour d'Italie où il était allé suivre un traitement médical, l'imam Ahmad, scandalisé, soupçonna l'Egypte d'avoir une part de responsabilité dans les conflits tribaux qui ravageaient le Yémen. Il renvoya le général égyptien de l'école et ferma l'établissement.

"Mais As-Sallâl pensait que l'imam changerait bientôt d'avis, se souvient Yahya. Il savait que des hommes devraient finalement être en mesure de piloter ses nouveaux et coûteux avions. Malgré l'interruption des cours, de la distribution de nos rations de *kidam* et de nos appointements, As-Sallâl nous a dit que

* Le mort.

nous pouvions continuer d'occuper nos dortoirs si nous le souhaitions, et il a vendu des bidons d'huile lubrifiante stockés dans les réserves de l'école pour nous nourrir. Six mois plus tard, le pressentiment d'As-Sallâl s'est vérifié. L'imam a rouvert l'école, mais il l'a transformée en école de troupes aéroportées destinée à l'entraînement de parachutistes, faisant venir cette fois-ci des Russes pour assurer les cours."

En mars 1961, la classe de Yahya se rendit à Al-Hudayda pour recevoir son baptême de l'air en parachute. Par hasard, l'imam Ahmad se trouvait à ce moment-là dans la ville portuaire, où il était venu passer une radio sur l'un des deux appareils de radiographie du pays (les radios fascinaient l'imam et il insistait pour en passer une au moindre bobo). Alors qu'il était à l'hôpital, l'imam fut victime d'une tentative de coup d'Etat et reçut une douzaine de blessures par balles. Mais une fois encore, il en réchappa miraculeusement.

Ahmad soupçonna les officiers de l'école militaire d'être impliqués dans le complot. Disculpés après enquête, les étudiants reprirent leur entraînement et Yahya fut le premier à sauter de l'avion lors du saut inaugural des parachutistes de l'armée yéménite.

Son diplôme en poche, Yahya fut promu second lieutenant et intégra un corps d'artillerie. C'est là qu'il entra en contact avec un mouvement réformiste souterrain appelé Free Officers Organization (le Mouvement des officiers libres). Inspiré par Gamal Abdel Nasser et le renversement du roi égyptien Farouk en 1952, ce mouvement organisait au Yémen des réunions clandestines au cours desquelles les membres intriguaient pour faire tomber l'imamat.

Leurs projets avaient progressé à une allure d'escargot jusqu'au jour où l'imam mourut, en septembre 1962. Les conspirateurs remarquèrent que le successeur d'Ahmad, Muhammad al-Badr, alors âgé de trente-cinq ans, avait négligé les forces armées pendant sa première semaine au pouvoir. L'armée avait montré une extrême loyauté envers son père, mais les officiers se sentaient nettement moins à l'aise depuis qu'Al-Badr était à la barre, d'autant plus que celui-ci s'était efforcé de monter les tribus contre l'armée pendant le séjour d'Ahmad en Italie, en 1959. Pendant ces brèves semaines de règne *de facto*, Al-Badr s'était montré beaucoup moins doué pour gouverner que son père ou son grand-père. Il allait avoir grand besoin d'aide, et il commit une grave erreur en négligeant de rencontrer immédiatement les chefs militaires afin de s'assurer de leur soutien.

Comme tous ses prédécesseurs, le nouvel imam avait beaucoup d'ennemis, mais aucun n'était plus dangereux que la bande des Officiers libres. Avec la mort de l'imam Ahmad, les Officiers libres sentirent qu'ils tenaient leur chance. Mais ils devaient agir vite, avant qu'Al-Badr ait le temps de consolider son pouvoir.

En quelques heures, les conspirateurs élaborèrent un plan qu'ils n'avaient pas eu l'occasion d'appliquer au cours des années précédentes. Ils divisèrent leurs forces en cinq groupes. Une brigade de blindés (composée de trois tanks) lancerait le coup d'Etat en attaquant le palais. Une deuxième équipe de chars d'assaut prendrait la forteresse de Qasr as-Silha, avec ses réserves d'armes et de munitions. Une unité de voitures blindées devait prendre le contrôle de la station de radio de San'â, pendant qu'un corps d'artillerie cernerait et neutraliserait les quartiers généraux des chefs militaires. La cinquième section, le corps d'artillerie de Yahya, serait placée au sud de la ville avec ordre de bombarder les poches de résistance susceptibles de se créer dans San'â. En tout, une centaine d'officiers participèrent au coup d'Etat, aidés par de nombreux cheikhs, que les conspirateurs avertirent peu de temps avant de lancer l'opération décisive.

Le 25 septembre 1962, l'unité de Yahya, composée de quinze hommes, prit position avec ses trois pièces d'artillerie et sa mitrailleuse automatique à côté des casernes d'Al-Urdhi. La rumeur courut dans les rangs que l'imam allait être renversé le lendemain.

A la veille du coup d'Etat, Yahya, alors âgé de vingt ans, s'était convaincu que le monde était sur le point de s'arrêter. Tous ceux qui avaient osé attaquer l'imam n'avaient jamais survécu pour en parler. Les cadavres des hommes qui avaient essayé jonchaient les siècles de l'histoire du Yémen. Yahya, ainsi sans doute que tous les hommes impliqués dans le complot, nourrissait de sérieux doutes quant à la réussite de leur entreprise.

Confronté à ce terrible dilemme, Yahya se laissa aller à son penchant pour les sucreries. "Avec mon meilleur ami, on a pris l'argent qui nous restait de notre salaire du mois et on est allés à Sûq al-Milh, se souvient Yahya avec nostalgie. On a dépensé jusqu'à notre dernier riyal pour acheter du chocolat, et on en a bourré les différentes poches de notre uniforme à tel point qu'on semblait sur le point d'exploser. Ensuite, on est retournés à notre poste afin de préparer le matériel pour la mission du lendemain. Je me suis couché dans un cratère qu'on avait creusé pour une des pièces d'artillerie. Il était humide et boueux à cause d'une averse récente, et l'air du soir était glacial. Mais le chocolat que j'avais dans les poches a fondu et m'a tenu chaud."

Cette nuit-là, la milice personnelle de l'imam repéra les étranges préparatifs auxquels se livraient certaines unités autour de San'â, dont celle de Yahya. Mais, irrités de ne pas avoir été consultés par Al-Badr depuis son arrivée au pouvoir, les commandants omirent d'informer l'imam de ces agissements suspects.

Le lendemain, pendant l'attaque du palais lancée par les chars, certains gardes d'Al-Badr défendirent néanmoins leur position avec courage. "L'un d'eux est parvenu à grimper sur un toit et à verser de l'essence sur le premier char de la colonne de blindés qui se dirigeait vers le palais", raconte Yahya en se souvenant de cette journée historique.

“Le tank a pris feu dans une allée étroite, empêchant les autres chars d’avancer. Tout le monde s’est mis à paniquer en voyant que l’accès au palais était bloqué, mais un des officiers a gardé la tête froide et il a utilisé sa radio pour demander de l’aide à mon unité. Le corps bourré d’adrénaline, on a tiré toutes nos munitions sur le palais. En quelques minutes, on avait épuisé notre stock de quarante-cinq obus.”

Mais ils n’eurent pas besoin de plus. L’imam Al-Badr s’enfuit pendant la bataille.

Yahya fut l’un des rares Yéménites d’origine *sayid* à rallier la cause de la révolution depuis le tout début. Il fut par conséquent l’objet d’énormes soupçons, même si ses sacrifices pour la cause avaient failli lui coûter la vie. Il irait même jusqu’à bombarder son village natal de Shahâra alors que celui-ci était occupé par les forces royalistes. Pourtant, le soutien de Yahya pour la république ne faiblit jamais.

Les révolutionnaires demandèrent à ‘Abd Allâh as-Sallâl d’être le premier président de la république du Yémen. L’ancien directeur de l’école militaire de l’armée de l’air n’avait pas été intimement impliqué dans l’élaboration du coup d’Etat, mais les révolutionnaires pensaient que son envergure et sa réputation offraient les meilleures chances de générer un vaste soutien en faveur de la révolution. Pendant ce temps, l’imam allait dans le Nord rejoindre les tribus qui lui étaient loyales et demander un soutien financier à l’Arabie Saoudite.

Trois jours après le coup d’Etat, Yahya prit le commandement d’un *block* de cent vingt hommes. Equipée de trois pièces d’artillerie, de trois voitures blindées et de trois tanks, l’unité mit le cap sur la région de Shahâra afin d’y affronter les tribus pro-royalistes. Yahya était la seule personne de son *block* à connaître le fonctionnement des pièces d’artillerie de l’unité.

Un jour, fin 1962, Yahya fit traverser à ses hommes la plaine presque déserte de l'Udhr, dans le territoire Hashîd, au nord de Shahâra. L'effectif des troupes ennemies qui rôdaient dans la région surpassait largement celui des troupes de Yahya, mais il était bien résolu à ne pas laisser les royalistes tirer profit de sa faiblesse, car les conséquences auraient pu être désastreuses pour les républicains. Il envoya deux groupes flanquer l'adversaire, laissant sa troupe principale dangereusement dégarnie avancer lentement au centre. Mais le stratagème fonctionna et les royalistes se replièrent face à des forces qu'ils pensaient supérieures aux leurs.

L'ennemi en retraite organisait une résistance symbolique dans des hameaux et près des ponts avant de se replier vers sa position de défense suivante, au fur et à mesure que les républicains se rapprochaient. Les hommes de Yahya avançaient régulièrement et l'opposition diminuait alors qu'ils balayaient la plaine.

"Au moment où nous avons atteint le petit village de Sukaybat, nous raconta Yahya lors d'un voyage à Paris, nous pensions que les royalistes avaient déjà abandonné l'endroit, si bien que je me suis tranquillement avancé dans la grand-rue devant mes hommes. La dernière chose que j'ai entendue était le crépitement d'une mitraillette depuis la fenêtre d'une maison voisine. Au même moment, j'ai eu l'impression que mon bras et ma cuisse gauches explosaient."

Dans le café des Champs-Elysées où nous nous trouvions, Yahya remonta sa manche pour nous montrer sa cicatrice. Une des salves avait sectionné le nerf principal de son avant-bras avant d'aller se loger dans sa poitrine.

Après avoir débusqué le sniper, les hommes de Yahya firent transporter leur chef à San'â. Vu son état critique, les médecins de la capitale le mirent immédiatement à bord d'un avion à destination du Caire pour qu'il y subisse une intervention d'urgence.

Yahya revint à San'â six mois plus tard, mais les dégâts qu'avait subis son bras l'empêchèrent de retourner immédiatement au combat. En juillet 1963, le président As-Sallâl l'envoya en Union soviétique avec le premier groupe d'officiers yéménites inscrits aux cours de l'école des officiers de l'infanterie.

Yahya vécut dans les baraquements de l'école de Solnechnogorsk, à quarante kilomètres au nord de Moscou. Il avait ses week-ends, et il prenait en général le train pour aller flâner dans la capitale russe. L'ordre et l'efficacité de la Russie, comparés à ceux du Yémen, lui firent forte impression.

Yahya et ses camarades furent soumis à une propagande soviétique intensive, pas seulement de la part de leurs instructeurs mais également de la part des étudiants étrangers très engagés qui se trouvaient à l'école militaire. La politique du Moyen-Orient intéressait particulièrement les étudiants arabes, et ils posaient de nombreuses questions sur la politique soviétique dans la région. Officiellement, Moscou soutenait le révolutionnaire égyptien Gamal Abdel Nasser. Pourtant, ces jeunes experts en idéologie soulignaient que l'insistance de Nasser sur le nationalisme arabe était incompatible avec le concept marxiste d'un monde sans frontières.

La critique communiste violente du dirigeant égyptien éveillait l'hostilité de nombreux étudiants arabes. Ils considéraient Nasser comme un héros, et la plupart d'entre eux, comme Yahya, refusaient de remplacer leur idole moderne par Karl Marx.

Yahya retourna à San'â après avoir obtenu son diplôme de l'école d'infanterie à la fin de l'année 1965, pour prendre la direction de l'entraînement militaire des troupes. A cette époque, la guerre qui sévissait au Yémen était au point mort. Ni le régime républicain ni ses mécènes égyptiens n'avaient fait d'efforts pour développer l'armée régulière du pays pendant les premières années de la guerre. Les trop rares officiers yéménites étaient piètrement entraînés et, en 1965, la totalité des forces armées comptait moins de dix mille hommes. Les républicains dépendaient en grande partie des forces tribales irrégulières dirigées par les fidèles cheikhs et, surtout, des soixante mille soldats égyptiens envoyés dans le pays.

Cependant, ces soldats égyptiens, qui avaient reçu un entraînement conventionnel dans le désert et la plaine de la vallée du Nil, avaient de grandes difficultés à s'adapter aux conditions des hautes terres rocailleuses du Yémen. Leur confiance initiale quant à leur victoire sur les royalistes s'émoussait peu à peu.

En été 1965, un nombre croissant de chefs politiques et militaires républicains, y compris Yahya, pensaient que le président As-Sallâl avait fait tout son possible. Ils voulaient qu'il s'écarte pour permettre à quelqu'un d'autre d'adopter une stratégie différente.

Les Egyptiens étaient eux aussi de plus en plus impatients en voyant qu'As-Sallâl ne parvenait pas à faire avancer la guerre ni à élargir le soutien populaire pour son régime. En septembre 1965, Nasser convoqua le président yéménite au Caire, où il devait rester pour un séjour prolongé. Le Premier ministre d'As-Sallâl, le général Hasan al-'Amrî, et le réformiste 'Abd al-Rahmân al-Iryâni eurent carte blanche pour diriger le pays en son absence.

Dans une tentative désespérée pour tourner la guerre à l'avantage de la république, Al-'Amrî entreprit finalement de renforcer l'armée régulière du Yémen. Mais les choses progressaient lentement et, au bout d'un an, Nasser perdit aussi patience avec lui. As-Sallâl se prépara à retourner à San'â.

Parmi les officiers républicains, Al-'Amrî en tête, beaucoup étaient contre le retour d'As-Sallâl. Le Premier ministre déclara même qu'il ferait arrêter le président au moment où celui-ci poserait le pied sur le sol yéménite. Anticipant les problèmes, les Egyptiens postèrent des tanks tout le long de la route qui allait de l'aéroport au centre de San'â le jour où l'avion d'As-Sallâl atterrit, le 12 août 1966. Des soldats égyptiens l'escortèrent jusque chez lui sans encombre.

Les Yéménites déploraient déjà le fait que tous leurs officiers aient à leur côté un "conseiller" égyptien, une sorte de frère siamois habilité à rejeter leurs décisions si celles-ci ne concordaient pas avec la politique égyptienne. Le retour d'As-Sallâl accentua les griefs des républicains modérés contre la tactique musclée de l'Egypte. Un conflit se dessinait à l'horizon, mais les opposants d'As-Sallâl savaient qu'ils ne pourraient pas remporter une victoire militaire sur les Egyptiens, si bien qu'Al-'Amrî et ses partisans, y compris Yahya al-Mutawakkil, se retirèrent à Taëz en signe de protestation.

"Quand Nasser l'a contacté par téléphone, nous expliqua Yahya, Al-'Amrî a exigé un face-à-face avec le dirigeant égyptien. Nasser a envoyé deux avions à Taëz afin de le faire venir au Caire, ainsi que les cinquante ou soixante ministres, officiers militaires et membres du gouvernement opposés à As-Sallâl. Nous pensions que Nasser avait accepté de nous écouter."

Mais les véritables intentions du dirigeant égyptien se révélèrent beaucoup plus pernicieuses. La délégation comprenait le Premier ministre Al-'Amrî ; Yahya al-Mutawakkil et son frère Ahmad (alors officier) ; le cheikh Muhammad Abû Luhûm (fils du cheikh Nihm, 'Abd Allâh Abû Luhûm) ; son cousin éloigné, Dirham Abû Luhûm ; Ibrâhîm al-Hamdî (le futur président du Yémen) ; 'Abd al-Rahmân al-Iryâni (un autre futur président) ; et des douzaines d'autres dignitaires qui allaient exercer une influence considérable sur la politique yéménite dans les années à venir.

"Les Egyptiens nous ont traités avec beaucoup de respect... au début, poursuivit Yahya. Le Premier ministre est venu nous accueillir en personne à l'aéroport, et il nous a assuré que le ministre égyptien de la Défense viendrait écouter ce que nous avions à dire. Ils nous ont emmenés à l'I*ntercontinental Hotel* et, quelques jours plus tard, ils nous ont donné de l'argent pour que nous puissions louer des appartements au Caire, comme si nous allions rester là-bas un bon moment."

L'importance que les Egyptiens semblaient accorder à leur visite encouragea les Yéménites, en particulier le fait que le ministre de la Défense en personne ait accepté de les recevoir. Ils espéraient négocier une diminution du rôle prépondérant de l'Egypte dans les affaires yéménites, tout en réitérant poliment leur soutien à la république et leur gratitude pour l'aide que leur avait apportée l'Egypte par le passé.

Une semaine s'écoula avant que les Yéménites se réunissent au Club des officiers du Caire, le 16 septembre 1966, pour cette entrevue qu'ils espéraient depuis si longtemps. Yahya nous expliqua froidement ce qui se passa ensuite :

"Notre optimisme a disparu quand les Egyptiens nous ont informés que le ministre de la Défense ne pourrait finalement pas nous recevoir. C'était le ministre des Affaires militaires qui s'exprimerait en son nom, une personnalité beaucoup moins importante. Al-'Amrî et 'Abd al-Rahmân al-Iryâni se sont levés pour quitter le club en signe de protestation.

Les autres et moi, on est restés pour écouter ce que les Egyptiens avaient à nous dire. Quand le ministre des Affaires militaires est entré dans la pièce, il s'est mis à nous parler d'un ton condescendant, comme un professeur d'école, et il nous a fait la leçon sur la situation politique et militaire du Yémen. Les Yéménites sont des gens fiers. Cela nous a vraiment irrités.

Comme le ministre n'en finissait pas de parler, 'Alî al-Khawani* a levé la main pour prendre la parole. Le ministre a tenté de l'ignorer, mais 'Alî a continué d'agiter la main. Finalement, l'Egyptien a cessé son sermon et l'a regardé : «Vous êtes ici pour écouter, pas pour parler», a-t-il dit. Là-dessus, tout le monde s'est levé pour quitter le bâtiment.

* Le chef d'état-major de l'armée yéménite.

Nous sommes tous allés à la maison que louait 'Abd al-Rahmân al-Iryâni, pas très loin de là, afin de discuter de ce que nous allions faire. Mais au moment où nous arrivions chez lui, nous avons vu que la maison était cernée par des soldats égyptiens. Al-Iryâni et Al-'Amrî étaient prisonniers, et nous avons compris que nous allions bientôt être arrêtés à notre tour."

Muhammad Abû Luhûm se souvient du déroulement des événements comme s'ils s'étaient passés la veille. "Nous avons décidé de nous séparer et de tenter notre chance chacun de notre côté, dit-il. Dirham Abû Luhûm a emmené Tariq* avec lui, et ils sont partis en direction du centre-ville pour se réfugier dans un appartement que possédait Muhsin al-'Ayni**. J'ai longuement réfléchi et j'ai fini par avoir l'idée d'aller à l'ambassade du Koweït pour demander l'asile politique.

Je voulais que Dirham et Tariq fassent la même chose, si bien que je suis allé chez Muhsin. Quand je suis arrivé là-bas, j'ai remarqué que des voitures de la police égyptienne étaient garées devant l'immeuble. J'ai vu une cabine téléphonique et j'ai appelé à l'appartement pour voir ce qui se passait. Dirham a répondu d'une voix tremblante et nerveuse, et j'entendais plusieurs Egyptiens qui parlaient fort derrière lui.

«Qui est avec toi ?» lui ai-je demandé.

Dihram a hésité.

«Seulement les copains», a-t-il marmonné.

Ensuite, j'ai entendu une voix égyptienne se rapprocher et, soudain, ça a raccroché.

J'étais tellement bouleversé que je ne savais pas quoi faire. Je suis parti en direction de l'ambassade du Koweït, mais je me suis arrêté au bout de quelques pas. Je ne pouvais pas aller leur demander l'asile politique maintenant que Dirham et surtout le jeune Tariq avaient été arrêtés, si bien que j'ai fait demi-tour et je

* Le neveu adolescent de Muhammad.

** Des parents par alliance de la famille Abû Luhûm.

suis retourné chez Muhsin. Les Egyptiens m'ont arrêté avec Dirham et Tariq."

Après avoir quitté les autres membres de la délégation, Yahya al-Mutawakkil erra dans les rues de la capitale égyptienne. "Je savais que les choses étaient tendues, se rappelle-t-il, mais j'ignorais complètement que tout le monde avait été arrêté, si bien que j'ai décidé d'aller voir un film. Quand j'étais en convalescence au Caire, après mes blessures, plus de trois ans auparavant, j'allais tout le temps au cinéma. Personne ne fait des films comme les Egyptiens, et ça me changeait les idées de tous les problèmes du pays pendant une heure ou deux. Des agents de la sûreté égyptienne m'avaient suivi jusqu'au cinéma, mais je me disais qu'ils tentaient seulement de me harceler. Quand le générique de fin a défilé sur l'écran et que les lampes se sont rallumées après le film, les agents sont entrés, se sont emparés de moi et m'ont dit que j'étais en état d'arrestation."

Nasser ordonna qu'une douzaine des membres les plus distingués de la délégation yéménite soient détenus à la maison d'arrêt. Les autres (à une ou deux exceptions près) furent traînés jusqu'à la prison militaire située près du quartier Héliopolis, au nord-est du Caire, non loin de l'actuel aéroport international. Les Egyptiens avaient en fait prévu de procéder à ces arrestations la veille, pendant la réunion organisée au Club des officiers. Mais nombre des Yéménites étant venus armés de pistolets, leurs hôtes s'étaient dit qu'il valait mieux les arrêter séparément.

Quand ses ravisseurs le jetèrent en prison, Yahya trouva la plupart de ses camarades déjà dans des cellules, découragés. La façon dont on les avait traités était un choc pour eux tous, et ils étaient sagement assis, essayant d'imaginer ce que l'avenir leur réservait.

La prison était un endroit sale et sinistre, et les Yéménites ne bénéficiaient pas d'un traitement de faveur. Chaque cellule mesurait à peu près deux mètres carrés et avait une petite fente horizontale d'environ dix centimètres de long sur cinq de large placée juste au-dessus de la porte. Chaque prisonnier prenait le seau qui lui servait de toilettes, le retournait, posait sa couverture pliée dessus et passait des heures debout sur ce perchoir à regarder la cour de la prison par cette meurtrière.

"Parfois, les gardiens jouaient au foot dans la cour de la prison, expliqua Yahya en riant. Un des gardiens jouait vraiment bien et il aimait que les prisonniers le regardent, si bien qu'il déverrouillait les portes de nos cellules et nous permettait de les entrouvrir, juste assez pour voir le match. L'un de nous, Hasan Makki, s'est laissé emporter par l'excitation et a passé la tête par l'ouverture de la porte pour mieux voir. Un gardien s'est avancé vers lui et a frappé violemment contre la porte avec son bâton, juste à côté de sa tête : il nous a tous effrayés, surtout Hasan.

«Rentre ta tête tout de suite, a crié le gardien.

— Qu'est-ce que vous voulez, nous traiter comme des animaux ? a demandé Makki avec un air de chiot blessé. Nous sommes des gens respectables.»

Le gardien l'a regardé en haussant les sourcils et il a rétorqué d'un ton méprisant : «Si vous étiez des gens respectables, vous ne seriez pas ici.»"

Les jours se transformèrent en mois, et les Yéménites commençaient à désespérer de retrouver un jour leur liberté. Comme le froid de l'hiver s'installait, Yahya tentait de rester actif pour se réchauffer. Le jour de leur arrestation, il faisait très chaud, et il ne portait qu'un pantalon de coton et une chemise à manches courtes. Pendant plusieurs heures chaque nuit, il utilisait l'anse métallique de son seau pour gratter le ciment du mur qui séparait sa cellule de celle de son grand ami, 'Alî al-Muayyad.

"Après avoir creusé pendant plusieurs semaines, dit Yahya, je suis arrivé à desceller une brique. Je la retirais tous les soirs après la dernière ronde des gardiens pour pouvoir raconter à 'Alî les films que j'avais vus et, en échange, 'Alî me récitait des poèmes. La journée, je replaçais la brique et je la faisais tenir avec de l'huile de cuisine. Tant de mouches s'agglutinaient sur la graisse qu'elles ressemblaient à une couche de peinture noire, si bien que les gardiens n'ont jamais remarqué que le ciment avait été enlevé."

A bien des égards, la prison ressemblait à la guerre qui sévissait chez nous : des journées d'ennui interminables ponctuées par de brefs mais intenses moments de terreur. Parmi les Yéménites, certains avaient subi des interrogatoires et des violences physiques le premier jour de leur incarcération, et les insultes pleuvaient. Mais ceci n'était rien en comparaison des châtiments dont certains autres prisonniers étaient victimes.

Les cellules des Yéménites étaient nettoyées tous les matins par des membres du Parti communiste égyptien emprisonnés ou, à l'autre bout du spectre politique, par des membres des Frères musulmans, mouvement populaire en faveur d'un gouvernement islamique. Ces deux groupes clandestins étaient violemment opposés au dirigeant égyptien.

Les gardiens de prison vouaient une haine sans égale aux Frères musulmans. Les cris terribles qu'on entendait pendant leurs séances de torture résonnaient dans toute la prison et secouaient énormément les prisonniers, surtout les autres Frères musulmans.

"L'un d'eux est parvenu à fausser compagnie aux gardiens qui l'escortaient à sa cellule depuis l'une des salles de torture spéciales qui se trouvaient au troisième étage de la prison, me dit un jour Yahya avec un frisson. Il s'est jeté par-dessus la grille avant que les gardiens aient le temps de l'en empêcher. J'ai vu depuis la fente de ma cellule le directeur de la prison se tenir au-dessus de l'homme étalé dans la cour et lui donner des coups de pied pour s'assurer qu'il était mort."

Comme leur libération semblait de plus en plus lointaine, les détenus yéménites sentaient la mort approcher. Les rares informations qu'ils parvenaient à obtenir du monde extérieur n'aidaient guère à les rassurer. Un Yéménite fut incarcéré plusieurs mois après l'arrestation des membres de la délégation, et il leur apprit la dernière nouvelle déprimante, à savoir que le président du Yémen avait entamé chez eux une campagne sanglante visant à éliminer toute opposition à son régime. Dans cette optique, As-Sallâl exigeait l'extradition de la délégation yéménite emprisonnée au Caire. Il se vantait publiquement de vouloir les faire exécuter jusqu'au dernier le jour de leur retour au pays.

Des Yéménites compatissants firent pression sur les dirigeants arabes pour qu'ils dissuadent Nasser d'envoyer les prisonniers à une mort certaine en les extradant. Leurs efforts furent couronnés de succès, mais les prisonniers du Caire n'avaient à l'époque aucun moyen de le savoir. Chaque jour, ils s'attendaient à ce qu'on les traîne hors de leurs cellules pour les livrer à l'impatient As-Sallâl.

Les détenus yéménites ne parvinrent pas tous à résister à la tension mentale que leur imposait leur situation précaire. "Un matin, l'un de nous est sorti de sa cellule pour aller aux toilettes, vêtu de ses seuls sous-vêtements, dit Yahya. Il avait enroulé le reste de ses vêtements autour de sa tête comme un énorme turban et, à chaque pas, on aurait dit que le poids de celui-ci allait le faire basculer. On a tous eu pitié de lui, mais ça nous a bien fait rire."

D'autres découvrirent différentes méthodes pour combattre le stress. Les Yéménites n'étaient pas censés recevoir quoi que ce soit de l'extérieur de la prison – ni courrier, ni cadeaux – mais l'un d'eux réussit à se faire livrer un colis envoyé par sa famille. Un sachet de raisins secs accompagnait la lettre qui s'y trouvait, et le prisonnier les fit macérer dans un pot de yaourt rempli d'eau pendant plusieurs semaines, jusqu'à ce qu'ils aient fermenté. Tous les un ou deux jours, il prenait une gorgée de son alcool maison, dont il savourait chaque goutte.

En juin 1967, neuf mois après l'arrestation des Yéménites, les soldats égyptiens subirent une sévère défaite militaire face à Israël. L'Etat juif poursuivit son annexion des terres arabes en prenant la péninsule du Sinaï et Gaza à l'Egypte (ainsi que la Cisjordanie à la Jordanie, et le plateau du Golan à la Syrie). Dans un discours solennel et sincère, Nasser annonça qu'il démissionnait de la présidence, mais les Egyptiens organisèrent des manifestations massives afin d'exiger qu'il reste – et il se plia à leur volonté.

La débâcle militaire contre Israël força Nasser à focaliser son attention sur des problèmes plus proches de chez lui que les lointaines montagnes de l'Arabie du Sud. Afin de remettre de l'ordre dans sa propre maison, l'Egypte avait besoin de l'aide financière saoudienne, et les fonds tarderaient à arriver tant que Le Caire menait une guerre par procuration contre l'Arabie Saoudite dans la propre cour de celle-ci. Nasser fit alors savoir qu'il prévoyait de diminuer l'implication de l'Egypte dans les affaires du Yémen. Les républicains, dit-il à As-Sallâl, avaient tout intérêt à aboutir à un arrangement avec les royalistes avant que les derniers soldats égyptiens aient quitté le pays, quatre mois plus tard.

Nasser finit par relâcher les délégués yéménites de leur prison du Caire le 10 octobre 1967. Ils restèrent en Egypte douze jours de plus afin de discuter de la situation au Yémen et, cette fois-ci, les officiels égyptiens les traitèrent avec considérablement plus de respect que treize mois plus tôt.

"Nous avons pris l'avion au Caire pour Al-Hudayda le 22 octobre, expliqua Yahya, juste à temps pour voir les derniers soldats égyptiens embarquer sur leurs navires et rentrer chez eux. Quand nous sommes descendus de l'avion, un membre du comité d'accueil a allumé la radio pour que nous puissions tous entendre le discours que Nasser prononçait au Caire : «Au Yémen, nous avons persécuté les bons et soutenu les méchants», a reconnu le président égyptien."

Yahya et les autres Yéménites éclatèrent de rire.

As-Sallâl s'aventura bravement jusqu'à Al-Hudayda pour aller voir les anciens détenus yéménites et tenter de se réconcilier avec eux. Le retrait des troupes égyptiennes rendait As-Sallâl extrêmement vulnérable, à la fois face aux royalistes et à ses opposants au sein du régime républicain.

Il expliqua à la délégation qu'il partirait pour Bagdad et Moscou quelques jours plus tard, où il solliciterait une aide militaire afin de soutenir la république contre l'offensive royaliste qui suivrait inévitablement le départ des Egyptiens. Il persistait à croire que sa présidence parviendrait à résister à la tempête d'événements qui s'annonçait dans un avenir très proche. "Il plaisantait même avec nous sur la piste d'atterrissage d'Al-Hudayda, se souvient Yahya. «J'espère qu'aucun de vous ne songe à prendre ma place pendant mon absence», a-t-il dit."

Lorsqu'il partit pour l'Irak au début du mois de novembre 1967, As-Sallâl remit le pays entre les mains de 'Abd al-Rahmân al-Iryâni. Le 5 novembre, Al-Iryâni et Hasan al-'Amrî déposaient le président absent.

Après avoir servi d'aide de camp à Al-'Amrî pendant le siège décisif des soixante-dix jours de San'â, Yahya devint directeur du bureau du Premier ministre en 1968, puis fut promu vice-commandant en chef des forces armées l'année suivante, à l'âge de vingt-sept ans.

L'un de ses grands moments de fierté arriva en mars 1970, quand il accompagna à Djedda Muhsin al-'Ayni, le nouveau Premier ministre et ministre des Affaires étrangères, pour négocier en secret un accord de paix avec les royalistes par l'intermédiaire de l'Arabie Saoudite. Les négociations tendues débouchèrent finalement sur un arrangement acceptable par les deux camps, même si les membres de la famille proche de l'imam Al-Badr étaient exclus de tout poste à responsabilités.

Une fois les détails mis au point, Yahya retourna en Arabie Saoudite deux semaines plus tard avec une délégation plus importante, afin de signer l'accord de paix définitif qui mettait un terme à huit années de guerre civile.

Après la guerre, Yahya demeura actif au sein du gouvernement. Il devint membre de l'Assemblée nationale du Yémen en 1970 et ambassadeur du Yémen en Egypte début 1971, un pays où il resterait pendant plus de trois ans dans des circonstances bien différentes de celles qu'il avait connues lors de ses mois de détention là-bas.

La veille du jour où un groupe d'officiers déposa le président 'Abd al-Rahmân al-Iryâni en juin 1974, les conspirateurs rappelèrent Yahya de son ambassade en Egypte. Le président américain Richard Nixon devait arriver en Egypte pour une visite officielle le jour même et un des conseillers d'Al-Iryâni trouva particulièrement suspect que Yahya revienne au pays juste avant un événement aussi historique pour l'Egypte. Mais il était trop tard pour changer quoi que ce soit.

Yahya devint membre du Conseil présidentiel tout-puissant qui succéda à un coup d'Etat réalisé sans effusion de sang. Ce corps exécutif et législatif nomma bientôt Ibrâhîm al-Hamdî nouveau président du Yémen, et Yahya devint son ministre de l'Intérieur.

Hormis le fait qu'ils avaient étudié ensemble à l'école militaire de l'armée de l'air à San'â, Yahya et Al-Hamdî avaient partagé la même cellule pendant les quatre derniers mois de leur détention au Caire. Les deux hommes avaient un lien encore plus fort, car Yahya avait sauvé la vie d'Al-Hamdî douze ans plus tôt.

Avant la révolution, le père d'Al-Hamdî avait été *hakim* – juge du gouvernement – à Dhamâr. La famille entretenait des relations privilégiées avec l'imam Ahmad et, quand la révolution chassa l'imam

Al-Badr du pouvoir, Al-Hamdî et son fils, Ibrâhîm, atterrirent en prison en attendant d'être exécutés. Yahya, qui connaissait Ibrâhîm depuis l'école militaire, intervint et le fit libérer ainsi que son père. Avoir échappé de peu à la mort modifia sa vision de la république, qu'Al-Hamdî en vint ironiquement à gouverner douze ans plus tard.

Quand Yahya démissionna de son siège de ministre de l'Intérieur en 1976, le président Al-Hamdî l'envoya en exil en le nommant ambassadeur du Yémen aux Etats-Unis. Au milieu des années 1980, Yahya partit à Paris, toujours comme ambassadeur, où il resta moins d'un an avant de rentrer au Yémen et de devenir gouverneur de la province d'Ibb, au sud de San'â.

L'ascension de Yahya dans les rangs de l'armée et de la politique de la République yéménite est tout à fait extraordinaire. En effet, il ne bénéficiait pas du soutien d'une tribu influente, ce qui l'aurait rendu intéressant aux yeux du gouvernement ou lui aurait permis de menacer celui-ci pour obtenir ce qu'il voulait. En outre, ses origines *sayid* représentaient pour lui un énorme handicap dans un mouvement qui luttait pour éliminer le statut privilégié de cette partie de la société. Pourtant, en dépit de ces circonstances peu favorables, Yahya persévéra et réussit. Il restera toujours un exemple pour moi.

Village de Bayt al-Salami dans l'Al-Hayma, dominant la route entre San'â et Al-Hudayda. Bâti par les ancêtres de l'auteur, il est encore habité par leurs descendants.

Hamud Murzah, frère aîné de Khadija.

Khadija al-Salami à l'âge de neuf ans environ.
© Collection de la famille Al-Salami

Khadija al-Salami à l'âge de treize ans environ.
© Collection de la famille Al-Salami

Amina al-Salami, grand-mère de Khadija, dans les années 1990.
© Collection de la famille Al-Salami

Maison de grand-mère Amina dans le quartier d'Al-Hurgân à San'â.
© Charles Hoots

Le père de Khadija, Muhammad Murzah (à droite), en compagnie de son beau-frère, 'Alî al-Salami, lors de son traitement médical au Caire.

De gauche à droite : Amat al-Alim al-Suswa (première femme ambassadeur du Yémen), Khadija al-Salami et une amie, Jamila 'Alî Rija, vers 1978-1979.

Khadija lors de sa rencontre avec le président 'Alî 'Abd Allâh as-Sâlih à Washington, en présence de l'ambassadeur Muhsin al-'Ayni, automne 1989.

Khadija à Washington, 1983.

Khadija devant sa table de mixage à *Radio-Orient*, Paris, 1986.
© Collection de la famille Al-Salami

Tariq al-Maamari, le demi-frère de l'auteur, devant sa maison de famille dans le village d'Al-Sharara.
© Charles Hoots

Yahya al-Mutawakkil dans le jardin Claude-Monet à Giverny, France, fin des années 1990.
© Khadija al-Salami

Yahya al-Mutawakkil, à droite, en compagnie du cheikh ʻAbd Allâh al-Ahmar (avec sa *jambiya*) et d'amis.
© Collection de la famille Al-Mutawakkil

Mujahid Abû Shawareb, 1970. Photo prise par une journaliste libanaise anonyme peu après la bataille de Sa'da. La journaliste a envoyé cette photo à Mujahid après avoir inscrit en haut du cliché *saqr hashid* : le faucon des Hashîd.

Visite officielle en Allemagne de l'Ouest en 1970. De droite à gauche : Mujahid Abû Shawareb, Yahya al-Mutawakkil, Ahmad al-Matari, 'Abd Allâh Al-Ahmar (cheikh principal des tribus Hashîd).
© Collection de la famille Al-Mutawakkil

De gauche à droite : Yahya al-Mutawakkil, ministre de l'Intérieur, le président Ibrâhîm al-Hamdî, 'Abd al-Aziz 'Abd al-Ghani, Premier ministre, et Ahmad al-Ghasmî, chef de l'état-major, 1975.
© Collection de la famille Al-Mutawakkil

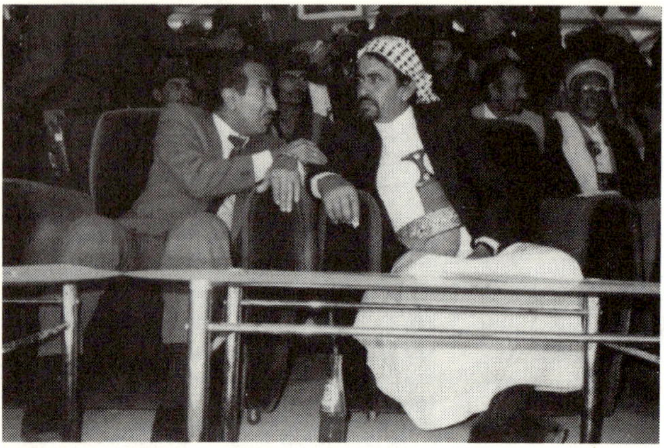

Mujahid Abû Shawareb (à droite) et Yahya al-Mutawakkil lors d'une parade militaire à San'â, Yémen.
© Collection de la famille Al-Mutawakkil

Khadija en robe de mariée, en compagnie d'Amat al-Alim al-Suswa, première femme ministre (des droits de l'homme) du Yémen, 1992.
© Boushra al-Mutawakkil

Khadija en robe de mariée traditionnelle sur le toit de la maison de sa mère à San'â, 1994.

Charles Hoots, le mari de Khadija, en train de mâcher du qat à leur cérémonie de mariage. Assis à sa gauche, Hasan al-Lowzi, et 'Abd al-Rahmân al-Akwa à gauche de celui-ci.

‘Abd Allâh Abû Luhûm, le père de Muhammad Abû Luhûm, photographié vers 1945 dans les environs de San’â où il allait voir l’imam.

Muhammad Abû Luhûm (debout au centre en uniforme sombre et fusil à l'épaule droite), alors commandant de tank, dans les années 1960. On peut voir également le futur président Ahmad al-Ghasmî debout derrière l'épaule droite d'Abû Luhûm et l'actuel président 'Alî 'Abd Allâh as-Sâlih à genoux à droite d'Abû Luhûm, coiffé d'une casquette. Cette photo a été prise lors d'exercices d'entraînement près de San'â pendant la guerre civile, fin 1967-début 1968.

© Collection de la famille de Muhammad Abû Luhûm

De droite à gauche : Rubish Kaalan (qui s'est enfui dans le désert après avoir assassiné le garde du corps de l'imam), Sâlih Abû Luhûm, son frère Muhammad Abû Luhûm (qui est allé en prison pour le crime commis par Rubish) et un ami, 'Alî al-Shayba, 1972.

© Collection de la famille de Muhammad Abû Luhûm.

Muhammad Abû Luhûm en train de résoudre des problèmes avec des hommes des tribus et l'armée, dans les années 1970.
© Collection de la famille de Muhammad Abû Luhûm

La maison de la rue 'Aqil, à San'â, que grand-père Hamud a achetée aux parents de l'auteur quand ils se sont remariés.
© Charles Hoots

Cortège funèbre lors de l'enterrement de Yahya al-Mutawakkil, janvier 2003.

Khadija et sa famille. De gauche à droite : Khadija et sa nièce Hadil (sur ses genoux), 'Alî al-Mehwashi (un beau-frère de Khadija), Ghamdan et Ghadir (neveu et nièce de Khadija), Fatima al-Salami (la mère de Khadija) et Hanan (une autre nièce de Khadija).

Khadija sur son balcon, Paris, 2000

Khadija et Charles Hoots chez les parents de Charles en Caroline-du-Nord, 2001.

XV

FRANCE

Yahya al-Mutawakkil nous accueillit avec gentillesse, mon amie et moi, dans son bureau de Washington. Après une poignée de main, nous nous assîmes dans les fauteuils qui faisaient face au bureau de l'ambassadeur. Quand je me fus présentée, j'expliquai brièvement que je voulais acheter une voiture et que j'avais besoin de l'ambassade pour se porter garante auprès de la banque.

"Onze mille dollars ! s'exclama Yahya quand je lui tendis le contrat de prêt. C'est beaucoup d'argent pour une étudiante… C'est beaucoup d'argent pour un ambassadeur !"

Yahya, bien sûr, n'avait pas l'intention de garantir un tel financement – les ambassades ne sont pas là pour ça. Il allait devoir me dissuader de souscrire cet emprunt, pour mon propre bien.

"Pourquoi ne prenez-vous pas un peu de temps pour y réfléchir ? suggéra-t-il. Vous ne voulez sûrement pas précipiter un achat impliquant autant d'argent.

— J'y ai déjà réfléchi, répondis-je, préparée à ses arguments. C'est la voiture que je veux."

Au bout d'une demi-heure de discussion qui ne menait nulle part, Yahya sut que je ne me laisserais pas dissuader d'acheter cette voiture. Il reconnut en moi sa propre obstination et, apitoyé, il vérifia que le montant de la bourse me suffirait à payer les mensualités. Mon amie et moi quittâmes son bureau quelques minutes plus tard, une lettre garantissant le financement de ma voiture en main.

L'image que s'étaient faite de moi certaines de mes camarades de classe vola en éclats le lendemain après-midi quand j'arrivai sur le campus du Mount Vernon College au volant d'une voiture de sport flambant neuve. Une de mes amies vint me voir un peu plus tard pour me demander si je pouvais lui prêter de l'argent.

"Mais je n'ai pas tant d'argent que ça, protestai-je sincèrement.

— Ouais, d'accord, comment tu t'es payé cette voiture, alors ?"

La fille piqua une colère quand je lui dis à nouveau que je ne pouvais pas lui prêter d'argent.

"Sale richarde !" me lança-t-elle d'un ton méprisant en s'éloignant.

Pendant les vacances d'été entre ma deuxième et ma troisième année, je ressentis le besoin de découvrir un peu plus l'Amérique. Je m'étais attachée à ce pays au cours des deux années que j'y avais passées. C'était la première fois que j'avais eu véritablement l'occasion de rencontrer et de connaître des gens d'origines ethniques, de convictions religieuses ou de pays différents dont je n'avais même jamais entendu parler avant de quitter le Yémen. Il semblait y avoir une infinité d'opportunités pour un nombre infini de gens, et j'avais envie de voir du pays, si bien que j'entrepris de traverser l'Amérique, seule au volant de ma voiture.

En traversant les Appalaches, le vert intense de la campagne me frappa. Ensuite, les remarquables similitudes entre le Yémen et le désert du Sud-Ouest me fascinèrent alors que je filais à travers le Nouveau-Mexique et l'Arizona sur l'Interstate 40.

Je ne parvenais pas à croire qu'il y avait en Amérique un endroit si semblable au Yémen, avec ses buttes poussiéreuses et son sable rouge. Traverser cette région me rappela les excursions que je faisais le vendredi avec ma tante Hamida et son mari dans les environs de San'â. Nous ne nous éloignions jamais de plus de cinquante kilomètres de la capitale, mais nous devions franchir au moins quatre postes de contrôle où des soldats nous arrêtaient pour vérifier nos papiers d'identité. Pendant ma traversée de l'Amérique, je songeais avec incrédulité au temps qu'il m'aurait fallu si j'avais dû m'arrêter à des postes de contrôle tous les dix ou quinze kilomètres.

Et au Yémen, quand nous partions nous promener en voiture, je devais prendre garde à ne pas trop boire avant le voyage parce qu'il n'y avait pas de toilettes le long des routes. Mais cela n'était pas un problème sur l'Interstate 40. La seule chose dont j'avais à m'inquiéter était de regarder correctement la carte de temps en temps. Je ne me suis jamais sentie aussi indépendante que pendant ce voyage, comme si mon destin reposait véritablement entre mes seules mains.

Contrairement au Nouveau-Mexique et à l'Arizona, Los Angeles ne ressemblait pas du tout au Yémen. Je perdis mon chemin en entrant dans la ville et ne pus trouver quelqu'un parlant suffisamment l'anglais pour m'indiquer la route. Dans la plupart des quartiers, les gens répondaient à mes questions en espagnol, une langue que je ne connaissais absolument pas.

Je me rendais à l'université de Californie du Sud, qui m'avait acceptée dans un cursus de cinématographie pendant les cours d'été. Au Mount Vernon College, j'avais décidé de me spécialiser dans la communication et, si le fait de suivre des cours de cinématographie en Californie compléterait bien ma discipline principale, je pensais aussi que ce serait amusant de passer les vacances là-bas. J'appris les techniques de tournage, le son et le montage, et je finis les cours en tournant deux courts métrages. L'expérience me plut énormément, et je résolus de poursuivre dans la voie de la réalisation cinématographique.

Ces cours d'été me permirent d'obtenir mon diplôme début 1986, après seulement trois ans et demi d'études. Je retournai au Yémen où je repris mon travail à la télévision, mais les choses n'étaient pas telles que je l'avais espéré. Je fis quelques suggestions afin d'améliorer la chaîne et soumis des idées de nouvelles émissions. Personne ne semblait intéressé le moins du monde et j'en conclus qu'il me serait difficile d'utiliser là-bas ce que j'avais appris au cours de mes études à l'étranger.

Côté personnel, après quatre ans d'autonomie, la vie à la maison me ramena brutalement à la réalité. Mon frère Hamud avait pris le rôle du protecteur de la famille, et il se mit à me harceler dès mon retour. Il me chaperonnait comme une enfant, voulait savoir où j'allais chaque fois que je sortais de la maison, me sermonnait quand je rentrais tard, répétait qu'il était temps que je me marie. Voyant que je lui résistais, il menaça de m'enfermer dans la maison et de faire tout ce qui serait nécessaire pour que mon comportement soit tel qu'il devait l'être selon lui. Nos disputes duraient des heures.

C'était comme si, pour Hamud, mon diplôme universitaire ne représentait rien sinon du temps perdu et que je devais dorénavant reprendre le rôle traditionnel de la femme au sein de la société. C'était pour moi hors de question et, comme mon travail n'était pas exactement ce que j'avais espéré, je résolus de quitter à nouveau le Yémen un mois après mon retour d'Amérique.

Vers l'âge de neuf ans, j'avais trouvé une traduction arabe des *Misérables* parmi les livres empilés dans le bureau de mon beau-père, le cheikh Hamîd. La couverture représentant une scène de rue dans le Paris du XIXe siècle avait éveillé mon intérêt, et Hamîd m'avait offert le livre. Emue par les enfants abandonnés décrits par Victor Hugo, je m'identifiai aussitôt à eux. Je rêvais depuis de visiter la France, confortée par les histoires que me racontait Nadia Zayn.

J'allais avoir la chance de voir enfin la ville des *Misérables*, car je décidai de partir étudier le français à Paris. Mon frère Hamud ignorait que je comptais repartir. S'il avait été au courant, il aurait tenté de m'en empêcher, de sorte que je ne le dis qu'à maman et à grand-mère. La veille de mon départ, grand-mère Amina me donna ses économies de quatre mille riyals (environ mille dollars à l'époque), ce qui paya mon billet d'avion pour la France.

Dès mon arrivée à Paris en été 1986, je me rendis à la Sorbonne pour m'inscrire dans un cursus de français. Les deux mille dollars que j'avais dans mon sac serviraient à payer les cours et à me fournir de quoi vivre pendant mon semestre à Paris.

Entrant dans une station de métro pour aller m'inscrire, j'achetai un ticket et franchis le portillon pour me diriger vers le quai. Pendant que je fourrageais dans mon sac pour ranger mon argent, un homme m'arracha mon porte-monnaie des mains, sauta par-dessus le portillon et disparut en haut de l'escalier puis dans la rue avant même que j'aie eu le temps de crier au secours. Le voleur s'enfuit avec les deux mille dollars qui devaient me permettre de vivre.

Il ne me vint jamais à l'esprit de retourner au Yémen, surtout quand je pensais à l'attitude de mon frère Hamud. Je trouverais un moyen de gagner de l'argent pour payer l'université et vivre en France.

J'avais fait la connaissance de Charlotte par une amie commune peu après mon arrivée dans le pays. Cette grande Française blonde d'une trentaine d'années changeait de travail dès qu'elle commençait à s'ennuyer. En apprenant ma mésaventure, Charlotte m'invita à venir loger chez elle, dans l'appartement qu'elle louait dans une rue tranquille du 14e arrondissement. J'acceptai avec joie.

Un soir, quelques semaines plus tard, Charlotte rentra du travail et me parla d'une radio en langue arabe appelée Radio-Orient, qui se trouvait à Paris. Mes recherches d'emploi n'avaient guère porté leurs fruits jusqu'à présent, mon visa d'étudiante ne m'autorisant pas à travailler. J'appelai la station le lendemain et, ravie, entendis le directeur me proposer un poste d'animatrice, du fait de mon expérience à la télévision au Yémen.

Mon travail à Radio-Orient me plut, malgré les tensions fréquentes entre le directeur de la station et les employés. Il se lançait fréquemment dans des tirades et le personnel ne pouvait jamais avoir la certitude d'être payé en temps voulu. Cependant, les employés hésitaient à se plaindre parce que, comme moi, ils n'avaient pas de permis de travail et étaient payés au noir, si bien qu'ils avaient peu de moyens de pression. Quand quelqu'un demandait pourquoi les salaires n'étaient pas versés à temps, le directeur répondait que la radio n'avait pas d'argent à ce moment-là.

Heureusement, il n'abusa jamais de son autorité avec moi. Même si elle arrivait généralement très en retard, la paie suffisait amplement à entretenir mon modeste train de vie d'étudiante, surtout que je ne buvais pas et ne fumais pas non plus. De plus, je m'amusais énormément au travail : je rencontrais et j'interviewais des musiciens arabes célèbres et je m'occupais de la programmation musicale jusqu'aux petites heures du matin.

De temps en temps, le vieux chanteur égyptien Muhammad 'Abd al-Wahab téléphonait à la station au milieu de la nuit depuis son appartement du luxueux hôtel Crillon. Sa voix de basse mélancolique avait séduit les auditeurs arabes pendant une bonne partie du XXe siècle. Il n'arrivait pas à dormir et avait simplement envie de parler à quelqu'un ; il tuait le temps en tentant de deviner mon visage à partir de ma voix et me demandait de passer certaines de ses chansons.

Une nuit, à quatre heures du matin, je sortis de la salle de diffusion pour aller chercher des cassettes dans la réserve. Mais l'amortisseur de fermeture de la porte cassa et celle-ci se referma, m'enfermant à l'extérieur de la salle de diffusion. Personne d'autre ne travaillait à la radio à cette heure-là, si bien que je dus réveiller le directeur de la station chez lui pour lui demander de m'apporter les clés, et je pus enfin entrer dans la pièce après plus d'une demi-heure d'interruption de programme.

Ayant suivi mes études dans une université conservatrice américaine pour filles, j'avais mené une vie de recluse avant mon arrivée à Paris, où je commençai seulement à vraiment ouvrir les yeux. Au travail, je voyais un autre aspect de l'existence. Les rivalités mesquines qui existaient au sein de la radio me stupéfiaient quand je voyais les employés intriguer sans cesse pour s'attirer les faveurs du directeur en dépit de son caractère lunatique.

Je fus également dégoûtée quand un ami yéménite en qui j'avais confiance m'emmena avec sa petite amie à une soirée chez un riche homme d'affaires yéméno-saoudien. Pendant la soirée circulaient de la cocaïne et d'autres drogues plus exotiques, et je compris bientôt que la plupart des jolies femmes étaient des prostituées. La scène me choqua car je savais que parmi les Yéménites qui s'affichaient en compagnie des prostituées, plusieurs étaient mariés. Très conservateurs chez eux (ils insistaient pour que leur femme se voile avant de sortir, pour qu'elle ne travaille pas...), ils ne l'étaient plus du tout lorsqu'ils se trouvaient à Paris. Les voir agir avec une telle hypocrisie me rendit furieuse.

Quelques jours plus tard, un des hommes d'affaires yéménites parla de la soirée à un ami : "Il y avait cette étudiante, Khadija. Je n'en croyais pas mes yeux. C'est vraiment triste de la voir assister à une soirée comme ça."

Pour ses amis et lui, c'était normal. Mais pour moi, une fille, c'était une honte, même si j'ignorais totalement à quel genre de soirée je me rendais avant d'y aller.

L'homme d'affaires chez qui la fête avait eu lieu était très riche. Pendant la soirée, l'ami que j'avais accompagné lui dit que j'étais étudiante et que je travaillais pour la radio toute la nuit pour payer mes études. Plus tard, l'homme eut l'audace de venir me trouver avec une proposition.

"Pourquoi est-ce que tu te tues au travail pour joindre les deux bouts ? me demanda-t-il, en partie désinhibé par l'alcool. Je te paierai tes études et ta nourriture. Je te louerai même un bel appartement. Tout ce que tu auras à faire, c'est être ma petite amie quand je suis à Paris."

J'eus envie de vomir. L'homme n'aurait pu me faire un plus grand affront, et je le maudis avec véhémence avant de sortir de l'appartement, furieuse.

Comme toutes les grandes villes, Paris est le lieu de toutes les tentations, et je veillais particulièrement à éviter d'y succomber. Si de nombreux aspects de la société conservatrice yéménite me mettaient en colère, j'étais heureuse que l'on m'ait inculqué certaines de ses valeurs étant enfant. En conséquence de quoi, la plupart de ce que d'autres considéraient comme tentant ne m'attirait pas du tout, comme le fait de boire de l'alcool ou de prendre de la drogue.

La France m'ouvrit également les yeux de manière plus positive, m'éveillant à une façon de vivre différente de tout ce que j'avais connu auparavant. Au Yémen, j'avais dû mener une lutte quotidienne pour mener ma vie comme je l'entendais et, en Amérique, je m'étais prélassée dans une vie libre des pressions sociales si lourdes dans mon pays. Mais en France, je découvris le bonheur de vivre.

Ville Lumière et cité de l'inspiration, Paris m'enthousiasmait tous les jours par sa cuisine, son architecture, sa mode et ses jardins. J'adorais me promener dans le Quartier latin, dont les ruelles étroites me rappelaient tant le Vieux San'â où j'ai grandi. Faire du lèche-vitrine boulevard Saint-Germain, avec ses boutiques élégantes, et la beauté des ponts qui enjambent la Seine me coupaient le souffle. Flâner au café en été et regarder la foule bigarrée des passants était comme assister à un défilé de haute couture. J'adorais chaque instant de cette vie.

Maintenant que j'avais un emploi et de l'argent, je pouvais prolonger mon séjour en France. Je partis de chez Charlotte pour emménager dans un immeuble chic près de l'Arc de Triomphe sur l'avenue Foch, l'un des quartiers les plus chers de Paris. Si l'adresse était luxueuse, les appartements ne l'étaient pas, et j'occupais une minuscule chambre de bonne.

Après plus d'un an à Radio-Orient, je me dis qu'il était temps de passer à autre chose. Lorsqu'il apprit la nouvelle, le directeur contacta le chargé d'affaires de l'ambassade du Yémen, un ami commun, pour lui demander de me convaincre de rester à la radio (sans doute parce que je ne l'ennuyais pas à propos des retards de salaire). Mais il ne fut pas inspiré d'appeler cet homme, car je venais de trouver un nouvel emploi à l'ambassade.

Je connaissais la plupart des rares Yéménites qui vivaient à Paris, lesquels travaillaient en majorité comme diplomates à l'ambassade du Yémen. Les femmes de ces diplomates étaient souvent très jalouses de moi, car j'étais célibataire et je côtoyais leurs maris de près. Elles cancanaient entre elles dans les soirées privées, s'avertissaient mutuellement de prendre garde à Khadija, qui tenterait à coup sûr de leur voler leurs maris. J'avais pitié de ces femmes, qui n'avaient rien de mieux à faire que s'inquiéter du fait que leur mari puisse prendre une autre épouse. Leur attitude me décourageait encore plus du mariage, car je craignais de devenir comme elles un jour.

Un nouvel ambassadeur, Sâlih al-Ashwal, arriva cette année-là. Je m'entendais bien avec sa femme et lui. J'avais fait mes études à San'â avec leurs filles et, lorsque je sollicitai un emploi auprès de l'ambassadeur, il m'en trouva un.

Les Al-Ashwal me traitèrent comme leur propre fille pendant l'année où je travaillai à l'ambassade à Paris. Mon travail consistait à répondre au téléphone et à découper des articles de presse susceptibles d'intéresser les diplomates. Au début, j'adorai ça, mais je dois avouer que cela ne dura pas très longtemps.

Juste avant de quitter mon travail à Radio-Orient, une amie yéménite journaliste, Ahlam al-Mutawakkil, vint à Paris pour une courte visite. Issue d'une famille conservatrice (des parents éloignés de Yahya al-Mutawakkil), Ahlam était une fille très croyante. A San'â, elle ne sortait jamais sans son voile et, même si elle ne le portait pas à l'étranger, elle se couvrait tout de même les cheveux avec une écharpe en public.

Ahlam s'impliquait désormais énormément dans la promotion des femmes au Yémen. Elle m'appela un jour à la radio pour me dire qu'elle et une autre Yéménite allaient rencontrer le cheikh Mujahid Abû Shawareb. Il était également de passage à Paris à ce moment-là, et elles voulaient le remercier pour le soutien qu'il apportait aux différentes causes féminines, entre autres pour avoir encouragé quatre femmes à se présenter à des élections locales récentes au Yémen. Elles espéraient que je les accompagnerais.

Le cheikh Mujahid était à l'époque vice-ministre des Affaires intérieures du Yémen. Plus d'une douzaine de blessures attestaient la bravoure sans égale de cet homme, et les foules d'hommes des tribus, de mendiants et autres quémandeurs attroupées en permanence devant sa maison de San'â pouvaient témoigner de son excessive générosité. Ces deux qualités l'aidèrent à devenir l'une des personnalités les plus respectées du Yémen.

Mujahid était connu pour sa franchise aussi bien dans la critique que dans l'éloge et sa candeur semblait bien peu en accord avec les jeux de manipulation auxquels se livrent tant de personnalités politiques à travers le monde. Il avait toujours préféré une approche directe, imposant ses idées avec une détermination de fer, au lieu d'avoir recours au subterfuge et à une diplomatie véreuse. Une bonne dose d'obstination et un grand esprit de compétition renforçaient son inépuisable énergie. Même s'il hésitait souvent avant de prendre une décision difficile, on pouvait rarement lui reprocher sa décision une fois celle-ci prise.

Mais je ne savais pas grand-chose du cheikh Mujahid quand Ahlam m'appela ce jour-là, et je n'avais pas particulièrement envie de le rencontrer. De plus, je ne me souciais pas tellement des problèmes des femmes. Je regrettais certains aspects de la tradition yéménite, tels que le fait de décourager les filles de suivre des études ou de rendre les hommes "responsables" de leurs épouses et de leurs sœurs. Mais jusqu'à présent, j'avais toujours considéré mes propres batailles comme une question de dignité et de justice personnelles plutôt que comme une campagne pour la "libération" de la femme. Ahlam me supplia néanmoins de l'accompagner et je finis par accepter.

Mujahid occupait une suite de l'hôtel Raphaël, avenue Kléber, l'une des grandes avenues qui partent de l'Arc de Triomphe. Quand nous entrâmes dans la suite, nous le trouvâmes en grande discussion avec trois autres Yéménites, et il se leva gracieusement pour nous accueillir.

Je pensais qu'un cheikh jouissant d'une réputation comme celle de Mujahid devait avoir soixante ou soixante-dix ans, et je fus surprise de découvrir qu'il n'avait pas encore la cinquantaine. Il était affecté d'un léger début de calvitie, mais sa moustache et sa barbe bien taillée qui ornait son menton ne grisonnaient pas du tout. Son regard vert impétueux ricochait contre les murs de la pièce comme celui d'un joueur de flipper. Ses gestes étaient volontaires et il lui restait un peu de la démarche confiante qu'il avait acquise dans sa jeunesse. Son costume de soie parfaitement taillé luisait sous l'éclat du lustre, et il lissa sa cravate de marque lorsqu'il nous présenta toutes les trois aux hommes qui se trouvaient dans la suite.

Quand Ahlam eut parlé brièvement avec Mujahid et l'eut remercié de son soutien, nous nous en allâmes. Je ne pensais plus à cette entrevue quand, quelques semaines plus tard, une de mes connaissances yéménites de Paris m'appela au téléphone. C'était aussi un ami de Mujahid et des hommes qui se trouvaient ce jour-là dans sa suite. Il dit que le cheikh et son entourage étaient revenus à Paris et qu'ils l'avaient invité à dîner le soir même. Il voulait savoir si une de mes amies irlandaises, qu'il avait rencontrée une fois, et moi-même voulions l'accompagner.

Au Yémen, pour une femme, une invitation à dîner avec des hommes presque inconnus aurait été inconvenante. Mais je m'étais habituée aux coutumes européennes et américaines, de même que Mujahid et les autres, hormis un ou deux de ses compagnons. J'avais acquis assez de confiance en moi pour savoir que personne ne pourrait me forcer à faire quelque chose contre mon gré, si bien que j'acceptai l'invitation, en particulier parce que le Yéménite qui m'avait invitée était un ami et qu'il nous accompagnerait.

A la moitié du repas, pourtant, l'homme assis à côté de moi me toucha la main d'une façon qui, si elle pouvait passer pour innocente aux yeux d'un Occidental, était totalement inacceptable pour deux Yéménites de sexe opposé, même à Paris. Bouillant de rage, je retirai précipitamment ma main mais, contrairement à mes habitudes, je parvins à tenir ma langue pendant tout le repas.

Mujahid me raconta des mois plus tard que lorsque Ahlam avait appelé pour prendre rendez-vous avec lui à l'hôtel, l'un de ses compagnons de voyage avait cru qu'elle et ses amies voulaient simplement "passer du bon temps", selon son expression. L'auteur de ce commentaire était censé posséder une bonne éducation et avoir beaucoup voyagé mais, malheureusement, ses facultés intellectuelles n'avaient pas dû évoluer assez pour concevoir qu'une telle visite pouvait avoir un autre but.

De retour chez moi après le dîner, ma colère ne reflua pas. Je passai toute la nuit à pleurer en pensant au manque de respect que l'homme m'avait montré. Je finis par prendre le téléphone pour appeler le cheikh Mujahid et lui dire que je viendrais le voir à son hôtel le lendemain. Ignorant mes intentions, son compagnon de voyage avait dû croire que cela confirmait ce qu'il pensait des filles, mais il comprit bien vite son erreur quand il me vit entrer en coup de vent dans la suite.

Mujahid leva un sourcil, surpris par la brusque irruption de sa visiteuse. Je jetai un regard dégoûté aux trois hommes qui se prélassaient dans les fauteuils éparpillés dans la pièce.

"Vous êtes peut-être riche, bredouillai-je en agitant un doigt menaçant devant l'homme qui m'avait touché la main pendant le dîner. Mais ne croyez pas que vous pouvez m'acheter grâce à votre argent. Je ne suis pas celle que vous croyez. Je travaille dur pour subvenir à mes propres besoins. Personne ne me contrôlera jamais grâce à son argent."

Hors d'haleine, je sortis de la pièce sans ajouter un mot.

Quand un Yéménite rencontre une femme en dehors de son cercle familial immédiat, il est extrêmement rare qu'il présente cette femme à son épouse ou à ses filles par peur que celles-ci ne la (ou le) soupçonnent de mauvaises intentions. Mais le problème ne se posa jamais entre Mujahid et moi, et lors de sa visite suivante à Paris, où il vint accompagné de son épouse et de ses enfants plusieurs mois plus tard, il m'appela pour m'inviter à aller déjeuner et faire les magasins avec eux. Depuis lors, ils m'ont toujours donné le sentiment de faire partie de la famille, et Mujahib représente désormais pour moi une figure paternelle d'une valeur inestimable (même si lui, pour sa part, préfère parler de figure fraternelle).

XVI

LES HOMMES DE L'OMBRE

Les premières archives écrites mentionnant le nom de la famille Abû Shawareb datent de plus de sept cents ans. La famille portait jadis le nom de Zaher, jusqu'à ce qu'un de ses patriarches se laisse pousser une énorme moustache qui lui valut par la suite le nom d'Abû Shawareb : le père à la moustache.

Mujahid Abû Shawareb, comme un de ses amis proches, Yahya al-Mutawakkil, est né vers le début de la Seconde Guerre mondiale. Son village de Warwar, qui appartient à la tribu Kharif*, comprend une langue de terre fertile qui part de la large vallée de Dhî Bîn, à quatre-vingts kilomètres au nord de San'â. Les restes d'anciennes coulées de lave remplissent les crevasses des versants qui l'entourent, se déployant au fond de la vallée pour baigner le sol dans une mer d'ébène.

La maison dans laquelle a grandi Mujahid se dresse, seule, au milieu du sol le plus fertile de Warwar. La petite maison carrée de pierres et de pisé est écrasée

* La tribu Kharif de Mujahid (Kharif veut dire "le sénile") est l'un des piliers des tribus Hashîd. Elle est divisée en trois branches, en fonction des différentes lignées du patriarche originel, Kharif, qui vécut il y a plusieurs siècles. L'une de ces branches, les Kalbiyeen, est elle-même divisée en trois sous-branches, appelées les "tiers" *(thuluth)*. Les deux autres branches, Banî Jubar (les fils de Jubar) et Sayad (le Chasseur), sont chacune divisées en cinq sous-branches, appelées les "cinquièmes" *(khamis)*. Chaque sous-branche a son propre cheikh, mais dans l'esprit de l'indépendance tribale, il n'y a pas de chef pour l'ensemble des Kharif.

par une tour ronde en pierre de trois étages, où les femmes et les enfants venaient jadis chercher refuge en période de troubles.

Le village le plus proche, une poignée de bâtiments accrochés comme du lierre à une falaise de cette région, se trouve à un peu plus d'un kilomètre à l'est.

Le père et le grand-père de Mujahid étaient les cheikhs de l'une des cinq branches Banî Jubar de la tribu Kharif. Mujahid suivit leur exemple et, en grandissant, il acquit une réputation de courage inégalé, ce qui n'est pas un mince accomplissement dans un pays où les gens s'enorgueillissent d'être braves. Au départ cependant, le courage dont il fit preuve par la suite fut inspiré non par son père ou son grand-père, mais par sa mère.

Mujahid se souvient qu'un jour, quand il était petit, il jouait devant chez lui lorsqu'un lion sauta soudain par-dessus le mur de la cour et se mit à gronder devant sa mère, qui donnait à manger aux moutons. "Quand le lion s'est approché de moi, raconte Mujahid, ma mère a attrapé une hache et a foncé sur le lion sans le moindre signe de peur. Le lion a pris un agneau et a sauté à nouveau par-dessus le mur avant qu'elle ait pu l'atteindre."

Mais un autre souvenir, datant de quelques années plus tard, laissa une impression encore plus forte sur Mujahid à propos du courage de sa mère :

"J'étais encore un petit garçon... je devais avoir neuf ou dix ans, dit Mujahid un jour qu'il nous racontait des anecdotes de son passé, lors d'une visite à Paris. Un après-midi, ma mère m'a envoyé faire des courses au village de Dhî Bîn, à une heure et demie de marche en amont dans la vallée. La journée était déjà bien avancée, si bien que j'ai préparé l'âne, attrapé mon fusil et je suis parti aussi vite que j'ai pu le long du lit étroit du *wâdî* en direction du marché, désireux de rentrer à la maison avant le coucher du soleil.

Au retour, j'ai commencé à me sentir mal à l'aise quand le soleil est passé derrière les montagnes du Sufyân, alors que j'étais encore à une demi-heure de la maison. Un *ilm* tordu comme un olivier poussait tout seul sur la berge du *wâdî*, entre deux rochers. En passant devant, l'âne, chargé de provisions, a soudain refusé d'avancer. Il devait y avoir un caillou devant lui ou quelque chose comme ça, mais je ne le discernais pas parce qu'il faisait trop sombre. Je lui ai crié d'avancer et je l'ai poussé mais l'animal a refusé de bouger.

Ensuite, j'ai entendu un bruissement étrange dans les feuilles de l'*ilm*. Le bruit est devenu de plus en plus fort, et je suis resté figé, car j'ai compris que ce devait être un djinn. On dit toujours que les djinns prennent un plaisir particulier à tourmenter les gens qui transportent de l'huile ou du beurre, et je me suis souvenu que l'âne portait une boîte d'huile de cuisine sur son dos. Alors, voilà pourquoi l'âne refuse d'avancer, me suis-je dit. Il a peur du djinn.

J'ai pris mon fusil à tâtons et je l'ai épaulé. Je tremblais tellement que j'ai dû retenir ma respiration. J'ai tiré plusieurs coups dans l'arbre, mais le bruit a continué. Ensuite je me suis souvenu que les balles ne tuaient bien évidemment pas les djinns.

J'ai couru jusqu'à la maison sans me retourner, laissant l'âne avec les provisions se débrouiller tout seul. J'ai franchi le seuil de la maison, hors d'haleine et les mains vides, à part mon fusil, et je me suis réfugié dans le coin le plus éloigné de la porte.

«Un djinn ! On s'est fait attaquer par un djinn !» ai-je hurlé à ma mère."

Mujahid sourit en se souvenant de cette scène.

"Maman me dévisageait d'un air soupçonneux, les mains sur les hanches.

«Où sont les provisions, Mujahid ? m'a-t-elle demandé.

— Je les ai laissées avec l'âne, à côté de l'*ilm*. Mais le djinn a déjà dû les prendre, lui ai-je répondu, en tentant d'avoir l'air aussi convaincant que possible. Il y en avait peut-être plusieurs.»

Maman a éclaté de rire, ce qui m'a plongé dans une colère noire. Elle a jeté un manteau sur ses épaules et s'est dirigée vers la porte. Je ne parvenais pas à le croire.

«Où tu vas ? ai-je crié.

— Chercher les provisions.

— Et le djinn ?» ai-je demandé, mais elle était déjà dehors. Quand elle est revenue avec l'âne et les provisions une heure plus tard, j'étais intimement convaincu que ma mère était la personne la plus courageuse du monde.

«Les coups de feu que j'ai tirés ont dû leur faire peur», ai-je dit."

A l'âge de cinq ans, Mujahid entra à l'école qui se trouvait au pied de la montagne, de l'autre côté du *wâdî*, en face de Warwar. Le bâtiment ne possédait qu'une salle, les élèves étaient assis en rangs par terre, et ils écrivaient sur des ardoises encadrées de bois. Deux professeurs envoyés par le gouvernement enseignaient les mathématiques aux garçons et leur apprenaient à lire le Coran. Il s'agissait d'une classe unique et, quand un élève avait appris tout ce que les professeurs avaient à lui apprendre, il partait pour laisser la place à quelqu'un d'autre. Mujahid obtint son "diplôme" à l'âge de douze ans, l'année même où une tragédie frappa sa famille.

Le père de Mujahid, le cheikh Yahya Hadi Abû Shawareb, passait le plus clair de son temps à servir de médiateur pour régler des problèmes chez ses voisins du Sufyân, une tribu Bakîl qui vivait au cœur même du territoire Hashîd. Sa réputation dans la plupart des hautes terres du Nord, comme celle des autres cheikhs, venait autant de ses talents d'arbitre que de son courage.

Les talents de médiateur de Yahya se révélèrent si efficaces que les cheikhs du Sufyân voyaient d'un mauvais œil ce qu'ils percevaient comme une usurpation de leur propre rôle. Quand Yahya acheta une vaste parcelle de terre dans le territoire Sufyân, près de la frontière qui séparait les deux tribus, cela mit le feu aux poudres.

Une terre vendue à un membre d'une autre tribu ne devient pas le territoire de la tribu du nouveau propriétaire. Ce dernier peut la cultiver et vivre dessus, mais la terre reste intimement liée à l'honneur de sa tribu d'origine, laquelle continue à être responsable des crimes ou des offenses commis sur ce terrain.

Pourtant, certains cheikhs sufyânis étaient indignés de l'incursion du père de Mujahid, dont la popularité semblait augmenter chaque jour aux dépens de la leur. Une poignée de ces hommes décidèrent un jour de simuler une dispute entre deux Sufyânis, et ils appelèrent Yahya pour résoudre le problème. Ce jour-là, pourtant, la tâche lui sembla un peu trop facile, sans qu'il sache exactement pourquoi. La réponse ne mit pas longtemps à venir.

"Le lendemain après-midi, maman a commencé à s'inquiéter, se souvient Mujahid. La veille, papa avait dit avant de partir qu'il ne devait pas en avoir pour plus d'une journée, et nous étions sans nouvelles de lui depuis. Je suis parti chercher mon oncle, le frère de mon père, dans le petit village où j'allais à l'école. Je lui ai demandé s'il avait vu mon père.

«Tu veux dire qu'il n'est pas encore revenu du Sufyân ?» m'a demandé mon oncle. Ma réponse négative l'a laissé pensif un moment.

«Tu n'as pas entendu des coups de feu la nuit dernière ?» m'a-t-il demandé. J'ai secoué la tête.

«Je me suis dit qu'il s'agissait peut-être d'un mariage, a-t-il dit. Mais je n'avais pas entendu parler d'une telle fête cette semaine. On ferait mieux d'aller voir.»

Mon oncle a réuni une douzaine d'hommes du village, et je les ai accompagnés sur le chemin qui va du Kharif au Sufyân. Nous nous sommes déployés de chaque côté du chemin, pour chercher une trace éventuelle de mon père. J'étais mort d'inquiétude, et j'étais bien loin devant les autres quand je suis arrivé sur un petit talus qui séparait deux parcelles de terre. J'ai grimpé au sommet et j'ai sauté de l'autre côté, et c'est là que j'ai vu mon père, couché sur le côté contre le talus, les genoux remontés contre la poitrine.

Il avait l'air si paisible que, l'espace d'un instant, j'ai cru qu'il dormait. Mais, en m'approchant, j'ai remarqué qu'il avait l'air ratatiné et décharné. Ensuite, j'ai vu des taches de sang sombres sur la terre autour de son corps et j'ai compris qu'il était mort.

J'ai eu envie de crier, de hurler, et c'est tout ce que j'ai pu faire pour retenir mes larmes."

Personne ne lui en aurait voulu, mais Mujahid craignait que son oncle et les autres hommes le considèrent comme un enfant, si bien qu'il resta stoïque. C'était presque un homme, et il devait tenir son rôle s'il voulait qu'on le traite comme tel, car un homme des tribus est toujours en représentation, chacun de ses gestes étant observé par ses pairs.

"Mon père et l'imam Ahmad étaient des amis intimes depuis qu'ils s'étaient battus ensemble contre les Saoudiens à Najrân, poursuivit Mujahid en faisant allusion à la guerre de 1934 entre l'Arabie Saoudite et le Yémen. Quand l'imam a appris que mon père avait été assassiné, il a envoyé un millier de soldats au Sufyân et a fait arrêter tous les cheikhs influents.

Ils ont rapidement découvert que mon père rentrait chez lui après son intervention de l'après-midi quand seize Sufyânis lui avaient tendu une embuscade le long du chemin de retour à Warwar. En temps normal, deux hommes auraient amplement suffi, mais ils s'y étaient mis à seize pour que personne ne puisse déterminer quelle balle avait effectivement tué mon père. De cette façon, les habitants du Kharif auraient plus de mal à organiser leur vengeance. Les soldats de l'imam ont rassemblé les hommes impliqués dans l'embuscade et les ont jetés en prison.

Mais le plan des Sufyânis a fonctionné. Le juge nommé par l'imam n'a pu déterminer lequel des hommes avait tiré les deux balles qui avaient tué mon père. Quand je suis allé voir le juge, j'étais furieux.

«Ils étaient tous présents ! ai-je hurlé. Ils sont tous responsables !»

Mais le juge a dit qu'il ne pouvait rien prouver et, environ deux ans plus tard, il a relâché les Sufyânis. J'étais encore plus furieux en apprenant leur libération, et j'ai décidé de prendre les choses en main.

Quelques jours plus tard, j'ai suivi un des cheikhs sufyânis au souk de Dhî Bîn. Selon les coutumes tribales, l'utilisation de la violence à l'intérieur d'un marché est une offense grave mais je bouillais tellement de rage que je m'en fichais.

Le cheikh sufyâni avait plusieurs gardes, et je savais qu'une attaque frontale avait toutes les chances d'échouer. Je suis donc allé me cacher dans une maison vide près du souk, et je me suis assis devant une fenêtre ouverte pour faire le guet.

A un moment, les gardes se sont écartés, me laissant le champ libre pour tirer, et j'ai appuyé sur la détente. La balle a frappé le cheikh du côté droit de la poitrine, et il s'est écroulé. Les gens occupés à leurs achats ont déserté les allées, paniqués, et les gardes se sont mis à tirer dans la direction de la maison où je me trouvais.

Entendant les coups de feu, certains des soldats de l'imam en poste à Dhî Bîn sont arrivés. Ils nous ont tous arrêtés, les Sufyânis et moi, et ils nous ont emmenés à la prison de San'â. J'y suis resté sept mois, jusqu'à ce qu'il soit évident que le cheikh sufyâni sur lequel j'avais tiré survivrait à ses blessures. Ensuite, on m'a relâché."

Mujahid parle de ce qu'il a fait sans une once de bravade ou d'orgueil. La société dans laquelle il a grandi considère son acte comme un devoir, et il n'avait pas vraiment le choix. Mujahid aurait pu laisser son oncle régler cette affaire, ou un autre de ses parents proches, mais la vengeance devait tout de même être accomplie. Et se dérober à ses responsabilités, que celles-ci soient désagréables ou risquées, n'a jamais été le genre de Mujahid.

Quand l'inspecteur général des armées mena la révolte contre l'imam Ahmad en 1955, Mujahid était de passage à Taëz, devenue la capitale depuis peu, où il venait déposer quelque requête auprès de l'imam. L'imam continuait de lui verser la pension qu'il avait allouée à son père après la guerre de 1934, mais si le vieux cheikh avait été intime avec le souverain, Mujahid, pour sa part, n'appréciait pas beaucoup ce dernier. Quand la brève révolte éclata, Mujahid, quinze ans, tira à l'aveuglette sur le palais de l'imam aux côtés de l'artillerie militaire.

En 1959, Mujahid fut de nouveau impliqué dans un soulèvement après le départ de l'imam Ahmad en Italie, où celui-ci était parti suivre un traitement médical. Quatre mois plus tard, le brusque retour de l'imam souffrant fut un choc pour tout le monde. Mujahid, qui n'avait pas encore vingt ans, se trouvait en compagnie de Hamîd al-Ahmar, un cheikh Hashîd influent, quand arriva un message demandant à Hamîd et son père, Husayn, d'aller voir l'imam.

Au préalable, de nombreux officiers militaires avaient fait serment de se soulever contre l'imam Ahmad si jamais celui-ci revenait au Yémen, et Hamîd rédigea rapidement des lettres pour leur rappeler leur promesse. Chargé de cette correspondance, Mujahid partit pour Khamir, à soixante-cinq kilomètres au nord de San'â, pendant que Hamîd fuyait dans le Jawf pour éviter la mise aux arrêts.

Quand les officiers lurent la lettre de Hamîd, tous réagirent de la même façon : l'imam Ahmad était trop puissant. L'affronter à ce moment-là aurait été du suicide. Ils refusèrent de lever le petit doigt.

Quand les soldats de l'imam parvinrent à arrêter Hamîd dans le désert de l'Est, Mujahid partit se réfugier à Warwar. Il alla se cacher sur le plateau de la montagne qui dominait sa maison mais, au bout de deux mois, l'infatigable fugitif se lassa de son exil monotone et se rendit.

L'imam Ahmad envoya Hamîd al-Ahmar et son père en prison à Hajja, où ils furent rapidement décapités. Mais Mujahid était jeune et il ne représentait pas encore une menace sérieuse pour l'imam. Ahmad l'envoya non pas à la citadelle redoutée de Hajja, mais à Qasr as-Silha, la forteresse dont la base de basalte inclinée, qui se fond avec un mur vertical de brique rouge, domine de façon sinistre le sud-est de San'â. Mujahid demeura entre ses murs imprenables pendant trois ans et demi.

Le vendredi, les gardiens laissaient les détenus sortir de leur cellule pour se promener au soleil le long des remparts de la forteresse, à plus de dix mètres au-dessus des rues de la ville. La prison offrait d'autres distractions, dont certaines présentaient des avantages. De nombreux intellectuels et officiers de l'armée instruits se languissaient dans la citadelle depuis la tentative de coup d'Etat contre l'imam Ahmad en 1955. Ces hommes extrêmement organisés dirigeaient une école de fortune pour les jeunes prisonniers. Mujahid et les autres adolescents pouvaient y étudier les mathématiques, la géographie et l'histoire, à partir de livres imprimés en Egypte et entrés illégalement dans la prison grâce à des amis et des parents.

Le moral des prisonniers remonta pour la première fois depuis des mois le 19 septembre 1962. Ils apprirent que l'imam Ahmad était mort de vieillesse et de complications d'anciennes blessures. L'éventualité que le nouvel imam, Muhammad al-Badr, amnistie les prisonniers réjouissait tout le monde.

Mais, dès le lendemain, Mujahid reçut de son village des nouvelles qui vinrent assombrir son humeur.

Un message apporté à la citadelle annonçait que l'un des hommes de sa tribu avait finalement vengé le meurtre de son père perpétré par les Sufyânis. S'il ne s'agissait pas à proprement parler d'une mauvaise nouvelle, les circonstances de cette vengeance révoltaient néanmoins Mujahid.

Muhammad Harash, un autre cheikh de la tribu Kharif, avait virtuellement adopté Mujahid après la mort de son père. Cet homme avait été proche des Abû Shawareb, et Mujahid l'appelait "papa". Harash n'avait jamais été un homme particulièrement violent. Il était rarement impliqué dans les fréquentes disputes concernant les terres, qui ravageaient la région.

De nombreux Kharifis rêvaient de venger la mort de Yahya Abû Shawareb, mais ils craignaient la terrible colère de l'imam Ahmad. Le désordre causé par la poursuite de cette vendetta n'aurait guère réjoui le souverain, même s'il avait aimé Yahya tout autant que les Kharifis.

Quelques heures après avoir appris la mort de l'imam, Harash rassembla un groupe d'hommes et attaqua le village du cheikh sufyâni que Mujahid avait blessé au souk de Dhî Bîn huit ans plus tôt. Le cheikh lui-même était décédé de mort naturelle quelques années avant, mais Harash et ses hommes tuèrent son fils et emmenèrent le bétail des villageois. Les Sufyânis se défendirent et la bataille qui s'ensuivit fit des victimes dans les deux camps. Les Kharifis eurent néanmoins l'avantage, et ils estimèrent avoir vengé la mort de Yahya Abû Shawareb.

Même si l'honneur de sa famille avait été lavé, la nouvelle du raid sanglant sur le village adverse rendit Mujahid fou de rage.

"Les Sufyânis n'ont tué qu'un de nos hommes, dit-il plus tard à Harash sur le ton du reproche. Il n'y avait aucune raison de massacrer tout un village."

La modération de Mujahid, en particulier à un âge aussi jeune, lui valut un grand respect, et elle donna aux autres la certitude qu'il suivrait l'exemple de son père et deviendrait un chef de tribu influent. Dans les hautes terres du Nord, le titre de cheikh ne se transmet pas systématiquement de père en fils. Cette fonction doit au contraire être acquise en vertu des actes, et Mujahid méritait plus que quiconque le titre de cheikh lorsqu'il devint un jeune homme.

Quatre ou cinq jours après la mort de l'imam Ahmad, le nouvel imam libéra de nombreux cheikhs emprisonnés à Qasr as-Silha et les convoqua à son palais. Les hommes réunis devant Muhammad al-Badr ce jour-là virent un imam très différent de celui auquel ils s'étaient habitués. Ses yeux pétillaient d'un éclat joyeux et sa peau lisse couleur café luisait quand il souriait, déconcertant les chefs de tribu endurcis, au visage impassible, assemblés devant lui. Il avait la moustache taillée et peignée, même si celle-ci refusait de pousser au-dessous des fossettes creusées aux coins de ses lèvres. Contrairement à celle de son père et de son grand-père, la barbe d'Al-Badr ne poussait qu'à la pointe de son menton et par petites touffes le long de sa mâchoire.

Eclipsé et repoussé par le caractère autoritaire de son père, Al-Badr était devenu un homme doux et gentil, des qualités qui seraient en définitive plus des handicaps que des avantages pour gouverner le Yémen. Les cheikhs endurcis sentirent sa faiblesse et son manque d'expérience. Ils en avaient déjà eu un aperçu trois ans plus tôt, quand l'imam Ahmad était parti en cure à Rome, et Al-Badr n'avait guère changé depuis. Il espérait que sa bonne volonté suffirait à gagner le soutien des tribus et de la population en général, mais ni le Yémen ni les autres pays ne fonctionnent de cette façon-là.

“Je regrette ce qui s'est passé entre vous et mon père”, déclara Al-Badr aux cheikhs alignés devant lui. Il hésita, cherchant les mots justes. “Il a eu tort de faire tuer Hamîd et Husayn al-Ahmar, et il a eu tort de vous avoir gardés en prison aussi longtemps. J'espère que nous pourrons tourner la page et prendre ensemble un nouveau départ.”

Mujahid et les autres cheikhs accueillirent sa confession par un hochement de tête. Ereintés et dépourvus d'énergie après des années d'inactivité, ils comprenaient néanmoins que le vent avait finalement tourné en défaveur de l'imamat.

Plusieurs mois avant leur libération, les cheikhs emprisonnés étaient clandestinement entrés en contact avec des officiers de l'armée de San'â, afin de préparer un coup d'Etat contre l'imam Ahmad. Après leur entrevue avec Al-Badr, les cheikhs quittèrent le palais et contactèrent les conspirateurs. Ces Officiers libres (le mouvement qu'avait rejoint Yahya al-Mutawakkil) révélèrent leur intention de se révolter contre le nouvel imam quelques jours plus tard. Tout excités, les cheikhs partirent pour leurs territoires respectifs afin de réunir leurs hommes pour prêter main-forte à la révolution imminente.

"Je suis retourné directement dans le Kharif, raconte Mujahid en évoquant cette période excitante, avec l'intention de lever une armée parmi les tribus. Mais un ou deux jours plus tard, j'ai appris que des sections de l'armée avaient attaqué le palais et que l'imam Al-Badr avait été tué. J'ai rassemblé cinq cents hommes et nous sommes aussitôt partis pour San'â.

A mi-chemin, un messager qui venait à notre rencontre nous a appris qu'Al-Badr n'était finalement pas mort. Il a dit que l'imam avait réussi à s'enfuir du palais déguisé en femme et qu'il faisait route vers le nord pour aller se réfugier en Arabie Saoudite.

Nous avons bifurqué vers le nord-est afin de le retrouver et de l'empêcher d'aller chercher des renforts. Nous allions de village en village et, à un endroit, on nous a dit qu'Al-Badr et ses partisans étaient passés seulement cinq heures plus tôt. Nous l'avons poursuivi pendant deux semaines, sans succès, et il est finalement parvenu à entrer en Arabie Saoudite."

Après la révolution du 26 septembre 1962, la majeure partie des tribus Hashîd prit le parti de la nouvelle république. Leur soutien s'expliquait principalement par le fait que l'imam avait pris la décision d'exécuter les deux cheikhs influents de la famille Al-Ahmar en 1959, mais d'autres facteurs pesèrent également lourd dans la balance.

Dans le cas de Mujahid, son emprisonnement à Qasr as-Silha augmentait sa rancune envers l'institution de l'imamat. Mais de façon peut-être encore plus significative, ses années d'études et le fait d'avoir côtoyé des opposants au régime de l'imam pendant sa détention à la forteresse l'avaient ouvert à des idées nouvelles, à de nouvelles façons de regarder le régime du Yémen. La littérature égyptienne entrée en fraude au sein de la prison, avec ses influences révolutionnaires, ouvrit l'esprit de Mujahid sur un monde qui s'étendait au-delà de Warwar, au-delà même des montagnes du Yémen, de la même façon que la radio du marchand de Mahabsha avait éclairé Yahya al-Mutawakkil. Peu à peu, il acquit la conviction que l'imamat devait être éliminé pour que le pays puisse entrer dans le monde moderne.

"Si seulement l'imam Ahmad avait été plus ouvert sur le monde extérieur, il aurait été un dirigeant parfait pour le Yémen, déclara Mujahid de nombreuses années après la révolution. Il était fort, courageux, instruit, poète, et c'était le seul capable d'assurer la sécurité dans le pays. De son temps, on pouvait traverser le Yémen d'un bout à l'autre avec un sac rempli d'or, et personne n'aurait tenté de vous le voler. L'imam Ahmad voyait tout. Si seulement il avait été plus ouvert sur le monde moderne..."

Seul quelqu'un ayant montré l'indéniable loyauté et le dévouement de Mujahid à la république pouvait parler avec autant de candeur d'un sujet aussi sensible.

Après la révolution, le gouvernement républicain plaça Mujahid à la tête de quelque deux mille cinq cents soldats. Il mena ses hommes au combat à maintes et maintes reprises et fut gravement blessé une demi-douzaine de fois.

Une balle lui perfora un rein avant d'aller se loger dans son bas-ventre. Même si cela lui faisait parfois souffrir le martyre, Mujahid refusa de laisser les médecins lui retirer le projectile quand on lui annonça que l'opération risquait de le rendre stérile. Il était jeune et voulait fonder une famille.

"Un jour, pendant la deuxième année de la guerre, se rappelle Mujahid, j'étais à bord d'un véhicule blindé près de la ville de Khamir avec dix de mes hommes. Tout à coup, nous avons senti une violente secousse. On aurait dit que quelqu'un nous poussait – très fort – et j'ai été propulsé à l'avant entre les jambes du conducteur. Je me rappelle avoir entendu une explosion. L'éclair m'a aveuglé et je me suis évanoui.

Quand je me suis réveillé plusieurs heures plus tard, j'étais couché à l'arrière d'un camion converti en ambulance. Mes vêtements étaient calcinés et ma peau noircie par la fumée.

«Qu'est-ce qui s'est passé ? ai-je demandé au conducteur du blindé, qui était allongé à côté de moi en assez piteux état. Où sont les autres ?

— Ils y sont restés, m'a-t-il répondu d'un ton grave. Une roquette a arraché le toit de notre blindé. Vous et moi avons été projetés au sol, mais on n'a même pas pu retrouver la tête des autres.»"

L'humeur de Mujahid pouvait passer d'un extrême à l'autre en quelques secondes, trahissant un caractère particulièrement sensible sous sa façade indestructible. A de nombreux moments critiques de la bataille, la guerre contre les royalistes sembla être une cause perdue pour les républicains et, côté émotion, Mujahid eut plus que la plupart le sentiment de se trouver jusqu'au bout sur des montagnes russes.

L'un des moments les plus sombres fut lorsqu'il assista à la destruction partielle de la maison dans laquelle il avait grandi par les soldats royalistes qui occupaient les montagnes surplombant la vallée de Dhî Bîn. Mais son moral avait beau être au plus bas, il le cachait de son mieux à ses subordonnés.

Pendant la bataille dans la province de Hajja, les talents de guerrier et l'audace de Mujahid impressionnèrent 'Abd Allâh al-Ahmar. Le cheikh 'Abd Allâh avait comblé le vide laissé par son frère et son père décapités (Hamîd et Husayn) en devenant le plus puissant des cheikhs Hashîd, et même de tout le pays. Il fit honneur à Mujahid en lui offrant la main de sa sœur.

Le cheikh 'Abd Allâh était un homme mince avec des yeux perçants, un long nez pointu et une intelligence remarquable. Fier de posséder une habileté de chef inégalée, il maîtrisait l'art de la manœuvre même dans les situations les plus désespérées pour obtenir ce qu'il désirait. Agé d'une quinzaine d'années de moins que lui, Mujahid respectait énormément cet homme et fut ravi de prendre sa sœur pour épouse.

Bien des années plus tard, longtemps après la guerre, le cheikh 'Abd Allâh et Mujahid se promenaient avec plusieurs de leurs hommes près de la ville de Khamir, où le cheikh 'Abd Allâh vivait la plupart du temps.

"Nous étions en train de parler tous les deux, se souvient Mujahid, quand un adolescent s'est approché de nous. Personne ne l'a remarqué avant qu'il sorte un pistolet caché sous le fourreau de sa *jambiya* pour le pointer sur le ventre du cheikh 'Abd Allâh et appuyer sur la détente. Le cheikh 'Abd Allâh s'est contorsionné comme une danseuse du ventre et s'est écarté juste au moment où partait le coup de feu. La balle lui a seulement éraflé la peau.

Nos hommes ont épaulé leurs fusils, mais avant que quiconque ait eu le temps de tirer, le cheikh 'Abd Allâh a attrapé le garçon par sa tignasse d'une main et l'a projeté à terre de l'autre, puis il l'a cloué au sol en posant un genou sur son épaule. Le cheikh 'Abd Allâh a dégainé sa *jambiya* et l'a levée pour frapper. Mais au lieu de trancher la gorge du garçon, comme beaucoup l'auraient fait, il a pointé la dague vers nous.

«Le premier qui fait du mal à ce garçon, a-t-il grogné, je le tue sur-le-champ.»

Nous avons tous fait un bond en arrière, stupéfaits. Le cheikh 'Abd Allâh avait placé le gamin sous sa protection, et nous savions qu'il donnerait sa vie avant de laisser quiconque toucher à un seul de ses cheveux.

Quand je me suis avancé vers l'adolescent, le cheikh 'Abd Allâh a pointé sa dague vers moi et j'ai reculé. Ensuite, il a pris le pistolet des mains du garçon et l'a aidé à se relever.

«T'ai-je fait du tort, ou en ai-je fait à quelqu'un de ta famille d'une façon ou d'une autre ? a-t-il demandé.

— Non, a bredouillé le garçon.

— Alors, quelqu'un a dû t'envoyer me tuer. Qui est-ce ?»

Terrifié, le gamin a bafouillé le nom du cheikh d'une lointaine tribu de l'Est. Il a dit que l'homme lui avait offert mille cinq cents riyals, environ six mois de salaire de l'époque, pour tuer le cheikh 'Abd Allâh.

«La prochaine fois que quelqu'un te demande de tuer un homme, a dit le cheikh 'Abd Allâh au garçon, viens me voir. Je doublerai l'offre. Compris ?»

Le gamin a hoché la tête et le cheikh 'Abd Allâh l'a renvoyé, la queue entre les jambes, heureux d'être encore en vie."

Au cours des années suivantes, la sœur du cheikh 'Abd Allâh donna à Mujahid trois filles et un fils. L'une des filles naquit le jour où Mujahid et ses hommes remportèrent une bataille décisive contre les royalistes. La famille l'appela Intisar – Victoire – afin de célébrer l'événement, mais elle mourut en bas âge, comme ses trois frère et sœurs.

La femme de Mujahid commençait à désespérer. Elle se mit à douter de pouvoir donner un jour à son mari un enfant en bonne santé, en particulier un garçon. Après une réflexion douloureuse, elle fit un ultime sacrifice en suggérant à Mujahid de prendre une autre épouse afin de s'assurer une progéniture abondante. Au début, il refusa, mais elle le harcela jusqu'à ce qu'il finisse par céder.

Quelques jours après le second mariage de Mujahid, sa première femme fut à nouveau enceinte. Elle donna naissance à un vigoureux petit garçon, juste deux semaines avant que la seconde épouse mette au monde une petite fille.

A la fin de la guerre civile, en 1970, le président Al-Iryâni nomma Mujahid gouverneur et chef de l'armée de la province de Hajja, d'où il commandait la brigade Majd (Gloire), forte de cinq mille hommes.

Au début des années 1970, un groupe d'officiers de l'armée, pour la plupart âgés d'une trentaine d'années, commença à se réunir de façon informelle à San'â, chez Muhammad Abû Luhûm. Ce groupe comprenait Mujahid Abû Shawareb ; le colonel Ibrâhîm al-Hamdî ; son frère, 'Abd Allâh al-Hamdî ; Ahmad al-Ghasmî ; le commandant de la brigade parachutiste 'Abd Allâh 'Abd al-Alem ; le chef de l'artillerie 'Alî Qenaf Zahra ; Muhammad Abû Luhûm ; son frère, 'Alî Abû Luhûm ; et leur cousin éloigné, Dirham Abû Luhûm, qui devint par la suite chef de l'armée de la province de Taëz.

Naturellement, les conversations du groupe tournaient autour de la politique. En 1974, plusieurs d'entre eux avaient le sentiment qu'Al-Iryâni n'avait pas la force et le caractère nécessaires pour gouverner le pays de façon efficace. Ils redoutaient que d'autres personnalités, moins désirables, organisent un coup d'Etat si eux-mêmes n'agissaient pas rapidement, et les discussions de leurs réunions hebdomadaires tournèrent à la conspiration.

Une partie du problème venait de la relation que le président entretenait avec 'Abd Allâh al-Ahmar, le porte-parole du Conseil consultatif, le pouvoir législatif du Yémen. Les deux hommes s'entendaient mal et leur animosité mutuelle s'accrut régulièrement au début des années 1970. Le président regardait avec inquiétude les liens privilégiés que le cheikh Hashîd entretenait avec le gouvernement saoudien, dont Al-Iryâni continuait de se méfier même après la fin de la guerre civile au Yémen*. Le puissant Sinân Abû Luhûm, gouverneur de la province d'Al-Hudayda, le frère aîné de Muhammad et de 'Alî, tenta de réconcilier les deux hommes.

Cheikh principal de la tribu Nihm, qui vit dans l'Est du Yémen, Sinân Abû Luhûm fut l'un des cheikhs les plus influents des tribus Bakîl en général. Il devint gouverneur de la province d'Al-Hudayda en 1967, un poste qu'il garderait pendant presque sept ans. Sinân transforma ce poste en fief personnel, tirant un pouvoir significatif de son contrôle du plus grand port de haute mer du Yémen-du-Nord.

Le cheikh Sinân (dont le nom signifie "dents") et le cheikh 'Abd Allâh al-Ahmar ont souvent préféré rester en retrait de la scène politique yéménite. Il est rare qu'ils aient directement participé à des conspirations comme celle qui couvait chez Muhammad Abû Luhûm. Mais ils suivaient cependant les discussions et exerçaient une influence considérable, en général décisive, sur les décisions prises. C'étaient eux qui faisaient et défaisaient les souverains du pays.

* Après la révolution yéménite, les gouvernements étrangers commencèrent à financer leurs cheikhs favoris afin d'exercer de l'influence sur le gouvernement de San'â. Après l'abandon du Yémen par l'Egypte à la fin des années 1960, l'Irak et en particulier l'Arabie Saoudite injectèrent des millions de dollars dans le pays. Alors qu'une grande partie de l'argent saoudien allait au gouvernement yéménite pour couvrir les déficits budgétaires, les cheikhs influents reçurent eux aussi d'énormes sommes versées directement de Riyad jusqu'à la fin des années 1990.

La tentative de Sinân pour résoudre la crise entre le cheikh 'Abd Allâh et le président Al-Iryâni échoua. Sinân avertit Al-Iryâni que sa mésentente perpétuelle avec Al-Ahmar finirait par obliger les officiers-clés du président, y compris les Abû Luhûm et Mujahid, à choisir entre les deux hommes. Il était inutile de mentionner le fait que Muhammad Abû Luhûm et Mujahid étaient tous les deux mariés à des sœurs du cheikh 'Abd Allâh. Al-Iryâni ne le savait que trop bien, et pourtant le président refusa de se rapprocher du cheikh 'Abd Allâh.

La plupart des officiers qui se réunissaient dans la maison d'Abû Luhûm pensaient qu'Al-Iryâni devait démissionner. S'il ne parvenait pas à régler ses différends avec le cheikh 'Abd Allâh, le pays allait se trouver dans une impasse.

L'opposition à ce projet de coup d'Etat vint des deux personnes les moins susceptibles d'y être opposées. Paradoxalement, ni Muhammad Abû Luhûm ni Mujahid n'avaient encore abandonné tout espoir dans le président Al-Iryâni. Ils trouvaient honteux de déposer un personnage aussi vénéré, dont personne ne pouvait égaler le génie intellectuel et les services rendus à la cause de la révolution. Le fait qu'Al-Iryâni avait un caractère très agréable, et qu'il était beaucoup plus âgé que tous les officiers qui envisageaient de l'évincer, justifiait d'autant plus le refus des deux hommes de prendre parti contre lui.

Au cours du printemps 1974, la polémique qui avait lieu chez Abû Luhûm n'avança guère, et il finit inévitablement par y avoir des fuites au sujet de ces réunions clandestines. Muhammad al-Kuhali, vice-ministre de l'Intérieur et chef de la sécurité d'Al-Iryâni, frappa un jour à la porte alors que les officiers étaient réunis et mâchaient du qat.

"J'ai regardé par la fenêtre, et j'ai vu Al-Kuhali faire les cent pas devant la maison, explique Muhammad Abû Luhûm, alors, je l'ai fait entrer. Al-Kuhali a jeté un regard noir sur l'assistance, tremblant – mais personne ne savait si c'était de colère ou de peur*. «Je sais que vous complotez quelque chose, a-t-il dit d'un ton furieux. Ne croyez pas que vous allez vous en tirer comme ça.» Puis il est sorti en claquant la porte."

L'avertissement d'Al-Kuhali tomba à plat, car il ne pouvait pas faire grand-chose sinon se donner des airs devant les hommes puissants assemblés chez Abû Luhûm ce jour-là, et ils virent qu'il bluffait. Finalement, le plan d'intimidation d'Al-Kuhali lui retomba sur le dos. Furieux du ton condescendant qu'il avait employé, Mujahid et Muhammad Abû Luhûm apportèrent à contrecœur leur soutien au coup d'Etat.

"Les officiers nous ont fait poser les mains les unes sur les autres sur le Coran, se souvient Muhammad Abû Luhûm. Ensuite, chacun de nous a juré de ne jamais comploter contre les autres membres présents ce jour-là ni de les mettre en difficulté. Après quoi nous avons décidé que celui d'entre nous qui succéderait à Al-Iryâni au siège de président resterait au pouvoir uniquement le temps d'organiser des élections pour nommer un dirigeant civil."

Le 13 juin 1974, le groupe d'officiers évinça le président 'Abd al-Rahmân al-Iryâni après plus de six ans et demi de pouvoir, en réussissant un coup d'Etat sans effusion de sang. Après le départ en exil d'Al-Iryâni à Damas, un conseil de quatorze membres se réunit pour décider qui reprendrait la tête du pays. Outre les conspirateurs de la première heure, le conseil incluait Yahya al-Mutawakkil (rappelé de son ambassade au Caire la veille du coup d'Etat) et Muhsin al-'Ayni (le beau-frère des Abû Luhûm et ambassadeur du Yémen à Londres depuis qu'il avait démissionné de son poste de Premier ministre d'Al-Iryâni). Al-'Ayni était le seul civil du conseil.

* Plus tard, ils surnommeraient Al-Kuhali "la carpette de lion", en raison de son caractère inoffensif caché derrière son apparence féroce.

Après plus de deux semaines de discussions animées, qui continuaient de se dérouler chez Muhammad Abû Luhûm, à San'â, le conseil ne pouvait retarder plus longtemps sa décision. Il devait organiser un vote afin de déterminer qui serait le nouveau président du Yémen.

Plusieurs de ses membres pensaient que 'Abd Allâh al-Ahmar était le meilleur candidat. Le cheikh 'Abd Allâh, en tant que *shaykh al-mashaykh* de toutes les tribus Hashîd du Yémen, était le chef tribal le plus influent de tout le pays, comme c'est le cas encore aujourd'hui. La forte cohésion des tribus Hashîd leur permet d'exercer une influence considérable sur le gouvernement central (même si les Hashîd et les Bakîl* avaient été quelque peu domptés sous la poigne de fer des imams Yahya et Ahmad).

Pourtant, si en 1974 la présidence était à portée de main de 'Abd Allâh al-Ahmar, celui-ci préféra exercer son influence en acceptant la fonction plus discrète de porte-parole du Conseil consultatif du Yémen. Il était assez intelligent pour savoir que le chef d'une grande et puissante tribu ne constituait pas le candidat idéal pour prendre la tête du pays.

Le prestige et le pouvoir d'un cheikh dans les hautes terres du Nord dépendent en grande partie de sa générosité envers ses électeurs. Pouvant provenir des propres terres cultivées du cheikh ou des fonds qu'il a obtenus de la part du gouvernement yéménite (et parfois de gouvernements étrangers), ces largesses sont utilisées pour construire des routes, des écoles et autres services publics**.

* Les tribus Bakîl, plus nombreuses que les Hashîd, sont aujourd'hui politiquement et géographiquement trop divisées pour seulement s'accorder afin de nommer un cheikh principal unique capable de toutes les représenter.

** Selon la coutume, il est honteux pour un homme d'une tribu, en particulier pour un cheikh, d'être directement impliqué dans

Certains cheikhs peuvent avoir le pouvoir de faire ou de défaire le gouvernement central (même si, dans la plupart des cas, ils comptent sur celui-ci pour les financer). Pourtant, si l'un d'eux décidait de prendre les rênes du pays, il se verrait accuser d'avoir bénéficié de traitements de faveur pour sa propre tribu et ses alliés. Une telle accusation est vaine. En effet, dans le contexte tribal, c'est l'ordre naturel des choses. Les cheikhs vont sans cesse à San'â demander au président des fonds qu'ils dépenseront dans leurs territoires respectifs. Mais si un cheikh tenait directement le cordon de la bourse publique, ces accusations de préférence prendraient une signification beaucoup plus grande. Dans le même temps, sa propre tribu se plaindrait de ne pas recevoir assez d'argent. Sa marge de manœuvre à la tête de l'Etat serait sévèrement limitée.

Il ne fallut pas longtemps pour compter les votes des membres du conseil. "Treize des quatorze membres levèrent la main pour élire Mujahid Abû Shawareb comme successeur d'Al-Iryâni à la présidence, raconte Muhammad Abû Luhûm. Mujahid fut le seul membre du conseil à s'abstenir."

Mujahid, alors âgé de trente-quatre ans, fut flatté de la confiance que ses camarades plaçaient en lui, mais il avait la conviction que ses compétences à gérer les affaires tribales et militaires ne seraient pas suffisantes pour gouverner un pays. En outre, il pensait que c'était au Parlement yéménite, et non au conseil, d'élire le nouveau chef d'Etat, ce qui explique pourquoi Mujahid ne leva pas la main pour voter.

Mujahid hésita à prendre la parole au cours des minutes suivant son élection, et Ahmad al-Ghasmî, assis à côté de lui, lui asséna un coup de coude dans

une activité uniquement lucrative telle que le commerce. Mais les cheikhs n'ont guère de scrupules à accepter la charité des gouvernements – en fait, c'est une sorte d'extension de la relation qu'ils entretiennent avec les hommes de leur propre tribu, à qui ils distribuent de l'argent.

les côtes en murmurant : “Accepte ! Accepte !” Mais Mujahid refusa la présidence.

Plus tard, Al-Ghasmî s’approcha de Mujahid pour lui demander : “Mais pourquoi est-ce que tu n’as pas accepté !

— Tu dois être bien bête si tu penses que gouverner un pays est une chose à prendre à la légère”, répondit Mujahid.

Il fallut procéder à un deuxième vote. ‘Abd Allâh al-Ahmar et Sinân Abû Luhûm, dont l’influence considérable planait sur le conseil même en leur absence, avaient une préférence pour Ibrâhîm al-Hamdî, ancien vice-Premier ministre et vice-commandant en chef des forces armées au moment du coup d’Etat.

Yahya al-Mutawakkil connaissait Al-Hamdî mieux que tous les autres membres du conseil, car ils avaient partagé la même cellule pendant leur détention au Caire et, avant cela, ils avaient étudié ensemble à l’école de l’armée de l’air. Ils étaient devenus bons amis à l’école, peut-être en raison de leur fort esprit de compétition. Mais le caractère sensible d’Al-Hamdî se heurtait au machisme de l’école militaire, où il faisait souvent des bêtises et acceptait difficilement les punitions. Se considérant comme un bouc émissaire, il abandonna l’école au bout de six mois.

En dépit de son amitié pour Al-Hamdî, Yahya s’opposa à sa candidature à la présidence. Agé d’à peine plus de trente ans, Al-Hamdî regardait d’un œil progressiste les nombreux problèmes sociaux et économiques auxquels le Yémen était confronté. Après presque dix années de guerre, il pensait qu’il fallait en priorité mettre le pays sur la voie du développement.

Ces idées ne s’opposaient en rien à la façon dont Yahya jugeait lui-même la situation. Mais Yahya pensait que, en dépit des apparences, Al-Hamdî souffrait d’un complexe d’infériorité aigu qu’il tentait de dissimuler sous une ambition personnelle démesurée, un mélange qu’il jugeait dangereux. Il avait le sentiment qu'Al-Hamdî ne se contenterait pas d'être un simple dirigeant de transition, ainsi qu'en étaient convenus les membres du conseil avant le coup d'Etat. Une fois au pouvoir, il ne céderait pas volontiers sa place.

Al-Hamdî, qui buvait parfois plus que de raison, pouvait également se montrer très lunatique. Pendant qu'il mâchait du qat avec ses amis, on le voyait parfois se lever de son siège au beau milieu d'une conversation pour aller mettre une cassette de 'Umm Kalthûm dans la chaîne stéréo. Personne n'écoute de la musique en mâchant du qat (sauf si un musicien joue pendant ce temps). C'est un moment d'échange au cours duquel les participants s'engagent dans des conversations animées et, avant l'apparition de la télévision et des téléphones portables, il arrivait que quelqu'un lise à haute voix des extraits d'un livre. Mais Al-Hamdî s'en moquait. Il retournait s'asseoir sur son coussin, fermait les yeux et renversait la tête en arrière pour apprécier chaque note de la grande chanteuse égyptienne.

Yahya avait simplement un mauvais pressentiment et il tenta de dissuader le conseil, surtout les cheikhs 'Abd Allâh et Sinân, de choisir Al-Hamdî pour président. L'opposition de Yahya poussa certains officiers à soupçonner qu'il avait lui-même des vues sur la présidence. Mais Yahya comprenait mieux que personne qu'étant un *sayid*, sa candidature serait inappropriée alors que la guerre civile ayant évincé les imams du pouvoir était encore si proche.

Yahya, qui n'était pas moins obstiné que Mujahid quand il était convaincu d'avoir raison, livra une bataille difficile. Le reste du conseil ne partageait pas son opinion. Comme Al-Iryâni avant lui, Al-Hamdî était issu d'une famille de *qadhi*. Il possédait une éducation et des manières sophistiquées que les autres n'avaient pas et, sous une apparence forte et décidée, c'était également un homme jovial et bon.

La majeure partie du conseil pensait que, après Mujahid, Al-Hamdî était celui qui répondait le mieux aux critères exigés pour être président. Finalement, le cheikh 'Abd Allâh et le cheikh Sinân tranchèrent la question. Vingt jours après l'éviction d'Al-Iryâni, Al-Hamdî devint le troisième président de la république du Yémen.

Ibrâhîm al-Hamdî s'avéra rapidement être un chef charismatique. S'il séduisait les intellectuels et les modernistes, il gagna aussi le cœur des citadins et des paysans des hautes terres du Sud et de l'Ouest.

Jeune fille, je me souviens des habitants de San'â en liesse dans les rues, en train d'agiter des photographies d'Al-Hamdî après un de ses discours enflammés. Ils l'aimaient non seulement pour son enthousiasme mais aussi pour la modestie qu'il dégageait, que personne n'attendait d'un président mais que tout le monde admirait.

Al-Hamdî présenta un programme qui introduisait de nombreux changements visant à bâtir l'infrastructure économique et politique quasi inexistante au Yémen. L'avenir s'annonçait prometteur : les routes furent goudronnées, le réseau électrique étendu, la corruption bureaucratique combattue, et les affaires en général commençaient à prospérer.

Après l'élection d'Al-Hamdî, le conseil se réduisit à sept membres par consentement mutuel. Ceux qui occupaient une fonction de chef dans l'armée, tels que Muhammad et 'Alî Abû Luhûm et le frère du président, acceptèrent de démissionner du conseil pour reprendre leurs postes. Le chef de la brigade parachutiste, 'Abd al-Alem, garda cependant son siège. C'était l'unique représentant des régions septentrionales du Yémen, et Al-Hamdî jugea prudent de le garder pour des raisons politiques.

La tâche suivante du président consistait à former un gouvernement, et la lutte pour les postes intéressants démarra tôt. Les Abû Luhûm persuadèrent Al-Hamdî de renouveler le mandat de leur beau-frère, l'intellectuel Muhsin al-'Ayni, au poste de Premier ministre. Le président céda ensuite à la pression conjuguée des Abû Luhûm et d'Al-'Ayni pour nommer Yahya al-Mutawakkil ministre de l'Intérieur.

Le pressentiment de Yahya au sujet de l'ambition colossale de son ami se vérifia bientôt. Dédaignant le serment de soutien mutuel qu'ils avaient fait avant le coup d'Etat, Al-Hamdî se retourna bientôt contre ceux qui l'avaient aidé à parvenir là où il était : les influents cheikhs des tribus Hashîd et Bakîl.

"Six mois après s'être emparé du pouvoir, se souvient Muhammad Abû Luhûm, Al-Hamdî s'est mis à avoir d'étranges entretiens avec Mujahid Abû Shawareb. Il feignait de prendre Mujahid pour confident et lui demandait son aide pour couper les ailes de notre famille en la chassant de ses fonctions au sein du gouvernement. Ensuite, Al-Hamdî convoquait l'un de nous pour dire en grand secret qu'il voulait démettre Mujahid de ses fonctions et nous demandait notre bénédiction avant d'agir. Je ne sais pas ce qu'il croyait. Al-Hamdî savait que Mujahid et moi étions des amis très proches, et il ne nous a pas fallu longtemps pour comprendre où il voulait en venir."

Début 1975, enhardi, Al-Hamdî se lança à corps perdu dans ses projets d'un nouveau Yémen. En janvier, il commença par démettre Muhsin al-'Ayni de ses fonctions de Premier ministre et de ministre des Affaires étrangères. Ce geste irrita tant Muhammad Abû Luhûm qu'il proposa à ses confidents de renverser Al-Hamdî, mais Muhsin al-'Ayni refusa et Muhammad abandonna l'idée.

Puis, l'après-midi du 27 avril, Yahya al-Mutawakkil apprit par son bureau du ministère de l'Intérieur que des tanks avaient commencé à se déployer mystérieusement dans les rues de la capitale. Il alla aussitôt voir le président.

"Qu'est-ce qui se passe ? demanda Yahya lorsqu'il finit par trouver Al-Hamdî.

— Tout va pour le mieux, le rassura Al-Hamdî d'une voix calme. Ce soir, je vais annoncer la destitution de

Dirham, Muhammad et 'Alî Abû Luhûm de leurs commandements militaires. Les tanks sont juste une précaution."

"J'ai été choqué, se rappelle Yahya. Mais il était inutile de discuter. Al-Hamdî avait pris sa décision et l'annonce tomba à la radio quelques heures plus tard."

Al-Hamdî ne décida pas tout seul de renvoyer Al-'Ayni et les Abû Luhûm. Quand il arriva au pouvoir, il entretenait des relations très privilégiées avec l'Arabie Saoudite, et Riyad, qui n'aimait pas les sympathies baathistes pro-irakiennes d'al-'Ayni et des Abû Luhûm, l'encouragea (pour ne pas dire qu'elle fit pression sur lui) à prendre ses distances avec eux.

Furieux, 'Abd Allâh al-Ahmar alla voir le président le lendemain matin. Le cheikh 'Abd Allâh, qui n'appréciait pas plus que Riyad les penchants baathistes des Abû Luhûm, prenait néanmoins le parti de la famille. Il insista sur le fait que si Al-Hamdî voulait évincer les Abû Luhûm, il devait également relever de ses fonctions son propre frère, 'Abd Allâh al-Hamdî, qui commandait la brigade d'élite Amalaqa, ainsi que 'Alî Qenaf Zahra, le fidèle allié du président, à la tête de la 7e compagnie de blindés. Toujours désireux d'éviter une confrontation directe, Al-Hamdî s'exécuta. Il promit d'annoncer la destitution de 'Alî Qenaf et de son frère le soir même.

"Mais la déclaration n'est jamais venue, se souvient Yahya al-Mutawakkil vingt-cinq ans plus tard, encore incrédule. Je suis allé voir Al-Hamdî le lendemain matin pour lui demander pourquoi il n'avait pas tenu la promesse qu'il avait faite au cheikh 'Abd Allâh.

«Parce que j'ai pris une autre décision, et je veux ton soutien», m'a répondu Al-Hamdî.

Je lui ai demandé de quoi il s'agissait et il a répondu :

«Ça ne va pas te plaire.

— Tu veux dire que tu ne vas pas révoquer ton frère et 'Alî Qenaf ?» ai-je demandé. Al-Hamdî a secoué la tête.

«Non, je ne vais pas les révoquer.»

Dégoûté, je m'apprêtais à partir. Il m'a arrêté.

«Mais je vais révoquer Mujahid.»

Je n'en croyais pas mes oreilles. Mujahid était vice-président du Conseil et désormais vice-commandant en chef des forces armées. C'était aussi et surtout le beau-frère du cheikh 'Abd Allâh, et la seule personne pressentie pour lui succéder au titre de cheikh principal des Hashîd. J'ai dit à Al-Hamdî qu'il ne pouvait pas se débarrasser de Mujahid simplement en prononçant quelques mots sur les ondes, mais il a refusé de m'écouter."

Ebahi, Yahya alla prévenir le cheikh 'Abd Allâh qu'il s'attende au pire. Plus tard dans la journée, la radio diffusa l'incroyable nouvelle de la destitution de Mujahid. Craignant pour sa vie, le cheikh 'Abd Allâh quitta San'â pour Khamir, où il qualifia le gouvernement d'Al-Hamdî d'illégitime avant de réunir ses fidèles alliés pour une confrontation.

Tandis que le président se disputait avec les cheikhs, il tentait simultanément de séduire Yahya al-Mutawakkil, espérant pouvoir le retourner contre ses amis proches, Mujahid et les Abû Luhûm. Après la révocation de Mujahid, Yahya présenta sa démission de ses fonctions de ministre de l'Intérieur, mais Al-Hamdî la refusa. Il implora Yahya de rester et de l'aider à se réconcilier avec les cheikhs Hashîd et Bakîl. Devant l'hésitation de Yahya, Al-Hamdî lui agita le poste de vice-président sous le nez pour le motiver. Yahya refusa son offre, mais songea tout de même à aider son vieil ami.

Yahya savait pertinemment qu'Al-Hamdî était doué pour la supercherie. Un jour, le président avait téléphoné à 'Abd Allâh al-Ahmar et avait littéralement pleuré pour convaincre le cheikh de sa sincérité à propos de quelque question. Profondément ému, le cheikh 'Abd Allâh avait appelé son beau-frère, Muhammad Abû Luhûm, pour lui dire qu'il voulait le voir immédiatement.

"Tu ne croiras jamais ce qui s'est passé, dit le cheikh 'Abd Allâh lorsque Muhammad arriva chez lui quelques minutes plus tard. Le président a fondu en larmes au téléphone ce matin pendant qu'on discutait."

Muhammad rit.

"C'est la première fois que tu l'entends faire ça ? Ne le laisse pas t'abuser. Il fait ça tout le temps."

Mais s'il doutait de la sincérité d'Al-Hamdî, Yahya pensait que la réconciliation valait la peine d'être tentée. Il retira sa démission et, le lendemain, il partit à Khamir avec Al-Hamdî pour aller voir le cheikh 'Abd Allâh, une première depuis leur brouille.

Complaisant et humble, le président accepta de reprendre le cheikh Hashîd à San'â en tant que conseiller du gouvernement*. Pourtant, en dépit de l'insistance du cheikh 'Abd Allâh, il refusa de rétablir les Abû Luhûm dans leurs anciennes fonctions. L'entrevue se termina dans une impasse.

Mujahid était en visite officielle en Chine quand Al-Hamdî annonça sa révocation. Pour arriver à Pékin, lui et sa délégation avaient dû se rendre à Karachi, au Pakistan, à bord de l'avion présidentiel. Moscou avait fourni l'avion ainsi que son équipage russe à Al-Hamdî pour son usage personnel. Mais comme les relations étaient tendues entre l'Union soviétique et la Chine, les autorités de Pékin refusaient qu'un avion russe pénètre dans leur espace aérien. La délégation yéménite avait dû prendre un vol de China Airways pour la dernière partie de son voyage jusqu'à la capitale chinoise.

* Al-Hamdî avait au préalable suspendu le Conseil, le pouvoir de base du cheikh 'Abd Allâh.

Après une visite d'une semaine, la délégation de Mujahid retourna à Karachi à bord d'un appareil de China Airways. "Al-Hamdî avait promis de nous envoyer son avion privé au Pakistan pour nous ramener à San'â, se souvient Mujahid. Mais quand je suis descendu de l'avion à Karachi, je ne l'ai vu nulle part. J'ai trouvé un téléphone et j'ai appelé notre ambassadeur au Pakistan.

«Où est l'avion du président ? lui ai-je demandé.

— Vous voulez dire que vous n'êtes pas au courant ? m'a-t-il demandé d'un ton nerveux.

— Au courant de quoi ?»"

La nouvelle des destitutions stupéfia Mujahid et, au fur et à mesure qu'il en comprenait la portée, son incrédulité se changea en colère. Il ne pouvait pas laisser Al-Hamdî lui marcher dessus, ou marcher sur les Abû Luhûm, en toute impunité.

Avec sa délégation, il monta à bord d'un avion civil à destination du Caire. Laissant ses compagnons en Egypte, Mujahid continua seul jusqu'à Djedda. Là, il demanda la permission au gouvernement saoudien de franchir la frontière du Yémen par la route. Mais ayant prévu cette éventualité, Al-Hamdî avait déjà demandé à Riyad d'empêcher Mujahid de rentrer au Yémen par voie de terre.

Le prince sultan, le ministre de la Défense saoudien, conseilla à Mujahid de prendre un avion pour San'â et de régler ses problèmes avec Al-Hamdî les yeux dans les yeux. Mujahid refusa. Le président yéménite avait déjà fait arrêter bon nombre de ses partisans et des partisans du cheikh 'Abd Allâh, et il agirait certainement de la même manière avec Mujahid si jamais celui-ci se montrait dans la capitale.

Mais Mujahid est quelqu'un d'extrêmement déterminé. Il insista avec véhémence auprès des autorités saoudiennes jusqu'à ce qu'elles lui permettent de retourner au Yémen par voie de terre. Il se rendit directement dans son fief de Hajja, où sa fidèle brigade Majd attendait le retour de son commandant.

Mujahid avait recueilli un soutien considérable pendant la période où il était gouverneur de Hajja. Comme la nouvelle de son retour se répandait du fond des vallées aux montagnes cultivées en terrasses, de nombreuses tribus se rassemblèrent autour du cheikh et jurèrent de le soutenir contre Al-Hamdî.

Le président fut mal à l'aise en comprenant que son ancien et puissant allié, qu'il avait transformé en adversaire furieux, était revenu et bien décidé à retourner la situation contre lui. Craignant que la brigade Madj attaque la capitale d'un instant à l'autre, Al-Hamdî convainquit Yahya al-Mutawakkil d'entamer des négociations. Mujahid accepta de l'écouter.

Avec Yahya pour intermédiaire, Al-Hamdî proposa à son adversaire de réintégrer son ancien siège au sein du Conseil. Mais Mujahid ne voulut rien entendre avant d'avoir la promesse qu'Al-Hamdî reprendrait le cheikh 'Abd Allâh dans ses rangs. Les discussions tournèrent court.

Comme Mujahid se préparait à une épreuve de force à la suite de ces négociations avortées, Yahya le persuada de rencontrer une dernière fois Al-Hamdî à Al-Hudayda. Quelques jours plus tard, le président se retrouva face à face avec Mujahid, chacun entouré d'une armée de plusieurs centaines de soldats armés jusqu'aux dents, tels deux coqs tentant d'impressionner et d'intimider l'autre en étalant leur parure éblouissante sous le brillant soleil de la Tihâma. Yahya comprit avec inquiétude qu'une étincelle pouvait mettre le feu aux poudres à tout moment.

Al-Hamdî entama cette conversation tendue.

"Tu n'as rien à craindre de moi", déclara-t-il. Mais s'il parlait d'un ton téméraire, il avait les genoux tremblants.

Mujahid regarda d'un œil stoïque l'homme rondelet au visage poupin qui se tenait devant lui, indigné par la suggestion qu'il pouvait avoir peur de quelqu'un, aussi important fût-il. La seule personne qui ait jamais intimidé Mujahid était l'imam Yahya – et l'imam

Ahmad dans une moindre mesure. Mais à l'époque, il n'était encore qu'un petit garçon, et Al-Hamdî n'avait absolument rien de commun avec l'imam Yahya.

"Je veux que tu redeviennes gouverneur de Hajja", poursuivit le président en offrant la seule chose qu'il avait à marchander. Mujahid avait occupé le poste de gouverneur de la province de Hajja après le coup d'Etat contre Al-Iryâni.

Mais il ne s'agissait guère d'une concession. Après tout, la moitié des hommes alignés derrière Mujahid venaient de Hajja. C'était lui qui contrôlait la province ; pas Al-Hamdî.

Les discussions ne menèrent nulle part, et le cheikh du Kharif s'apprêtait à retourner à Hajja. Mais avant son départ, Yahya parvint à lui faire jurer qu'il ne tenterait rien contre San'â pour l'instant.

"Je vais attendre et voir comment les choses évoluent", dit Mujahid.

La fin paisible de la rencontre soulagea et surprit à la fois Yahya et Al-Hamdî.

Mais, en juillet 1975, les efforts continuels de médiation fournis par Yahya al-Mutawakkil n'avaient guère progressé car Al-Hamdî et les cheikhs refusaient tout compromis. Yahya voyait désormais clairement que le président n'avait aucune intention de les apaiser. Il avait accepté les négociations uniquement pour gagner du temps.

A la mi-juillet, Yahya remit pour la deuxième fois sa démission en tant que ministre de l'Intérieur et membre du Conseil. Al-Hamdî tenta à nouveau de le convaincre de rester mais, cette fois-ci, Yahya avait pris sa décision.

Dans les hautes terres du Sud et de l'Ouest du Yémen (et à moindre échelle à San'â), la société est organisée par villages et en fonction des liens régionaux plutôt que par tribus. Les habitants de ces régions se plaignent depuis des siècles que les tribus des plateaux au nord et à l'est de San'â exercent une influence démesurée sur le gouvernement central.

En effet, les populations du Sud n'ont bénéficié que dans quelques régions seulement du puissant soutien d'une tribu, ce qui leur a permis de faire pression sur le gouvernement pour obtenir ce qu'elles voulaient. Quelques rares habitants de ces régions sont même parvenus à exercer une certaine influence grâce à leurs importants intérêts commerciaux, car ceux-ci ont historiquement un tempérament plus commercial que les tribus du Nord*. Pourtant, la grande majorité des habitants des hautes terres du Sud sont des fermiers qui ne jouissent que d'un accès limité aux cercles influents du gouvernement. Ils ont survécu, et dans certains cas prospéré, en grande partie parce que leur terre est considérablement plus productive que celle des plateaux du Nord (et parce qu'un grand nombre d'entre eux ont émigré en Europe et en Amérique pour trouver du travail et envoyer de l'argent chez eux).

Au fil des siècles, les impôts versés par les fermiers des hautes terres fertiles du Sud se mirent à représenter une grande part du budget de l'imamat. Mais dans les plateaux du Nord, le climat aride impliquait que les récoltes agricoles dépassaient rarement le seuil de la subsistance. L'imamat avait beaucoup à perdre, car taxer ces régions ne pouvait pas rapporter grand-chose en regard des risques de rébellion encourus**.

* Ce phénomène commence cependant à changer car, depuis les années 1980, les fils de cheikhs sont de plus en plus impliqués dans des activités commerciales.

** Contrairement aux plateaux du Nord, une vaste proportion des fermiers du Sud et de l'Ouest se partage des terres appartenant à des propriétaires qui ne les cultivent pas eux-mêmes. S'ils ont le titre de cheikhs, le rôle de ces grands propriétaires terriens est très différent de celui des cheikhs du Nord. Ces derniers assoient leur position en distribuant de l'argent aux hommes de leur tribu. Les cheikhs du Sud, en revanche, estiment que ce sont eux qui doivent bénéficier des richesses des gens travaillant leurs terres, et les cultivateurs leur donnent entre un quart et la moitié de leur récolte annuelle.

Ce que les plateaux du Nord pouvaient fournir aux imams, cependant, était de la main-d'œuvre, soit pour les défendre lorsque ceux-ci étaient menacés, soit pour faire respecter leurs lois (y compris la collecte des impôts dans les régions plus productives du pays). Et comme les imams leur offraient de temps en temps des terres dans le Sud afin de les apaiser ou de les récompenser, les cheikhs du Nord représentent aujourd'hui une partie importante des grands propriétaires terriens des hautes terres du Sud.

Ibrâhîm al-Hamdî prétendait vouloir corriger le déséquilibre économique et politique entre les régions tribales et non tribales du pays. "Si cela avait été le cas, expliquerait Yahya des années plus tard, j'aurais peut-être montré plus d'enthousiasme à soutenir le président. Mais j'ai vite compris qu'en rompant avec les principaux cheikhs Hashîd et Bakîl, Al-Hamdî voulait simplement les remplacer à l'intérieur de son cercle par des cheikhs de moindre importance ou leurs partisans."

Al-Hamdî tenta d'appliquer la tactique des anciens imams qui consistait à diviser pour mieux régner en montant les grands cheikhs contre les plus petits, par exemple en donnant à ces derniers des postes importants au sein du gouvernement et en réduisant l'influence des premiers sur ses décisions. Néanmoins, Yahya finit par croire que les motivations du président pour restreindre le pouvoir des chefs de tribu au Yémen ne tenaient pas tant à son désir d'améliorer le pays qu'à son envie de renforcer son emprise sur le pouvoir.

Neuf mois après la démission de Yahya du ministère de l'Intérieur, Al-Hamdî l'envoya en exil aux Etats-Unis comme ambassadeur du Yémen.

Vers la fin de l'année 1976, le président eut vent d'un projet de coup d'Etat élaboré par Ahmad al-Ghasmî, son chef d'état-major, et le successeur de Mujahid au poste de vice-commandant en chef des forces armées. Depuis le renversement d'Al-Iryâni, Al-Ghasmî s'était avéré encore plus ambitieux que son excellent ami Al-Hamdî. Le chef d'état-major avait soutenu le président dans sa lutte pour le pouvoir contre les tribus, dans l'intention de lui faire terminer le sale boulot. Ensuite, Al-Ghasmî prévoyait de prendre la place du président.

Mais ce plan sembla tomber à l'eau quand un confident d'Al-Hamdî l'informa de la conspiration. Le président envoya son chef d'état-major en Irak, visite pendant laquelle il prévoyait d'annoncer sa révocation. En montant à bord de l'avion qui devait l'emmener à Bagdad, Al-Ghasmî avait réfléchi au sort qu'on lui réservait. Il descendit de l'appareil, forçant Al-Hamdî à repousser son plan. Il aurait été trop risqué de destituer Al-Ghasmî alors qu'il se trouvait dans le pays.

Quelques mois plus tard, une autre opportunité se présenta quand Al-Ghasmî se sentit à nouveau suffisamment sûr de lui pour s'aventurer hors du pays. Il se rendit à Paris début 1977 avec le frère du président, 'Abd Allâh al-Hamdî, et 'Alî 'Abd Allâh as-Sâlih (le remplaçant de Dirham Abû Luhûm au poste de commandant militaire de la province de Taëz).

Al-Ghasmî en Europe, le président pouvait enfin se débarrasser de son dangereux chef d'état-major. Al-Hamdî, qui se trouvait à ce moment-là à Al-Hudayda, s'assit à son bureau afin de revoir l'ordre de révocation d'Al-Ghasmî. Au moment où il prenait son stylo pour signer le document, le téléphone sonna. C'était le chef de la sûreté de San'â qui présentait son rapport à Al-Hamdî, ainsi qu'il le faisait plusieurs fois par jour.

Au terme d'une brève conversation, pendant laquelle le chef de la sûreté l'informa que l'ordre régnait dans la capitale, Al-Hamdî lui demanda d'un ton dégagé où se trouvait 'Abd Allâh 'Abd al-Alem, le commandant de la brigade parachutiste qui siégeait également au Conseil.

"Il est en train de mâcher du qat, répondit l'homme.

— Avec qui ?" s'enquit Al-Hamdî.

Le chef de la sûreté expliqua que le Premier ministre ('Abd al-Aziz 'Abd al-Ghani) avait invité 'Abd al-Alem avec le ministre des Affaires étrangères et le ministre de l'Administration locale à venir partager le qat chez lui cet après-midi. Quand il eut raccroché, Al-Hamdî se mit à imaginer le pire. Le Premier ministre, 'Abd al-Alem et les autres hommes rassemblés pour la séance de qat avaient une chose en commun : tous étaient originaires des hautes terres du Sud.

Le président contemplait sans le voir l'ordre de révocation posé sur son bureau, mais il avait l'esprit ailleurs. Cette séance de qat apparemment innocente l'inquiétait.

Les Yéménites adorent les machinations, et ils élaborent des plans complexes visant à influencer les événements selon leurs désirs. Les intrigues sont souvent dévoilées à la suite des confidences des auteurs à un tiers, lequel en informe immanquablement toutes les personnes concernées, même de loin. Mais cela les empêche rarement de progresser.

Al-Hamdî, dont la famille est originaire d'un petit village situé à une cinquantaine de kilomètres au nord-ouest de San'â, était encore plus soupçonneux que la plupart des Yéménites. Muhammad Abû Luhûm raconte que la chanson préférée d'Al-Hamdî était la chanson de 'Umm Kalthûm intitulée *La Révolution du doute*, et le doute empoisonnait bel et bien la vie du président. Lorsqu'il pensait à la séance de qat qui se déroulait dans la capitale, son esprit machiavélique ne pouvait concevoir qu'une possibilité : son Premier ministre et les deux ministres des hautes terres du Sud complotaient contre lui afin de s'emparer du pouvoir.

Alarmé, Al-Hamdî décida qu'il aurait finalement peut-être besoin de la poigne d'Al-Ghasmî. Il déchira l'ordre de révocation sans l'avoir signé.

Grâce à ses informateurs présents dans l'entourage du président, Al-Ghasmî apprit néanmoins qu'il l'avait échappé belle lors de son voyage en France. Le jour même où le chef d'état-major revint à San'â, Muhammad Abû Luhûm passait en voiture devant les bureaux présidentiels quand il vit la voiture d'Al-Ghasmî en sortir.

"Je lui ai fait signe, se souvient Muhammad, mais il ne s'est pas arrêté. Il m'a fait signe de le suivre, et nous sommes allés chez lui pour discuter.

«Bienvenue au pays, ai-je dit. Si tu étais rentré plus tard, tu aurais perdu ton boulot comme le reste d'entre nous, ai-je ajouté en plaisantant, en faisant allusion à Mujahid, au cheikh 'Abd Allâh, à Dirham Abû Luhûm, à mes frères et moi-même.

— Comment est-ce que tu sais ça ?» m'a demandé Al-Ghasmî, tremblant de colère. Le commandant militaire de la province d'Al-Hudayda était un bon ami à moi, et il m'avait envoyé une lettre dès qu'il avait appris qu'Al-Hamdî voulait révoquer Al-Ghasmî. Mais je ne le lui ai pas dit.

«Par Dieu, Muhammad, a repris Al-Ghasmî. Tu pourras me marcher sur la figure si je n'écrabouille pas la tête d'Al-Hamdî.»"

Quelques mois plus tard, Al-Ghasmî avait tenu la promesse qu'il avait faite à Muhammad Abû Luhûm. Le 11 octobre 1977, le chef d'état-major avait fait abattre Al-Hamdî (ainsi que les deux Françaises), puis s'était emparé du pouvoir.

Ahmad Husayn al-Ghasmî avait environ trente-cinq ans quand il devint le quatrième président du Yémen. Muhammad Abû Luhûm le connaissait depuis la guerre civile des années 1960, à l'époque où Al-Ghasmî combattait sous ses ordres au sein d'une unité de blindés de l'armée républicaine aux côtés de son propre successeur à la présidence, 'Alî 'Abd Allâh as-Sâlih. Al-Ghasmî s'était hissé au grade de lieutenant-colonel en 1971, puis avait pris le commandement du 1er régiment de blindés trois ans plus tard avant de devenir membre du Conseil de commandement, à la suite du renversement d'Al-Iryâni.

L'arrivée d'Al-Ghasmî au pouvoir à l'automne 1977 remplit de terreur toutes les personnes impliquées dans la politique du Yémen, surtout quand le bruit courut qu'il avait fait exécuter quelques-uns de ses adversaires les plus acharnés. Son emprise extrêmement fragile sur les rênes du pouvoir expliquait sans doute sa sévérité, et des manifestations spontanées se déroulèrent dans la capitale afin de protester contre la mort du populaire Al-Hamdî, accusant ouvertement Al-Ghasmî de ce meurtre.

Imprévisible, Al-Ghasmî téléphona à Mujahid Abû Shawareb trois jours après son coup d'Etat.

"Alors, qui est bien bête, maintenant ?" lui demanda Al-Ghasmî en faisant allusion à leur conversation quand Mujahid avait refusé la présidence après le vote du conseil en 1974.

"C'est peut-être moi qui suis idiot, reconnut Mujahid, mais je n'aimerais pas du tout être à ta place."

Al-Ghasmî demanda ensuite à Mujahid de venir dans sa résidence privée, dans le village de Dhal'a, à quelques kilomètres de San'â. "Il a refusé de me dire pourquoi, se souvient Muhajid, si bien que je m'attendais au pire."

"Les gardes d'Al-Ghasmî m'ont pris mon pistolet avant que j'entre dans la maison, ce qui n'a pas contribué à me rassurer. Ils m'ont fait entrer dans la salle d'attente, où étaient assis de nombreux officiels de haut rang qui attendaient nerveusement de voir Al-Ghasmî.

Quelques minutes plus tard, la porte qui se trouvait au fond de la pièce s'est ouverte brusquement, avec une telle violence que plusieurs officiels ont failli tomber de leur chaise. Al-Ghasmî est entré, la mine particulièrement sévère.

«Qu'est-ce que tu me veux ? m'a-t-il demandé en me voyant.

— Rien. C'est toi qui m'as invité.

— Tu veux sûrement un poste au gouvernement. Lequel ? Dis-le !

— Rien... pour le moment, ai-je répondu. Attendons de voir comment ça se passe. Après, je te le ferai savoir.» J'ai réfléchi un moment, puis je lui ai dit : «La seule chose qui m'intéresse pour le moment est d'améliorer l'infrastructure de Hajja. Nous avons besoin de routes et de ponts.»

Al-Ghasmî a dit qu'il verrait ce qu'il pouvait faire, je l'ai remercié et je suis parti. Alors que je retournais à Hajja avec mes hommes, une voiture a surgi derrière nous et nous a rattrapés à toute allure. Les hommes de la voiture nous ont fait signe de nous ranger au bord de la route, et je suis descendu pour voir ce qu'ils voulaient. Al-Ghasmî les avait envoyés me remettre une valise. Je l'ai entrouverte et j'ai vu qu'elle contenait plusieurs millions de dollars en riyals saoudiens.

«Le président dit que vous pouvez commencer à construire vos routes avec ça», m'a lancé l'homme avant de repartir."

Al-Ghasmî était connu pour sa générosité : il distribuait abondamment les grosses sommes d'argent liquide qu'il recevait à titre de subventions de la part du gouvernement saoudien. Mujahid manquait cruellement de fonds pour verser les soldes à son armée, si bien que le contenu de la valise lui ôtait momentanément un de ses soucis. Mais il faudrait plus que de l'argent pour convaincre Mujahid, lequel se méfiait d'Al-Ghasmî autant – et peut-être plus encore – qu'il se méfiait d'Al-Hamdî.

Comme on pouvait s'y attendre, Al-Ghasmî tarda à offrir à Mujahid et aux Abû Luhûm les postes officiels qu'il leur avait promis au sein du nouveau gouvernement, mais cela importait peu. Personne ne s'attendait à ce que le nouveau président reste très longtemps au pouvoir, et ce fut effectivement le cas. La bombe qui se trouvait dans la mallette de l'émissaire sud-yéménite mit fin à sa présidence au bout de huit mois et demi seulement.

Lorsqu'une seconde guerre frontalière éclata entre le Yémen-du-Nord et le Yémen-du-Sud en 1979, ni Mujahid ni les Abû Luhûm n'avaient réintégré leurs fonctions au sein du gouvernement de 'Alî 'Abd Allâh as-Sâlih, le successeur d'Al-Ghasmî. Quand les combats s'étendirent aux régions septentrionales du Yémen-du-Nord, 'Alî 'Abd Allâh as-Sâlih demanda à Mujahid de prendre le commandement des troupes nord-yéménites basées à Ibb et dans la région frontalière occupée de Qatabâ.

Mujahid accepta et ses troupes repoussèrent l'armée sud-yéménite de l'autre côté de la frontière. Après la guerre, le président nomma Mujahid vice-ministre des Affaires intérieures, un poste qu'il garda pendant plus de dix ans.

Au cours de la guerre frontalière, un fonctionnaire sud-yéménite de haut rang perdit un frère, le jour où les troupes de Mujahid repoussèrent trois cents soldats ennemis lors de violents affrontements dans les montagnes surplombant la ville de Qatabâ. En apprenant que son frère comptait parmi les victimes, le fonctionnaire décida de se venger et accusa Mujahid d'être responsable de sa mort.

Un cadre du Parti socialiste sud-yéménite de l'époque raconta cette histoire à Mujahid quinze ans plus tard, alors qu'ils dînaient tous les deux dans un restaurant parisien. Le frère du soldat tué avait payé un assassin quelques mois après la fin de la guerre pour liquider Mujahid. Ce dernier se trouvait alors à Washington et il devait se rendre en France, si bien que l'assassin (qui n'était pas yéménite) gagna Paris pour l'y attendre. Mujahid changea cependant d'avis à la dernière minute et se rendit à Genève. L'assassin annula l'opération.

Mujahid écouta attentivement cette histoire, mais celle-ci l'amusa plus qu'elle ne l'inquiéta. En dépit de son premier échec, le fonctionnaire sud-yéménite n'abandonna pas son projet de vengeance. En 1985, six ans après la guerre, Mujahid inspectait ses vignes à Warwar quand un vieux Sufyâni vint lui demander de l'argent "pour l'aider à payer des frais médicaux". Mujahid lui donna la somme et l'homme repartit, mais il se retourna brusquement, leva le canon de sa kalachnikov et tira une salve en direction de Mujahid. Alertés, les gardes ouvrirent le feu et tuèrent l'homme avant qu'il puisse ajuster son tir.

Une heure plus tard, des milliers d'hommes des tribus de la région alentour s'étaient réunis à Warwar afin de comprendre ce qui s'était passé. Les cheikhs du Sufyân n'étaient pas d'humeur à faire des compromis, et ils affirmèrent que ce meurtre n'impliquait rien de moins que la guerre avec le Kharif. Mujahid fit venir Sinân Abû Luhûm (un Bakîl, comme les Sufyânis) de San'â afin d'intervenir avant que la situation échappe à tout contrôle. Mais quand le cheikh arriva sur les lieux, les Sufyânis campaient sur leur position.

"Nous ne voulons pas de votre aide, dirent-ils à Sinân. Nous voulons notre vengeance*."

Sinân menaçant de se retirer et de les laisser risquer une guerre contre les tribus Hashîd des environs, les cheikhs sufyânis se calmèrent rapidement. Si Sinân, et sans doute la plupart des autres Bakîlis, refusaient de les aider, leur appel à la vengeance risquait de les laisser gravement meurtris.

Les antagonistes remirent leurs fusils et leurs *jambiya* à Sinân, et une douzaine de cheikhs des Kharif et des Sufyân s'assirent en tailleur de façon à former un cercle sous un acacia. Le cheikh des Nihm écouta attentivement leurs arguments.

Après plusieurs heures de discussion animée, Sinân rendit enfin son verdict. Les Kharif devraient verser aux Sufyân trois fois la somme normale de la *diya*, qui s'élevait à trois cent mille riyals (soit soixante-quinze mille dollars à l'époque) en compensation de l'homme abattu. Les deux tribus acceptèrent le jugement.

* Le fait que l'homme abattu ait tenté de tuer Mujahid avait peu d'importance. Ce qui compte dans des cas semblables n'est pas l'intention, mais plutôt à qui appartient le sang versé.

En général, dans une dispute avec une autre tribu, toutes les branches des Kharif mettent la main à la poche pour réunir l'argent de la *diya*. Ce système renforce la notion d'assistance mutuelle et de responsabilité commune, et il répartit la charge financière sur la tribu entière. Ceci était particulièrement avantageux à l'époque où personne, pas même les cheikhs, n'avait assez d'argent pour réunir seul de quoi payer les sommes énormes de la *diya*. Mais avec l'introduction des puits de forage et des pompes irriguant les récoltes rentables telles que le raisin ou le qat, les choses ont changé. Dans un élan de bonne volonté, et sans solliciter la contribution d'aucun autre clan Kharif, Mujahid donna plus que la somme imposée par le jugement et paya aux Sufyânis deux millions de riyals plus un bulldozer afin de participer à la maintenance des routes dans leur territoire.

A l'époque, Mujahid pensait que la tentative du vieil homme pour le tuer avait un rapport avec la parcelle de terre qu'il possédait sur le territoire du Sufyân, ou avec la vendetta qui se poursuivait entre les Kharif et les Sufyân depuis le meurtre de son père. Mais Mujahid découvrit quelques années plus tard que c'était le fonctionnaire sud-yéménite ayant perdu son frère pendant la guerre frontalière qui avait contacté le Sufyâni pour le tuer en échange d'une somme d'argent et d'un camion flambant neuf.

Seul un mélange de chance et de vigilance permit à Mujahid d'échapper de justesse à toutes ces épreuves au fil des ans, et c'est ce même mélange qui produit de grands chefs au Yémen. Mais les chances de réchapper à un nombre d'épreuves suffisant pour fonder son propre parti sont si maigres que de tels hommes sont rarissimes.

XVII

UN (DEMI-)MARIAGE

Après une année passée à travailler à l'ambassade du Yémen à Paris, je me dis qu'il était temps de songer à autre chose. J'avais décidé de retourner en Amérique pour préparer une maîtrise de cinéma et de vidéo, un domaine qui m'intéressait depuis les cours d'été que j'avais suivis à l'université de Californie du Sud.

Je doutais que l'Agence pour le développement international des Etats-Unis m'accorde une autre bourse, du moins pas directement. Mais l'AID proposait également des aides financières par l'intermédiaire de diverses agences gouvernementales yéménites, parmi lesquelles le ministère de l'Information qui m'employait officiellement depuis que je travaillais pour la télévision. Le ministère soumettait chaque année la liste des demandeurs de bourses au bureau de l'AID de San'â. Avec le soutien du ministère, j'avais peut-être une chance.

Quand Mujahid Abû Shawareb revint à Paris, je lui demandai s'il accepterait de suggérer à Hasan al-Lowzi, le ministre de l'Information du Yémen, de soumettre ma candidature pour une autre bourse. Mujahid accepta, tout comme Al-Lowzi, et l'AID ratifia ma demande. L'organisation m'envoya étudier à l'American University, à deux kilomètres à peine du Mount Vernon College, au nord-ouest de Washington.

Deux semaines avant mon départ pour l'Amérique, je téléphonai à ma mère. Elle attendait impatiemment mon appel et devint hystérique en entendant ma voix. Je ne compris pas grand-chose à ses explications emmêlées, sauf que mon demi-frère Tariq était en prison. Quelques jours plus tard, je retournai au Yémen par le premier vol direct au départ de Paris afin de comprendre ce qui s'était passé.

Six mois plus tôt, un membre de la famille de Tariq avait accidentellement tué le fils de l'homme qui avait abattu son père, le cheikh Hamîd, sur le toit de sa maison plus de cinq ans auparavant. L'assassin avait aussitôt pris la fuite.

Soupçonnant que l'incident était lié à la mort de Hamîd al-Maamari, les cheikhs des tribus de la région étaient intervenus pour empêcher une vendetta. Employant une technique traditionnelle et en général efficace, ils avaient arrêté une demi-douzaine d'hommes du village de Tariq, et ils les retiendraient à la prison de Dhamâr, la capitale de la province, jusqu'à ce que le meurtrier se rende.

Les cheikhs avaient eu l'intention d'arrêter Ahmad (l'oncle de Tariq et le frère du cheikh Hamîd), mais celui-ci avait anticipé leur stratégie et pris la fuite. Agé de quatorze ans, Tariq était considéré comme un homme, de sorte qu'ils l'avaient arrêté à sa place.

Au début, maman ne s'était pas trop inquiétée pour Tariq. Un homme recherché se rendait en général au bout de quelques jours ou de quelques semaines tout au plus, quand il apprenait que sa famille et des membres de sa tribu avaient été emprisonnés pour son crime. Cette fois-là pourtant, le tueur était allé se réfugier dans le Sud, dans les montagnes de la tribu Al-Hada, à laquelle il avait demandé asile. Comme l'exige le code tribal, les Al-Hada avaient accepté, et ni les négociations ni les menaces du gouvernement n'avaient réussi à les convaincre de lui remettre le meurtrier.

Les mois passaient, et maman s'inquiétait de plus en plus pour Tariq. Son autre fils, Hamud, avait tenté de l'aider, mais sans résultat. Elle s'était ensuite tournée vers son frère, 'Alî, lequel avait été muté de la police des armées au Bureau des passeports et de l'immigration.

En dépit de tous ses défauts, je me souviendrai toujours du professionnalisme avec lequel oncle 'Alî exerçait son travail. Des années plus tard, plusieurs hommes d'affaires m'avouèrent qu'ils avaient tenté de lui graisser la patte afin d'accélérer les formalités administratives nécessaires à l'entrée d'étrangers qu'ils avaient invités au Yémen. De tels pots-de-vin sont une procédure courante, et nombre des collègues de 'Alî habitaient dans de belles maisons et conduisaient des voitures de luxe achetées grâce à ces rallonges. Mais oncle 'Alî les refusait de façon catégorique, et il payait l'hypothèque de sa modeste demeure uniquement grâce à son maigre salaire.

Oncle 'Alî demanda de l'aide à ses supérieurs et, confiant, il promit à ma mère que Tariq serait rapidement libéré. Cependant, cette méthode se révéla elle aussi inefficace. Désespérée, maman plaçait désormais tous ses espoirs en moi. Refusant de promettre quoi que ce soit, je lui dis que je me rendrais à Dhamâr le lendemain pour voir ce que l'on pouvait faire. Oncle 'Alî, qui était venu rendre visite à maman ce jour-là, m'entendit dire que je comptais aller à Dhamâr.

“Alors, comme ça, Khadija pense qu'elle peut réussir là où j'ai échoué ? dit-il à sa sœur d'un ton méprisant. La seule différence entre elle et une *nagah* (une chamelle), c'est qu'une *nagah* ne parle pas.”

L'usage voulait que je passe au ministère de l'Information pendant mon séjour à San'â pour remercier le ministre de m'avoir aidée à obtenir une bourse et saluer mes collègues de la télévision. Tandis que je passais de bureau en bureau, je croisai dans le couloir le vice-ministre de l'Information, Mutahar Taqi.

“Que faites-vous à San'â ? me demanda-t-il.

— J'ai des problèmes de famille à régler, expliquai-je.

— Puis-je vous être utile ? proposa Mutahar.

— Non, merci, je dois simplement me rendre à Dhamâr."

Mutahar réfléchit un moment.

"Vous êtes déjà allée là-bas ? demanda-t-il.

— Non, avouai-je.

— L'un de mes assistants est de Dhamâr. Venez avec moi." Il me précéda dans le couloir jusqu'à son bureau qui se trouvait au bout. Il s'approcha de sa table de travail, décrocha le téléphone et composa un numéro.

"Sâlih, dit-il dans le combiné. Je veux que vous emmeniez Khadija al-Salami à Dhamâr à la première heure demain matin. Vous l'aiderez, quelles que soient ses démarches."

Je remerciai Mutahar et retournai au ministère de bonne heure le lendemain matin. Sâlih, un homme humble et amical d'une trentaine d'années, m'attendait au volant d'une des vieilles Mercedes du ministère. Quand je lui eus exposé mon problème, il me suggéra de commencer par aller au bureau du gouverneur de Dhamâr.

Une fois là-bas, une secrétaire nous fit entrer dans le bureau du gouverneur, Muhammad 'Abd Allâh al-Iryâni, un cousin éloigné de l'ancien président 'Abd al-Rahmân al-Iryâni. Le bureau était spacieux, contigu à un vaste salon meublé de canapés et de fauteuils, capable d'accueillir une bonne vingtaine d'invités.

"Je vous attendais", déclara le gouverneur au visage aimable. Le vice-ministre de l'Information avait téléphoné un peu plus tôt pour le prévenir de mon arrivée.

Je sentis immédiatement la sincérité du gouverneur, en dépit de ce qu'on pouvait attendre de la part d'un homme ayant un passé militaire tel que le sien. Après avoir travaillé treize mois à la maison d'arrêt du Caire entre 1966 et 1967, période pendant laquelle Yahya al-Mutawakkil et le reste de la délégation yéménite y étaient détenus, Al-Iryâni était devenu commandant en chef des forces armées, soit le numéro deux du gouvernement. Même s'il ne dirigeait plus l'armée yéménite (depuis le renversement de 'Abd al-Rahmân al-Iryâni), ses successeurs continuaient de le tenir en haute estime. Je l'avais déjà rencontré à Washington, où il avait remplacé Yahya al-Mutawakkil au poste d'ambassadeur.

Des cheikhs à l'allure rébarbative venus trouver le gouverneur à propos de quelque problème occupaient tous les sièges du bureau. J'étais peut-être la première femme non voilée à pénétrer en ces lieux, et ma présence stupéfiait ces hommes curieux.

"Nous finissions à l'instant notre discussion, dit le gouverneur. Voudriez-vous venir déjeuner à la maison ? Ma femme adorerait faire votre connaissance, proposa-t-il poliment.

— Non, je vous remercie, répondis-je. Je dois régler cette affaire à propos de mon frère."

L'un des cheikhs m'offrit sa place.

"Et qui est votre frère ? me demanda le gouverneur.

— Tariq, le fils de Hamîd al-Maamari", répondis-je. Les cheikhs hochèrent la tête en même temps, déjà au courant de l'affaire.

"C'est une des conséquences de l'incident qui a eu lieu au village d'Al-Sharara, rappela l'un d'eux au gouverneur.

— Vous avez de la chance, dit celui-ci en jetant un regard circulaire sur ses hôtes. Voici les hommes qui peuvent vous aider."

L'un des cheikhs du Jahran, qui portait une veste de costume rayée sur sa *zena* blanche et sa *jambiya*, s'avança au bord de son siège.

"Tariq et les autres hommes d'Al-Sharara ne sont pas en prison pour être punis, expliqua-t-il. Ce n'est pas comme à San'â. Nous autres, membres des tribus, nous avons nos propres façons de faire. Ils seront libérés dès qu'on aura attrapé le meurtrier.

— Ça fait six mois ! protestai-je.

— Je sais, répondit le cheikh. Et nous faisons de notre mieux pour parvenir à un accord avec les Al-Hada afin de pouvoir le récupérer.

— Mais Tariq n'est qu'un enfant. Il allait à l'école. Vous n'avez pas le droit de l'en priver."

Les cheikhs se regardèrent, ne sachant pas trop comment procéder. Les femmes, à plus forte raison très jeunes, n'étaient pas censées se mêler d'affaires semblables.

"Ce n'est pas juste, poursuivis-je. C'est la méthode qu'employaient les imams. La révolution était censée mettre un terme aux prises d'otages innocents.

— Mais nous ne pouvons pas libérer votre frère et garder les autres, avança le cheikh du Jahran. Cela ne serait pas judicieux. Dès que Tariq arriverait dans son village, il deviendrait la cible de la famille de la victime. Elle réclame toujours vengeance, vous savez.

— Alors, il ne retournera pas au village, dis-je.

— Et où ira-t-il ?

— Il pourra rester à San'â quelque temps, répondis-je. Chez sa mère."

Le cheikh réfléchit un moment, puis secoua la tête.

"Non. Un homme du Jahran le verra là-bas, et la nouvelle de sa libération se répandra. Voilà le problème.

— Alors, je l'emmènerai en Amérique avec moi, déclarai-je. Cela devrait être assez loin."

Les hommes devinrent livides en entendant une proposition aussi peu orthodoxe. Ils regardèrent le gouverneur en implorant son aide, mais Muhammad al-Iryâni était de mon côté.

"Ça me semble être une bonne idée, déclara le gouverneur d'un ton enthousiaste. Je vais ordonner la libération de Tariq dès maintenant, si vous êtes d'accord", ajouta-t-il en regardant le cheikh du Jahran.

Mon idée pesait désormais considérablement plus lourd.

"Vous êtes d'accord ?" dis-je en me tournant vers le cheikh.

Les mains calleuses du fermier tripotaient le rosaire enroulé autour de sa *jambiya*. Il échangea des regards avec les hommes assis autour de lui et, un par un, ils hochèrent la tête pour marquer leur consentement.

Le gouverneur me dit de rédiger ma demande de libération par écrit – immédiatement, avant que quiconque puisse changer d'avis. Je la lui remis pour qu'il la signe avant de la faire passer aux différents cheikhs. Ceux qui savaient écrire la signèrent également. Les autres retirèrent leur sceau personnel de la poche de leur *zena* et l'apposèrent sur le document. Je repris la lettre en remerciant le gouverneur et les cheikhs.

Sâlih me conduisit directement au poste de police afin de montrer la lettre au directeur des prisons, mais celui-ci était rentré déjeuner. Quand nous frappâmes à la porte de chez lui, son fils nous dit qu'il n'était pas là non plus. Des gens venaient tous les jours solliciter son aide, et le directeur avait appris à ses enfants à les éconduire.

"Mais c'est important, déclarai-je, sachant que de telles affaires pouvaient traîner des jours, voire des mois, si elles n'étaient pas réglées immédiatement. C'est une lettre du gouverneur."

Le garçon hésita, intrigué par cette fille non voilée qui venait voir son père pour une affaire pareille. Il disparut à l'intérieur avec la lettre et revint quelques minutes plus tard pour me rendre le document. En le dépliant, je vis qu'il portait la signature de son père.

L'heure du déjeuner avait beau être passée, Sâlih ne protesta pas quand j'insistai pour aller directement à la prison, située aux abords immédiats de la ville*. Tariq était ébahi de voir sa sœur arriver à la prison avec une lettre du gouverneur ordonnant sa libération – et signée par les cheikhs du Jahran ! Il se

* Dans les villages yéménites, l'incarcération est une expérience moins traumatisante, plus détendue qu'en Occident. Les détenus sont fréquemment autorisés à rentrer chez eux pour régler des affaires de famille urgentes. Ils doivent seulement donner leur parole d'honneur qu'ils reviendront à la prison – et ils reviennent. Il n'est pas rare qu'un gardien laisse la prison et les clés aux mains d'un des prisonniers pendant qu'il va faire des courses.

montra encore plus enthousiaste en apprenant qu'il devrait m'accompagner en Amérique afin de remplir sa part de l'accord. Tariq n'avait jamais quitté le Yémen.

Au Yémen, comme dans tous les pays, la bureaucratie peut être exaspérante lorsqu'on doit traiter avec l'administration. Cependant, sans qu'on sache vraiment pourquoi, il arrive que toutes les barrières tombent et que tout le monde agisse de concert pour résoudre un problème particulier. C'est ce qui arriva heureusement à cette occasion.

De retour à San'â, maman fondit en larmes à la joie de revoir son fils. Je craignais que le départ imminent de Tariq pour l'Amérique la bouleverse, mais l'idée lui plut quand je lui dis qu'il irait au collège là-bas. Mon frère aîné, Hamud, avait quitté l'école très jeune, mais maman pouvait désormais espérer qu'au moins un de ses fils reçoive de l'éducation.

Je fis une demande de visa pour Tariq auprès de l'ambassade des Etats-Unis, une procédure qui prendrait une quinzaine de jours. Pour ma part, je devais être à Washington moins d'une semaine plus tard pour le début des cours. Mon frère resta à San'â avec le billet d'avion que je lui avais acheté, prêt à me suivre dès qu'il recevrait son visa.

Je me mis en quête d'un logement dès mon arrivée en Amérique. Accompagnée d'une amie, je partis me renseigner sur les appartements disponibles dans un immeuble situé juste à côté du campus de l'American University. Nous attendions d'être reçues par le directeur de l'agence quand entra un grand garçon blond au sourire chaleureux, d'à peine vingt ans. Le directeur tourna aussitôt son attention vers lui.

L'attitude de l'homme m'irrita, mais je dis à mon amie que je trouvais le garçon vraiment très beau. C'était sans doute la première fois que j'osais ouvertement un compliment sur quelqu'un du sexe opposé, mais je ne m'attendais pas à revoir ce garçon.

Je ne parvins pas à obtenir l'appartement situé près de l'université. Au lieu de cela, je m'installai à Falls Church, à vingt minutes de route du campus, où les loyers étaient moins élevés. Pourvu d'une chambre et d'un salon spacieux, mon nouveau logis offrait beaucoup plus de place que ma minuscule chambre de bonne parisienne, et j'étais très heureuse.

Tariq arriva du Yémen dix jours plus tard, après avoir pris une correspondance à Francfort. Quand son avion de la Lufthansa avait décollé de l'aéroport de San'â, Tariq s'était tourné vers le Yéménite assis à côté de lui.

"C'est bien l'avion qui va en Amérique ? avait-il demandé.

— Non. Nous allons en Allemagne", avait répondu l'homme.

Tariq était horrifié. Mais une fois à Francfort, il avait compris qu'il devait prendre un autre avion pour Washington.

Contrairement à la plupart des habitants du Jahran, Tariq n'était pas intimidé par la vie citadine. Ayant passé beaucoup de temps à San'â, il s'était habitué à la foule et aux bousculades. Mais il connaissait des gens de son village qui, lorsqu'ils venaient à la capitale, s'arrêtaient pour serrer la main aux inconnus en train de faire la queue devant le cinéma. Tariq avait dû leur expliquer qu'il n'était pas nécessaire de saluer toutes les personnes qu'ils croisaient à San'â.

Mon frère dormait sur un canapé convertible dans le salon de mon appartement perché au vingt-cinquième étage d'un immeuble. Je l'inscrivis dans un collège de Fairfax, en Virginie, quelques jours après son arrivée. Il ne parlait pas anglais, mais cela n'avait pas d'importance. De nombreux étudiants ne connaissaient que quelques mots, et Tariq finirait par apprendre à l'école plus d'espagnol et de vietnamien que d'anglais.

L'après-midi, il allait au McDonald's du coin avec des amis. Mais il cessa d'y aller quand une jolie étudiante hispanique de sa classe trouva un travail là-bas. Il ne voulait pas l'embarrasser en lui montrant qu'il savait que sa famille était si pauvre qu'elle était obligée de travailler. Cela l'aurait déshonorée, pensait-il.

A l'American University (l'AU), où je suivais une spécialisation en audiovisuel, j'allais souvent étudier à la cafétéria du campus. Un jour, je me trouvais en compagnie de Paul, un ami, quand j'aperçus soudain le grand garçon blond que j'avais vu quelques semaines plus tôt, alors que je cherchais un appartement. Il alla s'acheter un café, puis fit signe à Paul avec indifférence (feinte, m'avoua-t-il plus tard). Comme je l'espérais, il s'approcha de notre table.

Il s'appelait Charles Hoots. Sportif, il jouait au tennis trois heures par jour dans l'équipe de l'université, si bien qu'il était tout bronzé. Il était en premier cycle à l'AU, où il suivait un cursus d'études internationales. Paul et lui habitaient au même étage de la résidence universitaire. Ils se posaient souvent des questions de géographie, et Paul se disait qu'il pourrait peut-être coller Charles cette fois-ci. Mais Charles s'était préparé.

"Je te présente Khadija, dit Paul tandis que Charles s'approchait de notre table d'un pas nonchalant. Elle vient du Yémen."

Il insista sur le mot "Yémen" et dévisagea son ami avec un sourire sinistre, guettant sa réaction.

"Ravi de faire ta connaissance, me dit Charles. Tu viens du Yémen-du-Nord ou du Yémen-du-Sud ?

— Du Nord, répondis-je.

— Et d'où, exactement ? De San'â ? De Taëz ?" poursuivit-il.

Le sourire de Paul disparut en voyant que Charles avait réussi le test. Après une brève conversation, j'avais moi-même du mal à croire que Charles ait pu en savoir autant sur mon pays. Il ne dévoila son "secret" que beaucoup plus tard.

Avant cette rencontre à la cafétéria, Charles avait remarqué que je déjeunais tous les jours au restaurant universitaire, seule en général. Pensant que j'étais d'origine hispanique et espérant mettre en pratique l'espagnol qu'il avait étudié à Madrid le semestre précédent, il avait décidé de m'aborder. Il s'était approché de ma table à deux reprises, mais, chaque fois, un de mes amis était arrivé à ce moment-là et s'était assis pour discuter. Charles était passé sans s'arrêter.

A peu près à la même époque, il avait rencontré par hasard un étudiant yéménite à la cafétéria. Charles n'avait jamais rencontré quelqu'un d'originaire du Yémen, et cela enchanta mon compatriote. Celui-ci s'était mis à lui raconter des histoires qui semblaient tout droit sorties des *Mille et Une Nuits* : il lui conta l'interminable guerre civile du pays, les tribus indisciplinées des montagnes, des anecdotes sur l'imam qui traversait la campagne en voiture et les villageois qui lui demandaient ce qu'ils pouvaient donner à manger à cet étrange animal pendant qu'il se reposait. A la fin de leur conversation, Charles fut saisi de curiosité pour ce pays exotique, et il comptait bien la satisfaire. Il se rendit à la bibliothèque afin d'en apprendre plus, ce qui explique qu'il savait tant de choses sur le Yémen quand nous nous rencontrâmes quelques jours plus tard, en automne 1988.

Les jours suivants, nous eûmes souvent l'occasion de nous croiser, à la cafétéria et à la bibliothèque. Sachant que j'avais vécu en France et que j'aimais le cinéma, il m'invita à aller voir *Hiroshima, mon amour* à la médiathèque de l'université. Ce fut mon premier rendez-vous galant.

Charles et moi passions de plus en plus de temps ensemble, en général à étudier, et parfois nous allions dîner quelque part. Charles avait grandi dans une petite ville près de Winston-Salem*, en Caroline-du-Nord, et il avait passé les trois derniers semestres

* Le deuxième nom de sa ville natale vient de la même racine sémitique que mon nom : "Salem" et "Salami" désignent tous deux la paix.

de l'école secondaire à Lawrenceville School, un pensionnat de style anglais près de Princetown, dans le New Jersey. Un jour, il m'expliqua qu'un de ses professeurs de Lawrenceville se rendait fréquemment en Afghanistan, où il avait mené des recherches en anthropologie. Le soir, le professeur leur racontait la vie en Asie centrale, des histoires qui passionnèrent Charles au point qu'il eut hâte d'y aller.

"A Lawrenceville, je jouais dans l'équipe de tennis, me dit Charles, et je gagnais de l'argent de poche en cordant des raquettes pour un magasin de sport près du campus. Avec mes économies, j'ai acheté un aller simple pour le Pakistan, qui était à l'époque l'endroit le plus proche de l'Afghanistan où l'on pouvait se rendre, car le pays était occupé par les Soviétiques.

Mes affaires bourrées dans trois sacs, je suis parti pour Kennedy Airport un dimanche matin, en décembre 1985. Je rêvais de revenir au bout d'un an ou deux en parlant couramment l'urdu et en comprenant mieux comment fonctionnait le monde. Il y avait un problème, cependant. Ni mon école ni mes parents n'étaient très contents, d'autant plus que je ne les avais pas avertis de mon départ. J'avais tellement envie de partir que j'avais décidé de ne pas leur en parler, pour ne pas courir le risque qu'ils refusent. Ils ne l'ont appris que le dimanche après-midi, quand un de mes camarades, au courant de mes projets, est allé en parler au directeur de l'école.

Le directeur a aussitôt téléphoné à mes parents et à la police. Les deux inspecteurs qu'ils ont envoyés à mes trousses n'ont eu aucune difficulté à me pincer au bureau d'enregistrement de la Pakistan International Airlines. Ils ont fait descendre mes bagages de l'avion, m'ont escorté dans leur voiture jusqu'au poste de police, où ils m'ont tendu un téléphone pour que je puisse appeler mes parents.

Ça n'a pas été un appel facile, et c'est l'une des rares fois où j'ai entendu ma mère pleurer. A ce moment-là, je souhaitais vaguement qu'ils m'empêchent de partir, mais ils m'ont dit que si j'étais sûr de ma décision, ils me donnaient leur autorisation. «Tu vas avoir dix-huit ans dans quelques mois, de toute façon, m'a dit mon père, et à ce moment-là, on ne pourra plus t'en empêcher.» Je suis donc parti pour le Pakistan.

A dix-sept ans, je ne pouvais qu'être impressionné par ce pays. Partout où j'allais, les gens venaient me voir et voulaient me parler pendant des heures de tous les sujets imaginables, puis ils se disputaient entre eux pour savoir chez qui j'allais passer la nuit. La mère d'une famille très pauvre chez qui j'ai logé m'a même préparé un magnifique gâteau de Noël. Je devais vivre avec environ deux dollars par jour, mais cela n'était pas un problème.

Dans la ville de Peshawar, non loin de la frontière afghane, un vieux réfugié afghan et son fils, qui tenaient une boutique de kebabs, m'ont invité à aller visiter leur camp, lequel se trouvait à deux heures de bus au nord de la ville. Ils ont insisté pour payer mon ticket et m'ont servi un énorme repas dans le village en pisé et en briques qu'ils avaient construit avec plusieurs milliers d'autres réfugiés – dont la plupart semblaient assister à notre déjeuner. J'ai dû laisser une grande partie des cadeaux qu'ils m'avaient offerts, car je ne pouvais pas tous les remporter à Peshawar. Je ne suis pas particulièrement sentimental, mais leur générosité m'a beaucoup touché.

Un autre homme, avec qui je suis devenu ami, m'a emmené passer le week-end dans son village, à quelques kilomètres à l'ouest de Peshawar. Alors que nous nous promenions dans les champs assez tard dans la soirée, mon ami m'a montré les lumières de villages situés plus à l'ouest, beaucoup plus vives et plus nombreuses que les quelques loupiotes qui éclairaient celui où nous nous trouvions.

«Là-bas, c'est le territoire des tribus, m'a-t-il expliqué, où le gouvernement pakistanais n'a qu'une influence limitée. Les tribus possèdent leurs propres forces de police et elles font à peu près ce qu'elles veulent. Depuis que les Russes ont envahi l'Afghanistan, des espions communistes traversent la frontière pour venir offrir aux chefs des tribus de grosses sommes d'argent en échange de leur soutien. Certains acceptent et d'autres non, mais ils finissent presque tous par avoir beaucoup d'argent, de nouveaux camions ou un générateur flambant neuf, choses que peu d'autres villages peuvent se payer.»

Imprégné des discours antisoviétiques des années Reagan dans mon enfance, j'étais abasourdi d'apprendre que l'on pouvait se soumettre aux communistes de son plein gré. Mon ami a veillé presque jusqu'à l'aube pour répondre à mes questions sur la façon dont la politique de la guerre froide affectait les villages situés dans les zones tribales du Pakistan. Pour la première fois, je commençais à comprendre que le monde n'était pas aussi simple que je l'avais imaginé.

Après deux mois au Pakistan à manger uniquement dans des gares, j'ai contracté une salmonellose et d'autres maladies intestinales, et j'ai perdu presque quinze kilos. Grâce à une petite participation financière de mon grand-père, je suis rentré en Amérique.

A Lawrenceville, le professeur qui avait éveillé mon intérêt pour l'Afghanistan, et que beaucoup accusaient de m'avoir mis en tête d'aller là-bas, disait toujours que mes parents étaient les héros de cette histoire, car ils avaient compris que me laisser partir était la meilleure solution. Plus je grandissais, plus je comprenais à quel point il avait raison."

L'intérêt que Charles portait au monde m'impressionnait, et il me posait des tas de questions sur le Yémen et l'islam, auxquelles je répondais très volontiers. Si les histoires à propos de mon pays l'enthousiasmaient, je refusais de me laisser entraîner à parler de ma famille ou de ma propre vie au Yémen. Il découvrit que j'avais travaillé à la télévision seulement le jour où un autre étudiant yéménite s'approcha de notre table à la cafétéria.

“Tu es Khadija ? demanda l’étudiant. Khadija al-Salami ?” Il m’avait reconnue car il m’avait vue à la télévision yéménite.

Cette rencontre m’embarrassa, et je dus expliquer à Charles que j’avais présenté le journal télévisé, une révélation qui, je le craignais, risquait d’ouvrir une boîte de Pandore en lui donnant envie de me poser d’autres questions personnelles. Voyant que je n’étais pas encore prête, Charles ne me brusqua pas, mais quand je compris que son intérêt pour moi était sincère, je m’ouvris peu à peu.

Au fur et à mesure que nous nous rapprochions, Charles s’aperçut que j’étais légèrement mal à l’aise avec lui, même si, au début, il ne comprenait pas très bien pourquoi. Je finis par lui expliquer que le fait de nous voir aussi souvent me plaçait dans une situation délicate. Une fille de San’â qui partait étudier à l’étranger sans chaperon était déjà révolutionnaire. Mais passer une grande partie de mon temps avec un camarade de classe qui de toute évidence me portait un intérêt dépassant celui du simple partenaire de travail conforterait seulement l’opinion de ceux qui, chez moi, pensaient qu’on ne devait jamais envoyer une femme seule quelque part.

Il y avait à l’université une douzaine d’étudiants yéménites. Ils mangeaient, étudiaient et passaient leurs moments de détente dans les mêmes endroits que Charles et moi, et toute attitude inhabituelle de ma part ou, en l’occurrence, de n’importe quel autre Yéménite serait connue chez nous en quelques jours par le biais du téléphone arabe. Si nos cœurs se rapprochaient, nous demeurions extérieurement très réservés. Nous ne pouvions même pas nous tenir la main.

Ce printemps-là, à quelques semaines seulement de la fin de l’année, je reçus une lettre qui faillit mettre un terme à notre relation. Juste avant de rencontrer Charles, j’avais demandé mon transfert à la prestigieuse école de cinéma de l’université de

Californie du Sud à l'automne suivant. La lettre m'informait que j'avais été acceptée.

Voyant que cela risquait de me séparer de Charles, je lui demandai son avis :

"Je ne voudrais pas t'empêcher de réaliser ton rêve et d'aller étudier à l'USC", dit-il.

Hochant la tête d'un air grave, je changeai de sujet. Pour moi, la réaction de Charles signifiait qu'il n'était pas certain de vouloir construire une relation solide avec moi, même si j'avais lentement commencé à croire le contraire. Une semaine avant de le rencontrer, je m'étais crue incapable d'aimer un homme. Mais Charles était doux et curieux de découvrir des cultures différentes, il n'était pas arrogant et ne cherchait pas seulement à coucher avec les filles, contrairement à tant d'autres hommes que j'avais rencontrés. Très galant, il ne jurait jamais et me tenait toujours la porte pour me laisser passer la première.

Mes sentiments pour lui devinrent très forts, passionnés, même. J'avais plus que tout envie de le serrer contre moi, de ressembler aux Américaines, qui n'étaient pas aussi inhibées dans leurs relations avec les garçons. Si ces émotions me troublaient et m'effrayaient, j'étais également plus heureuse que je ne l'avais jamais été, et je remerciais Dieu de m'avoir donné ce sentiment magnifique. Pour la première fois, j'avais trouvé une personne avec qui je pourrais peut-être passer ma vie.

Cependant, sa réaction face à mon éventuel départ pour la Californie m'attrista et me déçut. Je disparus de nos repaires habituels et ne répondis pas au téléphone pendant une semaine. Quand je finis par croiser Charles sur le campus, je fus particulièrement froide avec lui. Nous marchâmes l'un à côté de l'autre, gênés, parlant peu, jusqu'à ce que nous nous arrêtions pour nous regarder dans les yeux.

"Je ne veux pas que tu partes", dit-il d'un ton suppliant. Un sourire fendit mon visage. Ce fut le point de non-retour.

Tariq réussissait bien à l'école, et il termina sa première année avec une très bonne moyenne générale. Le soir, il venait étudier avec moi sur le campus de l'AU, et je finis par le présenter à un étudiant de licence qui m'avait impressionnée par son courage. Aveugle, il était venu en Amérique pour suivre ses études dans une langue étrangère. J'espérais qu'il serait un bon exemple pour Tariq, qu'il lui apprendrait à apprécier ce qu'il avait et l'encouragerait à bien travailler à l'école.

L'étudiant se lia d'amitié avec Tariq, mais je m'aperçus bientôt qu'il n'était pas la personne que j'avais cru. Le fait qu'il utilise Tariq pour le guider à travers le campus et lui décrire les jolies filles était excusable. Mais il commença bientôt à l'influencer d'une façon beaucoup plus sinistre, en lui faisant par exemple découvrir l'alcool. Le plus inquiétant pour moi, néanmoins, était que cet homme conseillait à Tariq de ne pas m'écouter.

"Tu es assez grand pour prendre tes propres décisions", disait-il à Tariq. Mon frère, qui était un adolescent influençable, se mit à manquer l'école pour passer l'après-midi à bavarder avec son ami. Ce garçon avait réussi à éloigner mon frère de ses études et à me compliquer énormément la vie.

Je laissai à Tariq un trimestre pour se reprendre, mais à l'arrivée du printemps, quand la couche de neige particulièrement épaisse de l'hiver commença à fondre, il n'avait pas changé. Je pris la décision de le renvoyer chez nous à la fin de l'année, car je ne voulais pas passer mon temps à m'inquiéter pour lui et voir mes propres notes en pâtir.

A la fin du mois de mai 1989, Tariq retourna à San'â, où il mit son anglais en pratique en acceptant un poste dans un établissement touristique très fréquenté. Mais au bout d'un an, quand les problèmes furent résolus dans son village, il retourna dans le Jahran pour se marier et cultiver la terre de son défunt père.

Cultiver la terre du village d'Al-Sharara, où personne n'avait les moyens de s'offrir un tracteur, s'avéra cependant beaucoup plus difficile qu'il ne l'avait prévu. L'émigration massive vers l'Arabie Saoudite et les pays du golfe Persique au cours des quinze années précédentes avait entraîné un cruel manque de main-d'œuvre dans de nombreuses régions agricoles du Yémen, y compris dans le Jahran. La terre était restée à l'abandon pendant plusieurs années consécutives. Une saison des pluies suffisait à anéantir des parcelles en friche et des terrasses abandonnées qui avaient demandé des années d'efforts à plusieurs générations, et le sorgho et le blé cultivés dans la région étaient plus chers que les céréales importées. Les rares fermiers restants, en majorité des femmes, concentraient leurs efforts sur des cultures rentables telles que le qat, lesquelles participaient à la redistribution des richesses urbaines dans les régions rurales. Mais le qat poussait mal sur la terre d'Al-Sharara.

Tariq travaillait dur pour boucler les fins de mois. Comme beaucoup d'hommes des tribus, il s'engagea dans l'armée pour augmenter ses maigres revenus. Après un entraînement sommaire, ses supérieurs lui assignèrent peu de tâches, si bien qu'il vendit son fusil et retourna chez lui cultiver ses terres, sans cesser de toucher sa solde. Des années plus tard, quand je le vis chez maman à San'â, il m'avoua qu'il regrettait de ne pas avoir mieux profité des chances qui s'offraient à lui quand il était en Amérique.

A l'automne 1989, alors que Charles et moi commencions notre dernière année d'université, le président du Yémen, 'Alî 'Abd Allâh as-Sâlih, vint à Washington pour rencontrer le président George Bush. C'était la première visite officielle de 'Alî 'Abd Allâh as-Sâlih aux Etats-Unis depuis son élection à la présidence onze ans plus tôt, mais les deux hommes s'étaient déjà rencontrés. En 1986, Bush avait assisté à l'inauguration de la première raffinerie de pétrole du Yémen près de Ma'rib, alors qu'il n'était encore que vice-président. Exxon et la Hunt Oil Company du

Texas avaient investi des sommes considérables dans ce projet.

Un de mes anciens collègues de la télévision yéménite accompagnait le président à Washington afin de filmer la visite. Il me demanda de l'assister, lui et son équipe, et, heureuse de pouvoir lui rendre service, j'acceptai.

Il se trouvait qu'un de mes amis de l'AU avait été membre d'un petit mouvement politique d'exilés yéménites opposés à 'Alî 'Abd Allâh as-Sâlih, basé aux Etats-Unis. Cet ami avait lui aussi travaillé pour la télévision à San'â, et je le connaissais depuis que j'avais débuté aux studios, à l'âge de onze ans. Mais je me fichais de ses engagements politiques ou de ceux des autres, et il n'avait jamais abordé le sujet avec moi.

Le jour de la rencontre entre les deux chefs d'Etat, une poignée de ces jeunes militants yéménites défilait devant la Maison-Blanche, criant des slogans et agitant des pancartes. Les agents de la sûreté yéménite voulurent savoir qui avait organisé cette manifestation et, au cours de leur enquête, ils interrogèrent mon ancien collègue de la télévision nationale pour apprendre ce qu'il savait. Effrayé, celui-ci bredouilla que j'étais amie avec l'étudiant qui travaillait autrefois aux studios de San'â. Connaissant ses opinions politiques, tout le monde présuma qu'il avait participé à la manifestation. Les agents de la sûreté convainquirent le journaliste d'essayer de déterminer jusqu'à quel point j'étais moi aussi impliquée.

L'homme me téléphona chez moi ce soir-là et, avec peu de tact, me demanda qui finançait mes études et comment je payais mon loyer, insinuant que le groupe d'opposition m'avait achetée. Comprenant où il voulait en venir, je lui raccrochai au nez, furieuse.

L'attitude du journaliste me blessa. Il m'avait paru très gentil, et je l'avais aidé avec joie lors de la visite du président. J'ai toujours eu tendance à faire entièrement confiance aux gens que j'aime bien. S'ils me prouvent plus tard que j'ai eu tort de leur accorder ma confiance, ou que je me montrais peut-être trop idéaliste, ma déception est immense.

Cet incident me fit comprendre à quel point il était facile d'accuser une personne innocente, mais je n'allais pas me contenter d'être la victime de cette constatation. Le lendemain soir, Muhsin al-'Ayni, l'ambassadeur du Yémen à Washington, organisait chez lui une réception en l'honneur du président. Vivant seule en Amérique, j'assistais rarement à ce genre de soirées qui réunissaient la communauté yéménite de Washington, car je faisais régulièrement l'objet de commérages. Mais ce soir-là, c'était différent. J'étais bien décidée à dire au président ce qui m'était arrivé.

Le chef de la sûreté m'accueillit à la porte mais je choisis de l'ignorer. Comprenant qu'il avait commis une erreur, il tenta de s'excuser, mais j'étais trop furieuse contre lui pour lui pardonner aussi facilement. Je finis néanmoins par me calmer suffisamment pour ne pas aborder le sujet avec le président, que je rencontrais ce soir-là pour la première fois.

Après qu'il eut prononcé un bref discours encourageant les nombreux étudiants présents à travailler dur et à rentrer chez eux pour aider le pays à avancer, un vieux Yéménite prit la parole dans la foule.

"Les étudiants ne peuvent pas à eux seuls faire avancer le Yémen. Les hommes politiques doivent également participer à ce développement", déclara l'homme d'un ton amer. Cette accusation à peine voilée suggérait que le président n'était pas assez énergique.

Je retins mon souffle en attendant la réaction du président, que j'imaginais sur la défensive et agressif. Mais il garda son calme et répondit d'une façon tout à fait diplomatique, ce qui me fit forte impression. Je m'attendais à ce qu'il fasse expulser l'homme par son service de sécurité. A cette époque-là, les Yéménites n'avaient pas l'habitude de critiquer trop ouvertement le gouvernement, ni les présidents d'entendre de telles critiques. Les auteurs de celles-ci étaient souvent considérés comme des ennemis de l'Etat, et certains avaient été emprisonnés pour des motifs extrêmement discutables. L'épreuve que j'avais subie la veille du fait des hommes du président ne fit que m'ouvrir les yeux*.

Charles ne me demanda jamais en mariage. Il était simplement évident que nous nous marierions un jour. Mais la logistique d'un tel événement s'avéra particulièrement compliquée. Le premier stade impliquait que Charles aille au Yémen pour faire la connaissance de ma famille et demander ma main à mon frère aîné, Hamud.

Je n'étais pas sûre de la réaction de ma famille. Si de nombreux Yéménites prenaient des épouses étrangères, et même occidentales, les hommes de mon pays hésitaient en revanche beaucoup plus à donner leurs femmes à des étrangers. Quelques femmes sud-yéménites originaires d'Aden avaient épousé des étrangers alors qu'elles étaient parties suivre leurs études dans d'autres pays, mais de tels mariages étaient une affaire complètement différente dans la ville conservatrice de San'â, où la généalogie – et donc le fait de marier sa fille à un homme issu d'une bonne famille – reste d'importance capitale. L'avenir de ses descendants en dépend car, en prenant le nom de leur père, ceux-ci seront les dépositaires d'une grande part de sa réputation.

C'était désormais Hamud, et non plus oncle 'Alî, qui était responsable de ma mère et de mes sœurs. Mon frère savait que j'agissais à ma guise, mais il pourrait tout de même tenter son possible pour s'opposer à ma décision, en particulier quand il s'agissait

* Heureusement, au cours des deux années suivantes, le Yémen connut des changements radicaux qui demeurent effectifs aujourd'hui (résultant surtout de l'unification du Yémen-du-Nord et du Yémen-du-Sud). Un système multipartite s'installa presque du jour au lendemain et, dès lors, les groupes d'opposition purent dénoncer ouvertement la politique discutable du gouvernement, y compris les sujets les plus sensibles.

de choisir un mari. Quant à oncle 'Alî, il pouvait se montrer aussi imprévisible qu'un serpent pris au piège. Je craignais qu'il tente de causer des problèmes en se rangeant aux côtés de Hamud.

Charles et moi obtînmes tous les deux notre diplôme de l'AU en 1990. Sa première visite au Yémen n'étant plus qu'à quelques semaines, Charles comprit non seulement qu'il devrait demander ma main à mon frère aîné, mais qu'il devrait le faire en arabe, puisque ni Hamud ni personne d'autre ne parlait anglais dans ma famille. Il se mit à étudier cette langue avec ferveur, acheta des manuels ; il alla même jusqu'à écouter la radio arabe de Washington.

Charles suggéra que nous nous mariions aux Etats-Unis avant de partir au Yémen. De cette façon, nous n'aurions pas de problèmes pour faire reconnaître notre mariage yéménite par le gouvernement américain. Cela permettait également à sa mère d'organiser une petite cérémonie avec des amis de la famille en Caroline-du-Nord. Cependant, nous ne pouvions parler de ce mariage à aucun de nos amis de l'université, en particulier aux Yéménites. Certains auraient inévitablement interprété cela comme un affront à ma famille, pensant que nous voulions nous marier en cachette, ce qui n'était bien évidemment pas notre intention.

L'été précédant son entrée à l'AU, Charles avait accompagné son père, qui gérait à l'époque les fonds de retraite pour la RJ Reynolds Tobacco Company, à une conférence organisée à Santa Barbara, en Californie. Au retour, une dame fringante de quatre-vingt-dix ans bien sonnés et son fils d'une soixantaine d'années s'étaient retrouvés assis dans l'avion entre Charles et son père.

Charles lisait un ouvrage sur l'Afghanistan et, quand la vieille dame le remarqua, elle lui dit qu'elle avait visité ce pays une dizaine d'années auparavant. Elle s'appelait Katherine Robinson Everett, et sa détermination, de même que sa résistance à la tradition, devais-je apprendre plus tard, lui avaient valu un grand respect et une grande admiration. Sortie diplômée en droit et major de sa promotion de l'université de Caroline-du-Nord en 1920, Mme Everett était devenue la première femme à plaider devant la Cour suprême de cet Etat. En 1990, à l'âge de quatre-vingt-dix-sept ans, elle était censée être la plus vieille avocate encore en exercice aux Etats-Unis.

Les exploits de Mme Everett n'étaient pas uniques dans sa famille. Son fils, Robinson Everett, était sorti de l'école de droit de Harvard parmi les meilleurs de sa promotion à l'âge de vingt-deux ans, après quoi il avait enseigné à l'école de la magistrature de Duke, où il était plus jeune que tous ses étudiants.

Après leur retour de Californie, le père de Charles était resté en contact avec les Everett. Quand Robinson apprit que Charles prévoyait de se marier à Washington, il demanda s'il pouvait célébrer lui-même la cérémonie en sa qualité de juge principal auprès de la Cour d'appel militaire des Etats-Unis. Nous acceptâmes avec joie et fixâmes la date fatidique du mariage au 2 août 1990.

Ce qui débuta comme le plus beau jour de notre vie vira lentement au cauchemar. Le *Washington Post* nous réveilla au matin du 2 août avec des gros titres proclamant que les troupes irakiennes avaient envahi le Koweït.

En enfilant ma robe et en attendant Charles pour rejoindre le lieu de la célébration, je ne comprenais pas encore l'impact que cet événement aurait sur notre avenir. La nouvelle nous bouleversa, mais nous l'oubliâmes le temps de la courte cérémonie.

Au cours des jours suivants, la gravité de la situation devint plus évidente. Washington insistait fermement pour que l'Irak se retire du Koweït sans condition, cependant que Saddam Hussein se montrait tout aussi obstiné, refusant d'envisager un retrait de ses troupes et d'épargner à son pays une condamnation imminente. La tension monta d'un cran quand les Etats-Unis commencèrent à envoyer sur place les premiers soldats américains (près d'un demi-million d'hommes allaient partir), tandis que, de leur côté, les Nations unies ne progressaient pas plus que les médiateurs russes et arabes.

Avec Hosni Moubarak, le chef d'Etat égyptien, le roi Hussein de Jordanie et de nombreux autres hommes politiques du monde entier, Mujahid Abû Shawareb se rendit à Bagdad à la demande du président yéménite, pour tenter de convaincre Saddam Hussein de quitter le Koweït. Les deux hommes se connaissaient bien.

La vision du développement économique et de la modernisation de son pays, telle que le leader irakien la décrivait dans le manifeste du parti baathiste, avait encouragé Mujahid à jouer un rôle déterminant au sein de ce même parti au Yémen de nombreuses années plus tôt. Mujahid était souvent allé en Irak au cours des années 1980. Il était surtout séduit par l'organisation de ce pays, son industrie lourde, la participation des femmes à la main-d'œuvre, ainsi que le niveau d'éducation élevé de la population, car tous ces aspects évoquaient plus les pays occidentaux que les autres pays arabes.

Le Yémen et l'Irak se ressemblaient en ceci que leur population importante les rendait indépendants de l'aide des pays pétroliers du Golfe, riches mais peu peuplés. Cependant, l'invasion intempestive du Koweït par Saddam dérangea énormément Mujahid ainsi que la plupart des membres du gouvernement de San'â. S'il comprenait les pressions économiques ayant poussé le leader irakien dans cette voie désespérée, il savait aussi que ce n'était pas la bonne solution. Plus que quiconque, Mujahid espérait que Saddam ferait marche arrière et éviterait le triste destin qui se dessinait à l'horizon sous la forme d'armes américaines et alliées.

La plupart des dirigeants arabes s'opposèrent publiquement à Saddam et soutinrent l'attaque lancée par les Etats-Unis visant à expulser ses troupes du Koweït. Pourtant, la grande majorité des Arabes discernaient une certaine hypocrisie dans la détermination de Washington à employer la force pour faire respecter la résolution des Nations unies qui appelaient au retrait des troupes irakiennes. Ils se demandaient pourquoi les Etats-Unis n'avaient pas soutenu l'application des autres résolutions des Nations unies, allant même jusqu'à user de leur influence pour les faire capoter. Ils faisaient en particulier allusion aux nombreuses résolutions exigeant le retrait des Israéliens des régions qu'ils occupaient au Liban, en Syrie et en Jordanie depuis le conflit israélo-arabe de 1967, une question qui restait très sensible dans tous les pays arabes.

Si le Yémen condamnait l'invasion du Koweït par l'Irak, c'était également l'un des rares gouvernements à exprimer publiquement sa réticence face à l'installation des troupes américaines et alliées dans la région. San'â insistait sur le fait que tout devait être tenté pour trouver une solution arabe à la crise avant d'inviter des étrangers à résoudre le problème.

La position de San'â aurait pu passer pratiquement inaperçue si la présidence du Conseil de sécurité des Nations unies n'avait pas, par un coup du hasard, été dévolue au Yémen le 1er décembre 1990, au plus fort de la crise. Le vote du Yémen contre l'utilisation de la force pour déloger l'Irak du Koweït provoqua la colère des Etats-Unis et de l'Arabie Saoudite, dont le roi craignait que l'Irak envahisse ensuite son pays et voulait que Saddam soit chassé du Koweït à n'importe quel prix.

Riyad retira aussitôt le statut spécial dont jouissaient les travailleurs yéménites à l'intérieur du royaume, statut qui leur évitait d'avoir à trouver un "sponsor" saoudien pour pouvoir travailler dans le pays. Le Yémen se trouva bientôt confronté au retour de plus de sept cent mille travailleurs émigrés, tandis que Washington supprimait simultanément les vingt millions d'aide au développement que les Etats-Unis lui accordaient.

Des manifestations eurent lieu dans de nombreux pays arabes pour protester contre les préparatifs de guerre. A San'â, les manifestants lancèrent des pierres sur l'ambassade des Etats-Unis, mais ils rentrèrent chez eux découragés quand, selon l'un des participants, les vitres blindées de l'ambassade leur "renvoyèrent leurs pierres". Les autorités parvinrent à maîtriser les foules, mais il devint vite évident que ce n'était pas le moment propice pour annoncer au Yémen mes projets de mariage avec un Américain.

Les obstacles à notre union paraissaient déjà suffisamment nombreux pour ne pas offrir aux membres récalcitrants de ma famille le prétexte supplémentaire d'une guerre dans laquelle les pays occidentaux se battaient contre les Arabes. La visite de Charles au Yémen et notre "second" mariage allaient devoir être repoussés jusqu'à nouvel ordre. Nous avions une jambe de l'autre côté du précipice, mais le bord de la falaise semblait s'effriter sous nos pieds.

XVIII

DÉSORDRE

Je pris l'avion avec Charles de Washington pour Paris le 1er octobre 1990. Je restai en France deux semaines avant de continuer jusqu'à San'â car, en dépit de nos projets de mariage ajournés, la bourse que j'avais obtenue de l'AID exigeait que je retourne au Yémen après l'obtention de mon diplôme afin de travailler pour le ministère de l'Information.

Pendant ce temps, Charles chercherait lui aussi du travail. Il était venu en France deux fois quand il était adolescent, et il aimait Paris autant que moi. Nous avions envisagé de nous y installer après nos études, si bien que, pendant que je m'acquittais de mon travail à San'â, Charles devait trouver un emploi et un appartement dans la capitale française.

Ces deux semaines en France furent excitantes mais moralement éprouvantes. Nous avions entamé une nouvelle phase de notre vie, mais nos chemins menaient encore dans des directions différentes en raison d'événements qui échappaient à notre contrôle. Nous n'avions aucune idée du temps qui s'écoulerait avant que nous puissions nous revoir. Le jour de mon départ de Paris fut le plus triste que j'aie vécu depuis longtemps.

Une de mes amies sous-loua à Charles son appartement de quatre-vingt-dix mètres carrés situé dans le 13e arrondissement, non loin du quartier chinois, et il commença à chercher du travail dès le lendemain de notre arrivée. N'ayant guère en poche de quoi tenir plus de trois mois, il n'avait pas de temps à perdre.

Pendant des semaines, Charles alla démarcher tous les journaux, magazines, agences de presse et d'information qu'il put trouver dans Paris et sa périphérie, distribuant des CV dans l'espoir de devenir journaliste. En décembre, il avait un trou à ses chaussures quand il finit par trouver un travail temporaire comme professeur d'anglais pour les cadres d'une entreprise française. Mais trouver un emploi plus sûr n'était pas chose aisée. La crise du Golfe et les incertitudes au sujet de l'approvisionnement en pétrole avaient mis l'économie internationale en suspens. En France, les entreprises n'embauchaient plus personne, surtout des gens qui, comme Charles, ne possédaient pas de permis de travail.

Le temps passant, le désespoir commença à s'installer. A la mi-décembre 1990, Charles réserva une place dans un vol pour retourner aux Etats-Unis le 20 du mois. Il rentrerait chez lui pour les vacances et, s'il ne recevait aucune proposition d'embauche au cours de ses derniers jours à Paris, il ne reviendrait pas. Il n'avait plus d'argent.

Le 18 décembre, cependant, il reçut un appel téléphonique. C'était le rédacteur en chef du magazine *Business Week* à Paris, l'une des dizaines d'agences de presse que Charles avait démarchées au cours des dix semaines précédentes. L'assistant éditorial du magazine était parti et ils avaient besoin d'un remplaçant. Charles pouvait avoir le poste s'il était intéressé.

Ce travail était payé à peine plus que le SMIC, mais Charles s'en moquait. C'était son premier emploi et, surtout, cela lui permettrait de revenir à Paris après Noël, où il ne serait pas si loin de moi.

Après l'avoir embauché, *Business Week* accepta généreusement de demander pour lui un permis de travail. Pour l'obtenir, la société dut expliquer que le magazine avait besoin de quelqu'un parlant l'anglais américain (par opposition à l'anglais britannique) et qu'il ne parvenait pas à trouver une telle personne qui soit citoyenne d'un pays de la Communauté européenne. Cela prit une année entière, mais les documents finirent par être délivrés.

Entre-temps, j'avais recommencé à travailler pour la télévision à San'â. Le pays où je revins en octobre 1990 avait énormément changé depuis ma dernière visite, l'année précédente. Le 22 mai 1990, deux mois et demi tout juste avant l'invasion du Koweït par l'Irak, le Yémen-du-Nord et le Yémen-du-Sud avaient enfin signé leur unification tant attendue*.

A San'â, je tentai de mettre ma maîtrise à profit en réalisant des documentaires sur l'histoire et la culture du pays. Pendant que je tournais un film sur Aden et les vieilles maisons-tours de la vallée de l'Hadramaout, au Sud-Est du Yémen, j'eus ma première prise de bec avec les cadres du Parti socialiste yéménite.

Ayant appris que je me trouvais là-bas avec mes deux collaborateurs, le directeur de la télévision d'Aden demanda à nous voir après le tournage. L'après-midi, nous allâmes lui rendre visite dans son bureau, où il discutait avec plusieurs hommes autour d'une tasse de thé. Après les présentations, le directeur tenta de faire le fanfaron devant son public.

“Une femme n'est pas capable de tenir une caméra ni de diriger un film, dit-il d'un ton condescendant à

* Au cours des années 1970 et 1980, l'unité restait un rêve irréalisable. L'antagonisme et l'incompatibilité du régime marxiste d'Aden, soutenu par les Soviétiques, et du gouvernement prooccidental de San'â empêchaient toute fusion, malgré les discours rhétoriques tendant à prouver le contraire. Mais à la fin des années 1980, devant l'effondrement imminent de l'Union soviétique, Moscou informa les dirigeants sud-yéménites qu'ils ne pouvaient plus compter sur l'aide financière soviétique pour faire vivre leur pays. Les chefs du Parti socialiste yéménite au pouvoir, le seul parti légal du pays, n'avaient guère d'autre choix que de rechercher l'unification avec le Yémen-du-Nord ou de faire face à la ruine économique. Après l'unification de 1990, l'ancien Etat policier ouvrit ses portes au monde pour la première fois en vingt et un ans.

ses compagnons qui s'esclaffèrent. Aucune n'a jamais réalisé un film correct."

Au départ, cette réflexion m'alarma. Ensuite, je me mis à bouillir, et un flot de paroles jaillit de ma bouche.

"Je croyais que vous étiez censés avoir de l'instruction, vous autres socialistes, lançai-je au directeur. Vous vous vantez de ce que vous avez fait pour les femmes dans le Sud, et vous vous moquez des hommes des tribus qui vivent dans les montagnes en les traitant d'arriérés. Mais c'est justement un de ces hommes, qui travaille à la télévision de San'â, qui m'a envoyée tourner ce film ici. Sachez qu'il ne m'a jamais parlé comme vous venez de le faire. Je les préfère de beaucoup à vous autres «progressistes»."

Je sortis du bureau comme un ouragan, laissant mon caméraman et mon ingénieur du son déconcertés à l'intérieur. Ce soir-là, je reçus une enveloppe à mon hôtel. A l'intérieur, je trouvai une lettre qui m'autorisait à prendre "tout le matériel dont j'avais besoin", signée par le directeur de la télévision d'Aden. Il avait également joint des copies de lettres adressées aux autorités de l'Hadramaout, leur demandant de tout mettre en œuvre pour aider mon équipe.

La nouvelle de notre entrevue houleuse se répandit rapidement. Quand le directeur de la chaîne d'Aden vint visiter les studios de télévision de San'â quelques mois plus tard, il eut le malheur de parler durement à l'un des employés.

"Prenez garde, ou on appelle Khadija pour qu'elle vous remette à votre place", lui rétorqua l'employé.

Après presque trois mois passés au Yémen, je parvins à obtenir quelques jours de congé début janvier 1991. Je me rendis à Paris où Charles et moi eûmes la joie de nous retrouver, mais notre bonheur fondit comme neige au soleil un soir que nous regardions la télévision, peu de temps après mon arrivée. Un flash d'informations interrompit le programme pour diffuser des images en direct de Bagdad, où les tirs de la défense antiaérienne illuminaient le ciel sombre au-dessus de la ville en réponse aux premières attaques des forces alliées sur la capitale irakienne. Fous d'angoisse, nous regardâmes les images pendant une heure ou deux jusqu'à ce que je finisse par m'endormir en pleurant. Je comprenais ce que signifiait se trouver dans une ville en état de siège.

Mon séjour d'une semaine en France se transforma en mois tandis que les vols pour San'â étaient annulés les uns après les autres. Quand je pus enfin rentrer au Yémen, j'allai trouver le ministre de l'Information, Hasan al-Lowzi, qui accepta gracieusement de me laisser démissionner après trois mois de travail supplémentaires.

Les semaines suivantes furent difficiles. Les raids aériens sur l'Irak atteignirent leur point culminant lors d'un combat au sol qui refoula du Koweït l'armée de Saddam, mais au prix de milliers de vies irakiennes. Malgré la fin de la guerre, la région promettait de demeurer extrêmement instable dans un avenir proche.

Je repartis à Paris au printemps, pour de bon cette fois-ci. Mais entre la situation encore chaotique au Moyen-Orient et l'antiaméricanisme ambiant, nous ne pouvions toujours pas révéler nos projets de mariage. Nous devions attendre que les choses se calment.

Charles travaillait toute la journée aux bureaux de *Business Week*, à deux pas des Champs-Elysées. Je m'ennuyais et j'avais hâte de trouver une occupation quand un ami qui travaillait pour l'Unesco me parla d'une création de poste aux quartiers généraux de l'organisation, à Paris. Ce poste de secrétaire ne m'attirait guère et je n'avais pas les qualifications professionnelles requises, mais je postulai quand même. Cela m'aiderait à passer le temps jusqu'à ce que notre situation devienne plus stable.

En été 1992, plus d'un an après la fin de la guerre du Golfe, la situation politique au Moyen-Orient, ou du moins au Yémen, avait retrouvé un peu de stabilité. Je décidai que nous pouvions enfin sauter le pas.

Vu le scandale que risquait de provoquer mon mariage avec un étranger, à plus forte raison avec un Américain si peu de temps après la guerre du Golfe, j'aurais très bien pu décider de quitter le Yémen pour de bon et de vivre avec Charles sans me soucier de ce qu'on pourrait en dire chez moi. Mais une telle alternative était pour moi hors de question, car j'étais intimement convaincue que je ne faisais rien de mal. Je voulais que les gens de chez moi le comprennent, peut-être même qu'ils me donnent leur bénédiction.

Je partis pour San'â en juillet afin de préparer la venue de Charles. Je parlai de lui à ma mère et à mon frère, Hamud, et leur dis qu'il venait au Yémen la semaine suivante. Ils s'inquiétaient de ce qu'allaient dire les habitants de San'â, mais pour ma part, je m'en moquais.

"Pourquoi est-ce que je m'inquiéterais de ce que pensent les gens ? C'est mon fiancé. C'est moi qui vais vivre avec lui. En quoi est-ce que cela les regarde ?"

Maman partageait mon avis, mais Hamud tenait à rencontrer Charles avant de me donner son approbation, ce qui était le mieux que je pouvais espérer de sa part. Il me dit aussi qu'il irait le chercher lui-même à l'aéroport.

Mon petit frère, Tariq, assura à Hamud qu'il n'aurait aucun mal à reconnaître Charles. Il le lui décrivit comme un *amalaq* – un géant – blond et taquina ma mère en lui disant qu'elle devrait grimper au premier étage de la maison et se mettre à la fenêtre pour lui parler.

Après un vol qui dura toute la nuit, l'avion de Charles atterrit à San'â à l'aube. Alors qu'il faisait la queue devant le guichet de l'immigration, un jeune Yéménite se fraya un passage dans la foule, le prit par la main et l'emmena à l'avant de la file sans un mot.

Physiquement, Hamud était le Yéménite type des hautes terres : petit et sec, il mesurait environ un mètre soixante et n'avait pas une once de graisse. Il avait le nez long et fin des Al-Salami, et ses yeux en forme d'amande avaient quelque chose d'oriental. Sa barbe poussait par touffes isolées sur son menton et, selon Charles, ses cheveux lissés en arrière évoquaient James Dean. Agé d'environ vingt-cinq ans, il était extrêmement vif et intelligent, même s'il n'avait reçu qu'une éducation rudimentaire.

Enfant, Hamud adorait démonter et remonter les appareils électriques comme les postes de radio. A l'école, il réussissait bien, mais notre grand-père l'avait forcé à arrêter ses études au bout de quelques années seulement pour trouver du travail. Plus tard, oncle 'Alî parvint à faire entrer Hamud dans le service de sûreté de l'Etat, où il travaillait également.

Hamud avait le sens de l'humour et il adorait rire. Mais il était aussi très pieux, et il pouvait passer inaperçu parmi les activistes musulmans conservateurs qui s'étaient lancés dans une politique radicale à la fin des années 1980 et au début des années 1990. Les supérieurs de Hamud l'utilisaient pour infiltrer ces groupes et garder un œil sur leurs activités*.

* Récemment encore, le Yémen était un terrain relativement fermé au fondamentalisme. N'ayant jamais été colonisés par des puissances européennes (à l'exception d'Aden) et étant restés longtemps isolés du reste du monde, les Yéménites n'ont pas le sentiment que leur façon de vivre est menacée par l'Occident, contrairement à beaucoup d'autres pays. Les Yéménites sont persuadés que leur façon de vivre est la meilleure qui soit, et ils nourrissent peu des doutes qui ont conduit d'autres pays à chercher refuge dans une forme plus rigoureuse de religion ou de politique.

Cependant, les groupes musulmans conservateurs ont fait des incursions parmi la population. Au cours des années 1970 et 1980, peu de Yéménites instruits voulaient partir s'installer dans des villages ruraux pour y enseigner. Afin de pallier ce manque, le Yémen a fait venir des enseignants égyptiens dans les régions isolées. Le gouvernement égyptien, qui se battait à l'époque contre ses propres activistes islamistes, a profité de cette occasion pour se débarrasser de certains de ses fauteurs de troubles en les envoyant enseigner dans des endroits tels que le Yémen. Bien sûr, leurs idées se sont répandues en même temps qu'eux. Plus

Hamud avait également des occupations moins risquées. Son ingéniosité faisait de lui un espion habile, même s'il lui arrivait de commettre des erreurs. Au milieu des années 1980, son chef lui demanda de surveiller qui entrait et sortait de l'ambassade irakienne de San'â.

"Pendant plusieurs jours, j'ai descendu la rue à moto, me raconta un jour Hamud en souriant. Chaque fois, je coupais les gaz et je m'arrêtais en roue libre juste en face de l'ambassade irakienne, où je feignais d'avoir des ennuis de moteur. Je passais le reste de la journée assis à surveiller l'entrée du coin de l'œil, en donnant un grand coup de temps à autre dans le cadre de ma moto.

Un jour, j'étais tellement fatigué que je me suis endormi sous ma moto. Quand je me suis réveillé, tout le personnel de l'ambassade était rentré chez lui depuis longtemps, et je me suis senti vraiment ridicule. Quelques jours plus tard, mon chef m'a convoqué dans son bureau. Il m'a montré une photo de moi en train de dormir sous ma moto. C'était l'ambassade irakienne qui la lui avait envoyée."

cosmopolites, les Egyptiens prenaient les villageois yéménites pour des sauvages ignorants et leur inculquaient leurs convictions religieuses avec d'autant plus de zèle.

En dépit de leurs origines égyptiennes, les activistes islamistes du Yémen sont en général qualifiés de wahhabites, en raison du code islamique strict appliqué en Arabie Saoudite et dont ils tirent depuis peu leur inspiration et leur financement. Beaucoup de ces groupes sont aujourd'hui activement opposés à la coutume séculaire du Yémen, et leurs efforts pour étendre leur influence ont amené le gouvernement yéménite à se montrer prudent.

La preuve la plus évidente de la popularité croissante des wahhabites au Yémen est peut-être le nombre de femmes qui portent à nouveau le voile là où il était rare il y a encore dix ou quinze ans. C'est surtout le cas dans les régions rurales. L'arrivée récente de bénéfices plus importants (grâce à la culture du qat et au développement d'une économie de marché) et de routes (permettant l'accès aux étrangers) est allée de pair avec les sermons de ces groupes religieux.

Rien n'intimidait Hamud, qui était très persévérant. Une autre fois, il eut pour mission de suivre un ambassadeur arabe dans San'â.

"C'était un hiver particulièrement froid, expliqua Hamud, et j'étais toujours à moto. Au bout de quelques jours, j'étais certain que le chauffeur de l'ambassadeur m'avait repéré. Alors, un soir, quand l'ambassadeur est sorti d'une maison après une longue réunion et qu'il a rejoint sa voiture, je suis allé le voir.

«Excusez-moi, ai-je dit en frissonnant. Je sais que vous m'avez vu vous suivre. Mais je me gèle. Ça vous ennuie si je monte avec vous ?»

L'ambassadeur a souri, mais il a refusé."

Après l'arrivée de Charles à San'â, Hamud l'emmena à l'hôtel où Tariq avait travaillé pendant un an après son retour d'Amérique. San'â n'était plus la petite ville décrite dans les livres d'histoire de Charles. C'était devenu une métropole à part entière, étendue et animée.

Depuis la fin de la guerre civile en 1970, les Yéménites des régions rurales avaient immigré en masse dans la capitale. La population de San'â, qui dépassait à peine cinquante mille habitants en 1960, avait explosé pour dépasser le demi-million au milieu des années 1990. Les nouveaux venus trouvaient du travail dans l'industrie du bâtiment en pleine expansion, dans les restaurants et les magasins, comme colporteurs aux coins des rues, ou encore dans le secteur public, lequel connaissait lui aussi une croissance rapide. De nouveaux bâtiments surgissaient tous les jours autour du Vieux San'â, et le mur en pisé originel de la ville se détériorait au fur et à mesure que disparaissait la taxe traditionnelle imposée aux bouchers du souk afin de le maintenir en bon état.

Heureusement, San'â n'a pas perdu tous les vestiges de ce qu'elle était jadis. Les allées qui serpentent à travers le vaste marché du Sûq al-Milh replongent encore les visiteurs dans le Moyen Age. Les familles et les quartiers demeurent très liés, et les San'ânis dévisagent toujours avec étonnement les visiteurs étrangers. C'est peut-être la seule capitale au monde où vous pouvez composer un mauvais numéro et où votre interlocuteur est capable de vous donner de mémoire le numéro de la personne que vous voulez joindre.

Hamud laissa Charles dans sa chambre d'hôtel, où il somnola jusqu'au coucher du soleil, quand l'appel à la prière s'éleva d'un haut-parleur situé de l'autre côté de la rue. Hamud retourna à l'hôtel peu après pour l'emmener chez ma sœur Jamila. Située près de chez grand-mère Amina, dans Al-Hurgân, et non loin de l'hôtel, sa maison était moderne et spacieuse, et c'était le meilleur endroit où Charles pourrait faire connaissance avec toute la famille.

Jamila, âgée de vingt-deux ans, son mari et leurs six enfants accueillirent Charles avec des sourires timides. Tariq et ma sœur cadette, Afrah (que maman avait eue avec papa peu de temps après leur remariage), arrivèrent plus tard avec maman, suivies de mon autre sœur, Nejla, de son mari et de sa fille.

Après des débuts crispés, la réunion se détendit peu à peu. Les enfants s'assirent devant Charles sur les coussins alignés le long des murs, s'esclaffant à chacun de ses gestes jusqu'à ce qu'ils finissent par trouver le courage de lui raconter des blagues et de danser pour lui sur une cassette de Michael Jackson. Maman s'efforçait de le mettre à l'aise, lui servait des litres de thé et des tonnes de biscuits maison.

Maman ne savait pas trop à quoi s'attendre de la part de l'étranger qui venait lui demander la main de sa fille. Le peu d'Occidentaux qu'elle avait vus à San'â au cours des dernières années étaient souvent des hippies avec des cheveux longs et des vêtements déchirés qui voyageaient sac au dos. Elle pensait que tous les Occidentaux leur ressemblaient, si bien qu'elle fut étonnée de voir Charles porter les cheveux courts, un manteau et une cravate.

Cette réception chaleureuse fut pour moi une surprise. Hormis une poignée de cousins éloignés qui avaient refusé d'y assister, nous n'aurions pas pu rêver mieux. Le seul problème, et il fut mineur, vint d'oncle 'Alî.

Arrivé le dernier, il s'assit face à Charles en silence et il le dévisagea d'un air soupçonneux, la tête penchée, en se caressant la moustache comme s'il tentait de comprendre l'étrange créature que sa nièce avait ramenée d'Amérique. Oncle 'Alî avait déjà annoncé qu'il ne voulait rien avoir à faire avec le mariage, mais il avait donné son accord tacite par sa seule venue à cette réception organisée pour Charles. Je finis par le faire parler.

"Alors, qu'en penses-tu ?" demandai-je.

Toute la famille se tut et se tourna vers oncle 'Alî. Il plissa les yeux et retira son turban pour se gratter la tête.

"Comment peut-on être sûr que ce n'est pas un espion ? finit-il par répondre d'un ton docte. Il faudrait qu'il reste deux ou trois mois pour qu'on puisse en avoir la certitude."

Les rires de toute la famille embarrassèrent 'Alî.

"C'est ridicule, intervint maman. Même s'il restait ici un an, qu'est-ce que ça prouverait ?"

Mal à l'aise, oncle 'Alî termina son thé et s'en alla discrètement.

Ce soir-là, Charles parla du mariage uniquement à Hamud, expliquant de son mieux dans un arabe très rudimentaire que nous voulions tous les deux nous marier et que nous souhaitions sa bénédiction. Hamud répondit qu'il allait y réfléchir et, le lendemain matin, il avait pris sa décision. Il avait eu une révélation pendant la prière du soir, dit-il, où Dieu lui avait ordonné d'approuver le mariage de sa sœur.

Hamud emmena Charles, seul, à la mosquée Nahrayn ("les deux rivières") plus tard dans la matinée. Le bâtiment de briques bas, sans minaret, était perché sur la rive ouest du *Wâdî as-Saila.* Al-Muayyad, un chef religieux influent qui emmenait des pèlerins yéménites à La Mecque chaque année pour le *Haj*, était l'imam de la mosquée.

Hamud et Charles retirèrent leurs chaussures et traversèrent les tapis orientaux pour se rendre dans le bureau de l'imam situé au fond de la mosquée, abrité de l'entrée par de nombreux piliers. Al-Muayyad, sans doute âgé de plus de quatre-vingts ans, était assis sur un fin matelas où il lisait le Coran sous une ampoule nue qui pendait du plafond. Il se leva avec une agilité surprenante et les salua tous les deux gaiement avec des yeux humides et inquisiteurs.

Après s'être enquis de la santé de ses visiteurs, il prit des papiers dans une pile de documents posée à côté de la porte, chercha un stylo de ses mains ridées et tremblantes, puis commença à remplir le contrat de mariage entre Hamud et Charles. Idéalement, c'est le père de Charles qui aurait dû le représenter, mais la coutume était difficile à respecter dans le cas présent.

Après avoir écrit quelques lignes, Al-Muayyad leva les yeux de ses papiers pour regarder Charles bien en face. Il le dévisagea un moment et sembla s'apercevoir à ce moment-là seulement qu'il n'était pas yéménite. Quand Charles se promenait en ville, les enfants le repéraient au-dessus de la foule à plus de deux cents mètres, et ils appelaient leurs amis pour qu'ils puissent voir passer le "géant". Mais Al-Muayyad ne voyait pas très bien, et il ne s'attendait pas non plus à ce qu'une fille de San'â épouse un étranger, même s'il ne montra sa désapprobation en aucune façon.

"Votre sœur épouse ça ?" demanda-t-il à Hamud sans cesser de détailler Charles de la tête aux pieds. Hamud sourit et hocha la tête.

"C'est la première fois qu'on me demande de marier une Yéménite à un étranger, poursuivit l'imam. Mais j'imagine qu'il n'y a pas de loi contre ça."

Il poussa une sorte de hennissement et leva les yeux de sa feuille pour voir s'ils appréciaient son humour.

Hamud et Charles restèrent assis sur le matelas à côté d'Al-Muayyad tandis que celui-ci remplissait le contrat de mariage. L'âge l'avait privé non seulement de sa vue, mais aussi de son ouïe. Il eut beaucoup de difficultés à écrire "Charles" (un nom qui a une consonance étrange pour un Arabe, même s'il entend bien). Hamud cria le prénom dans l'oreille droite du vieil imam, puis dans la gauche, jusqu'à ce qu'Al-Muayyad finisse par baisser les yeux et l'écrive de son mieux sur le document.

"Il est né où ? demanda-t-il ensuite, toujours en s'adressant à Hamud.

— En Amérique, répondit Hamud d'une voix forte.

— Mais dans quelle province ?

— Caroline-du-Nord, intervint Charles, car Hamud l'ignorait.

— Quoi ?" demanda l'imam.

Hamud fronça les sourcils, agacé. Il tendit le bras et retira poliment mais fermement le stylo de la main de l'imam. Il prit le document et le livre sur lequel il était posé et écrivit : "Caroline-du-Nord" sur la ligne appropriée du contrat, puis il rendit le tout à l'imam.

"Merci", marmonna Al-Muayyad.

Une fois le document rempli, les trois hommes signèrent au bas de la page. Hamud retira ensuite une poignée d'amandes et de raisins secs de la poche de poitrine de sa *zena*. Il les fit tomber sur le sol entre eux, comme le veut la tradition san'âni, afin de sceller le lien entre nos familles. Hamud les ramassa aussi vite qu'il le put, jusqu'à ce qu'il s'aperçoive que Charles ne comprenait pas et qu'il se contentait de le regarder.

"Prends-en, lui dit Hamud. A San'â, on dit que plus tu en ramasses et plus tu en manges, plus ça rend tes dents saines et fortes." Charles l'imita.

Après la mosquée, Hamud emmena Charles chez ma tante Hamida, où je me trouvais. Des amis et des membres de la famille s'affairaient à me préparer pour la cérémonie de mariage qui aurait lieu le soir.

A l'aide d'un minuscule pinceau, une femme me peignit des motifs floraux sur les bras, les mains et les pieds avec un liquide noir composé d'huiles végétales.

Je portais une longue robe en soie dont l'éclat doré rivalisait avec les bracelets que j'avais aux bras. Un collier de jasmin tressé fut placé par-dessus mon collier de corail, avec une amulette en argent au bout destinée à écarter le mauvais œil. Des feuilles de basilic et d'autres herbes parfumées me retombaient sur les oreilles depuis mon diadème, lui aussi en soie.

Quand Charles entra, la femme qui me peignait les bras le regarda avec admiration. Il est rare que les San'ânis voient un homme blond de deux mètres.

"Il n'aurait pas un père qui veut une autre épouse ?" me demanda la femme en plaisantant (elle était déjà mariée).

Charles ne put rester pour voir ma tenue complète. Une voiture l'attendait dehors pour l'emmener à une autre fête, réservée aux hommes. 'Alî al-Shater (qui avait fait entrer l'émissaire du Yémen-du-Sud dans le bureau d'Al-Ghasmî avant l'explosion de la mallette) avait entendu parler du mariage et insisté pour organiser une fête chez lui. Malheureusement, il avait dû se rendre à Ma'rib avec le président et Mujahid Abû Shawareb plus tôt dans la journée, mais il tenait à ce que la fête se déroule tout de même en son absence.

Quand Charles arriva chez Al-Shater, quinze invités étaient déjà assis et mâchaient du qat sur des coussins disposés le long des murs du salon. Ils se levèrent pour l'accueillir tandis que Charles faisait le tour de la pièce pour leur serrer la main. Plusieurs d'entre eux le complimentèrent sur sa *zena* et sa *jambiya*. Hamud avait fait confectionner la *zena* spécialement pour l'occasion, mais elle arrivait à peine aux mollets de Charles et paraissait un peu ridicule aux yeux des Yéménites. Cependant, ceux-ci étaient trop polis pour se permettre la moindre remarque, et ils étaient fiers qu'il ait au moins tenté de se vêtir comme eux.

Charles était assis à côté de 'Abd al-Rahmân al-Akwa. Cet homme, qui avait habité juste à côté de chez moi dans le quartier d'Al-Hurgân de nombreuses années auparavant, occupait désormais le poste de vice-ministre de l'Information. Les Al-Akwa étaient une famille de *qadhi* de Sanhân, juste au sud de San'â. 'Abd al-Rahmân était venu s'installer dans la capitale quand il était enfant pour y suivre ses études. Il vivait chez un de ses oncles qui habitait à côté de chez grand-mère Amina, et je le connaissais bien. Son oncle, un militaire et ancien gouverneur du Jawf, avait accueilli chez lui plusieurs autres de ses neveux et nièces. Lui et sa femme, qui était sourde de naissance, s'en étaient occupés comme de leurs propres enfants.

Le jeune 'Abd al-Rahmân avait eu du mal à s'adapter à San'â, car la ville possédait un sens de la sophistication profondément enraciné comparé à la vie rustique des tribus de la campagne. Avant d'emménager dans la capitale, il jouait et travaillait dehors toute la journée, et le soleil avait donné à sa peau la couleur sombre du café. A San'â, les gamins du quartier se moquaient de lui, l'appelaient *al-aswad* – le noir – et refusaient de le laisser jouer avec eux.

Adolescent, 'Abd al-Rahmân avait tenté de gagner de l'argent de poche après l'école en vendant des bonbons dans une cabane en carton qu'il avait construite au coin de la rue, à côté de chez lui. Très rapidement, son affaire avait prospéré, fréquentée par les enfants du voisinage. Il ne distribuait jamais de bonbons gratuitement et il ne puisait jamais dans ses réserves, même quand il était affamé. Un jour pourtant, il fit exception à sa règle.

Un matin, 'Abd al-Rahmân passa devant le puits qui se trouvait derrière chez grand-mère Amina, où j'allais chercher de l'eau chaque jour. Il aperçut une fille qui y lavait une botte de carottes cueillies dans le jardin communal voisin. Elle avait baissé son voile pour tirer de l'eau et l'aurait en temps normal relevé sur son nez et sa bouche à l'approche d'un homme. Mais quand elle remarqua 'Abd al-Rahmân, elle négligea manifestement de le remettre et lui adressa un sourire éclatant.

Elle était très jolie et 'Abd al-Rahmân s'éprit d'elle aussitôt. En rentrant chez elle, la fille passa devant son étal de bonbons et lui tendit une carotte. Il n'avait pas mangé de la journée, et il se dit qu'elle devait être non seulement la plus belle fille du monde, mais aussi la plus généreuse. Trop embarrassé pour s'en charger lui-même, 'Abd al-Rahmân me donna plusieurs bonbons et me demanda d'aller les offrir à la fille, qui vivait à côté.

A côté de 'Abd al-Rahmân était assis Hasan al-Lowzi, le ministre de l'Information de l'époque. C'est lui qui avait organisé la fête pour Charles. Très sensible et très dévoué, Hasan était un écrivain de talent et un ami proche de 'Abd al-Rahmân et de 'Alî al-Shater.

En octobre 1977, Ahmad al-Ghasmî avait convoqué Hasan et Alî ensemble dans son bureau pour leur apprendre la mort du président Al-Hamdî. Hasan aimait beaucoup le président, et la nouvelle de sa mort l'anéantit. Il s'étrangla de chagrin devant un Al-Ghasmî stoïque.

"Mais... qui aurait pu faire une chose pareille ?" demanda sans comprendre Hasan à Al-Ghasmî.

Des perles de sueur se formèrent sur le front de 'Alî al-Shater. Il avait compris d'instinct qu'en tant que chef d'état-major, Al-Ghasmî était sans doute derrière ce meurtre.

"Vous savez qui a fait cela ?" répéta Hasan.

Le visage d'Al-Ghasmî devint rouge de colère. Alî rassembla toutes ses forces pour se retenir de décocher un violent coup de pied dans le tibia de Hasan pour le faire taire.

Pendant qu'ils mâchaient du qat, deux célèbres musiciens de San'â jouèrent du luth tour à tour. A l'heure de Salomon (un peu avant le coucher du soleil), quand le qat mâché depuis plusieurs heures plongeait tout le monde dans le calme et la réflexion, tous les invités composèrent leur propre poème, qu'ils combinèrent ensuite pour former une chanson de mariage. Les musiciens improvisèrent la mélodie pendant que les autres chantaient et, quand tout fut au point, quelqu'un enregistra la chanson sur une cassette qu'il offrit ensuite à Charles. C'est notre cadeau de mariage préféré.

Mujahid Abû Shawareb et Yahya al-Mutawakkil exprimèrent aussi leur joie en apprenant que j'avais enfin décidé de me marier. Mujahid nous invita chez lui, à San'â, où les deux douzaines de gardes et de serviteurs qui s'occupaient de sa résidence, ceinte de hauts murs, nous accueillirent quand notre voiture entra dans la cour.

Nous vîmes Mujahid dans le jardin qui sépare les maisons de ses deux épouses, en train d'écouter attentivement les doléances d'une vingtaine d'hommes venus de tout le Yémen pour solliciter son aide à propos de problèmes divers. Une telle foule se présentait chez lui tous les jours avant le lever du soleil : les gens lui demandaient d'intervenir pour résoudre un différend, de l'argent pour une urgence familiale, sa signature autorisant une promotion au sein de l'armée ou peut-être une augmentation. De nombreux visiteurs de l'ex-Yémen-du-Sud désiraient qu'on leur rende leurs terres confisquées par les marxistes – une question très épineuse.

La *zena* en soie et la *jambiya* précieuse que Mujahid portait au Yémen soulignaient mieux son caractère énergique que les costumes de chez Brioni qu'il arborait en Europe. J'avais vu le côté chaleureux et sociable de Mujahid en Europe et en Amérique mais, au Yémen, il était tout à ses affaires. Il intimidait tellement les hommes venus solliciter son aide qu'ils arrivaient à peine à le regarder dans les yeux.

Mujahid, qui impressionna énormément Charles, s'excusa rapidement auprès d'eux pour nous rejoindre à l'intérieur. Il avait fait égorger et préparer un mouton en l'honneur de notre mariage.

Toutes les inquiétudes que j'avais pu avoir sur la réaction des gens face à mon mariage avec un étranger s'envolèrent devant les bénédictions de ma famille, de Mujahid et de Yahya. Je me sentis soulagée d'un énorme fardeau, un fardeau accumulé au cours des vingt années où l'on avait tenté de me dire qui je pouvais ou ne pouvais pas être. Finalement, ma vie n'appartenait qu'à moi.

XIX

SPIRALE VERS LA GUERRE

Charles et moi retournâmes en France quelques jours après notre mariage. En 1993, au cours d'une visite à Paris, le vice-ministre de l'Information 'Abd al-Rahmân al-Akwa suggéra que je pourrais être utile en travaillant à l'ambassade du Yémen à Paris pour le compte de son ministère. J'avais récemment quitté mon emploi à l'Unesco, et l'idée de travailler à l'ambassade me plaisait, surtout qu'il s'agissait d'un poste en rapport avec mes études.

Le gouvernement yéménite avait commencé à faire des coupes sombres dans ses dépenses, et les nouveaux postes étaient attribués avec parcimonie, en particulier à l'étranger. Toutefois, je possédais une maîtrise et je parlais couramment le français, ce qui me permettait de justifier un poste à l'ambassade. En outre, j'avais le soutien de personnalités importantes.

En plus du soutien de 'Abd al-Rahmân, Mujahid encouragea le président à accepter. Et Amat al-Alim al-Suswa, mon ancienne amie éclaireuse*, soutenait ma candidature. Amat entra dans le bureau du président 'Alî 'Abd Allâh as-Sâlih quelques jours après qu'il eut reçu ma demande pour le poste à l'ambassade. Le vice-président 'Alî Sâlim al-Baydh, l'ancien dirigeant du Yémen-du-Sud, se trouvait également dans le bureau. Quand il entendit Amat exprimer son espoir

* Qui devint ambassadrice du Yémen aux Pays-Bas en 2000 et ministre des Droits de l'homme en 2003.

que le président approuverait ma demande, il lui lança :

"Quand apprendrez-vous que la politique est un monde d'hommes, et non de femmes ?"

Exaspérée, Amat fit remarquer à Al-Baydh que le cheikh Mujahid avait déjà parlé au président, non seulement de moi mais de deux autres femmes espérant obtenir des postes dans des ambassades du Yémen à l'étranger. Mujahid pensait qu'avoir des femmes pour représenter le pays à l'étranger était une bonne idée.

Al-Baydh eut un rire méprisant et insinua qu'il devait "y avoir quelque chose" entre Mujahid et ces trois femmes pour qu'il s'intéresse autant à leur cas. Amat se hérissa en entendant cette réflexion de la part d'un homme qui se targuait d'avoir accompli autant de choses pour les femmes lorsqu'il était au pouvoir dans l'ex-Yémen-du-Sud.

Cette histoire me rappela mon altercation avec le directeur de la télévision, à Aden. L'attitude du vice-président me dégoûta et me conforta dans mon opinion, à savoir que les leaders du parti socialiste de mon pays étaient des hypocrites.

Le président 'Alî 'Abd Allâh as-Sâlih finit par signer les autorisations qui permettraient aux deux autres femmes et à moi-même de travailler comme diplomates à l'étranger. Je devins attachée de presse pour l'ambassade du Yémen à Paris, située dans le 16e arrondissement, à cinq minutes à pied des Champs-Elysées.

Mais quand je pris mon nouveau poste à la fin de l'année 1993, la situation politique de mon pays se détériora rapidement. Les dirigeants du Yémen-du-Nord et du Yémen-du-Sud s'étaient précipités pour signer l'unification de leurs deux pays en 1990, plusieurs mois avant la date prévue, dans le but de faire tomber la pression des opposants. Certaines autorités religieuses du Yémen-du-Nord, telles que le parti conservateur Al-Islâh du cheikh 'Abd Allâh al-Ahmar, s'opposaient à toute négociation avec les "athées" marxistes. Et l'Arabie Saoudite, un des principaux financiers d'Al-Islâh, redoutait l'unification du Yémen, avec ses quelque seize millions d'habitants au total et contrôlant de grandes parties de la mer Rouge, de l'océan Indien et du détroit stratégique de Bâb al-Mandeb. L'unification pouvait agir comme un formidable contrepoids au rôle prépondérant que jouait traditionnellement l'Arabie Saoudite dans la péninsule Arabique.

Comme l'unification approchait, Riyad avait tenté avec une vigueur renouvelée de diviser le gouvernement de San'â. Des officiels saoudiens avaient contacté le cheikh Mujahid à plusieurs reprises alors qu'il se trouvait en Europe. Ils lui avaient suggéré de s'emparer du pouvoir, en lui faisant comprendre que Riyad le soutiendrait.

Cependant, Mujahid plaçait désormais l'unification sur un piédestal, au-dessus de tout le reste. Il n'aurait rien fait qui puisse donner à l'un ou l'autre camp une excuse pour se rétracter. De plus, il savait que ses soi-disant partisans finiraient par le considérer avec les mêmes soupçons que le président actuel si jamais il s'emparait du pouvoir. Comme le président 'Alî 'Abd Allâh as-Sâlih, Mujahid accordait trop de valeur à son indépendance pour laisser quiconque tirer les ficelles.

Il restait beaucoup à faire pour assurer le succès de l'unification, même après sa déclaration officielle en mai 1990. Avant qu'on ait pu établir des quotas précis, les fonctionnaires de l'ex-Yémen-du-Sud vinrent simplement s'installer à San'â, parallèlement à la bureaucratie de l'ancien Yémen-du-Nord. Chaque ministère se retrouva avec deux ministres, un du Nord et un du Sud, deux vice-ministres, etc., jusqu'aux niveaux les plus bas de l'administration.

Mais les vrais problèmes surgirent au sommet de la hiérarchie. Le Yémen-du-Sud comptait une population d'environ deux millions de personnes, alors que le Nord dénombrait presque quatorze millions d'habitants. A ce déséquilibre venait s'ajouter l'état désastreux de l'économie du Sud*. Ces inégalités désignaient 'Alî 'Abd Allâh as-Sâlih, plutôt que 'Alî Sâlim al-Baydh, comme président du Yémen unifié.

Mais des malentendus concernant la participation de 'Alî al-Baydh dans les affaires du pays au titre de vice-président apparurent inévitablement dans les semaines qui suivirent l'euphorie générée par l'unification. Tandis que la lutte gagnait en intensité, chaque camp se préparait pour une épreuve de force décisive.

Les risques de guerre civile étaient d'autant plus grands que les armées de l'ancien Nord et de l'ancien Sud n'avaient pas encore fusionné. Dans le cadre d'une première étape vers une intégration complète, quelque quinze mille soldats du Sud avaient été mutés dans le Nord cependant que huit mille soldats du Nord avaient été transférés vers des casernes du Sud. En conséquence de quoi des unités obéissant à des chefs différents se retrouvaient sur certaines bases littéralement à quelques mètres l'une de l'autre.

Mujahid fit appel à tous ses talents de médiateur pour tenter de réconcilier le président et le vice-président. Il faisait la navette entre San'â et Aden, où Al-Baydh se retirait fréquemment quand il voulait montrer son mécontentement à 'Alî 'Abd Allâh as-Sâlih. Mais Mujahid ne pouvait pas faire grand-chose pour les réunir.

Début janvier 1994, après plusieurs mois d'arbitrage presque ininterrompu, Mujahid vint se reposer à Paris. Il venait d'être nommé vice-Premier ministre, mais il savait que tous les sièges du gouvernement n'auraient aucune signification tant que les différends entre le président et le vice-président n'auraient pas été résolus.

Malgré son épuisement, il continuait de passer le plus clair de son temps au téléphone, et jusque tard dans la nuit, pour tenter de convaincre les deux

* Une dette extérieure de quelque six milliards de dollars et l'évaporation de l'aide financière apportée par Moscou.

antagonistes de trouver des compromis à propos de telle ou telle question. Les deux hommes respectaient Mujahid et écoutaient ce qu'il avait à dire, mais ce dernier sentait que le pays glissait implacablement vers la guerre.

"Que devrais-je faire ? demanda-t-il, exaspéré, un après-midi que nous regardions la télévision tous les trois chez lui. Je n'ai plus envie d'être impliqué dans ces querelles.

— Intervenez en qualité de médiateur, mais restez neutre, suggérai-je. Ils ne céderont peut-être ni l'un ni l'autre. Mais l'unification est trop importante pour laisser tomber aussi vite."

Début 1994, l'ambassade du Yémen à Paris était coupée en deux. La moitié des diplomates, dont l'ambassadeur, était des cadres du parti socialiste soutenant 'Alî Sâlim al-Baydh. L'autre moitié, dont le chargé d'affaires (le numéro deux de l'ambassade), était originaire de l'ex-Yémen-du-Nord, mais elle comptait également des Sud-Yéménites opposés aux socialistes. Ceux-ci soutenaient le président 'Alî 'Abd Allâh as-Sâlih.

Les deux camps restaient chacun dans leur coin et vaquaient à leurs occupations avec le moins d'interactions possible. Mais la tension monta d'un cran quand la situation se dégrada dans le pays.

Au bout de seulement trois jours passés à Paris, Mujahid retourna à Aden où, avec Sinân Abû Luhûm, il tenta de convaincre Al-Baydh de rejoindre San'â après une absence prolongée. Quelques jours plus tard, quand des avions des anciennes forces aériennes sud-yéménites bombardèrent des bases militaires du Nord, les deux hommes contribuèrent à éviter de justesse une véritable guerre.

Tandis que les deux camps se préparaient à la confrontation, Mujahid et Sinân parvinrent à persuader le président et le vice-président de se rencontrer le lendemain pour la première fois depuis des mois.

Les esprits se calmèrent et les discussions aboutirent à la création d'un "comité de doléances" composé de trois hommes et destiné à mettre un terme aux dissensions.

Il fut décidé que les deux adversaires choisiraient chacun un membre du comité et que Mujahid nommerait le troisième. Mais 'Alî 'Abd Allâh as-Sâlih et Al-Baydh nommèrent tous les deux au comité des représentants intransigeants. Mujahid vit que cela ne fonctionnerait pas.

"Je vais décider moi-même qui sera membre de ce comité, déclara-t-il. Ce sera Jarallah Omar, le pilier du parti socialiste ; 'Abd al-Karim al-Iryâni, le pilier du Congrès général du peuple*, et 'Abd al-Wahhab al-Anisi, le pilier du parti Al-Islâh.

— Et toi, Mujahid, tu seras la clé de voûte", lança quelqu'un dans la foule avec admiration. Et tous de rire.

L'optimisme allait bon train quelques jours plus tard quand, le 21 février, 'Alî 'Abd Allâh as-Sâlih et Al-Baydh se rendirent à Amman, en Jordanie, pour signer l'accord définitif. Les deux camps exprimèrent leur satisfaction devant cet accord, mais sa mise en œuvre laissait beaucoup à désirer.

Mujahid revint à Paris pour un repos bien mérité après la signature de l'accord d'Amman. Il voulait également consulter son grand ami, Muhammad Abû Luhûm, qui passait la majeure partie de l'année à Paris, dans un appartement situé dans le même immeuble que le sien.

Muhammad avait été officier de haut rang dans l'armée du Yémen pendant et après la guerre civile des années 1960 et, comme Mujahid, gouverneur de la province de Hajja entre 1979 et 1981. Mais, fin 1981, la politique commença à l'irriter. Il renonça à ses fonctions de gouverneur et acheta un appartement à Paris où il passa ensuite la majeure partie de son temps.

* Le parti du président.

Bien que Muhammad ait abandonné ses fonctions au sein du gouvernement, il ne pouvait pas se débarrasser aussi facilement de ses responsabilités tribales. Il retournait chez lui deux ou trois mois par an pour arbitrer des disputes, dont les orgueilleux Nihmis ne sont jamais à court. Et quand il était à Paris, il gardait des relations étroites avec les différents cheikhs et hommes politiques du pays, afin de pouvoir prendre la température des événements en permanence.

Au début des années 1990, les tribus Bakîl, parmi lesquelles la tribu Nihm occupe une position-clé, avaient leurs propres raisons d'être mécontentes du gouvernement de San'â. La tension entre les deux avait augmenté régulièrement depuis le renversement de l'imam en 1962. Pendant la guerre civile qui s'ensuivit, les tribus Bakîl fournirent le gros des forces royalistes, même si les Bakîlis ne défendaient pas tous la cause de l'imamat (les Abû Luhûm, par exemple, étaient des républicains convaincus). En outre, le fait que la politique de San'â ait tendance à être dominée par des Hashîdis était mal perçu par les tribus Bakîl. Si, au fil des années, certains de leurs cheikhs ont occupé des postes importants, de nombreux Bakîlis pensent qu'en règle générale, leurs hommes les plus capables ont été écartés du gouvernement, où ils auraient pu occuper efficacement certaines fonctions.

Pendant les crises entre 'Alî 'Abd Allâh as-Sâlih et 'Alî Sâlim al-Baydh qui suivirent l'unification, les tribus Bakîl adoptèrent en général une position ambiguë. Comme à l'ordinaire, cela était en partie dû au fait qu'elles ne parvenaient pas à établir une politique cohérente sur laquelle les tribus disparates pouvaient s'accorder. Dans une certaine mesure, pourtant, il s'agissait d'une attitude calculée. Cela leur donnait un moyen de montrer au gouvernement leur mécontentement d'être tenues à l'écart du pouvoir décisionnaire depuis des années.

Pourtant, en dépit de leur neutralité publique, les Bakîlis ne se berçaient pas d'illusions et savaient que leur situation risquait d'être infiniment pire si les membres les plus radicaux du parti socialiste soutenant Al-Baydh s'emparaient du pouvoir dans un Yémen unifié. Les leaders du parti se prononçaient fréquemment contre l'indépendance des tribus du Nord, et ils s'efforceraient sans doute de les faire rentrer dans le rang une fois en possession du fouet.

Si la guerre éclatait, le soutien des Bakîlis pouvait s'avérer crucial, et les partisans du président et du vice-président se lancèrent en coulisses dans des manœuvres considérables afin de s'assurer leur loyauté. Mollement alliées, les tribus Bakîl n'apprécient pas la cohésion qui donne aux Hashîdis, plus solidaires, une voix presque unanime sur la plupart des questions. Il est impossible de "rallier" toutes les tribus Bakîl, car, quel que soit le problème, certaines s'opposent inévitablement à la majorité. Début 1994, pourtant, les intrigues pour obtenir des faveurs allaient bon train alors que les deux camps agitaient la carotte et le bâton devant les Bakîl, se livrant à ce jeu éternel qui ne satisfaisait personne à part les tribus, très habiles à dresser les intérêts extérieurs les uns contre les autres.

Mujahid était venu à Paris afin de sonder Muhammad Abû Luhûm sur les opinions des différents cheikhs Bakîl, qu'il contactait fréquemment par téléphone. Si quelqu'un pouvait prétendre s'exprimer au nom de la majorité des tribus Bakîl à cette époque, c'étaient bien les frères Abû Luhûm : Sinân, 'Alî et Muhammad*.

En 1992, j'avais emménagé avec Charles dans un immeuble situé à cinq cents mètres de celui de Muhammad, lequel dominait la réplique miniature de la statue de la Liberté sur la Seine, à huit cents mètres de la tour Eiffel. Avant cela, je connaissais assez peu Muhammad, même si j'avais connu sa sœur Aziza (qui me passionnait en me racontant des histoires de

* Sinân vivait à San'â, alors que 'Alî était à l'époque ambassadeur du Yémen à Amman, en Jordanie.

l'époque où elle vivait en Amérique avec son mari, Muhsin al-'Ayni, dont le frère avait épousé ma grand-tante Hamida).

Quand nous eûmes fait plus ample connaissance, Muhammad nous traita, Charles et moi, comme des membres de sa famille, et il nous invitait régulièrement à déjeuner chez lui. Nous profitions non seulement d'une excellente cuisine yéménite, mais aussi de ses innombrables histoires que Muhammad, comme beaucoup de Yéménites, avait le don de raconter.

XX

TEL PÈRE, TELS FILS

Les hommes de la famille Abû Luhûm étaient cheikhs de la tribu Nihm depuis tant de générations qu'eux-mêmes avaient perdu le compte. Les Nihm sont l'une des plus grandes tribus du Yémen en termes d'occupation géographique*. Leur territoire s'étend de la base de l'escarpement rocheux du Kuhlân, au sud-ouest du pays, jusqu'aux confins du désert du Rub al-Khâlî, au nord-est de Ma'rib. Sur ces terres, les pluies sont rares, et les Nihmis sont pour la plupart des éleveurs de bétail occupant une poignée de hameaux de maisons en pierre. Privées de main-d'œuvre masculine, les fermes fournissent juste assez de sorgho pour nourrir la maigre population les bonnes années, mais une invasion de criquets ou un manque de pluie entraîne automatiquement des famines, dont les Nihm ont eu leur part.

Il y a longtemps, les Abû Luhûm acquirent des terres sur la côte de la Tihâma, entre Zabîd et Mokha.

* Les Nihm se composent de quatre principales branches tribales. Leurs noms auraient pu inspirer des gangs dans des villes américaines : Iyal Sayad (les fils de Sayad, le Chasseur), Iyal Mansûr (les Vainqueurs), Iyal Hanashat (les Serpents) et Iyal al-Ghufayr (le Pardon). Les Abû Luhûm (dont le nom signifie "père de la viande") appartiennent aux Al-Ghufayr, la population installée dans l'extrême Nord-Est du Yémen, que l'on désigne de façon collective sous le nom de Bayt al-Hajar (ceux qui habitent dans des maisons en pierre). Plus à l'est, dans le désert, circulent les nomades Bayt al-Shair (ceux qui habitent dans des maisons en poils, c'est-à-dire des tentes en laine).

Au début des années 1800, les habitants de la Tihâma commencèrent à harceler les représentants du gouvernement présents dans la région. Pensant que les Abû Luhûm étaient derrière ce défi à son autorité, l'imam fit capturer et décapiter deux frères de cette famille.

Muhammad Abû Luhûm raconte comment la sœur des hommes exécutés, Muhsina Abû Luhûm, adressa des lettres à toutes les tribus Bakîl des environs de San'â pour leur rappeler que leur honneur exigeait réparation pour la mort de ses frères, des camarades bakîlis. Dans une rare démonstration d'unité, les tribus se rallièrent à sa cause et se soulevèrent. Craignant que San'â soit mise à sac, l'imam offrit à Muhsina plusieurs vastes parcelles de terre dans les riches vallées entourant Jibla à titre de *diya* pour la mort de ses frères.

Des années plus tard, Muhsina revint sur la terre natale des Abû Luhûm, le lit d'un *wâdî* asséché qui serpentait à travers les montagnes blanches du Nihm, dans l'Est du Yémen. Un unique acacia déploie son feuillage vert au-dessus du *wâdî*, le seul arbre à des kilomètres à la ronde. Le reste de cette terre est du sédiment, apparemment dépourvu de matière organique. Des milliers d'années d'érosion ont sculpté les pentes environnantes pour former une série de marches gigantesques qui mènent aux plateaux dominant le *wâdî*. Dans les cuvettes, de petites parcelles de terre labourées et débarrassées de leurs pierres sont utilisées pour semer du maïs et du sorgho chaque année, mais elles sont souvent labourées à nouveau un ou deux mois plus tard, les plants refusant de lever.

Muhsina bâtit une maison à Al-Shariya, le village des Abû Luhûm, sur une courbe surplombant le *wâdî* Milh, à quelques centaines de mètres en aval de l'acacia. La maison comptait six étages et était construite en pierres maintenues par un mortier de pisé. De robustes madriers, dont les pointes dépassaient des murs extérieurs, supportaient les étages. Les animaux dormaient sur la terre battue du spacieux rez-de-chaussée dont le plafond se trouvait à trois mètres du sol. Un grand salon occupait la plus grande partie du premier niveau, destiné à recevoir des invités. Les greniers à grain, avec des coffres enchâssés dans le sol, et des chambres comportant des plates-formes d'argile en guise de lits étaient situés dans les étages supérieurs, de même que la salle de bains. La cuisine et une meule mécanique occupaient le dernier niveau.

De petites ouvertures, dont certaines étaient fermées par une plaque d'albâtre translucide poli, gardaient la fraîcheur à l'intérieur de la maison même par les après-midi les plus chauds. Un mur en pisé ceignait cette maison-tour, et plusieurs fosses, d'environ un mètre de diamètre sur quatre mètres cinquante de profondeur, abritaient d'autres réserves de grain dans cette cour extérieure.

Tout le Nihm attendait avec impatience les rares fêtes organisées par les Abû Luhûm, une tradition encore respectée aujourd'hui. "Les invités arrivaient, affublés d'étranges costumes en peaux d'animaux, explique Muhammad Abû Luhûm, et ils portaient des têtes de vaches ou de chameaux en guise de masques. Les gens marchaient parfois toute une journée pour arriver au coucher du soleil, heure où commençaient les festivités. Les invités s'asseyaient par terre et étendaient leurs pieds nus devant eux, attendant que les villageois viennent leur masser les jambes avec du beurre. Une fois qu'ils avaient récupéré, ils se levaient pour aller chanter et danser toute la nuit, avant de rentrer chez eux le lendemain."

Des dizaines d'années après la mort de Muhsina, l'imam traversa Milh alors qu'il fuyait devant l'avancée de l'armée turque. Quand les Abû Luhûm lui donnèrent asile, les Turcs attaquèrent Al-Shariya par mesure de représailles. Tel un hommage divin à la ténacité de Muhsina, sa maison demeura l'un des rares édifices encore intacts après la fin du combat. Elle est encore debout aujourd'hui, léguée à Sinân Abû Luhûm par son père, 'Abd Allâh.

'Abd Allâh était un homme honnête et fier, inflexible dans ses principes, aussi sévère et rigoureux que l'environnement dans lequel il vivait. Il insistait sur la frugalité au sein de sa propre famille, et il donnait l'exemple en s'abstenant de fumer des cigarettes ou de mâcher du qat.

Cependant, avec les invités, la générosité de 'Abd Allâh était sans égale. En arabe, *nihm* signifie "avide", mais 'Abd Allâh aurait volontiers donné n'importe lequel de ses biens au plus humble des passants – et il n'en attendait pas moins de la part des autres. De façon générale, il n'était pas déçu.

Jouissant d'une réputation de bravoure extraordinaire sur plusieurs générations, les Abû Luhûm reçurent le titre héréditaire de *naqîb*. Ce titre est utilisé uniquement dans les régions situées à l'est de San'â, où il est attribué aux familles qui exercent depuis longtemps une influence considérable sur les affaires de la région.

'Abd Allâh portait en général un genre de sarong sans couleur sous une ample *zena* blanche et un manteau teint avec de l'indigo. Il attachait les manches immenses de son manteau derrière son cou pour les empêcher de traîner par terre quand il tendait les bras. Un turban était fermement enroulé autour de sa tête, qu'il tenait toujours bien haute, son visage sévère perdu dans de profondes réflexions. Des teintures végétales bleu foncé ou rouge coloraient son turban et, quand il transpirait, la teinture lui coulait sur le visage et dans le cou, ce qui était la mode à l'époque.

Dans tout l'Est du Yémen et au-delà, les gens tenaient 'Abd Allâh dans la plus haute estime. Le fait qu'il pose sa canne de bois par terre suffisait à garantir l'attitude de sa tribu, quand d'autres hommes auraient eu besoin de donner une douzaine de fusils.

Il abhorrait l'injustice, même la plus insignifiante. "Quand, en 1948, l'imam a permis aux juifs du Yémen d'émigrer en Israël, se souvient son fils Muhammad, mon père a veillé à ce que toutes les maisons du village juif qui se trouvait à moins de deux kilomètres d'Al-Shariya soient achetées à bon prix à leurs propriétaires."

Même si les Abû Luhûm étaient une famille de cheikhs, leur terre natale désolée imposait une stricte égalité en matière de pauvreté entre les membres les plus humbles et les plus nobles de la tribu. Seuls quelques serviteurs les distinguaient les uns des autres. Les quatre fils de 'Abd Allâh, par exemple, recevaient une *zena* neuve chaque année pendant la Fête du sacrifice*. Ils la portaient tous les jours, jusqu'à ce qu'on leur en offre une neuve pour la fête de l'année suivante.

'Abd Allâh possédait une demi-douzaine d'esclaves, ce qui n'était pas rare au Yémen pendant la première moitié du XXe siècle. De descendance africaine, les esclaves vivaient et travaillaient avec leurs propres femmes et enfants au service d'une famille tribale, le plus souvent de cheikhs. Certains servaient les mêmes maîtres depuis des générations. Les esclaves de 'Abd Allâh logeaient dans une petite maison de pisé sans étage juste devant l'entrée de la cour qui menait à sa propre maison (celle que Muhsina avait construite).

Sur les conseils de ses fils, 'Abd Allâh émancipa ses esclaves dans les années 1940. Mais les familles choisirent de rester au service des Abû Luhûm après leur émancipation et continuèrent de vivre exactement comme avant. Les esclaves de 'Abd Allâh n'auraient pas été moins loyaux envers lui que ses propres enfants. Même s'ils n'étaient pas membres de la tribu, et de ce fait n'allaient traditionnellement pas au combat, les hommes se portaient néanmoins

* La fête du sacrifice célèbre la volonté d'Abraham de sacrifier son fils à Dieu. Les musulmans croient que c'est Ismaël, plutôt qu'Isaac, qu'Abraham avait eu l'intention d'offrir. D'après la généalogie arabe, les descendants d'Isaac sont devenus les juifs, tandis que son demi-frère, Ismaël, a engendré les Arabes.

volontaires pour se battre afin de protéger la famille si nécessaire.

Un an ou deux avant la mort de l'imam Yahya, une dispute concernant des parcelles de terre à Milh tourna mal, opposant les Abû Luhûm au clan voisin, les Shinayfis, également de la tribu Nihm. Au cours d'une échauffourée relativement calme – c'est-à-dire quand les ennemis tirent des coups de feu au hasard et en général sans blesser personne –, une balle shinayfi ôta la vie à l'un des anciens esclaves de 'Abd Allâh. Les Shinayfis offrirent de payer la *diya* qu'ils devaient verser en compensation de la mort de l'esclave et qui, comme pour les juifs ou les autres classes protégées, pouvait atteindre jusqu'à onze fois le prix exigé pour un membre de la tribu.

"Mais mon père aimait son serviteur, rappelle Muhammad. Sa mère l'avait acheté en échange de plus d'un demi-*qudah** de blé quand mon père était encore enfant, et l'esclave avait participé à son éducation. Mon père était inflexible : pas de *diya*, seulement la vengeance.

'Abd Allâh al-Wazîr, le représentant de l'imam Yahya à San'â, a eu vent de la dispute et a convoqué mon père et les Shinayfis à San'â. Il a dit à mon père que la vendetta devait cesser, que vouloir à tout prix verser le sang pour venger le défunt ne ferait qu'empirer les choses. «Et puis personne ne réclame vengeance pour la mort d'un esclave», a dit Al-Wazîr.

Papa et 'Abd Allâh al-Wazîr étaient amis, mais mon père était furieux.

«Tu dis que c'est un esclave, a-t-il rétorqué à Al-Wazîr, mais moi je dis que c'était un homme libre. Il mérite la loi du talion !»

La dispute originelle concernait la propriété d'une parcelle de terre, et le représentant de l'imam a travaillé avec les Nihmis pendant les deux jours suivants afin de trouver une solution au problème. Quand

* Un *qudah* de blé équivaut à environ trente kilos.

Al-Wazîr a fini par annoncer sa décision, mon père a protesté.

«C'est injuste, a-t-il dit. Je refuse.

— Ne sois pas têtu, 'Abd Allâh», lui a répondu Al-Wazîr. Il n'appréciait pas qu'on remette son jugement en question. «Je dois faire appliquer cette décision. Sinon, mon crayon sera brisé.»

Al-Wazîr était érudit en matière de religion, et le crayon symbolise l'honneur d'un homme instruit. Il considérait le refus d'accepter sa décision comme un affront personnel, mais mon père ne voulait rien entendre.

«Et si ta décision est appliquée, alors, c'est ma *jambiya** qui sera brisée», a répondu mon père en ôtant sa ceinture et en brandissant le fourreau qui protégeait sa *jambiya.* Al-Wazîr et les hommes de la tribu qui se trouvaient là ont retenu leur souffle, de peur que mon père ne casse le fourreau sur son genou, ce qui aurait virtuellement été une déclaration de guerre.

L'imam Yahya avait énormément amélioré la sécurité dans le pays au cours des décennies ayant suivi le départ des Turcs. Il traitait avec sévérité les agitateurs, les bandits et les cheikhs indisciplinés. L'imam ne prendrait pas à la légère un tel affront fait à son représentant, même de la part d'un ami aussi intime que mon père.

Au grand soulagement de tout le monde, mon père a remis sa *jambiya* à sa ceinture, et les esprits se sont calmés. Al-Wazîr a fini par trouver une solution aux différends, et mon père a renoncé à se venger au nom de son ancien esclave. Le sang versé entre les Shinayfis et les Abû Luhûm a été oublié aussi vite

* Comme le stylo pour un érudit, la *jambiya* symbolise aujourd'hui l'honneur d'un membre d'une tribu. Elle est souvent offerte en gage de bonne foi à quelqu'un à qui l'on a fait une promesse. Et dégainer une *jambiya* sous l'empire de la colère, même si le sang n'est pas versé, constitue une offense très grave pour laquelle la coutume prescrit une lourde amende.

qu'un enfant oublie une réprimande de la part de ses parents."

'Abd Allâh Abû Luhûm exigeait le meilleur non seulement de lui-même, mais aussi de ses quatre fils. Le plus jeune, Muhammad, conduisait le troupeau de chèvres et de moutons de la famille au pâturage quand il était enfant. Ses tâches de berger ne l'intéressaient guère, et il cherchait constamment des divertissements.

Mais un jour, le père de Muhammad observa son fils depuis les abords du village alors que celui-ci menait le troupeau le long du *wâdî* Milh. 'Abd Allâh parvenait tout juste à distinguer le garçonnet au loin, qui lançait des cailloux sur le rocher sous lequel une de ses nièces avait accouché alors qu'elle surveillait les bêtes quelques années plus tôt (elle était rentrée le soir avec du petit bois en équilibre sur la tête et un nouveau-né dans les bras). Perdu dans son monde imaginaire où il tenait à lui seul toute une armée en respect, Muhammad ne remarqua pas qu'un des agneaux s'était aventuré de l'autre côté de la montagne.

'Abd Allâh épaula son fusil et visa soigneusement. Son fils entendit la détonation au moment même où une pierre volait en éclats à quelques centimètres de ses pieds, la balle ricochant ensuite sans danger. Dansant d'un pied sur l'autre, il se tourna dans tous les sens pour tenter de comprendre d'où était venu le coup de feu. C'est à ce moment-là seulement qu'il vit l'agneau égaré et, au loin, son père qui retournait lentement vers le village. 'Abd Allâh ne fit jamais allusion à l'incident devant son fils, mais Muhammad n'avait pas besoin d'explication. Il ne quitta plus jamais le troupeau des yeux.

Vers l'âge de cinq ou six ans, Muhammad fut l'un des nombreux otages que l'imam Yahya prit parmi les fils des cheikhs de la campagne. Emprisonnés à San'â dans la forteresse de Qasr as-Silha, Muhammad et les autres otages recevaient quatre riyals par mois en guise de “paie”. Les gardiens autorisaient Muhammad à aller voir sa famille à San’â le jeudi et le vendredi. Les autres jours, il apprenait à lire et à écrire avec les prisonniers plus âgés.

Quand, au bout d’un an passé à la citadelle, l’imam libéra Muhammad, celui-ci partit vivre quelques mois avec sa mère à Ibb avant de retourner à Milh. Les Abû Luhûm possédaient jadis de vastes domaines dans les hautes terres du Sud, entre Sumâra au nord et le village de Warath à quarante kilomètres au sud.

Une vieille citadelle marque le sommet dominant le vertigineux col de Sumâra et son hameau de maisons en pierre. Dans toutes les directions, le nord excepté, les montagnes descendent du village de Sumâra sur plusieurs centaines de mètres en formant d’étroites terrasses verdoyantes, arrosées par plus d’un mètre d’eau par an.

Le versant ouest du col, au-delà de l’endroit où il disparaît derrière une falaise abrupte qui s’élève dans le profond ravin en contrebas, appartenait jadis aux Abû Luhûm. C’était la terre que l’imam avait donnée à Muhsina au début du XIXe siècle en compensation de la mort de ses frères. Mais quelques générations plus tard, un des membres de la famille avait vendu la terre pour payer une *diya*.

Enfant, Muhammad accompagnait parfois son père de Milh à San’â ou au village d’Ar-Rawdha, à une demi-heure de marche au nord-est de la capitale, où l’imam Yahya avait un palais, afin de parler affaires avec le souverain. Une fois, le groupe composé d’une douzaine d’hommes entreprit sa marche de douze heures assez tard dans la matinée, et le coucher du soleil les surprit à une courte distance de leur destination.

“Nous sommes arrivés de nuit au village d’Al-Malika, à une heure d’Ar-Rawdha, se souvient Muhammad. Il commençait à pleuvoir, et nous avons décidé de passer la nuit là-bas. Papa est allé faire sa prière du soir à la mosquée, où il a trouvé les hommes du village réunis pour prier. Il connaissait bien les habitants d'Al-Malika et, naturellement, il s'attendait à ce que quelqu'un nous accueille et nous trouve un endroit où passer la nuit. Mais après la prière, les villageois sont retournés chez eux sans proposer de nous inviter.

Nous avons décidé de dormir à l'intérieur de la mosquée. Nos chevaux devaient passer la nuit au sec, si bien que nous les avons fait entrer avec nous dans la mosquée. Au matin, quand les gens sont arrivés pour la première prière, ils ont fait un scandale en voyant les chevaux et les dégâts qu'ils avaient causés à l'intérieur. Ils nous ont injuriés et nous ont pour ainsi dire chassés. Papa a mis leur attitude sur le compte des habitudes citadines, et il a oublié l'incident alors que nous poursuivions notre chemin jusqu'à Ar-Rawdha.

Mais plus tard dans la journée, pendant que mon père parlait affaires avec l'imam Yahya, un groupe de villageois d'Al-Malika a demandé une audience à l'imam. Le souverain les a reçus, et ils ont déclaré qu'ils étaient venus déposer une plainte concernant les irrégularités commises dans leur mosquée la nuit précédente. Ils ont ensuite exigé que notre groupe leur paie des réparations.

Quand mon père a eu exposé sa version de l'histoire, l'imam Yahya s'est tourné vers les hommes d'Al-Malika.

«Et qu'avez-vous servi aux Nihmis pour dîner ? leur a-t-il demandé.

— Eh bien, rien, monseigneur, a répondu le chef du groupe. Il était très tard.»

L'imam a hoché la tête d'un air grave.

«Et que leur avez-vous offert le matin, pour rompre le jeûne de la nuit ? a demandé Yahya.

— Rien, ô chef des croyants. Nous étions si fâchés de trouver les chevaux dans notre mosquée que...

— Alors, vous n'avez offert ni nourriture, ni boisson, ni même un lit chaud à vos hôtes ? a coupé l'imam. Al-Malika n'est donc qu'un village de marchands pingres ? Il doit bien rester quelques hommes des tribus parmi vous, des hommes qui se souviennent des règles de l'hospitalité due à un hôte ?»

Les notables ont commencé à se tortiller devant la colère évidente de l'imam.

«Si vous n'êtes pas capables de vous conduire selon les règles de la tribu, alors je vais agir comme l'un d'entre vous, a repris l'imam. Je ne vais pas imposer une amende aux Nihmis pour les plaintes que vous avez déposées contre eux.

— Mais…, a protesté l'un des notables.

— Non ! a aboyé Yahya. C'est à vous que je vais en imposer une, au village d'Al-Malika, quatre riyals pour le prix du petit-déjeuner que vous n'avez pas servi à vos hôtes !»

Les notables ont donné l'argent à mon père et sont retournés à Al-Malika sans rien ajouter."

A la mort de son père, Muhammad était encore adolescent, mais il était un homme depuis déjà longtemps. Depuis des années en effet, Muhammad se rendait seul à San'â pour discuter des problèmes avec le représentant de l'imam au nom de son père.

Partant pour sa marche de cinquante-cinq kilomètres au lever du soleil, il arrivait dans la capitale au crépuscule hiver comme été, car les jours varient peu lorsqu'on est aussi près de l'équateur. Depuis Milh, le chemin qui mène à San'â serpente vers l'est à travers un canyon avant de grimper régulièrement vers le col de Bîn Ghaylan, culminant à 2 350 mètres d'altitude. La route descend ensuite en pente raide sur l'autre versant, vers les collines ondulantes du *wâdî* Baran, la seule partie du Nihm qui bénéficie de plus d'une rare goutte de pluie chaque année. Le sorgho et l'orge y poussent mieux qu'à Milh. Les récoltes vert vif forment un contraste marqué avec la montagne du djebel Harîm qui s'élève plus à l'ouest – une énorme plaque de granit nue de plusieurs centaines de mètres, dressée sur une base sablonneuse. Son sommet lisse et rond est connu des habitants de la région sous le nom de "pénis du Nihm".

Au nord, le chemin longe ensuite la base d'une chaîne de montagnes qui ondule jusqu'à San'â et dont la falaise abrupte fournit une ombre bienvenue aux voyageurs. Mais Muhammad, pressé, coupait en général à travers la plaine pour gagner du temps. D'énormes plaques de granit couchées couvrent des morceaux de terre grands comme la moitié d'un terrain de football, en alternance avec du calcaire et du basalte noir. Muhammad aurait pu sauter d'une plaque à l'autre de Milh jusqu'à San'â sans jamais toucher le sol.

S'il partait tard, il passait la nuit à l'abri d'un rocher, ou dans une grotte creusée dans le flanc de la falaise, où les anciens abritaient autrefois leurs morts. S'il apercevait l'éclat chaleureux d'un feu de camp, Muhammad allait jusqu'à la tente des Bédouins et partageait un repas improvisé. De la viande et un tas gluant de sorgho pilé mélangé à de l'eau, du babeurre et du beurre clarifié constituaient l'ordinaire ; cela valait mieux que de dormir le ventre vide. Il apprenait aussi des nouvelles du désert, car les Bédouins savaient tout ce qui se passait autour d'eux. Toute personne qui passait par hasard à proximité de leur campement était invitée à manger, pas seulement pour prévenir une attaque (la coutume du désert interdit formellement la violence entre des gens ayant récemment partagé du pain), mais aussi pour se tenir au courant des derniers événements survenus dans le désert.

Quand Muhammad fut plus vieux, ses hôtes insistaient fréquemment pour égorger un agneau ou une chèvre en son honneur, en dépit de ses protestations. Comme certains ne possédaient que quelques bêtes précieuses, il se mit à éviter les camps de nomades afin de ne pas les mettre dans l'embarras.

Mais quand un temps menaçant ou un froid mordant finissait par pousser Muhammad vers une tente de nomades pour la nuit, il mettait de côté les meilleurs morceaux de viande et une bonne portion de son gruau de sorgho, sachant que les femmes et les enfants mangeraient ce que les hommes avaient laissé. Plus la viande laissée était bonne, plus les femmes pilaient de gingembre et de cardamome dans le café fort qu'ils buvaient en digestif, chauffé sur les braises rougeoyantes. Le lendemain matin, avant son départ, on lui donnait un bol de beurre clarifié pour enduire ses longs cheveux afin de les protéger de l'air sec et du soleil ardent. Ensuite, il s'en allait sans un mot, car les remerciements sont rarement exprimés tout haut dans cette terre où la générosité est la norme plutôt que l'exception.

Un jour, alors qu'il rentrait de San'â, Muhammad entendit des cris en passant devant un village.

"Quelqu'un avait dérobé quelque chose dans l'une des maisons du village, se souvient Muhammad avec un large sourire. Et le propriétaire était bien décidé à trouver le coupable. Il était tellement en colère que le chef a envoyé un messager dans un village voisin pour aller chercher un vieux sage, un vieillard fragile, connu pour son habileté à découvrir le coupable de n'importe quel crime.

Une fois sur place, le sage a demandé aux villageois de former une file devant chez eux. Pendant qu'ils se mettaient en rang, j'ai remarqué que l'homme a tiré sur le sac de jute qu'il transportait d'un léger coup de poignet. A ce moment-là, ce qui se trouvait à l'intérieur s'est débattu, et l'homme a dû batailler pour garder le sac fermé.

Les villageois le regardaient en se demandant ce qui pouvait bien se trouver à l'intérieur. Ensuite, le sage a brandi le sac pour qu'ils le voient bien, et il leur a dit qu'il avait amené un djinn. Tout le monde a eu un hoquet de frayeur.

«Tiens-toi tranquille, démon ! a-t-il crié au djinn comme celui-ci s'agitait violemment à l'intérieur du sac. Je sais bien que tu sais qui est le voleur. Mais tu dois être patient.»

Les villageois étaient alors au bord de la panique, et j'ai cru que certains allaient s'enfuir en courant, mais le sage savait exactement jusqu'où il pouvait aller. Il s'est mis à passer lentement devant la file des villageois, en les regardant chacun dans les yeux.

«Oui, il sait qui parmi vous est le coupable, a-t-il répété. Mais je vais donner au voleur une chance de se confesser. S'il refuse, je laisserai le djinn nous le désigner.

— Est-ce qu'il va nous faire du mal ? a demandé un garçon au bord des larmes.

— Oh, il punira le coupable comme bon lui semblera. Je n'ai pas mon mot à dire», a répondu le vieillard.

Les villageois jetaient des coups d'œil nerveux autour d'eux pour dire à leur voisin d'intervenir. Finalement, une voix rendue chevrotante par la peur s'est élevée au-dessus du murmure.

«C'est moi, a dit un homme en avançant d'un pas tremblant. Mais je vous en prie, ne lâchez pas votre djinn à mes trousses. Je ne voulais pas faire de mal.»

Les autres villageois ont poussé un soupir de soulagement, sauf la victime du vol, qui exigeait que le sage libère le djinn pour punir le voleur. Mais le vieil homme a refusé.

J'ai suivi le sage jusque chez lui. A deux ou trois kilomètres du village, je l'ai vu se baisser pour laisser sortir du sac un lézard de presque un mètre de long. Le reptile bleu s'est faufilé sous un rocher et le vieillard a souri en reprenant son chemin."

C'est un peu de la même manière qu'à l'âge de dix-huit ans, Muhammad mit sa famille dans une situation délicate. Vivait à Milh un dénommé Haj Sâlih, un homme d'âge moyen qui n'avait pas toute sa tête. Il ne savait pas lire, mais cela ne l'empêchait pas de transporter partout un énorme livre.

"Un jour, je l'ai croisé dans le village.

«Haj Sâlih, lui ai-je dit. Tout le monde sait que tu ne sais pas lire. Pourquoi est-ce que tu tiens tant à trimballer ce livre ?»

Il m'a souri comme s'il attendait depuis longtemps que quelqu'un lui pose cette question.

«Ce livre..., a-t-il dit en me le tendant pour que je puisse le voir, même s'il n'y avait rien sur la couverture. Quand quelqu'un vient me voir parce qu'il a une vache ou un mouton malades, il me dit exactement de quoi souffre la bête, et la meilleure façon de la soigner.»

Je n'étais pas impressionné outre mesure. J'étais devenu sceptique depuis que j'avais vu ce vieux sage utiliser un lézard en guise de djinn. Quelques jours plus tard, j'ai croisé un de nos voisins qui allait voir Haj Sâlih, et je lui ai demandé ce qu'il lui voulait.

«Une de mes vaches est malade, m'a-t-il répondu.

— Est-ce qu'elle tremble ? ai-je demandé en feignant de savoir de quoi je parlais.

— Oui.

— Et est-ce qu'elle a les poils hérissés, comme ça ? ai-je dit en pointant mon index en l'air.

— Eh bien oui, oui ! Comment le sais-tu ?» m'a-t-il demandé.

Bien sûr, je ne lui ai rien dit, mais j'avais appris que plusieurs vaches du village présentaient les mêmes symptômes. J'ai conseillé à l'homme de mélanger certaines herbes et de donner la mixture à sa vache, un remède que j'avais entendu mentionner par quelqu'un. Il était tout excité, et il est parti chez lui en courant pour l'essayer.

Apparemment, ça a marché, parce que, quelques jours plus tard, dix hommes ont frappé à notre porte de bonne heure le matin.

«On a entendu dire que tu savais soigner les bêtes encore mieux que Haj Sâlih, a dit l'un d'eux. On a besoin de ton aide.»

Au début, j'ai trouvé tout cela assez drôle, mais ensuite une demi-douzaine de grands cheikhs originaires de villages beaucoup plus éloignés sont venus me demander mon aide pour soigner leurs propres bêtes. Bien sûr, nous devions égorger un mouton en l'honneur de chacun de nos hôtes ; *ras li al-ras* – «une tête pour une tête*» –, comme on dit, et nous insistions pour qu'ils passent la nuit chez nous. Finalement, certains d'entre eux restaient plusieurs nuits, ce qui nous obligeait à égorger d'autres moutons à chaque repas.

Pour finir, mes frères aînés ont décidé de m'envoyer en exil afin de sauver ce qui restait de notre troupeau, dit Muhammad en riant. Ils m'ont envoyé à San'â «pour régler certaines affaires de famille», disaient-ils aux gens qui venaient à la maison. A mon retour, quelques semaines plus tard, tout le monde semblait avoir oublié mes dons de vétérinaire. Haj Sâlih, qui m'en avait beaucoup voulu de lui prendre son gagne-pain, avait à nouveau du travail."

Le destin de Muhammad Abû Luhûm allait à nouveau le conduire en prison avant son vingtième anniversaire. Au milieu des années 1950, Rubish Kaalan, l'un des innombrables fils engendrés par l'infâme brigand jidaani Mabkhut Kaalan, descendait le lit d'un *wâdî* isolé au pied de l'escarpement du Kuhlân quand il croisa un voyageur solitaire.

Ce voyageur arborait le fourreau de *jambiya* brun uni typique des tribus Bakîl (contrairement à celui des Hashîdis, tressé de fil vert pâle), mais Rubish n'avait jamais vu cet homme. Il semblait ignorer les coutumes des régions de l'Est, car il n'avait aucune escorte et commettait la grave erreur d'arborer deux magnifiques pistolets à sa ceinture, armes qui suscitaient l'envie de tous ceux qu'il rencontrait, en particulier de Rubish. Le renard jidaani ne put résister à la tentation. Il vola les pistolets convoités, mais au prix de la vie de leur propriétaire, qui lui avait résisté.

Quand un détachement des troupes de l'imam vint fouiller la région à la recherche de l'homme disparu, Rubish apprit avec horreur que sa victime, un membre de la tribu Banî Matar, à l'ouest de San'â, était un des gardes personnels de l'imam. La nouvelle selon

* Autrement dit, un mouton égorgé pour chaque hôte.

laquelle Rubish avait été vu avec les pistolets du mort se répandit rapidement, et le Jidaani s'enfuit vers le nord-est pour tenter sa chance dans les vastes étendues du Rub al-Khâlî.

Si le tueur n'avait pas été identifié, les Nihm, sur le territoire desquels le meurtre avait eu lieu, auraient dû réunir quarante-quatre membres influents de leur tribu afin de jurer sur l'honneur qu'aucun Nihmi n'avait commis ce crime. Ensuite, ils auraient dû collecter des fonds dans les divers clans Nihm pour payer la *diya* à la famille de l'homme assassiné. Dans ce cas-là, en effet, la tribu de la victime n'aurait pu chercher légitimement à se venger des tribus Nihm, celles-ci ayant nié sous serment l'implication d'un de leurs membres dans le meurtre. Mais dans le cas présent, on connaissait l'assassin. Celui-ci n'aurait pas seulement à répondre de son crime devant la tribu de la victime, mais aussi devant l'imam.

Rubish Kaalan était intrépide, exigeant et montrait vis-à-vis des étrangers une prudence frôlant la paranoïa. Le sens de la justice des Bédouins était profondément enraciné en lui : il prenait ce qu'il désirait quand il était assez fort pour s'en emparer. 'Abd Allâh Abû Luhûm dit une fois : "Si un Bédouin devient ton ami, il te mange. S'il devient ton ennemi, il te tue."

Rubish comprit qu'il avait commis une grave erreur en tuant le garde. Fou de rage, l'imam Ahmad ordonna que des otages soient pris non seulement parmi les tribus Jidaan (qui comprennent une sous-branche du clan Al-Ghufayr des Abû Luhûm), mais également parmi toutes les tribus Bakîl, jusqu'à ce que Rubish se rende.

Des soldats emmenèrent Muhammad Abû Luhûm à la forteresse d'Al-Nafa, qui domine la ville de Hajja. S'il n'était encore qu'un adolescent, il était le plus vieux des otages de la prison. Il y vit certains détenus, dont la plupart venaient des turbulentes tribus du Jawf et du Barat, dans le Nord-Est, enchaînés au mur de leur cellule en punition d'un crime commis par l'un des leurs longtemps avant l'incident impliquant

Rubish. Les jeunes garçons, pour leur part, étaient toujours libres de circuler dans la prison.

"Habitués aux grands espaces du désert, les otages bédouins semblaient incapables de s'adapter à la vie carcérale, se souvient Muhammad avec tristesse. J'en ai vu plusieurs succomber au stress dû au confinement après seulement un mois ou deux passés dans la forteresse, même s'ils ne montraient aucun signe de souffrance physique. J'avais pitié d'eux. Ils me rappelaient les Bédouins qui venaient autrefois chez nous. Généralement beaucoup plus grands que les Yéménites des montagnes, ils semblaient toujours se cogner la tête contre le chambranle de la porte quand ils venaient nous rendre visite*."

Des mois plus tard, Rubish négocia par le biais d'intermédiaires un arrangement dans lequel l'imam acceptait d'épargner sa vie. Mais, en dépit de cet accord, Muhammad Abû Luhûm resta en prison pendant deux ans comme gage de bonne conduite des Nihm.

Contrairement à son père, l'imam Ahmad n'avait jamais fait confiance aux Abû Luhûm. 'Abd Allâh Abû Luhûm avait beaucoup aimé l'imam Yahya, et il aurait fait n'importe quoi pour lui, mais il ne portait pas la même affection à Ahmad. En 1928, ils s'étaient battus ensemble contre les Zaraniq dans la Tihâma. Courageux et sûr de lui, 'Abd Allâh ne s'inclinait devant personne, et il avait traité le prince héritier en égal. Cependant, le futur imam s'attendait à ce que son entourage lui cède la place d'honneur, et l'attitude fière de 'Abd Allâh l'offensa. Après la campagne des

* Au milieu des années 1990, le fils de Rubish interrompit une visite de deux semaines à Paris pour retourner au Yémen. "Les grands espaces du Jawf me manquent", nous déclara-t-il alors que nous nous promenions sur les Champs-Elysées par une belle soirée d'été et que le soleil se couchait derrière l'Arc de Triomphe en face de nous. "Il y a trop de bâtiments et d'arbres ici. Il faut que je retourne dans le désert."

Zaraniq, les deux hommes ne s'étaient jamais bien entendus.

Quand 'Alî Nasîr al-Qurdai (célèbre pour avoir perdu son nez au cours d'un démêlé avec un lion) assassina l'imam Yahya en 1948, 'Abd Allâh Abû Luhûm fut furieux. Pourtant, la haine qu'il vouait au prince héritier Ahmad le conduisit, ainsi que d'autres Nihm, à prendre le parti des conspirateurs. Cependant, le coup d'Etat échoua, et Ahmad en voulut aux Abû Luhûm.

A son retour d'Italie en 1959, un an ou deux après l'affaire Rubish, l'imam Ahmad apprit que Sinân, le frère aîné de Muhammad Abû Luhûm, avait été l'un des fers de lance du complot visant à le renverser. Il convoqua Sinân et d'autres cheikhs rebelles à As-Sukhna, un village près d'Al-Hudayda où son navire avait accosté d'Italie. Mais Sinân sentit qu'en obéissant à cet ordre, il pouvait très bien y laisser sa tête.

Voyant que Sinân ne venait pas, l'imam convoqua Muhammad Abû Luhûm, de quinze ans son cadet, afin qu'il réponde de son frère aîné. Même s'il n'avait rien à voir avec la conspiration, Muhammad craignait que l'imam le tue à la place de Sinân. Avec un compagnon, Jar Allâh al-Qurdai (issu de l'union entre l'assassin de l'imam Yahya et une esclave), il décida donc de se rendre à As-Sukhna pour se débarrasser de l'imam avant qu'il se débarrasse d'eux.

"Quand nous sommes arrivés, se souvient Muhammad, les gardes ont refusé de laisser entrer Al-Qurdai dans les appartements de l'imam avec moi. J'allais donc devoir exécuter notre plan tout seul. Mais les gardes ont senti qu'il se passait quelque chose. Comme ils ne pouvaient pas me confisquer ma *jambiya* sans m'offenser, l'un des gardes a enroulé un long morceau de tissu de laine autour de la garde de mon arme. Il m'aurait fallu plusieurs secondes pour dérouler le bout d'étoffe et libérer la dague, laissant le temps aux gardes du corps de m'arrêter avant que j'aie le temps de blesser qui que ce soit.

Je me suis mis à trembler quand j'ai compris que mon plan était désormais inutile. En entrant dans les appartements de l'imam, j'ai vu les yeux globuleux et le regard sévère d'Ahmad. Je me suis demandé si j'aurais pu exécuter mon plan, même sans le turban enroulé autour de ma *jambiya.*

«Où est Sinân ?» a demandé l'imam. J'essayais de ne pas trembler.

«Sinân ? Mais c'est un petit cheikh sans importance, ai-je bredouillé. Il n'avait rien à voir avec ça. Pourquoi voulez-vous le voir ?»

L'imam a levé les yeux de son bureau pour me regarder, et j'ai cru qu'il allait exploser.

«Amène-moi Sinân !» a-t-il hurlé.

J'ignore comment, mais j'ai dit à l'imam qu'il devait d'abord se porter garant de la sécurité de Sinân. Il a hoché la tête.

«Je le veux par écrit», lui ai-je dit.

L'imam a alors appelé Muhammad Ahmad al-Basha*, son représentant à Al-Hudayda, afin qu'il écrive une lettre de laissez-passer pour Sinân. Al-Basha a rédigé le sauf-conduit et me l'a tendu.

«Amène-moi Sinân par le Dakota, a dit l'imam en faisant allusion à son avion personnel. Je vais l'envoyer à San'â. Je ne tolérerai aucun délai.» L'imam m'a

* Al-Basha venait d'une célèbre famille de *sayid* de la province de Taëz. Jadis appelé Al-Mutawakkil, un des ancêtres d'Ahmad s'était rendu à Istanbul avec deux autres Yéménites dans le cadre d'une délégation pour aller voir le sultan, au XIXe siècle. A leur départ de la capitale ottomane, le sultan demanda aux trois Yéménites ce qu'ils désiraient remporter chez eux. Alors que ses compagnons demandaient de l'argent et des tapis précieux, Al-Mutawakkil demanda seulement qu'on lui donne le titre officiel de pacha (que l'on prononce "basha" au Yémen, puisque la langue arabe ne connaît pas le son "p"). Ses compagnons se moquèrent de lui, jusqu'à ce que leur navire se retrouve pris dans une tempête, envoyant l'argent et les tapis au fond de la mer Rouge. Les deux hommes perdirent tout. Mais Al-Mutawakkil avait encore son titre, et il changea son nom de famille pour prendre celui d'Al-Basha une fois de retour chez lui.

posé cinquante riyals dans la main puis m'a congédié. Al-Qurdai et moi sommes retournés à San'â à bord du Dakota. C'était la première fois que je prenais l'avion.

Arrivé à San'â, je me suis précipité chez Husayn al-Ahmar*.

«Est-ce que vous avez des nouvelles de Sinân ? lui ai-je demandé.

— Il est allé dans le Bayhân, a répondu Husayn. Hamîd a fait porter une lettre par Mujahid Abû Shawareb pour demander à l'armée de se révolter, mais les militaires ont refusé. Hamîd a été arrêté et envoyé chez l'imam par le Dakota il y a deux jours. Ensuite, ils ont arrêté Mujahid. Sinân savait qu'il serait le suivant, alors il a fait courir le bruit qu'il avait été assassiné, et il est parti pour le Bayhân.

— Venez à Bayhân avec moi pour lui parler, ai-je dit.

— Je ne peux pas, m'a répondu Husayn. J'ai des choses à régler ici avant.

— Qu'allez-vous faire ? ai-je demandé.

— Le prince héritier Al-Badr m'a invité à déjeuner cet après-midi.

— Vous ne devez pas y aller, lui ai-je dit. Il vous fera sûrement arrêter et vous enverra à As-Sukhna rejoindre Hamîd.

— Al-Badr m'a donné sa parole qu'il ne me serait fait aucun mal, a dit Husayn.

— Mais Al-Badr craint son père, ai-je dit. Il fera ce que l'imam lui dit de faire.

— Je dois tenter ma chance», a répondu Husayn avant de partir."

Al-Badr ne fit pas arrêter Husayn, mais il finit bel et bien par le convaincre d'aller à As-Sukhna de son propre gré. Sinân eut raison de rester caché, car l'imam fit décapiter Husayn et Hamîd peu de temps après.

* Le principal cheikh Hashîd, père des cheikhs 'Abd Allâh et Hamîd.

La mort fictive de Sinân ne tenait pas debout, et l'imam découvrit bientôt qu'il était parti en exil dans le Bayhân, puis à Aden. Habile à monter les tribus les unes contre les autres, le souverain ordonna à un millier d'hommes de la région d'Al-Hada, au sud de Dhamâr, de se rendre à Milh et de détruire la maison de Sinân. Quand ils arrivèrent là-bas quelques jours plus tard, Sâlih était le seul des trois frères de Sinân à se trouver encore dans le village.

"Les hommes d'Al-Hada ont annoncé qu'ils étaient venus dynamiter la maison de Sinân, expliqua Muhammad Abû Luhûm, celle-là même que Muhsina avait construite un siècle et demi plus tôt. Mais Sâlih pouvait se montrer très persuasif, et il a discrètement distribué de l'argent aux chefs des hommes d'Al-Hada pour les convaincre de changer d'avis.

«Sinân n'habite pas ici, leur a-t-il dit en pointant un doigt vers la grande maison. Bien sûr, il vient ici de temps en temps, mais cette maison fait partie de l'héritage familial. Seule une petite partie appartient à Sinân. Le reste est divisé entre nos frères, nos sœurs et nos cousins. Pour certains, c'est tout ce qu'ils possèdent.»

Les hommes d'Al-Hada ne savaient pas trop quoi faire. Ils devaient détruire quelque chose, ne serait-ce que pour apaiser l'imam Ahmad, mais ils n'avaient pour autant aucun intérêt à déclencher des problèmes avec les hommes du Nihm.

Devant leur hésitation, Sâlih leur a indiqué une petite maison de terre de deux étages située à une centaine de mètres en aval du *wâdî*.

«C'est là-bas qu'habite Sinân quand il vient ici», leur a dit Sâlih.

C'était une vieille maison en ruine où personne ne mettait plus les pieds depuis des années, mais les hommes d'Al-Hada ont marché. Ils l'ont dynamitée et sont rentrés chez eux avec la conviction d'avoir accompli leur mission."

Muhammad Abû Luhûm n'eut pas à vivre beaucoup d'autres entrevues désagréables avec l'imam Ahmad. La santé du souverain déclina régulièrement et, trois ans après son retour d'Italie, il mourut.

Comme beaucoup de jeunes des tribus, Muhammad voulut s'engager dans l'armée quand il était adolescent. L'imam Ahmad, qui se méfiait toujours des Abû Luhûm, refusa que le garçon entre dans l'armée et lui offrit à la place un poste dans les bureaux du ministère du Travail. Mais Muhammad n'avait besoin de personne pour apprendre à se servir d'un fusil. Il se joignit volontiers aux révolutionnaires pour renverser le nouvel imam, Muhammad al-Badr, à peine une semaine après la mort de l'imam Ahmad.

Pendant la guerre civile qui s'ensuivit, les Abû Luhûm apportèrent un soutien sans faille à la république (contrairement à beaucoup d'autres tribus Bakîl). 'Alî, le frère de Muhammad, mena l'assaut contre les locaux de la radio à San'â le matin de la révolution. Blessé par balles à treize reprises, il dut être transporté par avion au Caire pour y subir une opération ; il fut l'un des premiers blessés de la révolution.

Muhammad Abû Luhûm devint second lieutenant sous le tout jeune gouvernement républicain. Le fait d'avoir grandi dans une famille de cheikhs était finalement une formation meilleure que n'importe quelle école militaire pour acquérir des compétences de chef.

En novembre 1962, à peine un mois après la mort de l'imam, l'unité de Muhammad, composée d'Egyptiens et de Yéménites, pénétra dans les montagnes du Kuhlân, au sud de la capitale, pour combattre les tribus royalistes dans le village de Bayt al-Khardal. Son cousin, Dirham Abû Luhûm, et le futur Premier ministre Hasan al-'Amrî l'accompagnaient.

Pendant le combat, Muhammad reçut une balle dans la bouche, et ses hommes l'évacuèrent à l'hôpital de San'â. Après la bataille, l'unité de Muhammad se retira du Kuhlân pour bivouaquer dans les gorges profondes d'un réseau de *wâdî* sur le territoire des Banî Hushaysh, à l'est de la capitale. Ils furent assaillis presque aussitôt par les tribus royalistes de la région. Les combats furent violents et des soldats égyptiens vinrent bientôt chercher Muhammad à l'hôpital pour le ramener auprès de ses hommes. "Ils ont besoin de vous", dirent-ils à Muhammad, lequel pouvait à peine parler à cause de sa blessure à la bouche et devait tremper son pain dans un verre d'eau afin de pouvoir l'avaler.

Muhammad reprit part au combat dès qu'il eut rejoint son unité. "J'ai grimpé sur un éperon rocheux qui dominait le *wâdî* et d'où je pouvais avoir une meilleure vue de la scène, explique-t-il. Notre campement était devenu un champ de bataille et une épaisse fumée recouvrait le lit du *wâdî*.

Soudain, une balle tirée de près m'a frôlé la tête. J'ai levé les yeux et j'ai vu un adolescent perché sur la falaise d'en face, à vingt-cinq mètres à peine de l'autre côté du *wâdî*. Je me souviens que son turban lui faisait une tête deux fois plus grosse que la normale et que sa *jambiya* paraissait énorme comparée à sa petite taille. Il était tellement chétif ! Je me suis demandé comment même il arrivait à soulever son fusil. Mais il a tiré une deuxième balle juste à côté de ma joue.

J'ai pris mon fusil et j'ai visé. J'ai lu la terreur dans les yeux du garçon pendant qu'il tentait de recharger à tâtons, mais je savais qu'il me tuerait si je ne le tuais pas le premier. J'ai tiré et le garçon m'a regardé lorsqu'il est tombé sur les rochers contre lesquels il s'était appuyé.

En contemplant le corps, j'ai soudain senti la tristesse m'envahir, en dépit des combats qui avaient lieu autour de moi. Je me suis demandé qui était le père de ce garçon, si je le connaissais, ce qu'éprouverait sa famille en apprenant sa mort. Mais, tout à coup, le garçon s'est relevé d'un bond et a disparu derrière la crête de la colline. J'ai ri pour la première fois depuis que j'avais reçu une balle dans la bouche, même si c'était encore douloureux."

Du sang coulait dans le lit asséché du *wâdî* en contrebas, et les morts semblèrent bientôt plus nombreux que les vivants. Les républicains parvinrent tant bien que mal à éviter la déroute. Quand les tribus royalistes finirent par se retirer de la vallée peu après le coucher du soleil, Muhammad et les autres survivants s'écroulèrent sur le sol, épuisés.

"Le lendemain matin, dit Muhammad, des douzaines d'Egyptiens et de Yéménites gisaient, morts ou blessés, parmi les rochers du ravin. J'ai compté une demi-douzaine de trous laissés par des balles dans ma chemise et mon pantalon, mais je n'avais rien."

Anouar el-Sadat, le porte-parole du Parlement égyptien et futur président de ce pays, se trouvait au Yémen quand la bataille du Banî Hushaysh éclata. Le président yéménite, 'Abd Allâh as-Sallâl, pensa qu'une visite dans la région en compagnie d'El-Sadat pourrait regonfler le moral des troupes.

"Avant qu'on ait eu le temps d'enterrer les morts, raconte Muhammad Abû Luhûm, un convoi de véhicules militaires est arrivé sur la route de San'â. Ils se sont arrêtés et on a vu As-Sallâl et El-Sadat sortir d'une des jeeps. Au même moment, un tireur embusqué sur la falaise en aval du *wâdî* a ouvert le feu sur notre unité. Certains de nos hommes ont riposté, mais il bondissait d'un rocher à l'autre comme un bouquetin et se tortillait entre les balles comme s'il dansait. On aurait dit que quelque chose le protégeait. Personne ne pouvait l'atteindre. Cela a effrayé tout le monde, et les hommes ont fini par cesser de tirer.

Je me suis approché du convoi dans mes vêtements en lambeaux couverts de poussière pour aller saluer As-Sallâl et El-Sadat, puis je les ai emmenés en haut de l'escarpement rocheux qui surplombait le *wâdî* pour qu'ils puissent voir le champ de bataille. El-Sadat a failli s'étrangler en voyant alignés sur le sol les corps des Egyptiens attendant qu'on les enterre. Il s'est arrêté et les a regardés d'un œil hagard.

«Mon Dieu, mon Dieu !» l'entendais-je murmurer. Ensuite, il a enfoui son visage dans ses mains et s'est mis à pleurer pendant que ses gardes du corps regardaient autour d'eux en feignant de ne rien remarquer.

Je voyais qu'As-Sallâl était en colère. Il m'a emmené à l'écart.

«Pourquoi a-t-il fallu que vous nous montriez cela ?» m'a-t-il demandé. Il craignait qu'après avoir vu les victimes égyptiennes, El-Sadat encourage le président Nasser à retirer ses troupes du Yémen.

«Qu'est-ce qui vous a pris ? a poursuivi As-Sallâl. A quoi pensiez-vous ?»

Je me suis contenté de tourner les talons."

Sa venue sur le champ de bataille eut apparemment un impact durable sur le futur président égyptien. Quand Muhammad Abû Luhûm se rendit aux funérailles de Gamal Abdel Nasser en 1970, El-Sadat le reconnut parmi les membres de la délégation yéménite qui défilaient pour lui présenter leurs condoléances. El-Sadat serra longuement et fermement la main de Muhammad. Il bloqua l'avancée des autres tandis qu'il regardait Muhammad droit dans les yeux en se souvenant de leur rencontre huit ans plus tôt dans le *wâdî* du Banî Hushaysh. Les deux hommes faillirent éclater en sanglots.

Muhammad Abû Luhûm quitta le Yémen en janvier 1964 pour aller étudier dans une école militaire à Bagdad. Il revint chez lui un an plus tard pour enseigner le maniement des chars d'assaut à l'école militaire de San'â, avant de retourner se battre comme commandant en second d'une unité de blindés (sous les ordres d'un officier égyptien).

Muhammad pensait que la fin de l'imamat marquerait aussi la fin de ses séjours en prison, mais il se trompait. En 1966, il faisait partie de la délégation yéménite opposée au président As-Sallâl qui passa treize mois en prison au Caire*.

De retour au Yémen en décembre 1967, après le départ des Egyptiens, Muhammad reprit le commandement de son ancienne division de blindés et aida à repousser les tribus royalistes pendant le siège des soixante-dix jours**.

Après l'échec de l'attaque royaliste, la république se prit à espérer qu'elle pourrait finalement survivre sans le soutien des troupes égyptiennes. Mais cet optimisme tout neuf devint une malédiction, car les diverses factions républicaines négligèrent leur ennemi royaliste pour se concentrer sur les moyens d'assurer leur propre prédominance au sein des rangs de la république.

Un groupe d'officiers de gauche venus des hautes terres du Sud avait joué un rôle crucial dans la défense de la capitale pendant le siège des soixante-dix jours. Du temps de l'imamat, de nombreux Yéménites des hautes terres du Sud avaient émigré vers le port d'Aden, occupé à l'époque par les Britanniques, tandis que d'autres étaient partis étudier ou travailler à l'étranger. Alors qu'elle n'avait guère eu l'occasion de participer au gouvernement sous le règne des imams, cette classe émergeante instruite vit la révolution de 1962 comme une opportunité de corriger ce déséquilibre. Les hommes furent nombreux à revenir de l'étranger pour prendre la défense de la république.

Mais leur vision du Yémen d'après-guerre divergeait parfois radicalement de celle des autres Yéménites. Certains officiers du Sud se sentirent frustrés quand, après le siège des soixante-dix jours, la menace royaliste commença à refluer. Ils s'attendaient à être récompensés par des promotions militaires et des responsabilités importantes au sein du gouvernement

* Voir chapitre XIV : "Un rebelle improbable".

** Voir chapitre II : "Premiers souvenirs".

pour avoir joué un rôle crucial dans la défense de San'â. Mais les dirigeants, en majorité des hommes des hautes terres du Nord, avançaient trop lentement à leur goût, et un groupe de ces officiers décida d'accélérer les choses.

Les plus disciplinés et les plus radicaux de ces officiers mécontents venaient de la région d'Al-Hujjariya, le long de la frontière avec le Yémen-du-Sud. Si cette région était le berceau de plusieurs grandes familles commerçantes du Yémen-du-Nord, elle était également un des fiefs du mouvement socialiste*.

Les chefs de l'armée égyptienne remarquèrent l'organisation stricte des hommes d'Al-Hujjariya, et ils les prirent sous leur aile pendant la guerre civile. Ils leur offrirent un entraînement spécial et un avancement rapide, particulièrement dans le domaine de la sûreté de l'Etat. Ces officiers d'élite avaient tendance à considérer les hommes des tribus du Nord qui dirigeaient les opérations à San'â comme des rustres, et ils attendaient avec impatience le jour où ils pourraient diriger eux-mêmes le pays.

Un mois après la fin du siège des soixante-dix jours, une grosse cargaison de tanks et d'autre matériel de guerre fournis par l'Union soviétique arriva dans le port d'Al-Hudayda. Sinân Abû Luhûm, le gouverneur de la province, envoya ses troupes récupérer les armes, mais les officiers d'Al-Hujjariya eurent la même idée. Quand les hommes de Sinân, parmi lesquels se trouvait son frère Muhammad, bloquèrent l'accès au quai, le contingent d'Al-Hujjariya retourna dans le centre-ville et incita la population à se révolter contre le gouverneur. Certains habitants d'Al-Hudayda prirent part à la révolte et, pendant quelques heures décisives, Sinân sembla sur le point de perdre le contrôle de la ville. La révolte, cependant, prit bientôt fin.

* L'ancien président du Yémen-du-Sud, 'Abd al-Fattâh Ismâ'îl (fortement soupçonné d'avoir tué le président Al-Ghasmî avec la mallette piégée), venait d'Al-Hujjariya.

Refusant de s'avouer vaincus, les officiers d'Al-Hujjariya se préparèrent pour une dernière épreuve de force. Quand, cinq mois plus tard, quelques-uns de leurs partisans se virent retirer leurs importantes responsabilités militaires, ils déclenchèrent une insurrection parmi les unités qui dépendaient de leur commandement. Les 22 et 23 août 1968, les mutins se réunirent dans la caserne d'Al-Urdhi, en face de Bâb al-Yemen, pour se préparer à prendre San'â d'assaut.

Mujahid Abû Shawareb fut chargé de repousser cette attaque. Il plaça ses soldats, pour la plupart des irréguliers originaires des tribus, au sommet des remparts du mur d'enceinte sur quelque cinq cents mètres, entre Bâb al-Yemen et la rive gauche du *Wâdî as-Saila*. Muhammad Abû Luhûm se joignit à lui, faisant venir son unité depuis sa base située à Ar-Rawdha, dans les environs nord de San'â.

Mais les mutins, puissamment armés et très motivés, menaçaient de déborder les défenseurs. Terrés dans la caserne de pierre d'Al-Urdhi tels des chats prêts à bondir, ils attendaient l'ordre d'attaquer le rempart qui s'élevait à cinquante mètres de l'autre côté de la rue. Quand les combattants déclenchèrent les hostilités, le feu de lourdes mitrailleuses et des roquettes RPG firent soudain voler en éclats les pierres d'Al-Urdhi et la terre du mur sud de San'â. Une brigade parachutiste servant la cause des officiers d'Al-Hujjariya occupait le fort qui s'élève au sommet du djebel Nogum. Celle-ci pilonnait les troupes de Mujahid postées en contrebas, cependant que le cheikh Hashîd faisait la navette sur l'étroit passage du mur d'enceinte pour encourager ses hommes et aider ceux qui en avaient besoin.

Pendant un moment, les tirs d'Al-Urdhi semblèrent se calmer. Tout à coup, les mutins surgirent de leur redoute et se précipitèrent à l'assaut du mur. Les défenseurs les repoussèrent, mais les mutins se réunirent bientôt pour une deuxième tentative. Une vague d'attaquants parvint à grimper sur les échelles de secours d'un hôtel construit récemment devant la porte de Bâb al-Yemen. Au moment où ils prenaient le mur d'assaut, Mujahid arriva en courant du *Wâdî as-Saila* afin d'aider ses compagnons à colmater la brèche.

Lorsqu'il s'arrêta au sommet du rempart quelques heures plus tard afin de voir les positions de l'ennemi, une balle le frappa au-dessus de l'œil droit, l'envoyant s'effondrer sur le sol de terre battue. La vue de la mare de sang qui se formait sous sa tête tétanisa les hommes accroupis à côté de lui. La nouvelle de la mort de leur commandant se répandit le long du mur d'enceinte, et les défenseurs commencèrent à perdre courage.

Un soupir de soulagement vint apaiser la tension insoutenable quand Mujahid reprit conscience et se redressa. La balle, tirée selon un certain angle, avait ricoché sur son crâne en y laissant une vilaine contusion. Un médecin lui banda la tête et l'aida à se relever, puis voulut l'entraîner ailleurs.

"Qu'est-ce que vous faites ? s'exclama Mujahid.

— Je vous emmène vous reposer.

— Je ne peux pas me reposer, insista Mujahid. Mes hommes ont besoin de moi. Si nous ne gagnons pas cette bataille, nous sommes finis."

Ses hommes poussèrent des cris de joie en voyant Mujahid revenir vers le mur d'enceinte pour continuer à se battre. Les mutins avaient profité de la confusion pour pénétrer à nouveau dans la ville, cette fois-ci à l'ouest, par une brèche près du *Wâdî as-Saila.* Quand Mujahid et ses hommes les repoussèrent à nouveau, le combat tourna définitivement à leur avantage.

"Il nous a fallu trois jours pour écraser la révolte, se souvient Muhammad Abû Luhûm. Nous aurions pu le faire plus tôt si les tribus royalistes des montagnes alentour n'avaient pas entendu les affrontements et décidé de venir prêter main-forte à nos assaillants. Elles ont marché sur San'â depuis le Nord-Est, mais au moment où elles passaient au pied du djebel Nogum, la brigade parachutiste les a repérées depuis la forteresse du sommet et a transmis la nouvelle par radio aux officiers d'Al-Hujjariya."

Leur commandant utilisa son téléphone de campagne pour appeler 'Abd Allâh al-Ahmar, lequel était en contact permanent avec Mujahid pendant les combats. L'homme prévint le cheikh 'Abd Allâh de l'arrivée des royalistes. Les deux camps cessèrent le feu, abandonnèrent leurs positions et se précipitèrent ensemble pour barrer la route aux royalistes. Après avoir repoussé les hommes des tribus dans leurs montagnes, ils retournèrent à San'â pour reprendre leurs affrontements.

Quand les mutins comprirent qu'ils ne pourraient pas pénétrer dans la capitale, des sections de leurs rangs commencèrent à se rendre. L'insurrection perdit peu à peu de sa virulence et les officiers s'enfuirent avec une poignée de partisans pour aller se réfugier au Yémen-du-Sud.

Quelque trois cents civils moururent dans les murs de San'â au cours des affrontements. Les défenseurs perdirent soixante-dix hommes, mais les mutins eurent à déplorer beaucoup plus de victimes.

Après leur défaite, les mutins dirigés par les officiers d'Al-Hujjariya demeurèrent actifs. Le Yémen-du-Nord comme le Yémen-du-Sud finançaient des groupes de guérilleros pour semer le trouble dans le territoire adverse. Pour tenter de mettre fin aux attentats perpétrés dans les villes nord-yéménites, le gouvernement de San'â faisait exécuter les terroristes sur la place publique, comme j'eus l'occasion de le voir devant mon école avec le reste de ma classe quand j'avais six ans. Nombre des insurgés d'Al-Hujjariya figuraient parmi ces condamnés décapités.

Avec ces campagnes de guérilla latente, les tensions entre San'â et Aden atteignirent un point culminant fin septembre 1972, quand des soldats sud-yéménites affrontèrent des troupes irrégulières du Yémen-du-Nord au cours d'une guerre frontalière qui dura une semaine. Quelques jours à peine avant le début des véritables affrontements, Sâlih, le frère de Muhammad Abû Luhûm, prit la décision de réunir les deux camps pour tenter d'éviter le conflit.

Sâlih Abû Luhûm, qui avait six ans de plus que Muhammad, avait toujours prôné le fait de réunir des ennemis pour essayer de régler leurs différends avant d'en arriver à l'effusion de sang. S'il n'avait reçu que peu d'éducation à l'école, l'éloquence de Sâlih ébranlait souvent le plus entêté des antagonistes. Ses yeux tranquilles et sa barbe, qui formait des lignes verticales grisonnantes de part et d'autre de son menton, désarmaient autant que ses discours conciliants. Malgré son profond mépris pour la violence, personne ne le traitait jamais de lâche. Quand ses efforts pour ramener la paix échouaient et que la guerre semblait l'unique solution, Sâlih se battait sur la ligne de front.

Sâlih était également réputé pour sa générosité. "Une fois, il avait acheté une *jambiya* extrêmement chère, se souvient Muhammad avec affection. Celle-ci avait une pierre très rare enchâssée dans sa garde, qui, disait-on, aspirait le venin des serpents quand on la passait sur la morsure. Les gens venaient de loin pour lui emprunter sa dague, afin de soigner telle ou telle personne victime d'un serpent, et Sâlih ne refusait jamais. Trois mois après, la pierre était complètement usée, et la *jambiya* avait perdu toute sa valeur."

C'est vers la région de Damt, à une quinzaine de kilomètres au sud de Radâ', que Sâlih se mit en route à la fin de l'été 1972 pour tenter d'éviter la guerre qui menaçait d'éclater entre le Yémen-du-Nord et le Yémen-du-Sud. Certaines tribus des environs de Damt hébergeaient des soldats ayant obéi aux officiers vaincus d'Al-Hujjariya. Sâlih se rendit dans cette région à deux reprises afin d'y entamer des négociations, mais il ne parvint pas à enrayer le mécanisme de la guerre.

Après un cessez-le-feu hésitant, Sâlih persévéra en réunissant dix-huit cheikhs et retourna à Damt en novembre 1972 pour tenter une troisième fois de trouver une solution définitive. Mais des événements politiques qui échappaient à son contrôle étaient sur le point de le faire échouer.

Au même moment, en effet, le président du Yémen-du-Nord 'Abd al-Rahmân al-Iryâni, accompagné de Sinân Abû Luhûm (le frère de Sâlih), Muhsin al-'Ayni (son beau-frère) et Yahya al-Mutawakkil, se trouvait à Tripoli, en Libye, pour négocier avec les dirigeants sud-yéménites. Ces ambitieuses discussions visaient non seulement à améliorer les relations entre le Yémen-du-Nord et le Yémen-du-Sud, mais également à amener une unification politique complète entre les deux pays voisins. Bien que la guerre n'ait pas fait avancer la résolution des conflits entre San'â et Aden, la pression des Etats arabes poussait les dirigeants yéménites à feindre de se diriger vers une fusion de leurs deux pays.

Grand partisan de l'unité arabe, le dirigeant libyen Mouammar Kadhafi tenait particulièrement à ce que les deux Yémens ne fassent plus qu'un. Son généreux soutien financier à San'â et ses sympathies socialistes avec Aden lui valurent d'exercer une influence sur les deux camps. Il insista pour que leurs dirigeants viennent à Tripoli pour entamer des négociations.

Kadhafi fit asseoir le président Al-Iryâni et le dirigeant sud-yéménite Sâlim Rubayyi 'Alî sur des chaises, comme des élèves d'école primaire, puis il prit une craie pour dessiner une carte des deux Yémens sur un tableau noir et leur expliqua les bénéfices mutuels qu'ils pourraient tirer de leur unification. Voyant néanmoins que les négociations n'avançaient guère, le dirigeant libyen, agacé, emmena les deux Yéménites faire un tour dans son 4x4. Pendant qu'il fonçait imprudemment dans le désert qui entoure Tripoli, Kadhafi sermonna les deux hommes, jurant qu'il ne les laisserait pas quitter la Libye avant qu'ils aient signé un accord d'unification. Guettant la réaction des deux Yéménites alors qu'il fonçait à travers les dunes, il quitta la piste des yeux pendant plusieurs secondes d'affilée.

Mortifiés, les deux passagers virent le Libyen éviter de justesse un énorme rocher qui aurait pu faire faire un tonneau fatal à leur véhicule. Echangeant un coup d'œil, ils marmonnèrent d'une seule voix leur intention de signer un accord en vue de l'unification si le dirigeant libyen voulait bien ralentir et les ramener à Tripoli avant de les avoir tués tous les trois.

L'annonce d'une tentative de fusion inquiéta les chefs de la guérilla de Damt. Ils craignaient que l'amélioration des relations entre le Nord et le Sud signe l'arrêt de l'aide financière et militaire qu'ils recevaient d'Aden.

L'arrivée de Sâlih Abû Luhûm et des dix-huit cheikhs fournissait l'occasion idéale pour interrompre le processus de conciliation. Tandis que le camion qui transportait Sâlih et ses compagnons avançait péniblement sur le terrain caillouteux menant au volcan éteint qui domine Damt, les guérilleros émergèrent des broussailles poussant le long de la route et ouvrirent le feu. Sâlih et les dix-huit cheikhs qui l'accompagnaient périrent sous l'averse de balles.

A la mort de Sâlih, j'avais six ans. Je jouais chez tante Hamida où Aziza, la sœur de Sâlih, était par hasard en visite ce jour-là. En apprenant la nouvelle de l'embuscade tragique de Damt, toutes les femmes de la maison entonnèrent de terribles lamentations en se griffant la figure de chagrin. Tante Hamida pleura tant qu'elle s'évanouit et qu'il fallut appeler un médecin. Je n'avais jamais rencontré Sâlih, mais je n'oublierai jamais le chagrin provoqué par sa mort.

Presque quatorze ans plus tard, quand les affrontements éclatèrent à Aden entre les différentes factions du parti socialiste en 1986, tous les hommes qui avaient tendu l'embuscade au cours de laquelle Sâlih avait trouvé la mort périrent dans le carnage ; tous sauf un, un certain Al-Audi.

Les années écoulées n'émoussèrent en rien le désir que Muhammad Abû Luhûm avait de venger son frère, même si les assassins se trouvaient hors de sa portée, au Yémen-du-Sud. Un an ou deux après l'unification de 1990, Muhammad se trouvait en compagnie du président 'Alî 'Abd Allâh as-Sâlih lorsqu'il entendit le nom d'Al-Audi.

"Où se trouve Al-Audi, en ce moment ? demanda Muhammad en feignant l'indifférence. Ça fait des années que je n'ai pas entendu parler de lui."

Le président réfléchit un moment, jusqu'à ce qu'il comprenne la raison de l'intérêt de Muhammad.

"Oh, il suit des études à Moscou", finit par répondre le président.

Mais Muhammad n'en crut rien.

"Des études ? dit-il. Mais il a plus de cinquante ans !

— C'était il y a longtemps, lui dit le président. Oubliez cela."

Mais Muhammad est incapable d'oublier.

Au milieu des années 1970, alors que le président Ibrâhîm al-Hamdî prévoyait de diminuer l'influence politique des principaux cheikhs tribaux, certains de ses confidents le persuadèrent que les Abû Luhûm représentaient une dangereuse menace pour l'aboutissement de ses projets. Muhammad Abû Luhûm avait récemment touché un point sensible en faisant remarquer à Al-Hamdî qu'il ne semblait pas pressé d'organiser des élections pour nommer un président civil.

"Vous devriez choisir entre votre poste de commandant en chef des forces armées et celui de président, lui dit Muhammad. C'est l'un ou l'autre, comme nous en étions convenus avant le coup d'Etat.

— Je veux les deux", rétorqua Al-Hamdî.

Le président était convaincu que les Abû Luhûm seraient dangereux une fois qu'il aurait mis son plan à exécution et privé la famille du pouvoir qu'elle tirait de ses membres en poste dans l'armée. Les Abû Luhûm seraient alors comme des lions acculés, et une majorité de Bakîl se rallierait à leur cause. Al-Hamdî abhorrait la violence, mais nombre de ses plus proches collaborateurs, y compris Ahmad al-Ghasmî, tentèrent de le persuader qu'il serait plus prudent d'éliminer les Abû Luhûm au lieu de les déshonorer.

Début 1975, Al-Hamdî invita Muhammad, 'Alî et Dihram Abû Luhûm à déjeuner un après-midi dans le bureau présidentiel.

"Après le repas, se souvient Muhammad, le président a voulu tous nous emmener mâcher du qat chez Al-Ghasmî, à Dhal'a*. Il était très sûr de lui, mais 'Alî lui a dit qu'il avait des choses à faire, si bien que j'y suis allé tout seul avec Dirham.

On mâchait du qat depuis une heure quand 'Alî Qenaf Zahra, l'un des confidents du président, est entré dans la pièce.

«Tout est en ordre, monsieur. Nous sommes prêts», a annoncé Zahra au président.

Zahra était très nerveux, et il était évident qu'il ne faisait pas allusion au café. Mais Al-Hamdî a agité la main pour le congédier, et on l'a oublié. Puis, environ un quart d'heure plus tard, Zahra est revenu.

«Nous sommes prêts, monsieur», a-t-il répété, encore plus nerveux.

Quelle qu'ait pu être la chose dont il parlait, il était évident que Dirham et moi n'étions pas censés savoir de quoi il s'agissait. J'étais un peu agacé, et je me suis levé des coussins où nous étions assis.

«Si vous êtes prêts, eh bien, nous le sommes aussi ! ai-je dit en jetant un regard furieux à Zahra.

— Partez ! lui a crié le président. Et ne venez plus nous déranger.» Zahra a hoché la tête et il est sorti précipitamment de la pièce.

A ce moment-là, je ne me doutais de rien. J'étais juste irrité. Mais, des années plus tard, l'un des anciens gardes d'Al-Hamdî m'a dit que Zahra attendait en fait le signal du président pour faire irruption dans la pièce et nous tuer, Dirham et moi. Quand je m'étais levé pour dire : «Si vous êtes prêts, eh bien, nous le

* Un village situé à un quart d'heure de route au nord-ouest de San'â.

sommes aussi», cela les avait perturbés, et Al-Hamdî avait décidé de renoncer à son plan."

Muhammad fut choqué d'apprendre qu'Al-Ghasmî avait activement participé à l'élaboration du plan destiné à l'éliminer. Les deux hommes étaient devenus proches au fil du temps.

Sous la présidence d'al-Iryâni, al-Ghasmî avait fait partie de la division de blindés de Muhammad Abû Luhûm, où celui-ci l'avait promu numéro deux. Affublé d'une moustache à la Charlie Chaplin, qui à l'époque était à la mode chez les officiers, il avait appris à signer son nom et à nouer une cravate pour les rares occasions où il devait en porter une.

Peu après la fin de la guerre civile, Al-Ghasmî avait souffert de maux de tête chroniques. Il avait demandé de l'argent à son commandant afin de se faire soigner, et Muhammad l'avait aidé. Mais les médecins du Yémen n'avaient rien pu faire pour lui. Comme les douleurs s'accentuaient, Muhammad avait envoyé son ami de l'autre côté de la mer Rouge, à Asmara, en Erythrée, où les médecins avaient diagnostiqué une tumeur au cerveau. Ils l'avaient opéré pour la lui enlever, et Al-Ghasmî était resté plusieurs mois en convalescence à Asmara.

Le futur président 'Alî 'Abd Allâh as-Sâlih et un autre ami de la division de blindés s'étaient relayés pour passer chacun à leur tour un mois auprès de leur camarade. Muhammad lui avait rendu visite à plusieurs reprises, et Al-Ghasmî leur avait toujours montré de la gratitude pour l'attention qu'ils lui avaient portée à ce moment-là.

L'après-midi du 27 avril 1975, Muhammad Abû Luhûm mâchait du qat dans sa maison de San'â avec son beau-frère, 'Abd Allâh al-Ahmar. Muhammad commandait alors la 6e division de blindés, l'une des unités militaires les plus puissantes du pays. Un des hommes de Muhammad arriva chez lui hors d'haleine de la caserne d'Ar-Rawdha. Des sections de l'armée avaient commencé à se déployer autour de la ville, expliqua l'homme. Et personne ne semblait savoir pourquoi.

Muhammad appela le bureau d'Al-Hamdî, mais le président était sorti. Puis il se rappela avoir vu Ahmad al-Ghasmî le matin même.

"Je me trouve à un croisement, lui avait dit mystérieusement le chef d'état-major. Et je ne sais pas quelle direction prendre."

Muhammad n'avait pas compris ce qu'Al-Ghasmî avait voulu dire. Mais il n'allait pas tarder à le découvrir.

Le soleil était presque couché quand Muhammad retourna à sa caserne. Quelques minutes après son arrivée, lui et ses hommes entendirent Al-Hamdî à la radio, où le président annonçait sa révocation comme commandant de la 6e division, celle de son frère 'Alî Abû Luhûm comme commandant des forces spéciales et celle de leur cousin Dirham comme commandant militaire de la province de Taëz.

Tenter de décapiter la famille Abû Luhûm était jouer avec le feu. Les personnalités divergentes des frères et de leur cousin éloigné se complétaient et se renforçaient mutuellement dans le cadre de la politique et des affaires tribales. Malgré ses talents de pacificateur, Sâlih (avant sa mort) était également réputé pour son caractère irascible. Ses paroles franches régnaient sur la plus grande partie du pays et ne pouvaient être prises à la légère. 'Alî était un homme politique né, le diplomate de la famille, adepte des négociations difficiles et des grandes décisions, tandis que Muhammad, calme et composé, dégageait une sobre maîtrise de soi – c'était le "bon flic". Sinân, intelligent et déterminé, excellait quand il s'agissait de rallier les autres à sa cause. En outre, les indécis pouvaient souvent se décider devant la menace que représentaient les hommes des tribus Bakîl, que Sinân traînait dans son sillage. Dirham, leur cousin éloigné, surprenait toujours les gens par son caractère imprévisible.

Il est rare que le fils d'un grand cheikh surpasse, ou même égale, le talent de son père. De tels hommes sont aussi rares que les points d'eau dans le désert de l'Est. Pourtant, 'Abd Allâh Abû Luhûm avait engendré non seulement un de ceux-là, mais quatre. Et il ne fallait pas plaisanter avec ces hommes.

L'annonce de la révocation des Abû Luhûm stupéfia Muhammad, et il réfléchit à la conduite à tenir. Il bénéficiait toujours de la loyauté absolue de la 6e division. Sur leur propre initiative, ses hommes avaient sauté dans leurs tanks et quitté leur base trop vulnérable avant même qu'Al-Hamdî ait terminé sa déclaration à la radio. S'il le souhaitait, Muhammad pouvait les utiliser pour écraser le président comme un insecte.

Cependant, Al-Hamdî possédait un avantage : sa personnalité charismatique, qui donnait à de nombreux Yéménites l'espoir d'un avenir meilleur. Peu après son accession au pouvoir, Al-Hamdî avait annoncé sa détermination à combattre la corruption endémique qui ravageait le pays, une lourde tâche*. Une partie intégrante du plan anticorruption d'Al-Hamdî incluait une nette diminution du pouvoir des grands cheikhs tribaux du Yémen.

* Au Yémen, les pots-de-vin sont depuis longtemps incontournables pour faire avancer les choses. Le salaire des fonctionnaires est si bas qu'il semble naturel, voire nécessaire, qu'ils acceptent d'être payés en échange de services rendus afin de pouvoir nourrir leurs familles. En 2003, le salaire d'un ministre yéménite équivalait à cinq cent cinquante dollars par mois. Cela serait suffisant pour faire vivre le ministre et sa famille proche. Mais la position importante d'un ministre signifie qu'il est constamment sollicité par toute une armée de parents éloignés et même d'habitants de son village natal venus lui demander un soutien financier vital. S'il leur refusait ces aides, le ministre serait considéré comme particulièrement négligent de ses obligations sociales. Bien sûr, la limite entre un supplément acceptable à son salaire officiel et l'enrichissement personnel effréné n'est pas toujours facile à déterminer, et l'abus du système était devenu commun et visible à l'époque d'Al-Hamdî.

Les San'ânis, qui avaient perdu leurs liens avec la campagne, les habitants des régions du Sud et de l'Est du pays où il n'y avait plus de tribus, et même une partie de la population tribale, accueillirent la campagne d'Al-Hamdî avec enthousiasme, car, à leurs yeux, les grands cheikhs avaient simplement pris la place de l'imam dans un système qui avait peu changé en dépit de la révolution. L'argent qu'ils gagnaient à la sueur de leur front était redistribué dans les régions tribales, où les habitants ne faisaient pas grand-chose à part semer le trouble et demander plus d'argent au gouvernement.

La popularité d'Al-Hamdî à San'â et dans les régions du Sud atteignait des sommets sans précédent dans le Yémen moderne. Mais le soutien populaire n'aurait guère de poids face au court laps de temps qu'il faudrait à Muhammad Abû Luhûm et à ses tanks pour anéantir le président.

Ils apprirent ensuite qu'Al-Ghasmî, fidèle au président, avait déployé ses propres chars autour de San'â afin de bloquer toute tentative de résistance de la part des Abû Luhûm. Muhammad comprit alors à quel "croisement" Al-Ghasmî avait fait allusion ce matin-là.

S'il se rebellait contre Al-Hamdî, Muhammad risquait de précipiter le pays dans la guerre civile. Il était presque certain d'en sortir victorieux, pourtant la perspective d'autres affrontements lui répugnait, et il hésitait. Le téléphone sonna toute la nuit : des amis et des collègues officiers qui suppliaient Muhammad de faire preuve de mesure. Il céda et renonça à son poste de commandant.

Le président savait qu'en se mesurant aux cheikhs, il s'engageait sur un terrain dangereux. Mais l'origine de la chute d'Al-Hamdî deux ans et demi plus tard serait tout autre.

Sâlih Hedayan, l'attaché militaire d'Arabie Saoudite à San'â, exerçait une influence considérable au Yémen, en particulier pour un étranger. Représentant les intérêts de son mécène, un grand prince saoudien, Hedayan rencontrait régulièrement le dirigeant du Yémen, lui donnait des conseils et s'assurait que le président prenait à cœur les intérêts de son patron.

Cependant, le fait qu'Al-Hamdî ait renvoyé Mujahid Abû Shawareb le lendemain du jour où il avait destitué les Abû Luhûm avait irrité le cheikh 'Abd Allâh al-Ahmar, un grand allié de l'Arabie Saoudite au Yémen. Al-Hamdî avait accru la colère de son voisin du Nord en limitant les prérogatives de Hedayan, ce qui diminuait de façon significative la capacité de l'attaché militaire saoudien à tirer les ficelles du gouvernement. Cela fut la goutte d'eau, et Hedayan se ligua avec Ahmad al-Ghasmî, l'ambitieux chef d'état-major d'Al-Hamdî, afin de remédier à la situation.

Après avoir éliminé Al-Hamdî, l'ancien chef d'état-major s'empara du pouvoir et liquida plusieurs de ses ennemis politiques. Comme Al-Hamdî, il oublia vite son serment prononcé devant les officiers qui se réunissaient chez Muhammad Abû Luhûm avant le coup d'Etat de 1974, serment selon lequel chaque homme avait juré de ne pas faire de tort aux autres. 'Alî Qenaf Zahra fut l'une des premières victimes de la purge d'Al-Ghasmî, et le commandant de la brigade parachutiste, 'Abd Allâh 'Abd al-Alem, craignant pour sa vie, s'enfuit peu après du pays.

Le 22 juin 1978, Muhammad Abû Luhûm informa le président qu'il emmenait sa famille en vacances pour plusieurs mois au Caire et à Londres. Al-Ghasmî était au pouvoir depuis plus de huit mois, mais il n'avait pas encore parlé de réintégrer les Abû Luhûm ou Mujahid Abû Shawareb dans le gouvernement. Le départ de Muhammad sous-entendait une subtile protestation face à cet état de choses.

Toujours généreux, Al-Ghasmî donna à son vieil ami une belle somme en liquide, deux montres de luxe, et il appela le directeur de la Yemenia Airlines afin de réserver des sièges pour les Abû Luhûm sur le vol qui partait le soir même pour l'Egypte.

“Mais le vol est déjà complet, protesta le directeur.
— Vous les mettez sur ce vol ou je vous casse la tête”, grogna Al-Ghasmî avant de raccrocher. Il se tourna vers Muhammad.

“Reviens dans un mois, dit-il. J’aurai une proposition intéressante à te faire.”

Muhammad ne croyait guère à cette promesse. Son intuition ne le trahit pas, car deux jours après, Al-Ghasmî était mort.

Quand la deuxième guerre contre le Yémen-du-Sud éclata en février 1979, le successeur d’Al-Ghasmî, ‘Alî ‘Abd Allâh as-Sâlih, demanda à Muhammad de prendre le commandement des troupes dans la région de Ma’rib. Celui-ci accepta et, après le bref conflit, il retourna à Hajja, cette fois-ci non pas comme prisonnier, mais comme gouverneur de la province.

En 1994, quand Mujahid Abû Shawareb alla le voir pour prendre le pouls des Bakîl à propos de la crise qui menaçait de faire sombrer le Yémen dans la guerre civile, Muhammad était déjà en semi-retraite à Paris depuis plusieurs années.

XXI

ÉPREUVE DE FORCE

Moins d'une semaine après l'accord d'Amman signé le 21 février 1994 par le président 'Alî 'Abd Allâh as-Sâlih et le vice-président 'Alî Sâlim al-Baydh, la situation au Yémen devint explosive. Des échauffourées entre les armées du Nord et du Sud éclatèrent dans plusieurs bases à travers le pays. Une véritable guerre semblait à nouveau sur le point d'éclater.

Quand il apprit la nouvelle, Mujahid Abû Shawareb se trouvait encore à Paris où il devait rencontrer Muhammad Abû Luhûm. L'accord d'Amman avait échoué et Mujahid, découragé, pensait qu'une seule chose pouvait désormais éviter une autre effusion de sang. A une heure du matin, après les échauffourées, il téléphona à 'Alî 'Abd Allâh as-Sâlih de son appartement parisien.

"Vous devriez démissionner tous les deux, déclara Mujahid. Al-Baydh et vous, vous ne pourrez jamais surmonter vos différends. Vous devriez vous effacer et laisser des chefs plus modérés tenter de diriger le pays.

— Très bien, consentit le président. Vous avez peut-être raison. Je vais remettre ma démission immédiatement, si Al-Baydh accepte de faire la même chose."

Encouragé, Mujahid partit le lendemain pour Aden, où le vice-président s'était retiré après avoir signé l'accord d'Amman au lieu d'aller à San'â, afin de s'assurer de la démission d'Al-Baydh. Mais au cours des jours suivants, Mujahid se vit dans l'obligation de faire la navette entre Aden et San'â, incapable de débloquer la situation.

Le 3 mars, Mujahid et Sinân Abû Luhûm tinrent une conférence de presse commune. Ils déclarèrent que l'actuelle situation du Yémen menait le pays tout droit à la guerre, qu'ils avaient fait tout ce qui était en leur pouvoir pour empêcher une telle catastrophe, et qu'ils niaient par conséquent toute responsabilité dans les événements à venir.

Mujahid retourna à Paris le lendemain. Charles et moi nous rendîmes à son appartement, où nous le trouvâmes épuisé et abattu.

"Je suis fatigué. Si fatigué, grommela-t-il. Je vais peut-être émigrer au Canada, m'acheter une ferme et oublier la politique." Cette idée lui remonta un peu le moral.

Il débrancha son téléphone, puis passa les trois jours suivants à se torturer en se demandant ce qu'il fallait faire. Il avait beau vouloir se désintéresser des malheurs de son pays, Mujahid était un homme d'action. Il ne serait jamais resté tranquillement assis à contempler les événements de loin.

Au cours des deux mois suivants, il oublia comme on pouvait s'y attendre sa promesse de ne plus s'inquiéter de la situation au Yémen. Il rebrancha son téléphone et passa des nuits entières à discuter avec des Yéménites, alternant propositions, marchandages, cajoleries et négociations.

Fin avril, Mujahid se rendit aux Etats-Unis pour y subir un acte chirurgical visant à redresser une déviation de la cloison nasale. Il écourta sa convalescence quand le Yémen commença à échapper à tout contrôle. Plusieurs douzaines de tanks du Nord et du Sud, qui se trouvaient face à face à 'Amrân, s'étaient tiré dessus à bout portant. Mujahid retourna à Paris, où le décalage horaire d'une heure seulement avec le Yémen rendait les contacts plus pratiques que depuis les Etats-Unis.

Le 4 mai 1994, l'inévitable se produisit. De violents affrontements éclatèrent entre les armées du Nord et du Sud dans les casernes communes de la province de Dhamâr. Le conflit se répandit comme une épidémie de choléra dans six autres bases du pays. L'armée de l'air du Sud attaqua les deux centrales électriques du Nord, plongeant San'â et les autres villes dans l'obscurité pendant plusieurs semaines.

Je téléphonai chez moi ce soir-là. Désespérée, maman m'apprit que mon frère Tariq avait réintégré les rangs des gardes républicains quelques mois plus tôt, alors que les tensions politiques commençaient à monter. Il se trouvait sur la base de Dhamâr, où les affrontements avaient éclaté ce jour-là. Nous n'allions recevoir aucune nouvelle de Tariq pendant les deux mois suivants.

Le lendemain matin, chaque camp annonça que la victoire était imminente. La presse étrangère et les analystes du Moyen-Orient firent écho à ces déclarations, prédisant que la guerre se terminerait dans une semaine au plus. Parmi mes connaissances, Mujahid était le seul à ne pas partager cet avis.

"Ça ne va pas être une guerre éclair, prédit-il d'un air sinistre. Personne ne va aider 'Alî 'Abd Allâh as-Sâlih après la position que le Yémen a prise pendant la guerre du Golfe. Et les forces d'Al-Baydh sont trop faibles pour en profiter."

Le deuxième jour des affrontements, les dirigeants socialistes d'Aden firent monter les enjeux en tirant une demi-douzaine de missiles soviétiques Scud sur San'â. L'un d'eux atterrit entre la maison de Mujahid et une des résidences privées du président, distantes de six cents mètres.

Scandalisé, Mujahid appela Sâlim Sâlih Muhammad, un membre du Conseil présidentiel, ancien vice-secrétaire général du parti socialiste du Yémen-du-Sud et confident de 'Alî Sâlim al-Baydh. Bien qu'il se soit trouvé à Londres à ce moment-là, Sâlim Sâlih maintenait par téléphone des contacts étroits avec les dirigeants du parti socialiste d'Aden.

"C'est scandaleux, bredouilla Mujahid, suffoqué par l'émotion. Vos Scud n'ont absolument aucune valeur militaire. Vous savez aussi bien que moi que le président est en sécurité dans un abri souterrain. Vos missiles ne tuent que des innocents."

L'humeur de Mujahid oscillait comme un pendule. Des nouvelles fraîches du Yémen nous parvenaient sans cesse par l'intermédiaire d'amis, et nous restions tous collés devant les chaînes de télévision arabes qu'il recevait chez lui par satellite. Il traversait de profondes crises de dépression en apprenant le nombre important de victimes, puis passait à l'exaltation au moindre espoir de voir la guerre se terminer rapidement.

Le cinquième jour de la guerre, Mujahid reçut un appel téléphonique d'un homme que j'appellerai 'Alî, un proche conseiller du roi Fahd d'Arabie Saoudite.

"Vous devez retourner au Yémen, le pressa 'Alî. Si cette guerre s'enlise, vous serez le seul homme que les Yéménites jugeront digne de diriger le pays.

— Rien ne me ferait plus plaisir que de rentrer chez moi, admit Mujahid. Mais il faut que ce retour se fasse dans de bonnes conditions. Je ne peux pas retourner au Yémen et me proclamer président sans avoir consulté qui que ce soit au préalable, dit-il. C'est de la folie."

J'écoutais la conversation grâce à l'écouteur qui à l'époque était adjoint à la plupart des téléphones français. Je tapai Mujahid sur l'épaule et il posa sa main libre sur le micro du téléphone.

"S'il veut que vous rentriez, dites-lui d'obtenir l'accord du cheikh 'Abd Allâh", lui murmurai-je, en faisant allusion à son beau-frère, 'Abd Allâh al-Ahmar. Cela montrerait si les Saoudiens étaient vraiment sérieux, car Riyad était proche d'Al-Ahmar et devrait s'assurer de l'accord du cheikh Hashîd avant d'encourager Mujahid à retourner au Yémen.

Quand Mujahid répéta la demande à 'Alî, le Saoudien hésita. Il n'avait de toute évidence pas abordé le sujet avec Al-Ahmar, qui prônait depuis toujours l'éradication totale des socialistes. Al-Ahmar n'apprécierait pas de voir débarquer Mujahid pour arrêter la guerre avant qu'Al-Baydh et les socialistes radicaux n'aient été complètement vaincus.

Réservé, 'Alî mit un terme à la conversation. Un assistant du roi Hussein de Jordanie appela un peu plus tard dans la soirée pour dire que le roi enverrait un avion privé afin d'emmener Mujahid au Yémen si celui-ci souhaitait y retourner. Mujahid lui dit qu'il leur ferait part de sa décision, mais il n'avait pas l'intention d'accepter leur offre.

Dès le début des affrontements, la tension qui régnait à l'ambassade du Yémen à Paris approcha du point d'ébullition. Après les déclarations trop optimistes de la première semaine, dans lesquelles San'â et Aden prévoyaient une guerre éclair, la sage prédiction de Mujahid d'un conflit interminable parut évidente. Les lignes téléphoniques étant coupées à l'intérieur du Yémen pour des raisons de sécurité, le personnel de l'ambassade à Paris restait collé devant la radio dans l'espoir d'apprendre quelque information.

J'avais de longues heures pour réfléchir à ce que la victoire des socialistes impliquerait pour moi s'ils parvenaient à prendre le contrôle du pays tout entier. Des années pourraient s'écouler avant que je puisse retourner au Yémen ou revoir ma famille, et de nombreuses personnes qui m'étaient chères risqueraient d'être tuées ou exilées. Je tentais d'oublier qu'un tel scénario tenait à bien peu de choses : un revirement de telle ou telle tribu, un soutien-clé d'un pays voisin ou une mauvaise décision ici ou là.

Les combats, bien sûr, me préoccupaient énormément, même s'ils avaient lieu à près de cinq mille kilomètres de là où je vivais. Même les rues animées de Paris me paraissaient tristes et effrayantes, et quand j'écoutais les nouvelles de la guerre à la radio en me rendant au travail, j'avais l'impression que les tanks grondaient autour de moi et que des missiles pouvaient exploser à tout moment. Je compris pour la première fois à quel point le traumatisme de la guerre m'avait affectée quand j'étais enfant.

Je passais mon temps à répondre aux appels téléphoniques des journalistes français qui voulaient connaître la situation au Yémen. D'autres s'apprêtaient à partir là-bas pour couvrir la guerre. Je les renseignais de mon mieux et leur donnais les numéros de téléphone des officiels qu'ils pourraient interviewer à San'â. Pourtant, comme les autres employés de l'ambassade, je ne savais pas grand-chose des véritables progrès des affrontements.

Quand un membre du ministère de l'Information de San'â parvint à me joindre sur une ligne spéciale, je lui demandai pourquoi il ne me fournissait pas d'informations que je pourrais transmettre aux journalistes.

"Mais nous vous avons envoyé des tas de communiqués de presse", me répondit-il.

Je n'en avais pas reçu un seul. Le fax se trouvait à l'intérieur du bureau de l'ambassadeur, et je compris qu'un des sympathisants socialistes de l'ambassade interceptait les documents avant que je puisse les voir.

Pour ses opérations financières, l'ambassade du Yémen passait par un petit établissement situé en banlieue parisienne. Une grande partie du personnel faisait également appel à cette banque. Quand Jazm 'Abd al-Khâliq, chargé d'affaires et numéro deux de l'ambassade, se rendit à la banque un après-midi pour traiter des affaires personnelles, un des directeurs vint le voir.

"Quelqu'un de votre ambassade est venu ce matin, expliqua l'homme. Il a dit qu'il venait retirer tous les fonds de l'ambassade." C'était un diplomate pro-socialiste.

"Que lui avez-vous dit ? demanda Jazm.

— Nous lui avons dit qu'il nous faudrait au moins deux jours pour réunir une telle somme en argent liquide. Avec les problèmes qu'il y a au Yémen, je ne savais pas exactement comment traiter sa demande."

Le chargé d'affaires remercia le directeur et appela aussitôt San'â. Le lendemain, le président rappela l'ambassadeur au Yémen, ainsi que plusieurs autres ambassadeurs pro-socialistes travaillant dans différents pays. Tous refusèrent de rentrer.

Au Yémen, le début des hostilités n'avait pris aucun des deux camps au dépourvu. En plus d'avoir accumulé des armes à San'â, les dirigeants du parti socialiste avaient distribué de belles sommes en argent liquide à certaines tribus Bakîl afin de les convaincre de marcher sur la capitale à leur côté dans l'éventualité d'un conflit à grande échelle. Le président et ses partisans travaillaient avec une diligence égale pour s'assurer le soutien d'autres tribus.

Tout le Yémen retenait son souffle en attendant que les tribus Bakîl fassent connaître leurs intentions. Une rumeur courait sur le fait que certaines envisageaient de soutenir les socialistes. En avril, quelques jours à peine avant le début de la guerre, les tribus Bakîl s'étaient réunies dans une rare démonstration d'unité. Après ce qu'ils avaient perçu comme une insulte d'un des membres du gouvernement envers la tribu des Abû Luhûm, des centaines de Bakîlis fermèrent pendant plusieurs jours la route qui reliait San'â à 'Amrân, au nord. Mais, en fin de compte, beaucoup de tribus Bakîl hésitèrent à prendre part à la mêlée après le début des hostilités.

Le 13 mai, dixième jour des affrontements, Mujahid, Charles et moi dînions chez Muhammad Abû Luhûm. Quand je fis allusion à ma collaboration avec les journalistes qui s'intéressaient au Yémen, Mujahid me taquina à propos de ma loyauté envers le président. Je perçus néanmoins un soupçon d'agacement dans sa voix. Comme j'étais quelque peu susceptible sur ce sujet, la plaisanterie me déplut et je pris sa remarque pour un affront personnel.

"C'est facile de rester assis là à critiquer. Mais qu'est-ce que vous allez faire à la fin de la guerre ? lançai-je de façon assez injuste. Vous et les autres cheikhs serez les premiers à être assassinés si Al-Baydh et les socialistes prennent le pouvoir, exactement comme ils l'ont fait autrefois au Yémen-du-Sud."

Muhammad et Mujahid approuvèrent d'un signe de tête.

"Si les socialistes gagnent, je ne rentrerai jamais, ajoutai-je. Même s'ils me le permettent."

Mon soutien au président reflétait avant tout ma haine pour Al-Baydh et le système qu'il défendait. Très doués pour les relations publiques, les socialistes décrivaient la guerre au Yémen comme une bataille opposant des forces tribales primitives, incarnées par le président 'Alî 'Abd Allâh as-Sâlih, et un opprimé progressiste, le vice-président Al-Baydh. Selon eux, après avoir vaincu les allégeances tribales, les socialistes se battaient désormais pour les droits de la femme, la liberté individuelle et le développement économique du pays.

N'ayant eu jusqu'alors que des expériences regrettables avec les socialistes que j'avais pu rencontrer depuis l'unification*, je ne croyais pas à leurs promesses. J'avais déjà vu ce qu'Al-Baydh pensait des femmes à travers les commentaires qu'il avait adressés à Amat al-Alim al-Suswa sur le fait que la politique était un "monde d'hommes". En outre, la principale critique des socialistes, à savoir que les tribus du Nord étaient "divisées et arriérées", sonnait également faux à mon oreille. Je me souvenais de l'atmosphère de violence réciproque qui régnait

* Après la guerre, je devais cependant rencontrer plusieurs personnalités du parti socialiste que j'allais apprécier et respecter.

à Aden en 1986 entre les différents dirigeants socialistes, violence qui coûta la vie à près de dix mille personnes. Le bain de sang avait commencé après un échange de coups de feu lors d'une réunion de hauts fonctionnaires dans la capitale sud-yéménite. Les antagonistes s'étaient aussitôt rassemblés autour des groupes tribaux et régionaux que dix-sept ans de régime marxiste avaient "officiellement" éliminés.

Avec la guerre de 1994, je m'aperçus que de nombreux journalistes travaillant pour de grands journaux et magazines français se faisaient l'écho de la politique socialiste dans leurs articles de presse. Ils semblaient sincèrement souhaiter le bien-être du pays mais, comme souvent, ils se focalisaient sur des problèmes importants pour les Occidentaux et sans grand intérêt pour les Yéménites. De nombreux journalistes étrangers prenaient la destruction d'une usine de bière à Aden par le parti conservateur Al-Islâh comme un appel à soutenir les socialistes. Et les correspondants qui couvraient la guerre depuis l'ancienne capitale sud-yéménite découvraient avec ravissement que le voile était là-bas beaucoup moins courant qu'à San'â.

"Ces pauvres femmes du Nord, me dit un jour une journaliste d'une voix plaintive après son retour du Yémen. Comme ce doit être oppressant d'avoir à se couvrir en permanence de la tête aux pieds. Vous, vous ne vous habillez certainement pas comme ça quand vous êtes là-bas, si ?

— Personnellement, je ne veux pas me voiler, expliquai-je. Alors, je ne me voile pas. Mais beaucoup de femmes ont envie de porter le voile. C'est une tradition qui ne leur pose pas de problèmes ; ce n'est pas quelque chose dont elles aspirent à être libérées. Les femmes yéménites qui viennent en Europe sont tout aussi choquées de voir comment les femmes s'habillent ici. Il ne leur viendrait jamais à l'idée de sortir en minijupe et en chemisier sans manches, par exemple. Au Yémen, il y a tant de choses qui «libéreraient» les femmes infiniment plus que l'abandon du port du voile*."

J'expliquai à la journaliste que, selon moi, l'éducation était la clé de l'amélioration du statut de la femme au Yémen, comme dans n'importe quel autre pays, en l'occurrence. L'éducation permet à la femme de mieux se défendre contre les idées que d'autres voudraient lui imposer, de les affronter avec des arguments solides et un dialogue constructif. L'éducation lui permet de savoir quels choix s'offrent à elle, de prendre sa destinée en main. La lutte concernant des problèmes secondaires, tels que le voile pour les femmes qui n'ont pas particulièrement envie de le

* On pense que le voile aurait été introduit dans l'Arabie préislamique par les Byzantins chrétiens dans ce qui est aujourd'hui la Turquie, où les femmes des familles aristocratiques se cachaient le visage en public en signe de prestige. Dans une grande partie du monde musulman, y compris au Yémen, le voile avait le même usage : il distinguait les femmes assez riches pour ne pas avoir à travailler hors de chez elles. Les femmes du peuple, qui travaillaient dans les champs toute la journée, trouvaient le voile encombrant et le portaient rarement. Si les épouses du prophète Mahomet se voilaient en public, le fait que l'islam impose le port du voile à toutes les femmes musulmanes n'est pas universellement reconnu. Aujourd'hui, au Yémen, une fille commence à porter le voile peu après l'âge de dix ans parce que la société, en particulier sa mère et son père, l'y encourage. A terme, cependant, elle le porte parce qu'elle se sent mal à l'aise sans.

Au Yémen, les femmes jouissent d'un genre de statut social protégé. A de nombreux égards, on les décourage de fréquenter des hommes en dehors du cercle familial ou de travailler à l'extérieur. Certaines femmes, surtout celles qui ont voyagé à l'étranger, n'apprécient pas de telles restrictions, mais la vaste majorité ne se plaint pas d'un quelconque "manque de liberté" ou d'"oppression", pas plus qu'un *sayid* ne se plaindrait de discrimination parce que la tradition l'empêche de s'enrôler dans l'armée.

La plupart des femmes yéménites sont fières du statut presque sacré que leur offre la société, et ce sont parfois elles qui insistent pour maintenir la coutume. Ma grand-mère Amina me disputait quand, le soir, je guettais son retour de la fenêtre : "Pourquoi montres-tu ton visage à tout le monde ? me criait-elle en entrant. C'est une honte !"

porter mais qui se sentent obligées de le faire, ne doit venir qu'après.

Quand j'eus terminé, la journaliste revint sur le sujet du voile et soupira à nouveau dans un accès de pitié. Elle semblait incapable de comprendre que d'autres cultures peuvent voir le monde autrement que la sienne.

Le lendemain, la froideur de Mujahid trahissait la blessure provoquée par mon attaque verbale au cours du dîner chez Muhammad Abû Luhûm. Il m'annonça qu'il partait pour Genève où il devait rencontrer un représentant du roi Fahd d'Arabie Saoudite.

"Je vais voir ce que je peux faire pour mettre fin à la guerre", dit-il en faisant allusion à ma remarque sarcastique de la veille.

Mujahid m'appela de Genève le lendemain.

"Tu as peut-être raison, me dit-il. Je devrais peut-être retourner au Yémen pour tenter à nouveau de servir d'intermédiaire. Je vais appeler le président pour lui demander si l'idée lui convient."

Je réfléchis un instant.

"Dites-lui que s'il pense pouvoir gagner la guerre dans les deux ou trois jours à venir, comme il ne cesse de le répéter, alors ce n'est pas la peine de vous faire intervenir. Mais s'il ne peut pas gagner rapidement, alors, vous devez retourner au Yémen."

Quand Mujahid appela San'â, le président lui dit que la guerre évoluait convenablement.

"Nous prenons de la vitesse, et nous serons bientôt à Aden. Vous n'avez pas besoin de venir maintenant", dit-il.

Mujahid revint à Paris, enchanté de savoir que la guerre semblait toucher à sa fin.

Au fil des années, Mujahid avait eu des différends avec le président sur la façon de diriger le pays. Mais il tenait néanmoins 'Alî 'Abd Allâh as-Sâlih en très haute estime du point de vue personnel.

"C'est sans doute la personne la plus courageuse que je connaisse", me dit Mujahid en apprenant que le président était allé observer les affrontements sur place au deuxième jour de la guerre.

'Alî 'Abd Allâh as-Sâlih avait agi de la même façon avec Mujahid quinze ans plus tôt, pendant la guerre frontalière de 1979 contre les guérilleros gauchistes soutenus par les forces sud-yéménites. Quand Mujahid et le président s'étaient approchés du front, ils avaient croisé leurs propres tanks fuyant vers le nord à l'approche de l'ennemi. La ville stratégique d'Al-Baydâ' était tombée et les troupes du Nord étaient en déroute.

"L'officier commandant s'est arrêté et est descendu de son tank pour nous dire que la bataille était perdue, expliqua Mujahid. Mais 'Alî 'Abd Allâh n'a pas accepté la défaite.

«Remontez dans vos tanks, faites demi-tour et reprenez Al-Baydâ», a hurlé le président.

L'officier a parlementé avec lui, mais le président a crié si fort qu'il l'a fait taire. L'homme est remonté dans son tank, l'a fait pivoter, mais seulement d'un quart de tour. Pointé droit sur le président et moi, qui nous tenions à quelques mètres du blindé, le tank s'est mis à foncer sur nous. Je me suis écarté pour me mettre à l'abri, mais 'Alî 'Abd Allâh s'est précipité en avant un fusil à la main, enragé, et il a commencé à frapper l'avant du char avec la crosse. Je n'en croyais pas mes yeux. Comme le char passait à la vitesse supérieure, quelqu'un a tiré le président pour l'écarter de son chemin – juste à temps. Il se serait fait écraser la seconde suivante."

Né en 1945, 'Alî 'Abd Allâh as-Sâlih* grandit dans un petit village du territoire des Sanhân, au sud de

* Comme beaucoup de Yéménites de la campagne, il n'utilise pas de nom de famille, s'identifiant seulement comme étant 'Alî, fils de 'Abd Allâh, fils de Sâlih.

San'â. Son père mourut quand 'Alî et ses deux frères, Muhammad et Sâlih, étaient encore de jeunes garçons, et leur mère se remaria rapidement avec un proche parent de son défunt mari. Elle donna naissance à deux autres fils qu'elle prénomma également 'Alî et Muhammad, comme leurs deux demi-frères.

'Alî 'Abd Allâh as-Sâlih grimpa les échelons au sein de l'armée, et il eut sa chance quand le président Al-Hamdî le nomma gouverneur militaire de Taëz après la destitution de Dirham Abû Luhûm en 1975. Il devint vice-commandant en chef des forces armées et l'un des quatre membres du Conseil présidentiel constitué en juin 1978, à la suite de la mort du président Al-Ghasmî. Un mois plus tard, le jeune 'Alî 'Abd Allâh était devenu le nouveau président du Yémen.

A l'époque, cette place n'était guère convoitée. Avec deux présidents assassinés en huit mois, les chances de tenir les rênes du pouvoir pendant un certain temps paraissaient minimes. En outre, les problèmes économiques, politiques et sociaux du Yémen étaient accablants. Peu de gens acceptaient d'en prendre la responsabilité.

Le jeune et inexpérimenté 'Alî 'Abd Allâh as-Sâlih n'allait pas avoir une tâche de tout repos. Une campagne antiguérilla interminable, une brève guerre frontalière contre le Yémen-du-Sud et plusieurs tentatives d'assassinat au cours des premières années de sa présidence laissaient entrevoir peu d'espoirs d'une quelconque stabilité dans le pays. Mais le président affirma peu à peu sa position. Vingt-cinq ans plus tard, il est l'homme qui aura dirigé le pays le plus longtemps depuis l'imam Yahya.

Au début, le pari qu'avait fait Mujahid en refusant de prendre parti dans le conflit opposant le président 'Alî 'Abd Allâh as-Sâlih et le vice-président Al-Baydh en 1994 fut payant. Sa neutralité faisait de lui peut-être le seul Yéménite acceptable en tant qu'arbitre à la fois pour San'â et pour Aden.

Le 19 mai, alors que la guerre civile entrait dans sa troisième semaine et que les troupes de 'Alî 'Abd Allâh approchaient d'Aden, Mujahid reçut des appels téléphoniques urgents de Yasser Arafat, le chef de l'OLP, et d'un conseiller du roi d'Arabie Saoudite. Tous deux le pressaient de tenter de réunir 'Alî 'Abd Allâh et Al-Baydh, et de mettre un terme aux affrontements.

Je trouvais l'idée mauvaise.

"S'ils sont vraiment sur le point de prendre Aden, dis-je, ce n'est pas la peine d'arrêter maintenant. Rien ne sera réglé, et Al-Baydh reformera son groupe puis attendra le moment propice pour attaquer de nouveau. La situation sera revenue à son point de départ."

Mujahid partageait mon avis mais, fidèle à lui-même, il refusa de rester les bras croisés. Il passa les trois jours suivants à téléphoner à des officiels proches de 'Alî 'Abd Allâh et d'Al-Baydh, afin de prendre la température.

Aux côtés du président, il y avait le ministre de l'Intérieur Yahya al-Mutawakkil* et un confident de 'Alî Nâsir Muhammad, l'ancien dirigeant du Yémen-du-Sud évincé par Al-Baydh au cours des affrontements sanglants de 1986 et désormais allié avec le président 'Alî 'Abd Allâh. Les contacts avec Al-Baydh se faisaient par l'intermédiaire du Premier ministre socialiste du Yémen, Haydar Abû Bakr al-'Attas, et des proches conseillers d'Al-Baydh : Sâlim Sâlih Muhammad

* Yahya al-Mutawakkil était venu à Paris en tant qu'ambassadeur en France peu après s'être porté garant pour mon prêt quand j'avais voulu acheter ma voiture de sport à Washington. Il était à présent retourné au Yémen et, à la suite des élections législatives d'avril 1993, était devenu ministre de l'Intérieur pour la deuxième fois.

Au Yémen, ce ministère est peut-être le plus délicat, d'autant plus que Yahya s'efforçait d'exercer ses fonctions avec sérieux et de faire appliquer des lois que d'autres avaient trouvé commode d'ignorer. Le début des années 1990 a été une période chaotique, car le gouvernement se débattait avec les problèmes complexes de l'unification. La sécurité intérieure avait tendance à être ignorée au profit de problèmes plus urgents.

à Londres et Muhammad Selman, qui demeurait à Aden avec Al-Baydh et Al-'Attas.

Mais le moment n'était pas encore propice à un cessez-le-feu. Les troupes loyales au président avaient bel et bien progressé dans le Sud, et elles se trouvaient désormais à une trentaine de kilomètres d'Aden. Si elles parvenaient à prendre l'ancienne capitale sud-yéménite, la guerre serait terminée. Par ailleurs, dans l'Est, avec l'aide des tribus locales qui reprochaient aux socialistes leur réforme agraire des années 1970, les forces de 'Alî 'Abd Allâh as-Sâlih avaient réussi à traverser la province de Shabwa presque jusqu'à l'océan Indien. Cela coupait le vice-président d'un soutien potentiel crucial dans sa province natale de l'Hadramaout.

'Alî 'Abd Allâh as-Sâlih pensait qu'il avait désormais le dessus et insistait pour obtenir un cessez-le-feu sans condition, mais Al-Baydh avait encore une carte dans sa manche. Il envisagerait un cessez-le-feu, déclara-t-il, mais seulement après le retrait des troupes du président à l'ancienne frontière entre les deux Yémens, qui datait d'avant l'unification.

Al-Baydh avait à ce moment-là abandonné tout espoir de prendre le contrôle du pays entier. Son but était désormais concentré sur l'utilisation de la diplomatie internationale pour dissoudre l'unification. Cela lui permettrait de régner à nouveau sur l'ex-Yémen-du-Sud, soit un retour au statu quo d'avant 1990.

S'étant assuré un soutien diplomatique et financier de la part des pays voisins du Golfe, Al-Baydh proclama publiquement la fin de l'unification yéménite et la création de la république démocratique populaire du Yémen à l'intérieur des frontières de l'ex-Yémen-du-Sud. S'il pouvait tenir un tout petit peu plus longtemps, Al-Baydh et ses alliés du Golfe pourraient forger des alliances diplomatiques afin d'obtenir aux Nations unies une reconnaissance internationale de la sécession.

Le pari d'Al-Baydh força finalement Mujahid (et beaucoup d'autres personnalités politiques jusque-là opposées à la guerre) à prendre parti. Il condamna publiquement les séparatistes et l'autoproclamation de leur république démocratique populaire du Yémen, car l'unification était trop chère à ses yeux pour être sacrifiée aux caprices de quelques hommes. Il continuait néanmoins à tenter de réunir les deux camps, espérant surtout convaincre Al-Baydh de renoncer à ses intentions sécessionnistes. Mais le dirigeant socialiste continuait pour sa part d'exiger un repli des troupes à l'ancienne frontière.

"Non, insista le président. Nous n'accepterons rien d'autre qu'un cessez-le-feu sans condition."

"Un cessez-le-feu sans condition ? rétorqua Muhammad Selman, le conseiller d'Al-Baydh, quand Mujahid téléphona à Aden pour lui transmettre le message. Vous voulez rire ! Nos troupes marchent sur des tas de soldats morts à Al-Anad" (une base militaire clé située au nord d'Aden).

La nouvelle fut un choc pour Mujahid et, pour une fois, il resta muet.

"Dites à 'Alî 'Abd Allâh as-Sâlih et Yahya al-Mutawakkil qu'ils doivent se retirer à la frontière", répéta Selman.

Je suivais la conversation grâce à l'écouteur, et je mis la main sur le micro du téléphone de Mujahid.

"Il bluffe", dis-je.

Mujahid recouvra son calme.

"Je n'ai pas réussi à les joindre aujourd'hui, dit-il à Selman en m'adressant un clin d'œil malicieux. Ils ne me rappellent pas. Je crois qu'ils sont furieux après l'explosion du Scud que vous avez tiré hier soir sur San'â."

Mujahid raccrocha et appela le bureau du président. Yahya répondit.

"Je crois que les séparatistes ont des problèmes autour d'Al-Anad, dit-il à Yahya. Est-ce qu'il se passe quelque chose là-bas ?

— Nos troupes sont arrivées devant la base hier, expliqua Yahya. Nous ne l'avons pas encore attaquée. Les séparatistes semblent assez bien établis, mais tu penses qu'ils sont en position de faiblesse ?

— C'est juste un pressentiment", admit Mujahid.

Le lendemain matin, les troupes du gouvernement lancèrent une offensive contre Al-Anad. Quand les défenseurs se replièrent sur Aden en fin d'après-midi, Muhammad Selman appela Mujahid depuis l'ancienne capitale pour se plaindre du siège.

"Mais Yahya m'a dit qu'ils n'avaient pas attaqué, répondit Mujahid avec une duplicité peu familière. Il a dit qu'ils défendaient seulement leurs positions, et que c'était vous qui les aviez attaqués.

— Ce n'est pas vrai ! Ce n'est pas vrai ! hurla Selman dans le téléphone. Il ment. Ne l'écoutez pas. C'est eux qui nous ont attaqués !"

A ces mots, Mujahid comprit que les séparatistes étaient désespérés. Il tira parti de cet avantage et, à la fin de la conversation, Selman et les socialistes d'Aden avaient accepté un cessez-le-feu sans condition.

Le lendemain, Mujahid dit au président 'Alî 'Abd Allâh as-Sâlih et aux séparatistes que la trêve serait suivie par des négociations entre six délégués, trois choisis par 'Alî 'Abd Allâh et trois choisis par Al-Baydh. Mais les discussions s'enlisèrent rapidement quand le président insista avant toute chose sur le fait que les socialistes devaient renoncer à toute sécession. Quand Mujahid déclara qu'il approuvait cette exigence, les séparatistes se fâchèrent.

"J'ai l'impression que vous nous avez piégés", dit Selman à Mujahid au téléphone.

Cette accusation perturba Mujahid. Il n'avait jamais caché que le but essentiel de sa médiation était de préserver l'unification, la fière contribution du Yémen à la cause de l'unité arabe. Le fait qu'Al-Baydh ait continué à poursuivre son but sécessionniste exaspérait Mujahid.

Le cessez-le-feu fut interrompu avant même d'avoir commencé, et les affrontements reprirent le lendemain.

Depuis la révocation de l'ambassadeur pro-séparatiste, c'était le chargé d'affaires Jazm 'Abd al-Khâliq qui était désormais responsable de l'ambassade, et les autres diplomates pro-séparatistes de Paris étaient quelque peu amers. Plusieurs d'entre eux restèrent un soir à l'ambassade pour discuter de la situation autour d'un verre de vodka. Quelques heures plus tard, les employés éméchés déchirèrent les photographies encadrées du président 'Alî 'Abd Allâh as-Sâlih qui étaient accrochées au mur et entamèrent un petit pas de danse sur le verre brisé.

"Nous ne nous considérerons pas comme des hommes avant que Khadija soit morte", entendit un employé de l'ambassade, et les autres de porter un toast à sa déclaration. "A ce moment-là, c'est sur son corps que nous danserons."

Pour une raison quelconque, les diplomates pro-séparatistes focalisèrent leur colère sur moi. Pendant que la plupart du personnel de l'ambassade restait dans ses petits souliers depuis le début de la guerre, j'étais, en tant qu'attachée de presse, devenue par nécessité encore plus active. En outre, je ne reculais pas devant la confrontation avec les diplomates pro-socialistes. Furieuse, je leur demandai des comptes sur des questions telles que les fax disparus et l'utilisation du télécopieur de l'ambassade pour envoyer leurs propres communiqués à leurs contacts de la presse écrite.

Jazm, qui faisait à présent office d'ambassadeur, menaça d'expulser les diplomates socialistes s'ils continuaient de promouvoir la sécession. Un des socialistes lui fit savoir par l'intermédiaire d'un ami commun qu'ils avaient une voiture bourrée d'armes et d'explosifs garée dans le quartier. Ils l'utiliseraient pour attaquer l'ambassade si jamais on les empêchait d'entrer.

La menace ne fit qu'énerver Jazm, qui ne se laissait pas facilement intimider. Après avoir demandé au ministère français des Affaires étrangères une surveillance policière permanente de l'ambassade, il donna l'ordre aux socialistes de ne plus venir travailler.

Je reçus un coup de téléphone chez moi un ou deux soirs plus tard.

“Nous allons te rendre la monnaie de ta pièce, murmura l’homme à l’appareil. Tu vas voir.”

Malgré ses piètres efforts pour déguiser sa voix, je reconnus un de mes anciens collègues. Mujahid fut scandalisé par une telle menace.

“S’ils touchent un seul cheveu de Khadija, dit-il à mon mari pour le rassurer, je leur couperai moi-même la tête, je les mettrai dans un sac et je les enverrai à sa mère, Fatima al-Salami !”

Je savais qu’il parlait sérieusement.

Le lendemain de l’échec des pourparlers concernant le cessez-le-feu, c’est un Mujahid exaspéré qui téléphona à San’â pour demander à Yahya al-Mutawakkil :

“Pourquoi est-ce que vous ne frappez pas plus fort, qu’on en finisse ?

— Nous sommes à court de munitions, répondit Yahya. Nous ne pouvons pas avancer plus loin.”

Mais les dirigeants socialistes voyaient néanmoins leur monde se refermer sur eux. Deux jours plus tard, Muhammad Selman appela Mujahid d’Aden. Les leaders socialistes envisageaient d’utiliser des armes chimiques si les troupes du président continuaient de marcher sur Aden, dit-il.

Mujahid faillit s’étrangler. Il n’avait jamais imaginé qu’Al-Baydh pourrait recourir à de telles extrémités.

“Ils ne sont pas fous, dis-je pour tenter de le calmer quand il eut raccroché. Ils sont sur le point de perdre la guerre et ils vont utiliser des armes chimiques ? Je n’en crois pas un mot. Ils ne sont pas aussi bêtes. Ils savent qu’ils seront tous pendus s’ils font une chose pareille.”

Au cours des semaines suivantes, les troupes de ‘Alî ‘Abd Allâh as-Sâlih continuèrent de resserrer leur emprise sur Aden, mais les socialistes ne firent plus jamais allusion à l’utilisation d’armes chimiques.

La guerre durait désormais depuis sept semaines, alors que, Mujahid excepté, presque tout le monde avait cru qu'elle n'excéderait pas sept jours. Toutefois, les séparatistes ne disposaient plus de beaucoup de temps.

Le seul espoir d'Al-Baydh résidait dans ses alliances avec les pays du Golfe. Si ces pays pouvaient imposer un cessez-le-feu sur requête internationale, ainsi qu'un retrait des troupes de 'Alî 'Abd Allâh as-Sâlih à l'ancienne frontière entre les deux Yémens, il serait peut-être sauvé. Mais les chances de voir se dérouler un tel scénario s'évanouissaient à mesure que la balance de la guerre penchait plus résolument en faveur du président.

'Alî 'Abd Allâh étant désormais en position de porter le coup fatal à son ennemi, la médiation de Mujahid n'était plus nécessaire. Je lui suggérai à nouveau qu'il était peut-être temps pour lui de retourner au Yémen.

"Sinon, quand tout sera fini, les gens diront que vous étiez du côté des séparatistes", lui dis-je.

Irrité, Mujahid ne tint pas compte de mon conseil. Maintenant que la guerre s'essoufflait, il pensait que rentrer serait hypocrite, même s'il détestait les socialistes et leurs efforts pour détruire l'unification.

"Non, répondit-il. Je leur ai dit qu'ils couraient tout droit à la guerre, et j'ai fait tout ce que je pouvais pour l'empêcher. Je ne vais pas rentrer maintenant et feindre de l'avoir soutenue.

— Mais vous n'avez pas à rentrer au pays vaincu, rétorquai-je. Vous avez agi de bonne foi avec tout le monde. Vous avez fait de votre mieux."

Le 7 juillet 1994, les troupes loyales au président 'Alî 'Abd Allâh as-Sâlih entrèrent dans Aden et plusieurs autres villes stratégiques tenues par les socialistes. Al-Baydh et d'autres hauts fonctionnaires séparatistes parvinrent à s'enfuir au sultanat d'Oman, dont le dirigeant leur offrit l'asile en leur interdisant toute implication dans la politique. Certains allèrent se réfugier en Arabie Saoudite, refusant de se soumettre aux conditions des Omanais.

Soulagé de voir la guerre terminée, Mujahid décida de ne pas retourner au Yémen avant quelques mois. Sa fierté ne lui permettait pas de rentrer chez lui dans l'immédiat et d'affronter les inévitables questions des gens : "Où étiez-vous ? Pourquoi n'étiez-vous pas là pour nous aider pendant la guerre ?" même si ces questions étaient totalement injustes.

En dépit de ses conséquences tragiques pour le pays, à un niveau personnel, la guerre a renforcé ma confiance dans les Yéménites et en moi-même. Je n'ai bien évidemment joué aucun rôle dans les décisions qui ont été prises, mais le fait qu'un homme comme Mujahid ait écouté et pris mon opinion en considération à propos d'un sujet aussi sérieux a signifié beaucoup pour moi. Non seulement cela m'a donné l'impression d'avoir quelque chose à apporter, mais j'étais heureuse qu'un cheikh important, avec des idées censément conservatrices, n'ait pas hésité à écouter une femme sur des questions typiquement réservées aux hommes. De telles choses, en apparence insignifiantes, m'ont remplie d'espoir pour l'avenir.

ÉPILOGUE

J'ai appelé maman quelques jours après la fin de la guerre pour apprendre que toute la famille allait bien. Mon frère Tariq avait survécu non seulement à la bataille de Dhamâr, qui s'était déroulée dans les tout premiers jours du conflit, mais également aux affrontements sanglants de la base d'Al-Anad et lors des opérations de nettoyage autour d'Aden.

Au cours des semaines suivantes, une certaine normalité est revenue dans ma vie à l'ambassade*. J'ai continué mon travail d'attachée de presse, et j'ai récemment été promue directrice du Centre communication et culture de l'ambassade. Mon travail consiste à faciliter le voyage des journalistes et des réalisateurs qui veulent visiter le Yémen. Je présente également des bulletins d'information pour la télévision yéménite, et je continue d'organiser des expositions culturelles dans toute la France afin de permettre aux Français de découvrir une petite partie de mon pays par l'intermédiaire de photographies, de films,

* Les membres du personnel pro-socialistes, y compris l'ambassadeur, sont tous retournés au Yémen avec une garantie d'amnistie concernant les politiciens, les diplomates et les soldats qui avaient œuvré pour la sécession. Ceux qui travaillaient à l'ambassade à Paris ont tous retrouvé un emploi au sein du ministère des Affaires étrangères à San'â, tandis qu'un nouveau groupe de diplomates arrivait en France pour les remplacer. L'ancien ambassadeur à Paris s'est vu confier un poste similaire dans un pays arabe quelques mois après la fin de la guerre.

d'expositions de vêtements traditionnels, d'artisanat et de bijoux.

Si j'aime énormément mon travail, je profite parfois de mes vacances pour tourner des documentaires sur le Yémen pour les télévisions françaises et yéménite. J'ai découvert et filmé des régions isolées de mon pays dont je ne soupçonnais pas l'existence : depuis les montagnes du Nord-Ouest où vivent les hommes-fleurs, qui passent leur journée à se maquiller et à chercher des fleurs parfumées dont ils tressent des couronnes, à l'île de Socotra, dans l'océan Indien, longue d'une centaine de kilomètres, où la plupart des habitants sont des nomades et des pêcheurs vivant dans des cavernes, et qui encore récemment était coupée du reste du monde plusieurs mois par an pendant la saison des pluies. J'apprécie aujourd'hui mon pays et ses habitants d'une façon qui m'aurait été impossible si je ne l'avais jamais quitté.

Où que j'aille, mes compatriotes sont toujours surpris d'apprendre que je suis moi aussi yéménite et que je voyage sans être chaperonnée en permanence par un membre de ma famille (contrairement à la plupart des femmes). Mais dès que je les regarde dans les yeux et que je leur parle d'égal à égal, ils me traitent avec le plus grand respect et me prennent sous leur protection quand je suis parmi eux.

Parfois, Charles m'accompagne pendant ces tournages. Sa passion pour la nature, l'histoire et l'anthropologie fait du Yémen le lieu de vacances idéal pour lui. Le plaisir que lui procure mon pays natal et le respect qu'il lui témoigne m'ont ouvert les yeux sur la beauté de cette terre et de ses habitants.

Quand les Yéménites que nous rencontrons au cours de nos voyages là-bas apprennent que je suis mariée à un Occidental, leurs yeux s'écarquillent. Au début, je pensais qu'épouser Charles serait pour moi la bataille la plus difficile de ma vie. Mais l'accueil que les Yéménites nous offrent systématiquement ne pourrait être plus chaleureux et plus sincère. Comme mes amis et ma famille à San'â, les Yéménites que nous avons rencontrés dans les campagnes pendant le tournage de ces films acceptent Charles presque instantanément comme l'un des leurs, et leur curiosité naturelle se manifeste vite par une avalanche de questions sur l'Europe et l'Amérique, ainsi que sur la vie là-bas.

Grâce à ces Yéménites endurcis par une vie de labeur pénible et si fermement attachés à leur indépendance, je perçois d'une manière très nette les vestiges d'une civilisation ancienne intimement liée à leur esprit. Le fait que leur pays et leur culture soient également les miens me remplit d'émerveillement et de fierté.

Mon père est mort brutalement environ un an après la fin de la guerre de 1994. Maman a pris grand soin de lui dans la petite chambre d'où il n'avait guère bougé depuis les quinze dernières années.

Mon grand frère, Hamud, est mort un an après papa. Au vu des atroces maux de ventre dont il souffrait, maman a tendance à croire que les produits chimiques que les fermiers répandent sur les cultures de qat ne sont pas étrangers à sa mort. Il en mâchait jusqu'à douze heures par jour.

Hamud a laissé cinq jeunes enfants et une femme enceinte chez ma mère. Peu après la mort de Hamud, sa veuve a décidé qu'elle voulait aller s'installer dans un endroit à elle avec ses propres enfants. Maman a accepté de vendre la maison et de donner à sa belle-fille la part de l'héritage qui revenait à Hamud.

Quelques jours avant que la vente soit effective, 'Abd Allâh Murzah, le demi-frère de papa, est intervenu pour conseiller la veuve et les enfants de Hamud.

'Abd Allâh a dit à ses nièces et neveux que si maman ne leur donnait pas la part qui revenait à Hamud après la vente de la maison, il leur trouverait un bon avocat pour s'assurer qu'ils toucheraient bel et bien cet argent. L'intérêt soudain de 'Abd Allâh pour la justice a sidéré ma mère, pourtant immunisée contre ce genre de choses, car elle n'aurait jamais imaginé de déposséder ses petits-enfants de leur héritage.

Grand-mère Amina est morte le Jour de l'an 2001, un mois après la dernière fois que mon mari et moi lui avions parlé des histoires relatées dans ce livre.

Yahya al-Mutawakkil est devenu vice-secrétaire général chargé des Affaires politiques au sein du Congrès général du peuple, l'un des plus hauts postes du parti au pouvoir. Dans l'optique des élections législatives prévues en avril 2003, Yahya menait campagne pour les candidats du parti. Je lui ai téléphoné chez lui en janvier pour lui demander de m'envoyer des informations sur les élections. Partant le lendemain pour Aden, il m'a dit qu'il me téléphonerait à son retour la semaine suivante.

Quelques jours plus tard, alors qu'il revenait des Etats-Unis pour rentrer au Yémen, Mujahid a fait une escale d'une nuit en France. Le matin de son départ de Paris, notre téléphone a sonné à sept heures du matin. Nous étions au lit, et la personne a laissé un message sur notre répondeur. Quand Charles s'est levé un peu plus tard, je l'ai entendu passer le message plusieurs fois. J'ai trouvé cela étrange et je me suis levée à mon tour pour voir de quoi il s'agissait. J'ai entendu la voix de Mujahid qui disait le nom de Yahya suivi de "Dieu ait pitié de son âme".

J'ai eu du mal à reprendre mon souffle quand j'ai compris que quelque chose était arrivé à Yahya. Mujahid se trouvait encore à l'aéroport Charles-de-Gaulle où il attendait son avion, et je l'ai aussitôt appelé sur son portable, espérant avoir mal compris. C'est un ami de Mujahid qui a répondu, et il m'a dit que celui-ci était trop bouleversé pour parler à qui que ce soit. Mais quand il m'a entendue sangloter, il a tout de même passé le téléphone à Mujahid.

"Vous êtes sûr ? Vous êtes sûr que c'est vrai ?" lui ai-je demandé d'un ton implorant.

Je l'entendais à peine quand il m'a expliqué que Yahya se trouvait de bonne heure ce matin-là près d'Aden à bord de son 4x4 avec sept autres hommes pour se rendre à quelque événement en rapport avec la campagne des législatives. Un camion avait poussé la voiture hors de la route et l'avait envoyée faire plusieurs tonneaux. Yahya et trois des autres passagers avaient été tués.

"Ce n'est pas possible, ai-je dit. Yahya doit être un des survivants." Mais Mujahid n'arrêtait pas de répéter : "Dieu ait pitié de lui", et j'ai su qu'il n'y avait aucun doute.

J'étais enceinte de deux mois, et la nouvelle m'a frappée comme une douzaine de coups de couteau dans le ventre. J'ai perdu le bébé quelques jours plus tard.

Je me souviens du jour où, quelques années plus tôt, j'avais annoncé à Yahya la nouvelle de ma première grossesse. Il n'aurait pu être plus enthousiaste ni plus heureux.

"Ça va être mon premier petit-fils, ou petite-fille", avait-il dit. Son enthousiasme m'avait profondément émue et, quand j'avais perdu ce premier bébé, j'étais aussi triste pour lui que pour Charles et moi.

J'ai moi-même été surprise par ma réaction à l'annonce de la mort de Yahya. Quand mon père et mon frère aîné sont morts à un an d'intervalle, j'ai éprouvé de la tristesse, mais leur mort ne m'a pas affectée très longtemps. La disparition de Yahya, en revanche, a ébranlé toute ma façon de voir la vie, me poussant à me demander si l'existence avait un sens. Il avait été un père pour moi et, comme c'est trop souvent le cas, je l'avais négligé quand il était en vie.

Il avait toujours été là quand j'avais eu besoin de lui. Il m'avait soutenue quand les autres pensaient que j'agissais en dépit du bon sens. Il avait remplacé les montagnes que je regardais pour y puiser de la force quand, enfant, j'allais me promener en voiture avec tante Hamida et oncle 'Alî aux alentours de

San'â. Et combien de fois m'avait-il embarrassée en chantant mes louanges devant les autres.

Yahya et moi avions une qualité en commun : notre terrible obstination. Mais s'il s'avouait rarement vaincu, il avait d'autres façons de reconnaître ses torts. Je me souviens du jour où sa fille, Boushra, lui avait demandé de lui acheter une voiture. Il avait refusé en lui disant qu'elle devrait économiser de l'argent sur son propre salaire pour s'en payer une. Je lui avais alors rappelé qu'il en avait acheté une à son fils, Muhammad, et que refuser à sa fille était injuste.

"Je veux qu'elle soit comme toi, avait répondu Yahya pour se défendre. Forte et indépendante.

— Mais je n'ai pas eu un père comme vous, avais-je dit. J'ai été obligée de ne compter que sur moi-même."

Yahya avait refusé de céder mais, deux semaines plus tard, il m'avait appelée pour me dire qu'il achetait une voiture à Boushra.

Ce matin de janvier 2003, je n'arrivais pas à croire que je ne reverrais plus Yahya, que je ne lui parlerais plus, ne me disputerais plus avec lui ni ne lui apporterais plus de fierté. Ma seule consolation était le souvenir de sa vision optimiste de la vie, un optimisme que je ne partageais pas avant de le rencontrer.

A vingt ans, le deuxième fils de Yahya, Ahmad, un garçon discret et extrêmement réfléchi, était sorti diplômé de l'université de Georgetown, à Washington, avec les félicitations du jury. Il avait obtenu sa maîtrise deux ans plus tard, et son père n'aurait pu être plus fier de lui.

Presque trois mois jour pour jour avant la mort de Yahya, Ahmad avait quitté le Japon, où il suivait une formation dans le cadre de son travail au ministère de l'Urbanisme du Yémen, pour retourner à San'â. Un des premiers soirs après son arrivée là-bas, il avait appelé un plombier pour déboucher une canalisation. En entrant dans la petite pièce où le plombier travaillait, Ahmad s'était aperçu que l'homme s'était évanoui à cause des émanations toxiques du produit qu'il utilisait. Ahmad avait tenté de le traîner dehors, mais il avait lui aussi perdu connaissance. On avait découvert leurs deux corps le lendemain matin.

Yahya se trouvait à Taëz quand il a appris le drame. J'étais très inquiète pour lui et je l'ai appelé de Paris pour prendre de ses nouvelles. Quand j'ai fini par le joindre, son calme m'a impressionnée. Il m'a même demandé comment s'était passé mon récent voyage aux Etats-Unis, où j'avais accompagné une délégation de journalistes travaillant pour la télévision et la radio yéménites.

Yahya était venu à Paris plus tôt ce mois-là quand le directeur général de la télévision et de la radio yéménites m'avait appelée pour me demander de l'accompagner aux Etats-Unis avec son équipe. Washington venait d'annoncer que les empreintes digitales et les photos des visiteurs en provenance de certains pays, dont le Yémen, seraient exigées à l'aéroport dans le cadre du renforcement des mesures de sécurité prises après le 11 Septembre.

“Si j'étais toi, je n'irais pas, m'avait conseillé Yahya. Je sais à quel point tu es fière. Tu serais trop humiliée si on prenait tes empreintes et une photo de toi pour la seule raison que tu es arabe.” Il me connaissait bien.

Quand je lui ai téléphoné après la mort de son fils, je lui ai dit que le service de l'immigration ne nous avait pas causé de problèmes à notre arrivée aux Etats-Unis. Mais, pour lui remonter le moral, je lui ai raconté que les douaniers nous avaient demandé si nous transportions des fruits ou des légumes. Le directeur général de la télévision et de la radio, qui ne ratait jamais une occasion de plaisanter, avait répondu : “Nous sommes venus visiter vos studios de télévision, pas ouvrir un restaurant.”

L'anecdote a fait rire Yahya, et cela m'a rendue heureuse de pouvoir le réconforter un peu dans un moment aussi difficile. Sa sérénité face à une telle tragédie m'a inspirée en me faisant comprendre que la vie est un voyage plein de bonnes et de mauvaises surprises que l'on doit affronter. Le souvenir de cette vision optimiste m'a aidée à traverser la tragédie de sa propre mort et à faire en sorte de ne plus négliger les personnes qui me sont chères.

Si je n'avais pas rencontré des personnes telles que Yahya al-Mutawakkil, Mujahid Abû Shawareb et Muhammad Abû Luhûm, ni vu quel genre d'hommes ils étaient, je serais peut-être restée toute ma vie à ressasser mon amertume dans mon pays. Grâce à eux, j'ai vu que l'avenir du Yémen n'était pas si lugubre : même des hommes et des femmes ayant grandi dans une société traditionnelle, avec autant de pression sociale que moi (mais, contrairement à moi, sans l'avantage d'une bonne éducation), pouvaient évoluer suffisamment pour considérer leurs épouses et leurs filles comme autre chose que le simple symbole de l'honneur familial, et leur pays comme autre chose qu'une simple source de richesse que chacun exploite au maximum dans son propre intérêt.

Les Yéménites se tournent de plus en plus vers une telle vision du monde et, ces dernières années, j'ai rencontré beaucoup d'hommes et de femmes partageant une philosophie similaire. Inutile de dire que ces changements m'enchantent.

En l'an 2000, quand le grand-père de mon mari, âgé de quatre-vingt-trois ans, nous a accompagnés au Yémen, il a été très excité de voir des enfants aller à l'école à dos d'âne dans certains des villages que nous avons visités.

“Moi aussi j'allais à l'école à dos d'âne quand j'étais gamin”, a-t-il dit avec nostalgie.

J'ai compris qu'à beaucoup d'égards, le Yémen d'aujourd'hui n'est pas très différent de ce qu'étaient l'Amérique ou l'Europe il y a soixante-dix ans. Cette idée m'a donné de l'espoir pour mon pays – pas nécessairement celui qu'il devienne un jour exactement comme l'Amérique ou l'Europe, mais que les

Yéménites puissent peut-être atteindre une qualité de vie meilleure que celle qu'ils connaissent aujourd'hui pour la plupart.

Si je garde en moi des souvenirs douloureux de mon enfance, j'ai fini par voir les aspects positifs de ces difficultés. Ces traumatismes m'ont permis de résister à la pression sociale omniprésente au Yémen, et ils m'ont poussée à travailler plus dur pour les surmonter. Si j'avais eu une enfance plus normale, je n'aurais jamais eu la motivation suffisante pour travailler aussi jeune, ou pour aller étudier dans un autre pays ; épouser un étranger aurait été complètement hors de question.

Je ne souhaite à personne d'avoir une telle jeunesse, car j'imagine que j'ai eu de la chance de ne pas avoir été traumatisée à vie par cette épreuve. Sur les encouragements de mon mari, j'ai commencé il y a peu à chercher une explication pour ce que je considère comme les injustices de mon enfance, gardées soigneusement enfouies pendant ces vingt-cinq dernières années. J'espère que partager mes expériences encouragera les autres à ne pas céder devant la cruauté et l'ignorance, à ne pas rester passifs, mais à lutter plus dur pour s'en sortir. La vengeance, de même que la justice, est totale quand la peine infligée est enfin surmontée.

Parmi les membres de ma famille jadis opposés au fait que je suive des études, que je travaille pour la télévision et que je voyage à l'étranger, beaucoup se déclarent aujourd'hui fiers de ce que j'ai accompli. Ils s'émerveillent du fait que j'aie pu subvenir aux besoins de ma grand-mère, de ma mère, de mes sœurs et même de mes frères quand mes oncles, mon grand-père et le reste de la famille ne pouvaient ou ne voulaient pas s'en charger. A présent, ils encouragent même leurs propres filles à poursuivre des études secondaires et universitaires. Ils ont également cessé de sermonner ou de menacer ma mère à mon sujet quand ils vont la voir.

Je crois qu'avoir réussi à surmonter les barrières dressées par la tradition et contribué, même dans une moindre mesure, à faire admettre l'idée qu'une personne peut être à la fois différente et acceptée est ce que je considérerai un jour comme la plus grande réussite de ma vie.

CHRONOLOGIE

1000 av. J.-C. *500 apr. J.-C.*	Le commerce de l'encens entraîne l'émergence de puissants royaumes en Arabie du Sud.
525 apr. J.-C.	Les Abyssins (Ethiopiens) font la conquête du Yémen.
575	Les Perses chassent les Abyssins et règnent sur le Yémen.
628	Le souverain du Yémen se convertit à l'islam.
897	Yahya ar-Rassi arrive à Sa'da et devient le premier imam zaydite du Yémen.
1538	Les Ottomans occupent la plaine côtière du Yémen.
1636	Les troupes ottomanes quittent le Yémen.
1839	Les Britanniques occupent Aden.
1849	La deuxième occupation ottomane du Yémen débute dans la plaine côtière.
1869	Ouverture du canal de Suez.
1871	Révolte des Mukarama contre l'imam dans les montagnes du Harâz.
1872	Les troupes ottomanes prennent San'â.
1904	Yahya devient imam du Yémen.
1911	Un accord entre les Ottomans et l'imam Yahya apporte la paix au Yémen.
1915	Les Asiris envahissent le Yémen.
1919	Les troupes ottomanes se retirent du Yémen après leur défaite lors de la Première Guerre mondiale.

1927-1929 L'imam Yahya écrase la révolte des Zaraniq.

1931 Campagne visant à soumettre les tribus du désert de l'Est au règne de l'imam.

1934 Guerre entre le Yémen et l'Arabie Saoudite.

1948 L'imam Yahya est assassiné. Son fils, Ahmad, échappe au complot et devient imam.

1955 L'imam Ahmad réprime une mutinerie de l'armée.

1958 Le Yémen s'unit avec l'Egypte et la Syrie. Ahmad part suivre un traitement médical en Italie, confiant le pays à Muhammad al-Badr. S'ensuit une période de troubles, et Ahmad revient pour écraser une rébellion tribale.

1961 Le Yémen rompt son union avec l'Egypte.

1962 L'imam Ahmad meurt. Des officiers yéménites renversent son fils, Muhammad al-Badr. La guerre civile éclate. Les Egyptiens envoient des troupes pour aider les républicains, cependant que l'Arabie Saoudite soutient les royalistes.

1967 Les troupes égyptiennes quittent le Yémen. As-Sallâl est destitué de sa présidence et remplacé par 'Abd al-Rahmân al-Iryâni. Les royalistes lancent sans succès le siège des soixante-dix jours. Les Britanniques évacuent Aden. Le FNL prend le pouvoir.

1970 Un traité de paix met fin à la guerre civile.

1972 Guerre frontalière entre le Yémen-du-Nord et le Yémen-du-Sud.

1974 Al-Iryâni est renversé par des officiers militaires. Al-Hamdî devient président.

1977 Al-Hamdî est assassiné. Ahmad al-Ghasmî devient président.

1978 Al-Ghasmî meurt dans un attentat à la mallette piégée. 'Alî 'Abd Allâh as-Sâlih devient président.

1979 Guerre frontalière entre le Yémen-du-Nord et le Yémen-du-Sud.

1986 Des affrontements au Yémen-du-Sud amènent 'Alî Sâlim al-Baydh au pouvoir.

1990 Unification du Yémen-du-Nord et du Yémen-du-Sud.

1994 Une guerre de sécession entraîne la défaite du parti socialiste.

GLOSSAIRE

Al- : article arabe ("le").

Ashraf (sing. *sharif*) : descendant du prophète Mahomet.

Bâb : porte ou portail.

Banî : enfant de.

Bayt : maison, famille élargie.

Block : unité militaire composée d'une centaine d'hommes.

Diya : somme d'argent versée en compensation de la mort de quelqu'un.

Djebel : montagne.

Doshan : crieur public.

Hajama : femme exerçant la médecine traditionnelle.

Hijra : périmètre protégé, une ville par exemple, où la violence est strictement interdite.

Imam : chef de la communauté chiite zaydite ; intendant d'une mosquée locale.

Jambiya : dague incurvée.

Jini : djinn, esprit malin, parfois malveillant.

Kafir : infidèle.

Khôl : pigment extrait de l'antimoine.

Mudafin : puits creusé dans le sol pour le stockage du grain.

Qadhi : juge – titre aujourd'hui héréditaire.

Qat : arbuste dont les Yéménites mâchent les petites feuilles.

Qishr : décoction préparée à partir d'écorces de grains de café.

Sayid : descendant du prophète Mahomet.

Sharaf : honneur.

Shaykh : cheikh, chef d'une tribu.

Shaykh al-mashayk : “cheikh des cheikhs”, chef de tous les cheikhs dans une tribu.

Sûq : souk.

Thar : vengeance d'un meurtre.

Wâdî : oued, vallée.

Wâdî as-Saila : canal d'écoulement coupant la vieille ville de Sana'a ; il est canal d'écoulement en période de fortes pluies et praticable en voiture en période sèche.

Zaydisme : branche de l'islam chiite prédominant dans les hautes terres du Nord du Yémen.

Zena : robe longue portée par les hommes.

BIBLIOGRAPHIE
DES SOURCES PRINCIPALES

ADMIRALTY (ministère de la Marine du Royaume-Uni), *Western Arabia and the Red Sea*, Londres, service des Renseignements de la marine, 1946.

AL-AKWA, Ismail Ali, et AL-HIJRI AL-YEMANI, Muhammad Ahmad, *Majmua Buldan al-Yemen wa Qabailha*, 2 vol., San'â, ministère de l'Information et de la Culture, 1984.

AL-RASHID, Ibrahim, *Yemen Under the Rule of Imam Ahmad*, Chapel Hill, Documentary Publications, 1985.

BETHMANN, Erich W., *Yemen on the Treshold*, Washington, American Friends of the Middle East, 1960.

BURROWES, Robert D., *The Yemen Arab Republic, The Politics of Development, 1962-1986*, Boulder, Colorado, Westview Press, 1987.

BURY, G. Wyman (Abdullah Mansûr), *The Land of Uz*, Londres, Macmillan, 1911.

BURY, G. Wyman, *Arabia Infelix, or the Turks in Yemen*, Londres, Macmillan, 1915.

CHELHOD, Joseph, *et al.*, *L'Arabie du Sud : histoire et civilisation*, 3 vol., Paris, Maisonneuve & Larose, 1984-1985.

DAUM, Werner (éd.), *Yemen : 3000 Years of Art and Civilisation in Arabia Felix*, Innsbruck, Penguin, 1988.

DOUGLAS, J. Leigh, *The Free Yemeni Movement 1935-1962*, Beyrouth, American University of Beyrouth, 1989.

DRESCH, Paul, *Tribes, Government, and History in Yemen*, Oxford, Oxford University Press, 1989.

INGRAMS, Harold, *The Yemen : Imams, Rulers and Revolutions*, Londres, John Murray, 1963.

LEGER, David, *Shifting Sands : The British in South Arabia*, Peninsular Publishing, 1983.

MARÉCHAUX, Pascal et Maria, et CHAMPAULT, Dominique, *La Route de l'encens*, Paris, Imprimerie nationale, 1996.

PRIDHAM, B. R. (éd.), *Contemporary Yemen : Politics and Historical Background*, New York, St Martin's Press, 1984.

ROBIN, Christian (éd.), *L'Arabie antique de Karib'îl à Mahomet*, Aix-en-Provence, Edisud, 1992.

SCHMIDT, Dana Adams, *Yemen : The Unknown War*, New York, Holt, Rinehart & Winston, 1968.
SCOTT, Hugh, *In the High Yemen*, Londres, John Murray, 1942.
STOOKEY, Robert W., *Yemen : The Politics of the Yemen Arab Republic*, Boulder, Colorado, Westview Press, 1978.
TUTWILER, Richard, et CARAPICO, Sheila, *Yemeni Agriculture and Economic Change*, San'â, American Institute for Yemeni Studies, 1981.
WENNER, Manfred W., *Modern Yemen 1918-1966*, Baltimore, Johns Hopkins Press, 1967.
WENNER, Manfred W., *The Yemen Arab Republic : Development and Change in an Ancient Land*, Boulder, Colorado, Westview Press, 1991.
WHITAKER, Brian, http://www.al-Bâb.com/yemen/
ZABARAH, Mohammed Ahmad, *Yemen : Traditionalism vs. Modernity*, New York, Praeger, 1982.

REMERCIEMENTS

Nous voudrions remercier Fatima al-Salami, Amina al-Salami, Afrah Murzah, Muhammad al-Rawdhi, 'Abd al-Karim al-Salami et Ghassan Abû Luhûm pour leur généreuse collaboration et la patience dont ils ont fait preuve en nous aidant dans les recherches nécessaires à la rédaction de cet ouvrage ; Gene Hoots, Kate Kitchen de Kate Kitchen Public Relations, Susan Hill, Pascal et Maria Maréchaux, ainsi que Paul Dresch pour leurs révisions et leurs précieux conseils concernant le manuscrit et les photographies ; mon agent, Andrew Lownie, et mon éditeur, Sally Smith, pour nous avoir accordé leur confiance et avoir ainsi permis à ce livre de voir le jour ; enfin et surtout, nous tenons à remercier Muhammad Abû Luhûm, Mujahid Abû Shawareb et Yahya al-Mutawakkil pour l'inspiration qu'ils nous ont apportée dans l'écriture de ce livre.

Paris,
novembre 2003.

TABLE

Ouvrage réalisé
par l'atelier graphique Actes Sud.
Reproduit et achevé d'imprimer
en février 2006
par Normandie Roto Impression s.a.s.
61250 Lonrai
pour le compte des éditions
Actes Sud
Le Méjan
Place Nina-Berberova
13200 Arles.

Dépôt légal
1re édition : mars 2006
N° imprimeur : 06-0398
(Imprimé en France)